21 世纪全国应用型本科土木建筑系列实用规划教材

建设项目评估

主　编　王　华
副主编　郝建新　郑　睿　李　勇
参　编　郭　焱　赵　红　肖　萌
　　　　王占国　徐　伟
主　审　武永祥

北京大学出版社
PEKING UNIVERSITY PRESS

内 容 简 介

本书严格按照国家发展与改革委员会和建设部编写的《建设项目评价方法与参数》(第三版)的内容进行编写，紧密结合实际项目评估工作情况，结合教学工作的具体特点，对建设项目评估原理、方法做了全面的阐述，同时还分析了目前国际项目评估的最新方法与动态。书中选取了不同行业、不同内容的典型项目评估实务及案例，增强了本书的实践指导价值。

本书适用于高等学校学习项目评估、建设项目评估、投资项目评估、投资项目可行性研究、项目可行性研究与评估等课程的学生，也适用于从事银行信贷管理、工程项目管理、经济管理、财务管理和工程咨询的工作者，还可作为项目评估、咨询工程师、工程造价、工程建设管理等岗位的从业人员和企业高层管理人员的参考用书。

图书在版编目(CIP)数据

建设项目评估/王华主编. —北京：北京大学出版社，2008. 8
(21世纪全国应用型本科土木建筑系列实用规划教材)
ISBN 978-7-301-13880-9

Ⅰ. 建… Ⅱ. 王… Ⅲ. 基本建设项目—项目评价—高等学校—教材 Ⅳ. F282

中国版本图书馆CIP数据核字(2008)第075193号

书　　名：建设项目评估
著作责任者：王　华　主编
策 划 编 辑：张　玮　吴　迪
责 任 编 辑：张　玮
标 准 书 号：ISBN 978-7-301-13880-9/TU・0052
出　版　者：北京大学出版社
地　　址：北京市海淀区成府路205号　100871
网　　址：http://www.pup.cn　http://www.pup6.cn
电　　话：邮购部62752015　发行部62750672　编辑部62750667　出版部62754962
电 子 邮 箱：pup_6@163.com
印　刷　者：北京飞达印刷有限责任公司
发　行　者：北京大学出版社
经　销　者：新华书店
787毫米×1092毫米　16开本　22印张　450千字
2008年8月第1版　2017年1月第9次印刷
定　　价：35.00元

21世纪全国应用型本科土木建筑系列实用规划教材

专家编审委员会

丛书总序

我国高等教育发展迅速，全日制高等学校每年招生人数至2004年已达到420万人，毛入学率19%，步入国际公认的高等教育“大众化”阶段。面临这种大规模的扩招，教育事业的发展与改革坚持以人为本的两个主体：一是学生，一是教师。教学质量的提高是在这两个主体上的反映，教材则是两个主体的媒介，属于教学的载体。

教育部曾在第三次新建本科院校教学工作研讨会上指出：“一些高校办学定位不明，盲目追求上层次、上规格，导致人才培养规格盲目拔高，培养模式趋同。高校学生中‘升本热’、‘考硕热’、‘考博热’持续升温，应试学习倾向仍然比较普遍，导致各层次人才培养目标难于全面实现，大学生知识结构不够合理，动手能力弱，实际工作能力不强。”而作为知识传承载体的教材，在高等教育的发展过程中起着至关重要的作用，但目前教材建设却远远滞后于应用型人才培养的步伐，许多应用型本科院校一直沿用偏重于研究型的教材，缺乏针对性强的实用教材。

近年来，我国房地产行业已经成为国民经济的支柱行业之一，随着本世纪我国城市化的大趋势，土木建筑行业对实用型人才的需求还将持续增加。为了满足相关应用型本科院校培养应用型人才的教学需求，从2004年10月北京大学出版社第六事业部就开始策划本套丛书，并派出十多位编辑分赴全国近三十个省份调研了两百多所院校的课程改革与教材建设的情况。在此基础上，规划出了涵盖“大土建”六个专业——土木工程、工程管理、建筑学、城市规划、给排水、建筑环境与设备工程的基础课程及专业主干课程的系列教材。通过2005年1月份在湖南大学的组稿会和2005年4月份在三峡大学的审纲会，在来自全国各地几十所高校的知名专家、教授的共同努力下，不但成立了本丛书的编审委员会，还规划出了首批包括土木工程、工程管理及建筑环境与设备工程等专业方向的四十多个选题，再经过各位主编老师和参编老师的艰苦努力，并在北京大学出版社各级领导的关心和第六事业部的各位编辑辛勤劳动下，首批教材终于2006年春季学期前夕陆续出版发行了。

在首批教材的编写出版过程中，得到了越来越多的来自全国各地相关兄弟院校的领导和专家的大力支持。于是，在顺利运作第一批土建教材的鼓舞下，北京大学出版社联合全国七十多家开设有土木建筑相关专业的高校，于2005年11月26日在长沙中南林业科技大学召开了《21世纪全国应用型本科土木建筑系列实用规划教材》（第二批）组稿会，规划了①建筑学专业；②城市规划专业；③建筑环境与设备工程专业；④给排水工程专业；⑤土木工程专业中的道路、桥梁、地下、岩土、矿山课群组近六十个选题。至此，北京大学出版社规划的“大土木建筑系列教材”已经涵盖了“大土建”的六个专业，是近年来全国高等教育出版界唯一一套完全覆盖“大土建”六个专业方向的系列教材，并将于2007年全部出版发行。

我国高等学校土木建筑专业的教育，在国家教育部和建设部的指导下，经土木建筑专业指导委员会六年来的研讨，已经形成了宽口径“大土建”的专业发展模式，明确了土木建筑专业教育的培养目标、培养方案和毕业生基本规格，从宽口径的视角，要求毕业生能从事土木工程的设计、施工与管理工作。业务范围涉及房屋建筑、隧道与地下建筑、公路与城市道路、铁道工程与桥梁、矿山建筑等，并且制定一整套课程教学大纲。本系列教材就是根据最新的培养方案和课程教学大纲，由一批长期在教学第一线从事教学并有过多年工程经验和丰富教学经验的教师担任主编，以定位“应用型人才培养”为目标而编撰，具有以下特点：

(1) 按照宽口径土木工程专业培养方案，注重提高学生综合素质和创新能力，注重加强学生专业基础知识和优化基本理论知识结构，不刻意追求理论研究型教材深度，内容取舍少而精，向培养土木工程师从事设计、施工与管理的应用方向拓展。

(2) 在理解土木工程相关学科的基础上，深入研究各课程之间的相互关系，各课程教材既要反映本学科发展水平，保证教材自身体系的完整性，又要尽量避免内容的重复。

(3) 培养学生，单靠专门的设计技巧训练和运用现成的方法，要取得专门实践的成功是不够的，因为这些方法随科学技术的发展经常改变。为了了解并和这些迅速发展的方法同步，教材的编撰侧重培养学生透析理解教材中的基本理论、基本特性和性能，又同时熟悉现行设计方法的理论依据和工程背景，以不变应万变，这是本系列教材力图涵盖的两个方面。

(4) 我国颁发的现行有关土木工程类的规范及规程，系 1999 年—2002 年完成的修订，内容有较大的取舍和更新，反映了我国土木工程设计与施工技术的发展。作为应用型教材，为培养学生毕业后获得注册执业资格，在内容上涉及不少相关规范条文和算例。但并不是规范条文的释义。

(5) 当代土木工程设计，越来越多地使用计算机程序或采用通用性的商业软件，有些结构特殊要求，则由工程师自行编写程序。本系列的相关工程结构课程的教材中，在阐述真实结构、简化计算模型、数学表达式之间的关系的基础上，给出了设计方法的详细步骤，这些步骤均可容易地转换成工程结构的流程图，有助于培养学生编写计算机程序。

(6) 按照科学发展观，从可持续发展的观念，根据课程特点，反映学科现代新理论、新技术、新材料、新工艺，以社会发展和科技进步的新近成果充实、更新教材内容，尽最大可能在教材中增加了这方面的信息量。同时考虑开发音像、电子、网络等多媒体教学形式，以提高教学效果和效率。

衷心感谢本套系列教材的各位编著者，没有他们在教学第一线的教改和工程第一线的辛勤实践，要出版如此规模的系列实用教材是不可能的。同时感谢北京大学出版社为我们广大编著者提供了广阔的平台，为我们进一步提高本专业领域的教学质量和教学水平提供了很好的条件。

我们真诚希望使用本系列教材的教师和学生，不吝指正，随时给我们提出宝贵的意见，以期进一步对本系列教材进行修订、完善。

本系列教材配套的 PPT 电子教案以及习题答案在出版社相关网站上提供下载。

《21 世纪全国应用型本科土木建筑系列实用规划教材》
专家编审委员会
2006 年 1 月

前　言

目前，我国建设项目评估与前期决策的理论与实践正在不断发展，尤其是2006年10月发布的《建设项目经济评价方法与参数》(第三版)体现了建设项目评估以人为本，建设资源节约型、环境友好型和谐社会，推动经济高速发展的科学发展观的指导思想。

国家发展与改革委员会和建设部联合对工程建设业可行性研究与评估的重要依据《建设项目经济评价方法与参数》(第三版)进行了改版，这一变动直接关系到工程项目前期评估和决策过程的具体操作指标及参数的变化，使我国建设项目经济评价过程中财务评价与国民经济费用与效益分析的体系结构有了较大的调整。作为建设项目评估与可行性研究方面的专业教材，要将这一影响教学内容和教学重点的重要变化体现到专业课程的教学之中，迫切需要选取适当的教材，准确地将上述变化反映到教学内容中。但是，目前国内市场同类本科教材还不是很多，并且出版时间大多较早，2006年以后出版的建设项目评估与可行性研究方面的教材较少，而且内容与我国当前建设行业要求的可行性研究与评估的指导方针和行业标准存在差异。

本书正是应广大教师与学生的迫切要求编写而成。本书力求能比较细致地诠释《建设项目经济评价方法与参数》(第三版)的新内容。在项目财务评价部分，介绍了一些重要概念及其新的内涵和称谓；对财务报表的格式、内容进行了最新调整；对财务评价指标进行了替换和补充；介绍了财务评价参数方面的新要求。在项目经济费用效益评价(原国民经济评价)部分，介绍了经济费用效益评价被赋予的新内涵；明确了需要进行经济费用效益评价的项目范围；介绍了影子价格计算方法重要参数的新变动、经济效率分析、报表的改变以及指标分析和对策建议分析的重要性；增加了能重点反映经济费用效益评价特点的案例。

本书的编写结合了编者多年从事工程项目管理、工程造价管理、项目评估与管理方面的教学经验，及多年参与全国注册造价工程师执业资格考试、全国注册咨询工程师执业资格考试、全国注册建造师执业资格考试教材编写与培训授课方面的经验，力求使读者能够对项目评估各个阶段的基本理论及相应的评价方法有较为系统的认识。本书在建设项目评估理论、方法和实务性这3个方面相辅相承，方法体系系统、完善，逻辑思路清晰，理论介绍内容精练，详略得当；方法与实务实用性强；编写体例注重培养学生的创新能力、实践能力，为学生在基础理论、专业知识、业务能力以及综合素质的协调发展方面创造条件。本书还介绍了国内不同行业新、改、扩建项目评估范例，以及利用外资贷款项目和国际金融机构贷款项目评估的实务。本书理论与实务的阐述各有侧重点，难易适度，能够使理论与实务充分结合，增强了项目评估理论的可操作性。

本书主编由沈阳工业大学的王华老师担任，负责框架设计及全书统稿，负责编写第1章、第4章、第5章、第8章、第 9章；天津商业大学的郝建新老师负责编写第2章、第10章；沈阳工业大学的王华老师和徐伟老师合作编写第3章；上海财经大学的郑睿老师负责编写第

6 章；天津大学的郭焱老师和沈阳工业大学的肖萌老师合作编写第 7 章；天津商业大学的郝建新老师和沈阳工业大学的赵红老师合作编写第 11 章；沈阳工业大学的李勇老师和王占国老师合作编写第 12 章和附录；天津商业大学的郝建新老师和沈阳工业大学王华老师合作编写第 13 章；哈尔滨工业大学的武永祥教授审阅了全书，并提出了宝贵意见。

由于编者专业知识及能力有限，书中难免有疏漏之处，敬请各位读者批评指正。

编　者

2008 年 5 月

目　　录

第 1 章　建设项目与建设项目发展周期

教学目标：本章内容以项目和建设项目的基本概念、内涵为切入点，分析了建设项目建设过程及各阶段的主要任务，并着重分析了建设项目评估在工程项目建设全过程中的地位与作用，尤其强调其在工程项目前期决策阶段的重要作用。同时，将建设项目评估概念与建设项目可行性研究概念进行了区分和辨析。

教学要求：本章要求掌握项目的基本概念、建设项目的组成、建设项目建设阶段的划分、建设项目的具体分类、建设项目发展周期的概念，还要求掌握我国建设项目评估的发展历程与阶段划分、我国与西方国家建设项目前期阶段工作的划分，同时要求能够对建设项目评估与建设项目可行性研究的概念进行区分和辨析。

1.1　项目与建设项目

1.1.1　项目

现代项目管理的理论认为：项目是一个组织为实现自己既定的目标，在一定的时间、人员和其他资源的约束条件下所开展的一种有一定独特性的、一次性的工作。这一定义表明，项目是人类社会中的一类特有的社会活动，它是为创造特定产品或服务而开展的一次性社会活动。因此，凡是人类为创造独特产品或服务的一次性活动都属于项目的范畴。例如，项目可以是创造一栋大楼或开发一个油田，也可以是建设一座水坝或一个体育馆，像大庆油田的建设和三峡工程等都属于项目的范畴。同时，项目既可以是一项科学实验或社会变革(像全新空调的研制)；也可以是一项特定服务或一次独特的活动；还可以是一项特殊的工作或任务(像比赛和救灾义演等)。

按照世界银行的解释，项目是指在规定的期限内，为完成一项(或一组)开发目标而规划的投资、政策、机构以及其他各方面的综合体，一个建设项目一般要包括以下因素。

(1) 具有能用于土建工程或机器设备及其安装等投资的资金。

(2) 具备提供有关工程设计、技术方案、实施施工监督、改进操作和维修等业务的能力。

(3) 拥有一个按集中统一原则组织起来的，能协调各方面关系、促进各种要素合理配置的，高效、精干的组织机构。

(4) 改进与项目有关的价格、补贴、税收和成本回收等方面的政策，使项目能与所属部门和整个国民经济的发展目标协调一致，并能提高项目自身的经济效益。

(5) 拟定明确的项目目标以及项目的具体实施计划。

项目的定义有许多种，其中最有代表性的是项目管理协会(PMI)给出的定义，他们认为：项目是为提供某些独特产品、服务或成果所做的临时性努力。这一定义中的“临时性”是指每个项目都有明显的起点和终点，而其中的“独特性”是指一个项目所形成的产品、服务或成果在关键特性上的不同。另外，国际标准化组织(ISO)也有一个关于项目的定义，这个定义是从项目过程的角度给出的，ISO 认为：项目是由一系列具有开始和结束日期、相互协调和控制的活动组成的独特过程。

本书将项目的定义简述为：项目是在一定约束条件下(主要是限定时间/限定资源)，具有明确目标的一次性任务。项目的概念有广义与狭义之分。广义的项目概念泛指一切符合项目定义，具备项目特点的一次性事业(或活动)，如设备的大修或技术改造、新产品的开发、计算机软件开发、应用科学研究等，都可以作为项目。狭义的项目概念一般专指工程建设项目，如建造一座大楼、兴建一座水电站等具有质量、投资、工期要求的一次性工程建设任务。工程建设项目(简称建设项目)是一种典型的项目，它要求在限定的工期、投资和质量条件下，实现工程建设的最终目的。

本书所提到的项目一般是指狭义的项目概念。

1.1.2　建设项目

1. 建设项目的概念

所谓建设项目是指在限定的投资、时间和质量等约束条件下，以形成固定资产为明确目标的一次性任务。按照现行规定，建设项目是指在一个总体设计或初步设计范围内，一个或若干个互相有内在联系的单项工程的总和，尤其是指在一个总体设计范围内，由一个或几个单项工程所组成的，经济上独立核算、行政上统一管理的建设单位。

建设项目也称为投资项目。国家统计部门统一规定将建设项目划分为若干个单项工程，一个单项工程又由若干个单位工程组成，一个单位工程又由若干个分部工程组成，一个分部工程由若干个分项工程组成。

建设项目的组成主要划分为以下几种。

1) 建设项目

建设项目由一个或若干个单项工程组成，其经济上统一核算，行政上机构独立，建设一个工厂、一所学校、一个小区等。

2) 单项工程

单项工程是建设项目的组成部分，一般是指在一个建设项目中，具有独立的设计文件，建成后能够独立发挥生产能力或效益的工程。工业建设项目的单项工程，一般是指各个生产车间、办公楼、食堂、住宅等；非工业建设项目的单项工程，一般是指各个住宅楼、剧院、商店等。

3) 单位工程

单位工程是单项工程的组成部分，它一般是指具有独立组织施工条件并能单独作为计算成本对象的工程。

民用项目的单位工程比较容易划分。以一栋住宅楼为例，其中一般土建工程、给排水、采暖、通风、照明工程等各为一个单位工程。

工业项目由于工程内容复杂，且有时出现交叉，所以单位工程的划分比较困难。以一个车间为例，其中土建工程、机电设备安装、工艺设备安装、工业管道安装、给排水、采暖、通风、电器安装、自控仪表安装等各为一个单位工程。

4) 分部工程

分部工程是建筑物按单位工程的部位、专业性质划分的，亦即单位工程的进一步分解，是单位工程的局部。如土建工程中的土石方工程分部的平整场地工程、土方工程、砌筑工程、钢筋工程、主体结构等。

5) 分项工程

分项工程是分部工程的组成部分，一般按主要工种、材料、施工工艺、设备类别等进行划分。

2. 建设项目分类

建设项目可以从不同的角度进行分类，常用的分类方法有以下几种。

(1) 按项目的目标，分为经营性项目和非经营性项目。经营性项目通过投资以实现所有者权益的市场价值最大化为目标，以投资牟利为行为趋向。绝大多数生产或流通领域的建设项目都属于这类项目。非经营性项目不以追求项目的经营为目的，其中包括本身没有经营活动、没有收益的项目，如城市道路、路灯、公共绿化、航道疏浚、水利灌溉渠道、植树造林等项目，这类项目的投资一般由政府安排，营运资金也由政府支出。另外有的项目的产出直接为公众提供基本生活服务，本身有生产经营活动、有营业收入，但产品价格不由市场机制形成。在后一类项目中，有些能回收全部投资成本，项目有财务生存能力；有些不能回收全部投资成本，需要政府补贴才能维持运营；有些能够回收全部投资成本且略有节余。对于后一类建设项目，国家有相应的配套政策。

(2) 按项目的产品(或服务)属性，分为公共项目和非公共项目。公共项目是指为满足社会公众需要，生产或提供公共物品(包括服务)的项目，如上述前一类非经营性项目。公共物品的特征具有非排他性，有很大一类物品无法或不应收费。人们一般认为，由政府生产或提供的公共物品可以增进社会福利，是政府的一项合适的举措。

非公共项目是指除公共项目以外的其他项目，相对于“政府部门提供的公共物品”的是“私人部门提供的商品”，其重要特征是供应商能够向那些想消费这种商品的人收费并因此得到利润。

(3) 按项目的投资管理形式，分为政府建设项目和企业建设项目。政府建设项目是指使用政府性资金的建设项目以及有关的投资活动。政府性资金包括：财政预算投资资金(含国债资金)；利用国际金融组织和外国政府贷款的主权外债资金；纳入预算管理的专项建设资金；法律、法规规定的其他政府性资金。政府按照资金来源、项目性质和宏观调控需要，分别采用直接投资、资本金注入、投资补助、转贷、贴息等方式进行投资。不使用政府性资金的建设项目统称为企业建设项目。

(4) 按项目与企业原有资产的关系，分为新建项目和改扩建项目。改扩建项目与新建项目的区别在于：改扩建项目是在原有企业基础上进行建设的，在不同程度上利用了原有企业的资源，以增量带动存量，以较小的新增投入取得较大的新增效益。建设期内项目建设与原有企业的生产同步进行。

(5) 按项目的融资主体，分为新设法人项目和既有法人项目。新设法人项目由新组建的项目法人为项目进行融资，其特点是：项目投资由新设法人筹集的资金和债务资金构成，由新设项目法人承担融资责任和风险，从项目投产后的财务效益情况考察偿债能力。

既有法人项目要依托现有法人为项目进行融资，其特点是：拟建项目不组建新的项目法人，由既有法人统一组织融资活动并承担融资责任和风险；拟建项目一般是在既有法人资产和信用的基础上进行的，并形成增量资产；从既有法人的财务整体状况考察融资后的偿债能力。

(6) 按建设性质，分为基本建设项目(新建、扩建等扩大生产能力的项目)和更新改造项目(以改进技术、增加产品品种、提高质量、治理“三废”、劳动安全、节约资源为主要目的的项目)。

基本建设项目一般是指在一个总体设计或初步设计范围内，由一个或几个单位工程组成，在经济上进行统一核算，行政上有独立组织形式，实行统一管理的建设单位。

更新改造项目是指对企业、事业单位原有设施进行技术改造或固定资产更新的辅助性生产项目和生活福利设施项目。

基本建设项目一般包括以下几个具体部分。

① 新建项目：一般是指从无到有，“平地起家”，新开始建设的项目。包括新建的企业、事业和行政单位，及新建输电线路、铁路、公路、水库等独立工程。现有企、事业和行政单位的原有基础很小，经建设后，其新增加的固定资产价值超过其原有的固定资产价值(原值)三倍以上，也属于新建。

② 扩建项目：一般是指为扩大原有产品的生产能力，在厂内或其他地点增建主要生产车间(或主要工程)、矿井、独立的生产线或总厂之下的分厂的企业；事业单位和行政单位在原单位增建业务用房(如学校增建教学用房、医院增建门诊部或病床用房、行政机关增建办公楼等)，也属于扩建。

③ 改建项目：一般是指现有企业、事业单位为了技术进步、提高产品质量、增加花色品种、促进产品升级换代、降低消耗和成本、加强资源综合利用和“三废”治理及劳保安全等，采用新技术、新工艺、新设备、新材料等对现有设施、工艺条件等进行的技术改造和更新(包括相应配套的辅助性生产、生活设施建设)。有的企业为充分发挥现有的生产能力，进行填平补齐而增建不直接增加本单位主要产品生产能力的车间等，也属于改建。

④ 迁建项目：是指为改变生产力布局或由于环境保护和安全生产的需要等原因而搬迁到其他地方建设的项目。在搬迁到其他地方建设过程中，不论其建设规模是维持原规模，还是扩大规模，都按迁建统计。

⑤ 恢复项目：是指因自然灾害、战争等原因，使原有固定资产全部或部分报废，又投资建设，进行恢复的项目。在恢复建设过程中，不论其建设规模是按原规模恢复，还是在恢复的同时进行扩建，都按恢复统计。尚未建成投产或交付使用的单位，因自然灾害等原因毁坏后，仍按原设计进行重建的，不属于恢复，而按原设计性质统计。如按新的设计进行重建，其建设性质根据新的建设内容确定。

(7) 按项目建设规模分类。为适应对工程建设项目分级管理的需要，国家规定基本建设项目分为大型、中型、小型三类；更新改造项目分为限额以上和限额以下两类。

划分项目等级的原则如下。

① 按批准的可行性研究报告(初步设计)所确定的总设计能力或投资总额的大小，依据国家颁布的《基本建设项目大中小型划分标准》进行分类。

② 凡生产单一产品的项目，一般按产品的设计生产能力划分；生产多种产品的项目，一般按其主要产品的设计生产能力划分；产品分类较多，不易分清主次，难以按产品的设计能力划分时，可按投资总额划分。

③ 对国民经济和社会发展具有特殊意义的某些项目，虽然设计能力或全部投资不够大、中型项目标准，经国家批准已列入大、中型计划或国家重点建设工程的项目，也按大、中型项目管理。

④ 更新改造项目一般只按投资额分为限额以上和限额以下项目，不再按生产能力或其他标准划分。

⑤ 基本建设项目的大、中、小型和更新改造项目限额的具体划分标准，根据各个时期经济发展和实际工作中的需要而有所变化。

现行国家的有关规定如下。

① 按投资额划分的基本建设项目，属于生产性建设项目中的能源、交通、原材料部门的工程项目，投资额达到5 000万元以上的为大、中型项目；其他部门和非工业建设项目，投资额达到3 000万元以上为大、中型建设项目。

② 按生产能力或使用效益划分的建设项目，以国家对各行各业的具体规定作为标准。

③ 更新改造项目只按投资额标准划分，能源、交通、原材料部门投资额达到5 000万元及其以上的工程项目和其他部门投资额达到3 000万元及其以上的项目为限额以上项目，否则为限额以下项目。

④ 一部分工业、非工业建设项目，在国家统一下达的计划中，不作为大、中型项目安排。如分散零星的江河治理、国有农场、植树造林、草原建设等；原有水库加固，并结合加高大坝、扩大溢洪道和增修灌区配套工程的项目，除国家指定者外，不作为大、中型项目；分段整治，施工期长，年度安排有较大伸缩性的航道整治疏浚工程；科研、文教、卫生、广播、体育、出版、计量、标准、设计等事业的建设，新建工程按大、中型标准划分，改、扩建工程除国家指定者外，一律不作为大、中型项目；城市的排水管网、污水处理、道路、立交桥梁、防洪、环保等工程；城市的一般民用建筑包括集资统一建设的住宅群、办公楼和生活用房等；名胜古迹、风景点、旅游区的恢复、修建工程；施工队伍以及地质勘探单位等独立的后方地建设(包括工矿业的农副业基地建设)；采取各种形式利用外资或国内资金兴建的旅游饭店、旅馆、贸易大楼、展览馆、科教馆等。

(8) 按项目在国民经济中的作用，分为生产性项目和非生产性项目。

① 生产性项目：指直接用于物质生产或直接为物质生产服务的项目，主要包括工业项目(含矿业)、建筑业项目、地质资源勘探及农林水有关的生产项目、运输邮电项目、商业和物资供应项目等。

② 非生产性项目：指直接用于满足人民物质和文化生活需要的项目，主要包括文教卫生、科学研究、社会福利、公用事业建设、行政机关和团体办公用房建设等项目。

建设项目的划分如图1.1所示。

- 建设项目划分
  - 按建设性质分类
    - 基本建设项目
      - 新建项目
      - 扩建项目
      - 改建项目
      - 迁建项目
      - 恢复项目
    - 更新改造项目
  - 按项目建设规模分类
    - 基本建设项目
      - 大型建设项目
      - 中型建设项目
      - 小型建设项目
    - 更新改造项目
      - 建设项目限额以上
      - 建设项目限额以下
  - 按项目与企业原有资产的关系
    - 新建项目
    - 改扩建项目
  - 按项目的投资管理形式
    - 政府建设项目
    - 企业建设项目
  - 按项目的产品(或服务)属性
    - 公共项目
    - 非公共项目
  - 按项目的目标
    - 经营性项目
    - 非经营性项目

图 1.1　按建设项目不同的划分标准进行分类

1.2　建设项目发展周期

1.2.1　建设项目发展周期概述

建设项目发展周期是指项目从投资开始，经过可行性研究和设计、建设、生产，直到项目报废为止的整个发展过程。尽管说，每个建设项目的性质不同，面临的内外环境有别，但都有一个发展周期的问题。从投资活动的角度看，建设项目发展周期一般包括 3 个阶段，即投资前阶段、投资建设阶段和生产经营阶段。建设项目发展周期概念的引入是人们在长期投资建设的实践和认识过程中，对理论和实践的高度总结，它反映出人们对项目投资建设运动规律的把握。

1. 我国建设项目发展周期的划分

建设项目发展周期在我国是指建设项目从策划、选择、评估、决策、设计、施工到竣工验收、投入生产或交付使用的整个建设过程所经历的项目生命周期。

建设项目发展周期各阶段的工作内容主要包括以下几部分。

1) 项目建议书阶段

项目建议书是业主单位向国家提出的要求建设某一项目的建议文件，是对工程项目建设的轮廓设想。主要申述项目申报的理由及主要依据、项目的市场需求、生产建设条件、投资概况和简单的经济效益和社会效益情况。项目建议书需经各级计划部门汇总、平衡、审批，项目建议书获批准即为立项，意味着可以着手建设前期工作。

2) 可行性研究阶段

可行性研究是投资前期工作的中心环节，是项目决策的依据。可行性研究的目的是论证项目是否适合建设、技术上是否可靠、经济上是否合理。可行性研究内容包括选定建设地点，研究建设条件，以及分析生产成本和利润，预测投资收益等。可行性研究报告在批准的项目建议书的基础上编制。可行性研究报告经批准，建设项目才算正式“立项”。

3) 设计工作阶段

设计主要包括初步设计和施工图设计。初步设计是项目可行性研究的继续和深化，是对项目各项技术经济指标进行全面规划的重要环节。初步设计一般包括设计概论、建设规模与产品方案、总体布局、工艺流程及设备选型、主要设备清单和材料、主要技术经济指标、主要建筑物、公用辅助设施、劳动定员、“三废”处理、占地面积及征地数量、建设工期计划、总投资概算等文字说明及图纸。

4) 建设准备阶段

施工准备的主要内容有：设备和原材料的定购和采购，编制施工组织设计和进行施工图预算，建筑工程的招标以及征地、拆迁、辅助性临时房屋建设等。

5) 施工安装阶段

项目新开工日期是指工程建设项目设计文件中规定的任何一项永久性工程第一次正式破土开槽开始施工的日期。不需开槽的工程，正式开始打桩的日期就是开工日期。铁路、公路、水库等需要进行大量土方、石方工程的，以开始进行土方、石方工程的日期作为正式开工日期。工程地质勘察、平整场地、旧建筑物拆除，及临时建筑施工用临时道路和水、电等工程开始施工的日期不能算作正式开工日期。分期建设的项目分别按各期工程开工的日期计算，如二期工程应根据工程设计文件规定的永久性工程开工的日期计算。

6) 生产准备阶段

生产准备阶段一般包括招收和培训生产人员、组织准备、技术准备、物资准备等。生产准备工作一般包括：按计划要求培训管理人员和工人，组织生产人员参加主要设备和工程的安装、调试，在投产前熟悉工艺流程和操作技术。

7) 竣工验收阶段

竣工验收是全面考查建设成果、检查设计和施工质量的重要环节。按照设计要求检查施工质量，及时发现问题并解决，以保证投资项目建成后能够达到设计要求的各项技术经济指标。工程项目全部建完，经过各单位的验收，符合设计要求，并具备竣工图、竣工决算、工程总结等必要的文件资料，由项目主管部门或建设单位向负责验收的单位提出竣工验收申请报告。

8) 生产运营阶段

2. 国际建设项目发展周期的划分

国际上，尤其是以联合国工业协会为代表的工业项目管理机构，通常把一个项目发展周期划分为3个时期，9个阶段。3个时期是投资前期、投资建设期和生产运营期，九个阶段分别是机会研究阶段、初步可行性研究阶段、详细可行性研究阶段、评估与决策阶段、谈判与签订合同阶段、项目设计阶段、施工安装阶段、试运转阶段和投产阶段，表1-1反映了各阶段的工作划分情况。

表1-1 联合国工业协会确定的建设项目发展周期

投资前期				投资建设期				生产运营期
机会研究阶段(项目设想)	初步可行性研究阶段(项目初选)	详细可行性研究阶段——(项目研究拟定)	评估与决策阶段——(评价和决定)	谈判与签订合同阶段	项目设计阶段	施工安装阶段	试运转阶段	投产阶段

投资前期是投资决策的重要时期，决定着整个项目的成败，因而是极其重要的时期。投资前期活动具体包括投资机会研究、初步可行性研究、投资详细可行性研究、项目设计任务书的编写、建设项目评估与决策等。投资机会研究、初步可行性研究、投资详细可行性研究、项目设计任务书的编写工作由建设单位执行，包含在建设项目可行性研究过程中；而建设项目评估与决策则是由于项目有关的一些建设管理部门和贷款银行进行的。建设项目可行性研究和建设项目评估与决策都属于建设项目投资前期的工作。由于投资机会研究、初步可行性研究、投资详细可行性研究、项目设计任务书的编写等内容是由建设单位进行的，受利益驱使的影响，不可避免地带有偏见，因而往往不能保证决策的科学性。建设项目评估与决策由于是由于项目有关的一些管理部门和贷款银行进行的，往往能够做到客观、公正，因而能够保证决策的科学性。

1.2.2 建设项目投资前期主要工作

根据联合国工业发展组织编写的《工业可行性研究手册》规定，投资项目前期的可行性研究工作可以分为机会研究、初步可行性研究、详细可行性研究、项目评估与决策4个阶段。

1. 机会研究

机会研究也称投资鉴定或项目设想，它是可行性研究的第一个阶段，它的任务是研究和确定合理的投资方向、投资规模和投资结构。它是在掌握国民经济和社会发展的长远规划和行业、地区规划，经济建设方针，建设任务和技术经济政策的基础上，通过对拟投资领域相关条件及环境背景的调查分析，为建设项目的投资方向和投资时机提出设想和筹划。

项目机会研究是为了研究和确定最有利的投资项目，即在一般机会研究做出的初步投资鉴别的基础上，进一步研究和确定具体的最有利的项目投资机会，使项目设想转变为投资建议。

在项目机会研究过程中，主要工作内容包括以下几个方面。

1) 国家宏观经济规划、建设方针及投资政策。

2) 某一部门或区域的现状、环境及条件。

3) 某一特定产品需求潜力的预测。

4) 产品进出口情况，替代进口能力及出口商品的国际竞争能力。

5) 分析企业现有潜力及进行改、扩建和发展多种经营的可能性。

6) 完善建设布局，添补国家、产业门类、地区经济空白的可能性。

这一阶段的工作内容相对比较粗略，一般根据类似工程项目的投资额及生产成本来估算本项目的投资额与生产成本，初步分析投资效果。如果投资者对该项目感兴趣，则可转入下一步的可行性研究工作；否则，就停止研究工作。这个时期的研究报告类似商业计划书。

估算精度一般控制在 30%以内，所需时间为 1～3 个月，所需费用约占投资额的0.2%～1%。

2. 初步可行性研究

对一般项目，仅靠机会研究尚不能决定项目的取舍，还需要进行初步可行性研究，以进一步判断项目的生命力。初步可行性研究是介于机会研究和可行性研究的中间阶段，是在机会研究的基础上进一步弄清拟建项目的规模、场(厂)址、工艺设备、资源、组织机构和建设进度等情况，以判断是否有可能和有必要进行下一步的可行性研究工作。初步可行性研究内容与可行性研究内容基本相同，只是深度和广度略低于详细可行性研究。

这一阶段的主要工作如下。

(1) 分析投资机会研究的结论。

(2) 对关键性问题进行专题的辅助性研究。

(3) 论证项目的初步可行性，判定有无必要进行下一步的分析和研究工作。

(4) 编制初步可行性研究报告。

经初步可行性研究后，如果认为该项目的设想没有生命力和建设前途，没有立项的可能性和必要性，那么该项目的可行性研究到此停止，不再进行详细可行性研究。初步可行性研究对项目投资估算精度一般控制在 20%以内，所需时间为 4～6 个月，所需费用约占投资额的 0.25%。

3. 详细可行性研究

详细可行性研究也称最终可行性研究，是指通过一定方法对项目的技术可行性和经济可行性进行详细论证分析的过程，是对项目进行详细深入的技术经济论证的阶段，是项目决策研究的关键环节。它为项目决策提供全面的评价参考，其主要内容有以下几方面。

(1) 深入研究有关产品方案、生产规模、资源供应、厂址选择、工艺技术、设备选型、资金筹措方案、工程施工组织和未来企业组织管理机构等各种可供选择的技术方案，进行细致的技术经济分析和比较选优工作，推荐一个以上可行的建设方案。

(2) 开展详细的经济评价，选取投资最省、费用成本最低、经济效益和社会效益最显著、投资风险最小的建设方案。

(3) 提供项目的最终可行性标准和决策依据，对拟建项目提出结论性意见，并据以编制最终可行性研究报告。

详细可行性研究是项目可行与否的定性阶段，也是项目决策的关键环节，这个阶段通常耗时 8～12 个月，甚至更长，所需研究费用一般占投资总额的 1%～3%，投资额和产品成本费用估算的精确度误差要求不超过±10%。

4. 项目评估与决策

项目评估是对可行性研究报告的进一步评估，以此避免投资决策的失误。

评估与决策是指在详细可行性研究的基础上，由有关投资决策者委托有关机构或专家对可行性研究报告的内容进行核实、确认与论证，对项目技术可行性和经济可行性做出客观评估并提出最终建议，最后由投资决策者做出最终投资决策。国家建设管理机构或投资银行等投资机构必须根据评估结果给予拨款或贷款。可行性研究报告评估是由各级投资决策部门组织委托有资格的工程咨询机构和项目贷款银行机构，对上报的项目可行性研究报告进行全面审查和再评价工作，目的是审查和判断项目可行性研究的可靠性、真实性和客观性，确定项目最佳投资方案，判别项目投资是否可行，并提出评估意见，编写项目评估报告，作为国家对投资项目最终审批决策的重要依据。项目评估获得批准后即为项目决策。

项目评估结果是获得项目资金来源的重要依据。项目评估是投资决策的重要手段，投资者、决策机构、金融机构以项目评估的结论作为实施项目、决策项目和提供贷款的主要依据，所以要力求保证项目评估结论的客观性。

1.3　我国建设项目评估的发展历程与阶段划分

1.3.1　我国建设项目评估的发展历程

我国项目评估理论和方法的形成与发展，经历了一个曲折的过程。在我国，工程项目评估的历史可以划分为两个典型阶段。

第一个阶段：20 世纪 50 年代新中国成立以来到 20 世纪 70 年代末。

在这个阶段，对工程项目的评估主要借鉴前苏联的做法。工程项目评估是基于当时的基本建设程序展开的。按照这一程序，项目投资前期工作一般都要根据国家和地区的发展规划和生产力布局先确定项目，主管部门再组织计划、设计等部门编制计划任务书，然后根据计划任务书进行场(厂)址选择和项目设计(包括初步设计、技术设计和施工图设计)、项目设计要估算投资总额。项目在初步设计和总概批准后，列入年度计划，其建设所需要的资金、原材料及施工力量按计划统筹安排。经济评价主要采用前苏联的方法，主要指标为静态投资回收期和投资效果系数。有许多项目根本不做技术经济论证就仓促上马，结果造成大量的人力、物力和财力的浪费。这种状况持续到 20 世纪 70 年代中后期。

1951 年，我国政务院财经委员会颁发了《基本建设工作程序暂行办法》，其中对基本建设计划的核准和先设计、后施工的步骤，做了具体规定，将基本建设的全部过程分为 4 个阶段，即：① 计划的拟订及核准阶段；② 设计工作阶段；③ 施工与拨款阶段；④ 工程决算与验收交接阶段。

基本建设大致的内容为：首先根据国家计划委员会在国家长期计划范围内规定的各项建设项目与指标，确定建设对象，然后开始草拟设计任务书(或称设计计划任务书)；在编制设计任务书之前和进行设计的过程中，做好调查、勘察和建设地址的选定工作；在设计完成后，制定基本建设年度计划；在拨款施工过程中进行检查监督；竣工之后，进行验收交接，并办理工程决算。

第二个阶段：20 世纪 80 年代初的改革开放至今。

如果说我国项目评估方法萌芽于 20 世纪 50 年代，那么现代意义的项目评估理论与方法则产生于 20 世纪 80 年代。一方面在国内 1978 年开始，由国家计委、国家建委、财政部联合颁发了《关于基本建设程序的若干规定》，规定中述及一个项目从计划建设到建成投产，一般要经过下述几个阶段：① 根据发展国民经济长远规划和布局的要求，编制计划任务书，选定建设地点；② 经批准后，进行勘察设计；③ 初步设计经过批准，列入国家年度计划后，组织施工；④ 工程按照设计内容建成，进行验收、交付生产使用。另一方面在国际上，联合国工业发展组织在 1978 年出版了《工业可行性研究编制手册》一书，系统地说明了工业项目可行性研究报告的编制方法。对于拟建项目的经济分析、经济评价，联合国工业发展组织还先后出版了《工业项目评价手册》、《工程项目评价准则》和《项目估价实用指南》等指导性文献。这些都为各国，特别是发展中国家开展可行性研究和项目评估提供了较完备的参考材料，同时也为在国际上推广可行性研究工作创造了条件。

1980 年我国在世界银行的合法席位得到了恢复，1981 年我国成立了以转贷世界银行贷款为主要业务的中国投资银行，1983 年国家计委也相应颁发了《关于颁发建设项目进行可行性研究的试行管理办法的通知》、中国投资银行推出了《工业贷款项目评估手册》(试行本)。与此同时，学术界对项目评估的理论和方法进行了深入的探讨，为我国项目评估理论与方法的建立和完善起到了积极的作用。20 世纪 80 年代中期以后，原国家计委、原国家经委、中国建设银行总行、中国国际工程咨询公司以及国务院有关部门先后公布了不同类型的项目评估方法，使我国项目评估的理论、方法和实践都得到了快速的发展。进入 20 世纪 90 年代以来，我国项目评估理论和方法日趋成熟，得到广泛的重视和应用，成为实现投资决策科学化、民主化和规范化的重要手段。

针对我国基本建设工作中普遍存在的不按科学程序办事的突出问题，1982 年国务院在“关于第六个五年计划的报告”中第一次明确规定：所有建设项目必须严格按照基本程序办事，事前没有可行性研究和技术经济论证，没有做好勘察设计等基本建设前期工作的，一律不列入年度建设计划，更不准仓促开工。1983 年 2 月，国家计划委员会制定并颁布了“建设项目进行可行性研究的试行管理办法”，对建设项目可行性研究范围、编制程序、经济评价的内容等做了系统规定。20 世纪 80 年代初，随着我国改革开放政策的实施，总结了投资建设的经验教训，并且吸收了国外的项目周期的理论和方法，经过逐步改进和发展，形成了目前的“投资前期——投资建设期——建成投产期”这种 3 阶段、多环节的项目周期体系。1987 年 9 月，由国家计划委员会组织编制的《建设项目经济评价方法与参数》(试行)正式出版发行。随着形势的发展，该标准得到了进一步完善，截至 2006 年 10 月，国家计划委员会和建设部联合颁发了《建设项目经济评价方法与参数》(第三版)，这标志着我国工程项目评价工作走上了科学化和规范化的道路。

1991 年 12 月，国家计委下发文件明确规定，现行国内投资项目和利用外资项目的设计任务书应根据国民经济发展长远规划，经过初步调查研究，由项目的主办单位编制项目建议书，按照投资管理权限向所属的投资管理部门推荐拟建项目，经批准后列入建设前期工作计划。投资主管部门对所推荐的拟建项目进行综合评价，在条件成熟时，选择一批既需要又有前途的建设项目交与项目的主办单位委托设计或工程咨询单位进行可行性研究。对于可行的项目，在经过预审、修改、复审和评估后，提出可行性研究报告，上报投资主管部门批准后，此项目即算成立，可安排年度建设计划，进行工程设计和建设前期的准备工作。项目的主办单位，应组建或指定建设主管单位，对外进行各类协议和合同的谈判、预约或签订，进行勘察设计、厂址选择、土地征用、资金筹集等一系列准备工作；建设单位还应根据批准的设计文件(初步设计、技术设计，施工详图设计)，组织招标投标，签订工程承包合同，组织设备材料的订货、供应、运输、开展施工，同时进行生产准备工作，在工程结尾时，组织调整试车，办理交工和竣工验收，使建设项目按预定目标进入生产时期。我国建设项目阶段的划分，见表1-2。

表1-2　我国建设项目阶段划分

<table>
<tr><th colspan="3">投资前期</th><th colspan="6">投资建设期</th><th>建成投产期</th></tr>
<tr><td colspan="3">规划与研究阶段</td><td colspan="3">设计阶段</td><td colspan="3">建设阶段</td><td>生产阶段</td></tr>
<tr><td>项目建议书</td><td>可行性研究</td><td>项目评估</td><td>勘察设计阶段</td><td>初步设计</td><td>施工图设计</td><td>施工招标</td><td>建筑安装施工</td><td>试运转</td><td>正式投产</td></tr>
</table>

1.3.2　我国建设项目投资前期各阶段工作内容

1. 项目建议书

在我国，项目建议书相当于西方国家的机会研究。它是由各工业部门、省、市、自治区以及有关的企、事业单位，根据国家经济发展的长远规划和行业、地区规划，经济建设方针，技术经济政策和建设任务，结合资源情况、建设布局等条件，在调查、预测的基础上向国家或上级主管部门提出的项目建议。

对于跨行业的或对国计民生有重大影响的大型项目，由有关部门联合提出项目建议书。项目建议书的主要内容包括以下几方面。

(1) 项目提出的理由和依据。对于技术引进项目还应包括国内外技术差距描述和引进理由。

(2) 产品方案、拟建规模和建设地点的初步选择或设想。

(3) 资源情况、建设条件、协作关系。

(4) 投资估算与资金筹措的初步设想，利用外资项目要说明利用外资的可能性及偿还贷款能力的初步分析。

(5) 项目建设进度的安排。

(6) 对经济效益、社会效益的初步分析。

编写项目建议书，应在调查研究、收集资料的基础上，采用定性和定量相结合的分析方法。在进行定量分析时，通常采用类似工程项目的推算方法来制定，粗略地分析出项目的经济效果，然后做出项目是否可行的初选结论。项目建议书是选择建设项目的依据之一，经有关部门审查批准后，即可委托承担单位进行可行性研究。

2. 可行性研究

可行性研究是项目建议书的深化，也是整个投资前期的关键阶段。在项目初选确认之后，即项目建议书经主管部门认可后，进一步对项目的诸因素做出全面设计和详细估算，以确认项目的生命力。确定项目可行或不可行，为决策者提供最终的依据。

可行性研究的内容可能因项目所属行业的不同而各有所侧重，但以下三方面的内容是必须包括的。

(1) 市场分析。这是建设项目能否成立的前提和依据。如果所生产的产品没有市场，项目就没有必要建设。从另一个角度讲，建设项目的年生产规模也应根据市场需求的情况来确定，所以市场分析是可行性研究的基础。

(2) 有关技术分析。这里包括资源情况、厂址选择、工艺方案选择和设备选型，以及未来工厂的组织设计、劳动定员和环境保护等。

(3) 建设项目的合理性即经济效益分析。这是可行性研究的核心和重点。可行性研究的最终成果是可行性研究报告。可行性研究一般由投资者或投资主管部门委托经国家正式批准颁发证书的设计院或咨询公司来承担。

3. 项目评估

项目评估是投资前期研究工作的最后阶段。项目评估通常可由决策部门委托贷款银行或咨询公司组织有关人员或外请专家来进行。该阶段的任务是检查和判断可行性研究报告的真实性和可靠性，并从评审角度提出项目是否可行的意见，作为投资者决策的依据。

项目评估的最终成果是评估报告。评估报告要同可行性研究报告一起，送往投资者或投资主管部门进行审批，一般大、中型项目还要报国家计委批准，重大项目还需要报国务院批准。建设项目审批示意图如图 1.2 所示。

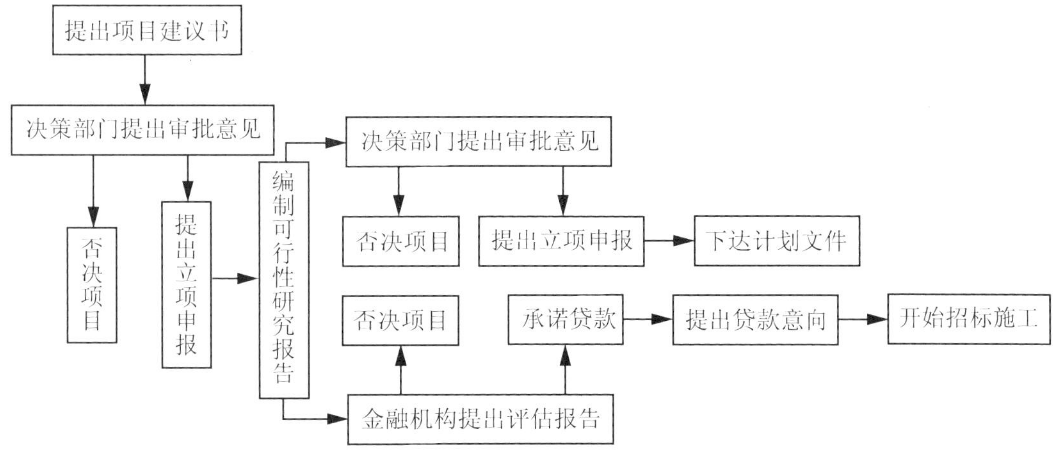

图 1.2　建设项目审批示意图

本章综合案例

中国建设部关于国家投资基本建设项目的主要程序的确定。

国家投资基本建设项目程序，是指基本建设项目全过程中各项工作必须遵循的先后顺序。它是指基本建设项目全过程中各环节、各步骤之间客观存在的不可破坏的先后顺序，是由基本建设项目本身的特点和客观规律决定的。进行基本建设，坚持按科学的基本建设程序办事，就是要求基本建设工作必须按照符合客观规律要求的一定顺序进行，正确处理基本建设工作中从制定建设规划、确定建设项目、勘察、定点、设计、建筑、安装、试车，直到竣工验收交付使用等各个阶段、各个环节之间的关系，达到提高投资效益的目的，这是关系到基本建设工作全局的一个重要问题，也是按照自然规律和经济规律管理基本建设的一个根本原则。

根据国家有关规定，经营性项目总投资在5 000万元以上，非经营性项目在3 000万元以上的，需编报项目建议书、可行性研究报告、初步设计；项目建议书及可行性研究报告初审后，由主管部门报国家计委审批立项，初步设计由国家计委或主管部门审批。经营性项目总投资在5 000万元以下（不含5 000万元)的，非经营性项目总投资在3 000万元以下(不含3 000万元)的，需编报可行性研究报告、初步设计，均由行业主管部门审批。对于投资额较小的单项新建或扩建工程，可向主管部门提出建设的必要性的投资估算报告，直接编报项目初步设计，具体投资限额由行业主管部门确定。经营性项目总投资在5 000万元以上(含5 000万元)的和非经营性项目总投资在3 000万元以上(含3 000万元)的竣工验收工作，由国家计委或行业主管部门组织进行，限额以下的项目由行业主管部门或行业主管部门委托进行。

需要国家和省审批的基本建设项目，必须经过5道审批手续，即：项目建议书、可行性研究报告(含招标方案)、初步设计、年度投资计划和开工报告，这5道手续均需要报省发展和改革委员会或由省发展和改革委员会审核后转报国家发改委审批。房屋建筑项目和一些小型的农业项目(不含水利)、高技术产业化项目审批手续可适当简化，项目建议书和可行性研究报告两道审批手续可合并为一道手续。此外，列入省重点、大中型项目中长期规划或年度前期工作计划、需要报省审批的基本建设项目可免予审批项目建议书，直接报批项目可行性研究报告。根据国家发改委《关于简化基本建设项目审批手续的通知》(计资[1984]1684号)，可行性研究报告是项目决策的依据，应按规定的深度做到一定的准确性，投资估算和初步设计概算的出入不得大于10%，否则需对项目重新进行决策。

国家投资基本建设项目程序的主要步骤如下。

1. 项目建议书

项目法人按国民经济和社会发展长远规划、行业规划和建设单位所在的城镇规划的要求，根据本单位的发展需要，经过调查、预测、分析，编报项目建议书。

2. 可行性研究报告

项目建议书批准后，项目法人委托有相应资质的设计、咨询单位，对拟建项目在技术、工程、经济和外部协作条件等方面的可行性，进行全面分析、论证，进行方案比较，推荐最佳方案。

3. 初步设计

可行性研究报告批准后，项目法人委托有相应资质的设计单位，按照批准的可行性研究报告的要求，编制初步设计。初步设计批准后，设计概算即为工程投资的最高限额，未经批准，不得随意突破。确定因不可抗拒因素造成投资超出设计概算时，应上报原批准部门审批。

4. 施工图设计

初步设计批准后，项目法人委托有相应资质的设计单位，按照批准的初步设计，组织施工图设计。

5. 年度投资计划

项目建议书、可行性研究报告、初步设计批准后向主管部门申请列入投资计划。

6. 开工报告

建设项目完成各项准备工作，具备开工条件，建设单位及时向主管部门和有关单位提出开工报告，开工报告批准后即可进行项目施工。

7. 竣工验收

根据国家有关规定，建设项目按批准的内容完成后，如符合验收标准，需及时组织验收，办理交付使用资产移交手续。

建设项目的一般程序，如图 1.3 所示。

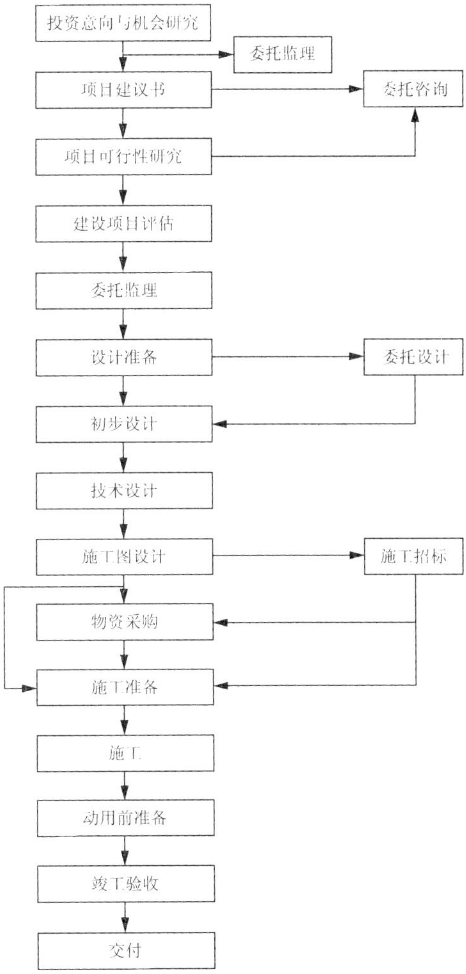

图 1.3 建设项目一般程序示意图

本 章 小 结

根据我国现行政策和建设程序规定，在项目的投资前期工作阶段，项目评估工作的主要内容是对项目建议书和项目可行性研究报告进行评估。政府部门委托的工程咨询机构和贷款银行对不同部门、不同行业进行的项目评估程序并不相同，但是评估的基本内容和评估的基本方法却有很多相同之处。

建设项目评估作为建设项目建设发展周期中一个重要的环节，对于建设项目前期决策、项目的成功具有十分重要的意义。

本章推荐课外阅读资料

[1] 联合国工业发展组织．工业可行性研究手册[M]．北京：中国财政经济出版社，1978.

[2] 成虎．工程项目管理[M]．北京：高等教育出版社，2007.

[3] 骆珣．项目管理教程[M]．北京：机械工业出版社，2006.

[4] 仲景冰，王红兵．工程项目管理[M]．北京：北京大学出版社，2006.

[5] 胡鸿杰．项目开发与管理[M]．北京：人民大学出版社，2008.

[6] 简德三．项目评估与可行性研究[M]．上海：上海财经大学出版社，2004.

[7] 宋维佳．可行性研究与项目评估[M]．大连：东北财经大学出版社，2007.

[8] 苏益．投资项目评估[M]．北京：清华大学出版社，2007.

本章思考题

一、名词解释

项目　建设项目　建设项目发展周期　单项工程　单位工程　基本建设项目　更新改造项目　生产性项目　非生产性项目　项目评估　世界银行贷款管理周期

二、简答题

1．什么是项目？

2．什么是建设项目？建设项目具备哪些因素？

3．建设项目的组成主要划分为哪几个层次？

4．我国建设项目发展周期是如何划分的？

5．西方国家建设项目发展周期是如何划分的？

6．我国建设项目评估的发展历程与阶段划分是怎样的？

7．世界银行金融机构如何对贷款项目进行评估管理？

8．联合国工业协会确定的建设项目发展阶段有哪些？

9．建设项目可以从哪些角度进行分类？

10．我国建设项目投资前期的主要工作有哪些？各自的要求是什么？

11．项目评估与可行性研究的联系与区别是什么？

12．世界银行贷款项目评估的主要内容有哪些？

第 2 章 建设项目评估与建设项目可行性研究

教学目标：本章对项目评估概念与建设项目可行性研究概念进行了深入的区分和辨析，介绍了建设项目评估工作中的侧重点及主要工作内容和工作原则。要求学生明确项目评估往往是由政府机构聘请具有一定资质的咨询机构做出，或者由银行进行评估，应区分项目评估与可行性研究在执行过程中的不同主体。建设项目评估是由建设项目主管部门或贷款机构依据国家、行业和部门的有关政策、法规，对上报的建设项目可行性研究报告进行全面的审查和估价，即对拟建项目的必要性、可行性、合理性和效益、费用进行的再评价过程。建设项目评估的原则是：注意考察因素的系统性、实施方案的最优性、选择指标的统一性、选择数据的准确性、分析方法的科学性。

教学要求：本章要求掌握可行性研究的概念及主要内容，投资项目评估的概念及主要内容，建设项目评估与可行性研究的区别与联系，建设项目评估的意义。

2.1 建设项目评估与可行性研究概述

1．可行性研究概述

可行性研究是 20 世纪 30 年代随着社会生产技术和经济管理科学的发展而产生的。第二次世界大战后，在科学技术飞速发展、经济活动日益复杂、竞争日益激烈的背景下，西方发达国家纷纷采用了可行性研究这一方法，将其广泛应用于投资建设领域，并逐步推广到其他国家和地区，以及其他工作领域，经过不断的充实和完善，逐步形成了一整套比较系统的科学研究方法。作为一门科学，可行性研究是跨技术科学、经济科学和自然科学的新兴综合性科学，其研究的对象是项目投资决策中的技术经济问题；研究的目的是揭示客观规律、提供科学手段，以减少决策失误风险，以便能有效地利用有限的资源，获取尽可能高的投资效益。

早在 20 世纪 30 年代，美国开发田纳西流域时，就开始试行此方法将其作为流域开发规划的重要阶段纳入开发程序，使工程建设得以顺利进行，取得了很好的经济效益。在第二次世界大战后步入 20 世纪 50 年代以来，由于世界科学技术向经济管理科学的迅猛发展，可行性研究理论不断得到充实、完善和发展，逐步形成一整套科学研究方法，它综合运用了多种现代科学技术成果，是保证工程获得最佳经济效益和社会效益的一门综合性应用科学。可行性研究工作随着社会生产力的发展和科学技术的进步，应用范围逐渐扩大到各个领域。世界各国进行可行性研究的方法虽然不尽相同，但作为一门学科，可行性研究已经被经济发达国家和很多发展中国家作为工程项目投资决策的重要手段而被广泛应用。如在日本，称可行性研究为“投资前研究”；前苏联称可行性研究为“技术经济论证”；英美国家称可行性研究为“可行性研究”；印度称可行性研究为“投资研究或费用分析”。可行性研究是在投资决策之前，对拟建项目进行全面技术经济分析论证并试图对其做出可行与否论断的一种科学方法。

对项目进行可行性研究，无论采用什么手段和方法，最终都要回答以下3个问题。

(1) 为什么要上这个项目？其本质是回答项目建设的必要性问题。

(2) 怎样上这个项目？其本质是回答项目建设的可行性问题。

(3) 上这个项目的结果如何？其本质是回答项目建设的合理性问题。

可行性研究方法，以经济理论与方法为依据，采取了一套行之有效的科学分析论证方法，对建设项目的一些主要问题，如市场需求，资源条件、原材料、燃料、动力的供应情况、交通运输、厂址选择、建厂规模、工艺技术方案的确定、设备选型等重大问题，从技术和经济两方面，进行全面系统地调查研究，然后进行分析计算和方案的比较选择，并对投资后的效果进行预测。

联合国工业发展组织(UNIDO)为促进国际的交流，推动发展中国家开展可行性研究，于1978年编写和颁发了《工业可行性研究手册》和《项目评价准则》等文件，这对各国的可行性研究工作的开展起到了一定的指导和推动作用。另外，世界银行等国际性金融机构通常都规定必须以贷款金额的 5%～10%的资金作为开展贷款项目可行性研究的费用，从而保证了可行性研究工作的开展和贷款项目的成功。

可行性研究一般包括3个阶段，各阶段的任务如下。

第一阶段是机会研究阶段。这一阶段的主要任务是提出拟建项目的投资方向和建议，也就是在某个确定的地区，通过对该地区自然资源和建设条件以及市场供需情况的调查与预测，选择投资项目，寻找最理想的投资机会。由于这个阶段仅是提出投资的方向和建议，因此机会研究是比较粗略的研究，一些数据主要靠情报资料来做的笼统估计，而不是通过详细的计算得到的结果，所需投资和产品成本的估算精确程度要求在±30%以内即可。

机会研究的结果，如证明是可行的，则可进入下一步的研究。

第二阶段是初步可行性研究阶段。初步可行性研究也称预可行性研究。许多投资项目经过机会研究后，还不能决定是否值得进行详细可行性研究(即第三阶段的可行性研究)，因此就需要进行初步可行性研究。初步可行性研究的任务主要是：第一，分析机会研究的可靠性，并在详细资料的基础上分析判断投资项目可行性；第二，对关键性问题，如市场供需情况的调查与预测、生产规模的确定、设备方案的选择等进行辅助性研究；第三，确定是否应进行下一步的详细可行性研究。

初步可行性研究与详细可行性研究的结构相同，仅在细节和精确度上有所区别。在机会研究中，如果有足够的资料，可以决定直接进入详细可行性研究时，可以越过初步可行性研究阶段。

第三阶段是详细可行性研究阶段。详细可行性研究也称技术经济可行性研究、正式可行性研究、最终可行性研究。这是项目投资前期的关键阶段。这个阶段的主要任务是在项目进行技术、经济和商务澄清方面，综合分析论证的基础上，对多个方案进行比较，选择最佳方案，为项目投资提供决策依据。

这一阶段的要求比较严格，投资额和成本都要根据项目的实际情况进行详细计算，精确度要求控制在±10%以内。

2. 可行性研究的作用

建设项目在实践上缺少可行性研究，导致项目投资失误的主要原因为以下几点。

(1) 与国家宏观经济调控的方针政策不一致或相违背；不符合国家产业结构综合平衡的政策要求，使项目建成后，企业生产经营中产品服务的税收成本加大，或其他限制使企业无法经营下去。例如，环保超标项目，除罚款外，还有可能停产。

(2) 没有做好市场预测。确定项目以前，没有做好市场调查研究，预测国内外需求和国内外供应情况，看到当前某种产品短缺、有利润，就上项目，待项目经过若干年建成后，或者是供应过剩，或者是项目生产出来的产品服务早已过时，已经没有了市场需求。

(3) 技术不过关，项目采用的工艺技术不成熟，未经中间试验就建厂，造成工艺设备不合理，无法维持生产，以致长期亏损。

(4) 盲目引进项目，缺乏对我国国情的分析，也没有考虑是否与我国国力相适应；建成后，由于国内配套能力不足，项目不能正常生产，难以发挥投资经济效益。

(5) 资源不明，导致原材料、能源保障不足或原料供应不足的尴尬局面。

(6) 没有运输条件，或运输成本过大等。

一项好的可行性研究，能够向投资者推荐技术经济的最优方案，即在各种可行的投资方案中选择最佳方案。其研究结论从企业角度看，可以明确该项目具有多大的财务获利能力，投资收益多大，是否值得投资建设；从贷款者角度看，可以明确项目是否能够按期或提前偿还资金。这些投资前期全面、系统分析论证工作，是保证弄清拟建项目在技术、经济，工程上的可行性、避免建设项目的决策失误、加强投资决策的科学性、提高项目的综合效益的根本措施。

投资项目的可行性研究，是项目建设前期极其重要的一项工作，是项目建设程序的重要组成部分，是开展投资建设时期各项工作的基本依据，对建设项目实现决策的科学化和取得良好的经济效益具有极其重要的作用。具体讲，可行性研究的基本作用有以下几个方面。

(1) 作为建设项目投资决策的依据。可行性研究作为一种投资决策方法，从市场、技术、工程建设、经济及社会等多方面对建设项目进行全面综合的分析和论证，依其结论进行投资决策可大大提高投资决策的科学性。

(2) 作为编制设计文件的依据。可行性研究报告一经审批通过，意味着该项目正式批准立项，可以进行初步设计。在可行性研究工作中，对项目选址、建设规模、主要生产流程、设备选型等方面都进行了比较详细的论证和研究，设计文件的编制应以可行性研究报告为依据。

(3) 作为向银行贷款的依据。在可行性研究工作中，详细预测了项目的财务效益、经济效益及贷款偿还能力。世界银行等国际金融组织，均把可行性研究报告作为申请工程项目贷款的先决条件。我国的金融机构在审批建设项目贷款时，也都以可行性研究报告为依据，对建设项目进行全面、细致地分析评估，确认项目的偿还能力及风险水平后，才作出是否贷款的决策。

(4) 作为建设项目与各协作单位签订合同和有关协议的依据。在可行性研究工作中，对建设规模、主要生产流程及设备选型等都进行了充分的论证。建设单位在与有关协作单位签订原材料、燃料、动力、工程建筑、设备采购等方面的协议时，应以批准的可行性研究报告为基础，保证预定建设目标的实现。

(5) 作为环保部门、地方政府和规划部门审批项目的依据。建设项目开工前，需地方政府批拨土地，规划部门审查项目建设是否符合城市规划，环保部门审查项目对环境的影响。这些审查都以可行性研究报告中总图布置、环境及生态保护方案等方面的论证为依据，因此，可行性研究报告为建设项目申请建设执照提供了依据。

(6) 作为施工组织、工程进度安排及竣工验收的依据。可行性研究报告对以上工作都有明确的要求，所以可行性研究又是检验施工进度及工程质量的依据。

(7) 作为建设项目后评估的依据。建设项目后评估是在项目建成运营一段时间后，评价项目实际运营效果是否达到预期目标。建设项目的预期目标是在可行性研究报告中确定的，因此，建设项目后评估应以可行性研究报告为依据，评价项目目标的实现程度。

3. 可行性研究的步骤

(1) 准备工作。

明确研究目的、内容和基本要求，讨论可行性研究的范围及目标，制定可行性研究计划及进度，落实研究费用，执行和协作人员，搜集相关基础资料、指标、标准、规范等基本数据。

(2) 调查研究。

市场调查是对项目所在地的经济发展状况，调查、预测市场的供求量、价格、竞争能力等，以便确定项目的经济规模、构成及目标市场定位等。

资源调查是对建设地点调查项目用地的地质、水文、气象和市政设施、基础设施及交通等现状，为各设计阶段以及技术经济分析提供资料。

进行技术经济研究，调查项目产品、服务的市场需求量(包括购买欲望和购买能力)、价格、市场竞争情况等，调查市场结构、原材料、能源、工艺、运输、人力等情况，确定“生产什么”。将项目所生产出来的这些产品或服务与国家政策和宏观经济调控方针对照，确定“能否生产”。

(3) 方案选择和优化。

根据市场和资源调查分析，建立若干可供选择的开发方案，进行反复的方案论证和比较，采用技术经济分析研究的方法，研究论证项目在技术上的可行性，评选出合理的方案，并进一步确定项目规模、构成、开发进度等。

(4) 财务评价和国民经济评价。

在对上述确定的最佳方案进行投资、成本、价格、收入等分析的基础上，对选出的不同方案估计投资费用、经营费用、收益，同时作出项目经济财务分析、评价，在对方案进行详细财务评价的同时，还要对建设项目进行国民经济评价，论证项目经济的合理性和盈利能力。

(5) 编制可行性研究报告，提出结论性意见和建议。

4. 项目可行性研究的主要内容

建设项目可行性研究报告的内容可概括为 3 大部分。首先是市场研究，包括产品的市场调查和预测研究，这是项目可行性研究的前提和基础，其主要任务是要解决项目的“必要性”问题；第二是技术研究，即技术方案和建设条件研究，这是项目可行性研究的技术基础，它要解决项目在技术上的“可行性”问题；第三是效益研究，即经济效益的分析和评价，这是项目可行性研究的核心部分，主要解决项目在经济上的“合理性”问题。市场研究、技术研究和效益研究共同构成项目可行性研究的 3 大支柱。

项目可行性研究是在对建设项目进行深入细致的技术经济论证的基础上，做多方案的比较和优选，提出结论性意见和重大措施建议，为决策部门的最终决策提供科学依据。因此，它的内容应能满足作为项目投资决策的依据的要求。可行性研究的基本内容和研究深度应符合国家规定。对项目进行可行性研究的内容，因项目的具体条件不同而有差别，但主要内容应包括以下几个方面。

1) 总论

总论部分包括项目背景、项目概况和问题与建议 3 部分。

(1) 项目背景。包括项目名称、承办单位情况、可行性研究报告编制依据、项目提出的理由与过程等。

(2) 项目概况。包括项目拟建地点、拟建规模与目标、主要建设条件、项目投入总资金及效益情况和主要技术经济指标等。

(3) 问题与建议。主要指存在的可能对拟建项目造成影响的问题及相关解决建议。

2) 市场预测

市场预测是对项目的产出品和所需的主要投入品的市场容量、价格、竞争力和市场风险进行分析预测，为确定项目建设规模与产品方案提供依据。包括产品市场供应预测、产品市场需求预测、产品目标市场分析、价格现状与预测、市场竞争力分析、市场风险。

通过研究国内外市场的供需情况，应用市场预测的各种数据(包括销售量、销售收入、价格、生产成本与利润等)，确定拟建项目的生产规模和产品方案，并分析产品未来的市场竞争能力和市场占有率，以及打入国际市场的可能性和前景。

3) 资源条件评价

通过对项目资源情况进行分析，主要研究各种资源的需要量和供给量。这里资源包括矿产资源、农业资源、各种原材料和燃料，以及水、电、气供应等。对于矿产资源和农业资源要着重分析项目建设和生产经营所需资源的种类、特性和数量，可供资源的数量、质量和供应年限，以及开采条件及供应方式，对于稀有资源和有限资源应分析可替代资源的开发前景等。

原材料(包括辅助材料)是项目建设和生产正常进行的物质基础，应分析原材料供应品种、数量能否满足项目生产能力的需要，原材料供应的质量能否满足生产工艺要求和产品功能和质量要求以及运输距离、合理仓储量及仓储设施条件等。

燃料，主要包括煤、石油和天然气等；动力主要包括电、水、蒸汽、压缩空气等。燃料供应条件分析，要着重研究合理选择燃料供应来源和供应品种、数量、质量及运输、仓储条件等；动力供应条件要着重研究供应方式、生产方法或协作配合要求等。

原材料、燃料直接影响项目运营成本，为确保项目建成后正常运营，需对原材料、辅助材料和燃料的品种、规格、成分、数量、价格、来源及供应方式进行研究论证。

4) 建设规模与产品方案

在市场预测和资源评价的基础上，论证拟建项目的建设规模和产品方案，为项目技术方案、设备方案、工程方案、原材料燃料供应方案及投资估算提供依据。

(1) 建设规模。包括建设规模方案比选及其结果(推荐方案及理由)。

(2) 产品方案。包括产品方案构成、产品方案比选及其结果(推荐方案及理由)。

5) 厂址选择

建厂条件是指建设项目所在的地区和厂址的经济环境和自然环境，它是保证项目获得成功的重要条件。

建厂地区的选择要求是：接近原料产地或销售市场，有数量足够、价格合理的燃料及动力，有便利的交通运输条件和较好的基础设施条件等。

厂址的选择要求具有良好的经济和自然条件，能满足企业建设、生产活动和职工生活的合理需要，并留有发展余地，符合工厂远景规划和城市建设规划的要求。对不同条件的厂址方案，应进行综合分析比较，以选择最优厂址。

可行性研究阶段的厂址选择是在初步可行性研究(或项目建议书)规划的基础上，进行具体坐落位置的选择，包括厂址所在位置现状、建设条件及厂址条件比选 3 方面内容。

(1) 厂址所在位置现状。包括地点与地理位置、厂址土地权属及占地面积、土地利用现状。技术改造项目还包括现有场地利用情况。

(2) 厂址建设条件。包括：地形、地貌、地震情况，工程地址与水文地质、气候条件，城镇规划及社会环境条件，交通运输条件，公用设施社会依托条件，防洪、防潮、排涝设施条件、环境保护条件，法律支持条件，征地、拆迁、移民安置条件，施工条件。

(3) 厂址条件比选。主要包括建设条件比选、建设投资比选、运营费用比选，并推荐厂址方案，给出厂址地理位置图。

6) 技术方案、设备方案和工程方案

正确选择技术方案，对保证项目未来生产的产品数量、质量和经济效益是至关重要的。技术、设备和工程方案构成项目的主体，体现了项目的技术和工艺水平，是项目经济合理性的重要基础。

(1) 技术方案。包括生产方法、工艺流程、工艺技术来源及推荐方案的主要工艺。

(2) 主要设备方案。包括主要设备选型、来源和推荐的设备清单。

(3) 工程方案。主要包括：建筑物、构筑物的建筑特征、结构及面积方案，特殊基础工程方案，公用设施方案的选择、建筑物与构筑物布置方案的选择等。

7) 总图运输与公用辅助工程

总图运输与公用辅助工程是在选定的厂址范围内，研究生产系统、公用工程、辅助工程及运输设施的平面和竖向布置，以及工程方案。

(1) 总图布置。包括平面布置、竖向布置、总平面布置及指标表。技术改造项目包含原有建筑物、构筑物的利用情况。

(2) 场内外运输。包括场内外运输量和运输方式，场内运输设备及设施。

(3) 公用辅助工程。包括给排水、供电、通信、供热、通风、维修、仓储等工程设施。

8) 环境影响评价

预计项目“三废”(废气、废水、废渣)的种类、成分、数量及对环境影响的范围和程度，治理方案的选择和回收利用情况，项目对环境的要求及对环境影响的评价。

建设项目一般会对所在地的自然环境、社会环境和生态环境产生不同程度的影响，因此，在确定厂址和技术方案时，须进行环境影响评价，研究环境条件，识别和分析拟建项目影响环境的因素，提出治理和保护环境措施，比选和优化环境保护方案。环境影响评价主要包括厂址环境条件、项目建设和生产对环境的影响、环境保护措施方案及投资和环境影响评价。

9) 劳动安全卫生与消防

在技术方案和工程方案确定的基础上，分析论证在建设和生产过程中存在的对劳动者和财产可能产生的不安全因素，并提出相应的防范措施，就是劳动安全卫生与消防研究。

10) 组织机构与人力资源配置

企业机构的设置情况，是编制人员配备表和计算各种管理费用的依据；劳动定员的编制数是计算产品成本和制定人员培训计划的依据。对企业管理机构的设置应根据项目的大小、性质和业务范围等为根据，遵循统一领导、分级管理、分工协作、职责明确等原则，按不同企业特点采用适合的组织形式，主要内容包括以下两方面。

(1) 组织机构。主要包括项目法人组建方案、管理机构组织方案和体系图及机构适应性分析。

(2) 人力资源配置。包括生产作业班次、劳动定员数量及技能素质要求、职工工资福利、劳动生产力水平分析、员工来源及招聘计划、员工培训计划等。

11) 项目实施进度

项目工程建设方案确定后，需确定项目实施进度，包括建设工期、项目实施进度计划(横线图的进度表)，科学组织施工和安排资金计划，以保证项目按期完工。

项目实施进度主要应确定项目勘察设计、设备制造、施工安装、试生产所需的时间和进度要求，选择工程项目实施计划方案，并用线条图和网络图表示。

12) 项目经济评价

项目经济评价指对项目进行财务评价和国民经济评价。主要内容包括：列出项目建设所需资金及其筹措情况，估算总成本费用、销售收入和税金；从企业角度，用现行价格计算分析拟建项目投产后各年盈利能力和贷款偿还能力，论证项目是否值得建设；从国民经济角度，通过计算项目投入物和产出物的影子价格，将项目的效益和费用进行比较，判断项目是否值得建设。

(1) 投资估算。

投资估算是在项目建设规模、技术方案、设备方案、工程方案及项目进度计划基本确定的基础上，估算项目投入的总资金，包括投资估算依据、建设投资估算(建筑工程费、设备及工具购置费、安装工程费、工程建设其他费用、基本预备费、涨价预备费、建设期利息)、流动资金估算和投资估算表等方面的内容。

(2) 融资方案。

融资方案是在投资估算的基础上，研究拟建项目的资金渠道、融资形式、融资机构、融资成本和融资风险，包括资本金(新设项目法人资本金和既有项目法人资本金)筹措、债务资金筹措和融资方案分析等方面的内容。

(3) 项目的经济评价。

项目的经济评价包括财务评价和国民经济评价，并通过有关指标的计算，进行项目盈利能力和偿还能力等分析，得出经济评价结论。

(4) 不确定性和风险分析。

通过盈亏平衡分析，敏感性分析和概率分析，研究分析影响项目经济效益的主要因素的变化对所选投资方案的影响程度。

13) 社会评价

社会评价是分析拟建项目对当地社会的影响和当地社会条件对项目的适应性和可接受程度，评价项目的社会可行性。评价的内容包括项目的社会影响分析，项目与所在地区的互适性分析和社会风险分析，并得出评价结论。

14) 风险分析

项目风险分析贯穿于项目建设和生产运营的全过程。首先，识别风险，揭示风险来源。识别拟建项目在建设和运营中的主要风险因素(比如市场风险、资源风险、技术风险、工程风险、政策风险、社会风险等)；其次，进行风险评价，判别风险程度；最后，提出规避风险的对策，降低风险损失。

15) 结论与建议

运用各种数据，从市场、技术、经济等方面论述拟建项目的可行性，指明该项目方案存在的必要性。

2.2　建设项目评估

2.2.1　建设项目评估概述

建设项目评估是指在项目可行性研究的基础上，由第三方根据国家颁布的政策、法规、方法、参数和条例等，从项目、国民经济、社会角度出发，对拟建项目建设的必要性、建设条件、生产条件、产品市场需求、工程技术、经济效益和社会效益等方面进行评价、分析和论证，进而判断其是否可行的一个评估过程。在许多国家，私人和公共投资项目，必须在得到项目所在国或地区政府批准后才能实施。政府通常要对项目进行评估，评估拟建项目是否符合政府的发展目标、开发规划，项目对本国或当地经济、社会、环境等的影响及经济效益。另外，投资者在完成项目可行性研究后，为了分析其可靠性，进一步完善项目方案，往往也聘请另一家独立的咨询机构对可行性研究报告进行评估。而对项目的贷款银行，项目评估则是其贷款决策的必要程序，评估结论是发放贷款的重要依据。与可行性研究一样，项目评估是咨询工程师在项目前期论证阶段的重要工作内容。

在项目投资过程中，依据开展评估活动的时间及所处的阶段，通常可以把项目评估分为前评估、中间评估和后评估。项目前评估是指在项目的投资前期为项目投资决策提供依据所进行的评估，中间评估是在项目建设过程中对项目进行的投资效果分析，项目后评估是在项目建成投产后若干年(一般为项目建成投产后两年)依据项目实施结果而进行的总结性评价。本章所涉及的建设项目评估在没有特殊说明的情况下一般为前期评估。

建设项目评估报告是有关部门与单位对拟建设的项目进行评估、研究以后作出的书面报告，是建设银行审批项目投资的重要依据，也是设计部门、建设施工部门赖以进行规划设计、编制施工计划、研究资金运用的必要凭据。

1. 建设项目评估的作用和意义

1) 项目评估是项目决策的重要依据

项目评估虽然以可行性研究为基础，但由于立足点不同，考虑问题的角度也不一致。为防止可行性研究存在失误，要由有关部门进行评估。可见，项目评估不仅是项目决策的重要依据，也是基本建设必不可少的程序。历史经验证明，决策失误是最大的失误。要避免投资决策失误，就必须对投资项目进行评估。投资项目评估是由专门的机构和人员，利用一整套的科学方法进行的工作，从而可以保证投资项目决策的科学化，避免投资决策失误造成不必要的损失。

2) 投资项目评估是投资项目获取资金来源的重要依据

一个大中型项目，其大部分资金来源于银行贷款。银行部门为保证资金能够及时收回，从而保证资金的正常周转，对每一笔贷款都采取谨慎的态度，都要有科学依据。实际工作中，对每一笔贷款都要根据投资项目评估的结果实施。目前，银行部门规定，不经过评估的投资项目，一律不予贷款。可见，投资项目评估是投资项目获得资金来源的重要依据。

2. 建设项目评估的原则

建设项目评估是投资决策的手段，投资决策机构、金融机构以评估的结论作为实施项目、决策项目和提供贷款的主要依据，所以，要力求保证项目评估结论的客观性。要做到客观、公正地评估项目，须要坚持以下原则。

1) 系统性原则

任何一个投资项目，不论是大型还是小型，不论是外部环境还是内部结构，都具有系统性质。决定一个建设项目是否可行的因素包括诸多方面，首先是项目的内部因素，如项目的技术水平、产品质量、产出物和投入物的价格等。在错综复杂的环境因素中，要把项目建设的目的、功能、环境、费用、效益等联系起来进行综合的分析和判断，从而保证投资项目方案选择的科学性。另外，决定一个项目是否可行，从大的方面讲，还取决于外部因素，如项目所需要的外部配套条件，国家的金融政策、税收政策和一定时期的区域规划等，所以，在进行项目评估时，必须全面系统地考虑，综合平衡，来考查项目的可行性，将市场因素、资源因素、技术因素、经济因素和社会因素等进行系统的分析和评价。

2) 实施方案的最优性原则

投资决策的实质在于选择最佳投资方案，使投资资源得到最佳利用。项目评估应该符合投资决策的要求，进行投资方案的比较和选择。在进行项目评估时，应根据项目的具体情况拟定若干有价值的方案，并以科学的方法进行分析、比较，选择最佳实施方案。一个投资项目在建厂规模、工作流程、原材料供应等方面客观上存在着许多方案，为了达到以较小投入获得较大产出的目的，必须采用科学的比选方法，以获得最优方案。

3) 指标统一性原则

判断项目是否可行，或者选择最佳实施方案需要一系列的技术经济指标，而这些指标的确定是经过多年的潜心研究和实践得出的，指标体系是科学合理的。当然，在进行项目评估时，可以根据侧重点的不同，选择不同的指标，但应力争做到选择指标的统一性。如果采用的评估指标不规范、不统一，其结果必然不同，所以，在项目评估中，必须以国家权威性机关制定的统一参数和指标为标准，针对不同性质的项目，参考不同行业的参数和指标。如可以选择原国家计划委员会和建设部2006年正式颁布实施的《建设项目经济评价指标和参数》(第三版)。

4) 方法科学性原则

方法科学性一方面是指在项目评估中，要进行大量的分析和评价，这就要求选择科学合理的分析和评价方法，既要考虑定性方法，又要考虑定量方法，更要考虑定性与定量相结合的方法。为了保证评估的正确性，要力求使用科学的方法，也就是说，评估时采用的方法必须符合客观实际，并能够揭示事物内在的规律。实践证明，目前投资项目评估中所使用的方法是科学的，但还需要进一步完善。

方法科学性在某种程度上是指选择数据的准确性。项目评估实质上是对有关拟建项目的各个方面信息资料进行综合、加工、分析和评价的过程，数据来源可靠与否、准确与否，直接影响项目评价结论的客观性和公正性，所以，在项目评估时，一定要选择来源可靠、数据准确的信息。

5) 立场公正性原则

公正性就是指在项目评估中，要尊重客观实际，不带主观随意性，不受外界干扰，不屈服于任何压力。投资项目评估本身是一项公正性极强的技术经济论证过程，它不但为各部门、各单位的经济利益负责，更重要的是为国家、社会的经济利益负责，没有公正性，也就失去了科学性和可靠性。

3. 建设项目评估的依据

在现阶段，可作为项目评估主要依据的有以下几方面。

(1) 国家制定和颁布的经济发展战略、产业政策及投资政策。

(2) 项目所在地的区域经济发展规划和城市建设规划。

(3) 项目所在地的区域经济性资源、地形、地质、水文、气象及基础设施等资料。

(4) 有关部门颁布的工程技术标准和环境保护标准。

(5) 有关部门制定和颁布的项目评估规范及参数。

(6) 原国家计委和建设部发布的《建设项目经济评价方法与参数》。

(7) 项目可行性研究报告和规划方案。

(8) 各有关部门的批复文件，如项目建议书、项目可行性研究报告的批复。

(9) 投资协议、合同和章程等。

(10) 其他有关信息资料。

2.2.2 建设项目评估的程序

建设项目评估的程序是指开展项目评估工作应当依次完成的步骤。不同类型的项目，其投资额不同，涉及面不同，因而对其进行评估的程序也不同，就一般项目而言，其评估的程序大致如下。

1. 准备和组织

对投资项目的评估，要根据项目自身的特点组织评估。简单的项目，可指定专人负责。对于重点项目，由于评估复杂、涉及面广、技术性强，因此应组织专门的评估小组，成立评估委员会，要注意组织结构的完整性，既要有熟悉经济、管理的专家，又要有熟悉工程建筑的人员等。评估小组内部，要明确分工，落实责任，互相配合，并制定好评估工作计划，有步骤、有目的地进行。

对拟建项目评估，首先要确定评估人员，成立评估小组。评估小组的人才结构要合理，一般包括财务人员、市场分析人员、专业技术人员、土木工程人员和其他辅助人员。组成评估小组以后，组织评估人员对可行性研究报告进行审查和分析，并提出审查意见，最后，综合各评估人员的审查意见，编写评估报告提纲。

2. 项目评估工作计划

项目评估工作计划是项目评估各项工作的前期总体规划，是保障项目评估工作有条不紊进行的指导性文件，其内容一般应包括以下几方面。

(1) 明确评估的目的。即根据项目的性质、特点，明确项目评估的原因、背景，以及需要解决的问题和预计达到的目的。

(2) 明确评估内容。即根据不同项目不同决策者的要求，结合本项目的目的、性质、特点，确定进行分析评估的具体内容。

(3) 确定评估方法。即为了达到评估的目的，确定采用什么方法，采用什么资料等。

(4) 确定评估进度。根据调查、评估和审查分析的内容、范围，以及时间要求是否紧迫，制定出项目评估的时间进度。

3. 整理数据

根据评估工作计划的内容，由评估小组负责人做明确的分工，各自分头工作，进行数据调查与整理。

收集项目评估所需的资料数据，包括有关该项目的产品市场、厂址选择、生产技术及建设条件、工程造价、生产成本、产品价格、税收等方面的资料。

通常可通过两个途径取得项目评估所需要的资料数据：一个是从可行性研究报告中取得；另一个是通过调查搜集。项目评估人员可以从可行性研究报告中取得项目评估需要的基本数据和资料，但必须进行核实，进行评估。此外，还应根据评估内容与分析要求，进行企业调查和项目调查，进一步了解必要的数据和资料。所谓企业调查，是指索取书面资料和对改扩建项目的企业进行调查，要求透彻地掌握企业历史变革，现有生产规模，近年生产经营状况，经济效益和存在的问题；而项目调查，则以同评估对象有密切关联的单位、咨询机构为调查对象，搜集有关项目产品的国内外市场、工艺技术，设备选型、原材料供应、产品价格和成本等方面的资料。数据资料要查证核实，加工整理，汇总归类，使之真实、准确、系统、完整，以便同可行性研究报告比较，作为编制评估报表及文字资料的依据。

数据调查和分析的重点在于对可行性研究报告的审查所提出的问题。评估人员可以与编制可行性研究报告的单位交换意见，也可以与建设单位或主管部门交换意见。在对搜集的资料进行整理以后，进行审核与分析。

4. 审查分析

项目评估组在开展调查研究和收集资料数据之后，对项目进行全面的审查、评价，具体内容包括以下几个方面。

1) 评价分析项目的基本情况

评价分析项目的基本情况，如分析项目的地理位置、自然条件、以及主要产品的品种、结构、销路、价格，基础设施、能源交通运输等情况，据此对项目做出初步的判断。

2) 项目建设条件的分析与评估

在以逻辑框架矩阵为基础的项目评估框架体系中，项目建设条件的分析评估应属于逻辑框架要素中“重要假设条件”所要评估的内容。这部分的评估内容主要包括：① 资源条件评估，包括物质资源(原材料、供应品、建筑材料、机器设备等)、财力资源(资金实力、融资条件和渠道)、技术资源(专利技术、工艺设计、加工配方等)和人力资源(专业技术人才、管理人才和普通劳动力等)，对各种资源的来源、可靠性、时效性和经济性进行分析和评价；② 基础设施条件评估，包括交通、通信、供水供电等基础设施条件；③ 工程地质、水文地质条件是否符合建厂要求；④ 地方政策和法规，地方政府和社区居民的支持和参与程度等；⑤ 厂址条件和地理位置等；⑥ 市场条件评估，包括国内外市场需求、价格水平、市场份额、竞争能力、营销策略和手段等。

3) 技术评估

在以逻辑框架矩阵为基础的项目评估框架体系中，技术评估应该分属于逻辑框架要素中“重要假设条件”和“项目实施的投入活动”所要评估的内容。评估准则：项目设计合理，在工程技术上处理适当，并且符合一般公认的有关标准。评估内容：项目规模，布局和地理位置，工艺路线和设备选择，采用的技术是否是当地的适用技术，项目实施计划是否可行，能否达到预期的生产水平等。评估要点：审查项目所选用的技术参数是否正确，所依据的工程技术标准及设计规范是否合理，是否已充分考虑项目执行中可能出现的意外情况和价格上涨的问题，土木工程和设备采购的安排是否符合有关要求，项目的营运成本、劳务费用等与工程有关的财务数据，原材料供应及配套设施，项目对环境的影响及对策。需要指出的是，在可行性研究的内容和深度与国外通行的做法接轨的情况下，项目评估中的技术评估深度也应相应加深，要做到对可行性研究报告中的工程技术方案(相当于目前我国的初步设计的深度)进行系统的技术评估，必要时还应进行设计优化，这就对项目的技术评估提出了更高的要求。

4) 组织机构评估

在以逻辑框架矩阵为基础的项目评估框架体系中，组织机构评估应该属于逻辑框架要素中“重要假设条件”或“先决条件”所要评估的内容。评估准则：组织机构设计合理，管理高效，能够保证项目的顺利建设和有效运作。评估内容：组织体系设计，包括项目单位的组织机构、管理制度、人员素质、政策和工作程序，以及政府对这些机构的政策等。评估要点：项目执行机构组织是否健全、高效，是否符合实现项目目标的需要，是否需要改变政策或组织机构，执行人员素质是否合格、工作效率如何，激励及约束机制的安排是否得当等。我国目前的项目评估中，组织机构的评估，无论在内容还是深度方面均比较欠缺，急需加以规范及补充。

5) 项目财务评估

财务评估包括投资方案财务评估和融资方案财务评估两个方面。投资方案财务评估，对构成项目投资财务方案的财务基本数据的完整性、准确性、可靠性及项目本身的财务盈利能力进行评估，主要是根据工程技术方案，对项目的建设投资、流动资金、无形资产等投资的构成及取费标准进行评估，对销售收入、经营成本、有关税费、利润预测及项目投资现金流量预测的可靠性进行评估，对各种财务数据有关的项目生产规模、产品方案数据、各项技术经济指标进行评估。评估的主要目的是在不考虑融资方案、所得税、折旧等“人为因素”的前提下，判断项目本身所具有的盈利能力及投资价值，分析项目本身的可行性。评估的对象是项目本身，一般采用有无对比的原则，分析由于项目的实施可能产生的现金流量变动情况，进行折现现金流量分析，分析的内容和结果与项目的融资主体的财务状况无关，也与项目的融资方式无关。对于各种不同的投资项目，这部分的分析内容及方法基本相同。

融资方案财务评估的评估准则：财务风险最低、股东权益最大化。评估内容：项目的资金来源是否可靠，资金数量能否满足项目的需要；财务杠杆的选用是否恰当，项目的债务清偿能力，即能否全部偿还贷款的本息和其他债务；项目的财务管理制度是否健全；股东的权益投资能否收回，以及股东能够获得的投资回报。评估方法：成本效益分析、财务杠杆分析、资本资产定价模型、财务计划方法等。评估的重点是要预测项目计算期内基于融资主体的完整的现金流量，如投资活动的现金流量，包括项目建设投资、流动资金投入、资产变现收益、期末资产回收、对外投资收益、项目收益再投资等引起的现金流量；融资活动的现金流量，包括各种权益资金、债务资金的筹措、借款还本付息、股本分红等引起的现金流量；经营活动的现金流量，包括销售及营业收入、经营成本支出、所得税支出等引起的各种现金流量，在此基础上进行现金流量规划，分析融资主体的财务可持续性，现金流量结构在时间、币种等方面能否满足投资者及贷款银行的要求，借款清偿能力及股东投资回避能力。融资方案财务评估的评估对象是项目的融资主体。融资主体不同，分析的内容和方法也不同，不同的贷款机构及股东对还贷能力及股东回报的要求不同，评估的基准及侧重点也不同，因此这部分的评估要比投资方案财务评估复杂得多。

6) 经济及社会评估

经济评估从资源配置的角度分析评价项目的经济效益，通过费用—效益分析等分析方法，寻找能够获得资源配置效益最大化的方案，从而得出是否投资的建议。对于政府委托的评估项目，尤其要重视经济评估。在评估具体工作中，要纠正目前“国民经济评价”的一些不恰当的理解。在微观的项目层次上，要从资源优化配置的角度，按照微观经济学关于资源均衡配置的有关原理，结合项目所在地区资源禀赋特征、经济发展水平、市场配置资源的状况，测算相应的影子价格，进行经济评价。由于目前我国市场经济改革进程的加快，价格扭曲的状况得到极大改善，微观层次的经济评价将逐步退居次要地位。对于政府委托的评估项目，重点要加强宏观层次的经济评价，即从项目影响的区域经济的角度，评估项目对区域经济发展的贡献，对增强区域竞争力，形成优势、拳头产业的影响，对区域经济均衡发展的影响等。

对于社会评估，应主要从区域社会的角度，分析项目的受益群体及对社区环境的影响，分析对性别、贫困、公平、社区参与等的影响，项目对社区经济可持续发展的影响等。对于政府委托的项目，尤其要重视社会评估。

7) 项目风险及对策评估

该项评估主要分析不确定性因素及项目可能出现的各种风险因素，提出规避风险的对策。一般采用盈亏平衡分析、敏感性分析、风险(概率)分析等方法，提出规避风险的对策，以及建议国家有关部门应采取何种政策来减少风险等。

5. 编写评估报告初稿

项目评估报告是向有关领导和决策部门报告项目情况和评估结论的书面文件，是项目评估工作成果的集中表现，因此项目评估报告的质量是检验项目评估工作好坏或成败的重要依据。评估报告是以审查分析过程中大量的数据测算、指标计算与合理推断为基础编写的。

在基本掌握所需要的数据并进行适当的分析论证之后，即可进入评估报告的编写阶段。在实践中，分析和论证不是一次完成的，可能要经过多次反复才能完成，特别是对一些大型项目或数据不宜取得的项目，这一阶段是评估的关键，一定要充分掌握数据，并力争数据的准确和客观。

6. 论证和修改

编写出项目评估报告的初稿以后，首先要由评估小组成员进行分析和论证，根据所提意见进行修改后方可定稿。有些评估机构，以这一阶段的定稿作为最终的评估报告报决策部门或金融机构的信贷部门。有些评估机构，在这一阶段的定稿基础上召开专家论证会，由各方面专家再提出修改意见，最后定稿。

2.2.3 项目评估的内容

项目评估的内容，因项目类型、规模的不同，各有差异，一般包括以下几部分。

1. 项目与企业概况的评估

首先，对项目的实施背景进行简要分析，如该项目是在什么样的市场环境之下建立起来的，是否符合国民经济发展的宏观调控方针，以及政策、法律；其次，对项目的基本概况，如总投入、总支出、总利润、投资利税率、投资回收期(包括静态的和动态的)、投资风险所在、不确定性分析、国民经济效益分析的结果等，作扼要的说明。

对于基本建设项目，主要评估项目的投资者、建设性质、建设内容、产品方案、项目隶属关系以及项目得以成立的依据(如立项的批复文件、选址意见书等)。

对于更新改造项目，除上述内容外，还要评估现有企业的基本概况，历史变革、组织机构、技术经济水平、资信程度、经济效益等。

对于中外合资项目，则还要分别评估合资各方的基本概况。

2. 项目建设必要性的评估

要从宏观和微观角度，分别论述项目建设的必要性，如项目的建设是否符合国家的产业政策，是否符合国民经济发展规划与地区发展规划，是否有助于优化城市总体布局等。

3. 项目市场需求分析

项目市场需求分析主要分析项目所产出的产品或服务的市场现状及产品服务在市场上的竞争能力等。

4. 项目生产规模的确定

在必要性评估与市场需求分析的基础上，分析厂址情况、资金筹措能力、技术管理水平及最佳生产规模。

5. 项目建设生产条件评估

结合项目的具体情况(如规模经济等)，主要评估项目的建设施工条件能否满足项目正常实施的需要，生产条件能否满足日常生产经营活动的需要。

6. 项目工程与技术评估

项目工程与技术评估主要评估项目工程设计的合理性、经济性和安全性。

7. 投资估算与资金筹措

投资估算与资金评估主要估算项目总投资额(包括建设投资、流动资金投资与建设期利息等)，并制定相应的资金筹措方案和资金使用计划。

8. 财务效益分析

从企业或项目的角度出发，根据收集和估算出的财务数据，以财务价格为基础，编制有关表格，计算相应的技术经济指标，据此判断项目的财务盈利能力和清偿能力。

9. 国民经济效益分析

从国民经济的角度出发，根据收集和估算出的经济数据，以影子价格为基础，编制有关表格，计算相应的技术经济指标，据此判断项目对国民经济的贡献。

10. 社会效益分析

从社会的角度出发，以社会影子价格为基础，编制社会评价表格，计算相应的技术经济指标，据此判断项目对实现社会发展目标的贡献。

11. 不确定性分析

通过运用有关方法，计算有关指标，考察项目抵御风险的能力。

12. 项目总评估

在上述各项评估的基础上，得出项目评估的结论，并提出相应的问题和建议。在现实评估中，可根据项目的性质、规模、类别等对上述内容加以调整。

项目评估的具体操作程序如图 2.1 所示。

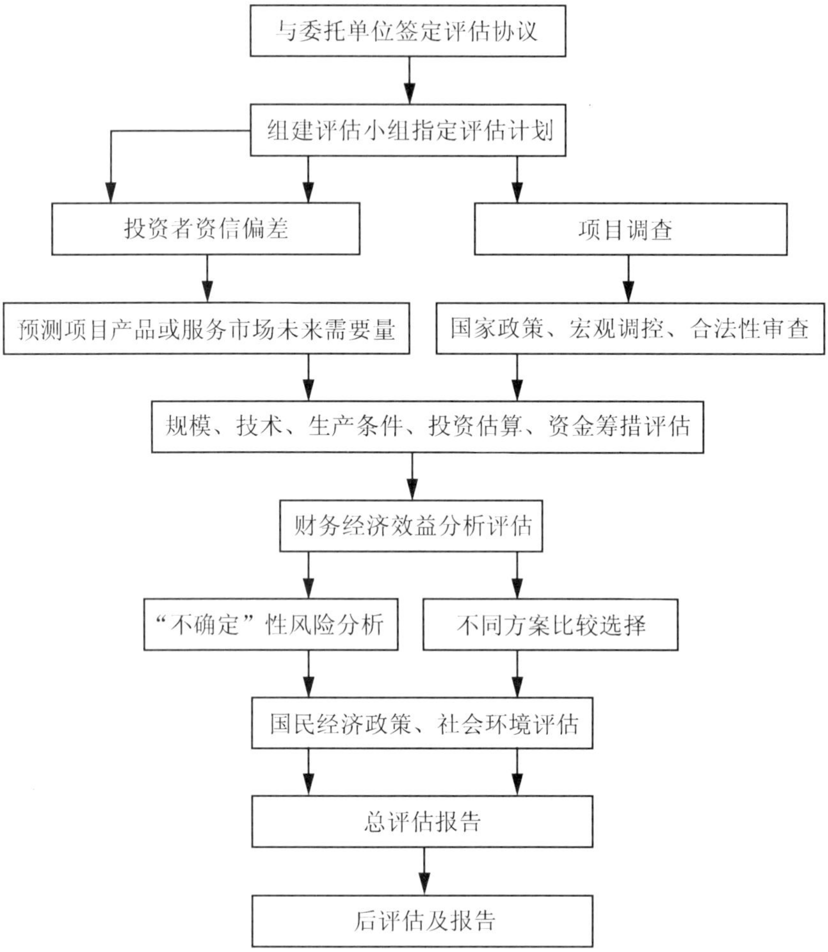

图 2.1　项目评估的具体操作程序

2.3　项目评估与可行性研究的联系和区别

2.3.1　项目评估与可行性研究的共同之处

项目评估与可行性研究之间存在的主要共同点有以下几方面。

(1) 两者同处于项目投资的前期阶段。可行性研究是继项目建议书批准后，对投资项目在技术、工程、外部协作配套条件和财务、经济和社会上的合理性及可行性所进行的全面、系统的分析和论证工作；而项目评估则是在项目决策之前对项目的可行性研究报告及其所选方案所进行的系统评估。它们都是项目前期工作的重要准备，都是对项目是否可行及对投资决策做咨询论证工作。

(2) 两者的出发点一致。项目评估与可行性研究都以市场研究为出发点，遵循市场配置资源的原则，按照国家有关的方针政策，将资源条件同产业政策与行业规划结合起来进行方案选择。

(3) 考察的内容及方法基本一致。

(4) 目的和要求基本相同。两者的目的均是要提高项目投资科学决策的水平，提高投资效益，避免决策失误，都要求进行深入、细致的调查研究，进行科学的预测与分析，实事求是地进行方案评价，力求资料来源可靠、数据准确和结论客观而公正。项目战略的关系如图 2.2 所示。

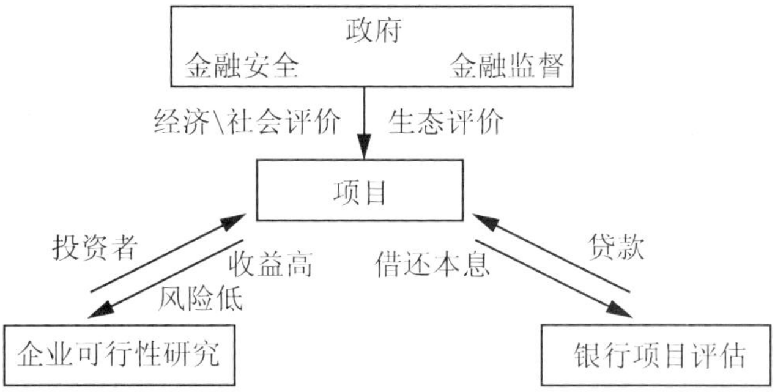

图 2.2　项目战略关系

2.3.2　项目评估与可行性研究之间的区别

项目评估与可行性研究之间的区别主要包括以下几方面。

(1) 编制单位不同。项目的可行性研究由项目业主主持，项目业主可以把这项工作委托给专业的设计单位或咨询机构，但受托的这些单位与机构只对项目业主负责。而项目评估，由投资决策机构或贷款金融机构负责，这些机构也可以把这项工作委托给专门的咨询机构去做，评估的主体是投资决策机构。可行性研究的具体执行者一般由建设单位、设计院或咨询公司承担；项目评估的具体执行者一般是贷款银行或建设主管部门委托的工程咨询公司。为了保证项目决策前的调查研究和审查评价活动相对独立，应由不同的机构分别承担这两项工作。在我国，可行性研究通常由项目的投资者或项目的主管部门来主持，投资者既可以独自承担该项工作，也可委托给专业设计或咨询机构进行，受托单位只对项目的投资者负责；项目评估一般由项目投资决策机构或项目贷款决策机构(如贷款银行)主持和负责。主持评估的机构既可自行组织评估，也可委托专门咨询机构进行。

(2) 开展时间不同。可行性研究在前，项目评估在后。项目评估是在建设单位提交可行性研究报告后才进行的，它以可行性研究报告为基础，对项目是否可行做出检查论证。从服务对象和地位方面考察，可行性研究为业主服务，是项目业主投资决策的依据；项目评估为决策机构服务，它实际上是可行性研究的再研究，其目的在于决策，通常比可行性研究更具有权威性，因此，项目业主的最终决策会受到项目评估结果的影响，特别是业主的资本金不够充裕需向银行贷款时。两者在项目投资决策过程中所处的时序和作用不同。在项目建设程序中，可行性研究在先，评估在后，其作用也不相同。可行性研究是项目投资决策的基础，是项目评估的重要前提，但它不能为项目投资决策提供最终依据。项目评估则是投资决策的必备条件，是可行性研究的延续、深化和再研究，通过更为客观地对项目及其实施方案进行评估，独立地为决策者提供直接的、最终的依据，比可行性研究更具有权威性。建设项目评估与可行性研究是建设项目投资前期的两项重要的工作内容，两者存在着先后的逻辑关系；同时，它们在多个方面也存在着一定的联系与区别。

(3) 分析角度不同。可行性研究主要从企业角度去估量项目的盈利能力，决定项目之弃取，侧重于投资项目的微观经济效益，可行性研究一般由建设单位或设计部门承担，故带有业主或主管部门的意图；而决策机构所做的项目评估，必须对项目的微观和宏观效益都进行考察，因此，在可行性研究的基础上开展项目评估，必须将微观问题再拿到宏观中去权衡。项目评估一般由咨询公司或贷款银行承担，他们站在国家、社会的角度去看问题，故能比较客观、公正。

(4) 评价的角度不同。可行性研究一般要从企业(微观)角度去考察项目的盈利能力，决定项目的取舍，因此它着重于讲求投资项目的微观效益；而国家投资决策部门主持的项目评估，主要从宏观经济和社会的角度去评价项目的经济和社会效益，侧重于项目的宏观评价。贷款银行对项目进行的评估，则主要从项目还贷能力的角度，评价项目的融资主体(借款企业)的信用状况及还贷能力。

(5) 分析的侧重点不同。可行性研究既重视技术，又重视经济方面的论证分析；项目评估较侧重于经济效益方面的论证分析。两者在项目投资决策过程中的目的和任务不同。可行性研究除了对项目的合理性、可行性、必要性进行分析、论证外，还必须为建设项目规划多种方案，并从工程、技术及经济方面对这些方案进行比较和选择，从中选出最佳方案作为投资决策方案，因此，它是一项较为复杂的工程咨询工作，需要较多人力进行较长时间的论证；而项目评估一般则可以借助于可行性研究的成果，并且不必为项目设计多个实施方案，其主要任务是对项目的可行性研究报告的全部内容，包括所选择的各种方案，进行系统的审查、核实，并提出评估结论和建议。

由于项目评估者所处地位、职责和视野不同，故不是简单重复可行性研究的内容，而是进一步完善对建设项目的论证和分析。

本章综合案例

【案例 1】 中国国际工程咨询公司对拟建项目的可行性研究报告按规定评估。

中国国际工程咨询公司对拟建项目的可行性研究报告按规定的评估内容进行了系统的分析论证后，按下列大纲编制项目评估报告。

1.项目概况

(1) 项目基本情况。

(2) 综合评估结论。

2.评估意见

(1) 关于市场供需预测及拟建规模的评估意见。

(2) 关于资源、原材料、燃料及公用基础设施的评估意见。

(3) 关于建厂条件和厂址方案的评估意见。

(4) 关于工艺、技术和主要设备选择方案的评估意见。

(5) 关于环境保护的评估意见。

(6) 关于企业组织、劳动定员和人员培训的评估意见。

(7) 关于实施进展的评估意见。

(8) 关于投资估算和资金筹措的评估意见。

(9) 关于经济及社会效益的评估意见。

(10) 综合结论意见。

3.问题和建议

(1) 存在或遗留的重大问题。

(2) 潜在的风险。

(3) 建议。包括以下方面。

① 解决问题的途径和方法。

② 建议国家和有关部门采取的应急措施和方法。

③ 对下一步工作的建议。

【案例 2】 中国人民建设银行对固定资产贷款项目评估的内容大纲。

1.企业(借款人)资信评估

(1) 企业(借款人)经济地位评估。

(2) 企业(借款人)的法定代表人素质和领导班子整体素质评估。

(3) 企业(借款人)生产经营情况评估。

(4) 企业(借款人)资产负债及偿清能力评估。

(5) 企业(借款人)信用和发展前景评估。

2.项目概况分析

(1) 项目建设必要性评估。

(2) 项目进展过程评估。

(3) 项目工艺技术设备评估。

(4) 项目建设和生产条件评估。

(5) 项目环境保护评估。

3.项目产品市场供求评估

(1) 对产品市场供求现状的调查。

(2) 对产品供求发展趋势的预测。

(3) 项目产品竞争能力的分析。

(4) 项目建设规模和建设方案的经济合理性分析。

4.投资估算与资金来源评估

(1) 对项目总投资估算的评估。

(2) 对资金来源的评估。主要是对项目所有者权益和负债的可靠性进行分析。

5.财务评估

(1) 基础财务数据测算与分析。

(2) 项目财务效益评估，包括盈利能力分析和清偿能力分析。

(3) 项目不确定性分析，包括盈亏平衡点分析和敏感性分析。

6.银行效益与风险防范评估

(1) 银行效益评估，包括流动性评估和相关效益评估。

(2) 风险防范评估，主要是对借款人提供的保证、抵押、质押某贷款风险防范措施的可行性分析。

评估报告的附件，包括以下几方面的内容。

(1) 借款人近 3 年的损益表、资产负债表和财务状况变动表。

(2) 项目建议书、可行性研究报告、初步设计、新开工概算调整等批复文件。

(3) 项目(公司)章程、合同及批复文件。

(4) 项目建设与生产条件落实的有关批复文件。

(5) 项目环境保护方案的批复文件。

(6) 项目资本金落实文件。

(7) 项目各投资者出具的分年度资本金安排承诺函。

(8) 项目各投资者近3年的损益表、资产负债表和财务状况表。

(9) 项目长期负债和短期借款等的落实或审批文件。

(10) 借款人出具的用综合效益偿还项目贷款的函。

(11) 保证人或抵押人出具的担保函或意向性承诺函。

(12) 保证人近3年的损益表、资产负债表和财务状况变动表。

(13) 银行评审需要的其他文件。

银行对贷款项目评估报告内容的要求，应在全面评估的基础上，重点评估借款人的企业资信状况，贷款项目的投资估算与资金来源，财务经济效益和偿还能力，以及银行效益与风险防范等，加强分析论证工作的可靠性。

【案例3】 国家开发银行对项目贷款评审的内容纲要。

(1) 项目概况评审。主要是审查项目建设的必要性、合理性和外部建设条件的落实情况。

(2) 借款法人(项目法人)评审。主要是对借款申请人的经营机制、管理者素质、经济实力，经营效益和资信状况等进行深入分析，以判别其借款资格。对于新组建的项目法人，应重点审核其是否符合现代企业制度及公司法的要求，还应审核其产权构成及各股东方的基本情况。

(3) 项目总投资评审。主要是按国家、部门、地区和开发银行的规定对项目上报总投资进行审核。

(4) 资金筹措评审。主要是审查项目资本金及其他资金筹措来源的落实情况及融资结构的合理性。

(5) 产品市场评审。主要是调查产品国内外市场的供求现状及发展趋势，分析产品市场风险因素，预测项目产品市场前景，并进行产品的竞争力分析、替代性分析、周期性分析、价格控制力分析，以及市场促销能力分析、产品客户基础分析、企业成本结构分析和行业经济周期性分析等。

(6) 财务效益与偿债能力评审。主要是通过对贷款期间借款申请人原有效益和项目预计效益的测算，分析企业的财务实力和债务承受能力，确定偿债能力及还款资金来源，分析项目的盈利能力对贷款偿还的保障程度，还须进行项目综合偿债能力评审。

(7) 贷款担保条件评审。主要是对项目贷款的保证担保、抵(质)押担保进行审查分析，评价其可靠程度。

(8) 贷款风险评审。主要是从贷款对象的选择和贷款方式的选择两个方面，运用市场的标准，量化分析项目贷款存在的风险程度，说明贷款风险产生的原因，明确提出防范风险的保证措施和规避方法。

(9) 评审结论。根据上述评审结果，经过全面综合分析论证，提出项目贷款的评审意见。

(10) 评审附表。包括以下几部分内容。

① 项目产品市场分析报告。

② 借款企业现金流量计算表。

③ 资产负债表。

④ 损益及利润分配表。

⑤ 借款还本付息表。

⑥ 贷款项目风险测算表。

(11) 评审附件。包括以下几部分内容。

① 项目建议书或可行性研究报告批复文件。

② 部门或省市自治区政府上报的项目可行性研究报告的请示文件。

③ 法人资信证明。

④ 借款人借款申请书。

⑤ 有关落实资金证明文件，各投资方出资承诺函，资金需求及来源平衡表。

⑥ 担保文件。

⑦ 交通、管线工程、输变电工程等项目，应附地理位置图。

⑧ 对环境有较大影响的项目应附环保评估报告批复文件。

本 章 小 结

建设项目可行性研究与建设项目评估都是建设项目前期决策过程中的重要内容，两者有着紧密的联系，但是又有区别。本章着重介绍了建设项目可行性研究与建设项目评估的区别和联系，同时对建设项目可行性研究与建设项目评估两者在工作过程中都要解决的问题和编制过程、内容及程序等问题进行了阐述。

本章推荐课外阅读资料

[1] 联合国工业发展组织．工业可行性研究手册[M]．北京：中国财政经济出版社，1978．

[2] 徐强，董正信．投资项目评估[M]．南京：东南大学出版社，2005．

[3] 周惠珍．投资项目评估案例分析[M]．大连：东北财经大学出版社，2000．

[4] 赵国杰．投资项目可行性研究[M]．天津：天津大学出版社，2003．

[5] 吴大军．项目评估[M]．大连：东北财经大学出版社，2002．

本章思考题

一、名词解释

机会研究　初步可行性研究　详细可行性研究　建设项目评估　前评估　中间评估　后评估　项目战略三角

二、简答题

1．什么是建设项目可行性研究？
2．对项目进行可行性研究，要回答哪 3 个问题？
3．可行性研究一般包括哪几个阶段，每个阶段的任务是什么？
4．可行性研究的作用是什么？
5．建设项目可行性研究的主要内容是什么？
6．什么是建设项目评估？
7．建设项目评估的作用和意义是什么？
8．建设项目评估的具体操作程序如何？
9．项目评估的主要内容是什么？
10．项目评估与可行性研究之间有哪些联系？

第 3 章　资金的时间价值

教学目标：资金时间价值的概念是建设项目评估内容中最基本的概念，它是财务评价过程中计算现金流量表时，所用的的基本概念，因此，本章对资金时间价值、复利法、现值、终值、年值、净现值、净现金流量这些基本概念做了详细介绍。由于利息(或利润)是衡量资金时间价值的尺度，所以计算利息的方法也就是计算时间价值的方法。利息的计算有单利法和复利法两种。在复利法计算过程中，应明确辨析名义利率、实际利率、连续复利三者之间的关系，这是时间价值计算的最基本问题。

教学要求：本部分课程要求掌握资金的时间价值的概念，资金时间价值产生的原因和基本原理，以及时间价值在现金流量图与现金流量表中的表现形式。要求掌握衡量资金时间价值的尺度中包括的内容以及计算利息的方法，也就是计算时间价值的方法，最后应掌握等值计算的规则。

3.1　资金时间价值的基本概念

3.1.1　资金时间价值

资金的时间价值是指资金在扩大再生产及循环周转过程中，随着时间变化而产生的资金增值或经济效益。具体体现为资金的利息和资本的利润。具体来说，资金时间价值是指在不同的时间点，同一数量的资金表现出的不同价值数量。通过一定的方式，可以将不同价值数量的资金转换为同一时间可以衡量的资金。

资金具有时间价值的原因有以下几方面。

(1) 从消费者或从资金提供者的角度来看，无论国家通过财政手段积累的资金，还是个人储蓄货币，一旦用于投资，就不能用于现时消费，必须把现时的消费推迟到将来，因此，资金使用者应当付出一定的代价，作为对放弃现时消费损失的补偿和对提供资金者的鼓励，这就是利息(资金的机会成本)。

(2) 从生产者或资金使用者的角度来看，生产的产品除了弥补生产中的物化劳动和活劳动消耗外，还会有剩余价值。这从资金的运动过程来看，就表现为初始投资经过生产过程产生了增值即利润。

3.1.2　资金时间价值的度量

资金时间价值的度量可以分为绝对尺度和相对尺度。

1) 利息和利润(盈利)

利息和利润分别是衡量资金时间价值的绝对尺度，利息和利润都是投入资金在一定时间内产生的增值，都可视为使用资金所付的报酬。钱存入银行可以得到利息，钱投入生产可以取得利润。利息和利润都是资金时间价值的体现。

2) 利率、利润率和收益率

利率、利润率或收益率是一定时间(通常为一年)的利息、利润或收益占原投入资金的比率，也称为资金报酬率，它反映资金随时间变化的增值幅度。

在投资项目经济评价中，利息与利润或收益、利率与利润率或收益率是不同的概念。一般在研究投资项目的经济效益时，使用利润、收益或利润率、收益率的概念；在计算分析信贷资金时，则使用利息和利率的概念。

3.2 现金流量与现金流量图

1. 现金流量

投资项目评估中的现金流量反映的是项目在建设期间和生产服务年限内，流入和流出项目系统的现金活动。考察对象在整个期间各时间点上实际发生的资金流出或资金流入称为现金流量。其中，流出系统的资金称为现金流出，记为CO，流入系统的资金称为现金流入，记为CI，现金流入与现金流出之差称为净现金流量，称为NCF(记为CI-CO)，现金流入、现金流出及净现金流量统称为现金流或现金流量。在市场经济系统中，一切投资项目都可以抽象成为现金流量系统。

项目经济评价的动态分析要求将项目计算期内所发生的收益与费用，按照各自发生的时间点顺序排列，即表达为具有明确时间概念的现金流量。

项目的现金流入通常包括营业收入、回收固定资产余值和回收流动资金等；现金流出通常包括建设投资、流动资金、经营成本等。

由于资金存在着时间价值，所以不同时间的等额资金，其价值是不相等的，因此，不能把不同时间的资金做简单的四则运算，为便于计算资金的时间价值，就必须清楚地区分资金收支的发生时间。对于一个工程项目来说，从投资建设到建成投产直至最后报废为止，是一个较长的时间过程，这个时间过程称为项目寿命期。在项目寿命期内，各种费用和收益可能在不同的时间发生，通常把项目在寿命期内不同时间发生的各种资金收支(包括费用、收益)，称为项目的现金流量。现金流量的计算与常规的会计方法不同，其要点是只计算现金收支，不计算非现金收支(如折旧和应收、应付账款等)，并且要明确现金收支发生的时间。

投资项目从投资建设到建成投产直至最后报废为止，不同时间发生的各种资金收支(包括费用、收益)都构成现金流量，因此，必须在同一时点上考察项目的收益和成本情况，包括现金流入和现金流出。对项目进行经济评价时，首先应当对其收益与费用进行时间价值的等值变换，即将不同时间点上的资金价值转化为相同时间点上的价值，使之具有时间可比性，这就是所谓的资金时间价值等值变换的原理。

一个投资项目的现金流量，从时间上看，有起点(投资开始时间)、终点(项目报废，终止使用的时间)、中间点(建设期、生产期中的各年)。为了便于区分和表达，把起点叫“现在”，除“现在”以外的时间称“将来”，把“中间点”发生的资金收支额叫“年金”或“年值”。

把“现在”发生的资金收支额叫“现值”。

把“终点”发生的资金收支额叫“终值”或“未来值”。

年金相对“现值”来讲是“未来值”，相对“终值”来讲又是“现值”。

“现值”、“终值”和“年金”是计算资金时间价值的 3 个常用术语。

2. 净现金流量

净现金流量是指项目在一定时间(一般指 1 年)内，现金流入和现金流出的代数和，现金流入取正号，现金流出取负号，其表达式为。

净现金流量=现金流入-现金流出

3. 现金流量图

进行建设项目资金流量分析时，经常需要借助于现金流量图来分析各种现金流量的流向(支出或收入)、数额和发生时间。所谓现金流量图，就是一种反映经济系统资金运动状态的图表，如图 3.1 所示。

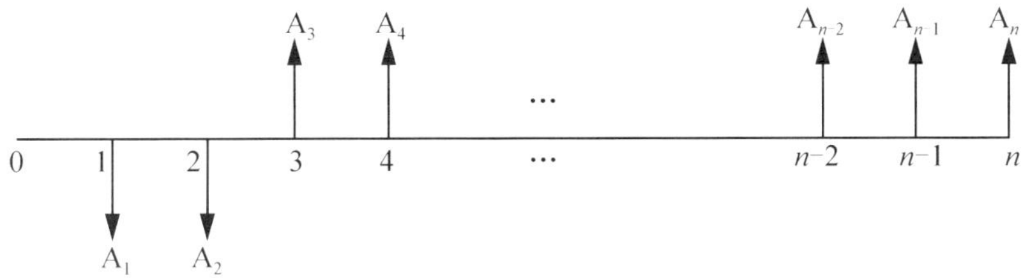

图 3.1　现金流量图

现金流量图具有以下四个特点。

(1) 以横轴为时间轴，向右延伸表示时间的延续，轴上每一个刻度表示一个时间单位，可以取年、半年、季或月等，零表示时间序列的起点。整个横轴又可以看成是所考察的“系统”，零代表建设项目的初始点，1，2，…，n 等分别代表各年年末。

(2) 相对于时间坐标的垂直箭线代表不同时间点的现金流量情况，在水平线上方的垂直箭线代表现金流入量 CI，即收益；水平线下方的垂直箭线代表现金流出量 CO，即费用。用箭线的长短示意现金流量绝对值的大小。

(3) 在现金流量图中，箭线长短要能体现各时间点现金流量数值的差异，并要在各箭头线上方(或下方)注明其现金流量的数值。

(4) 箭线与时间轴的交点即为现金流量发生的时间点。

由此可见，现金流量的 3 个要素分别是现金流量的大小(资金数额)、方向(资金流入或流出)和作用点(资金的发生时间点)。运用现金流量图，可以全面、形象、直观地表达经济系统的资金运动状态。

3.3　资金时间价值度量的基本方法

3.3.1　利息与利率的概念和作用

1. 利息

在借贷过程中，债务人支付给债权人超过原借贷款金额(原借贷款金额常称作本金)的

部分就是利息。利息是占用资金所付的代价或重新使用资金所付的报酬，它是时间价值的表现形式之一。利息的计算公式为

利息＝目前应付(应收)总金额－原来借(贷)款金额

从本质上看，利息是由贷款发生利润的一种再分配。利息常常被看做是资金的一种机会成本。这是因为，如果放弃资金的使用权力，相当于失去收益的机会，也就相当于付出了一定的代价。如果资金一旦用于投资，就不能用于现期消费，而牺牲现期消费又是为了能在将来得到更多的消费。从投资者的角度来看，利息体现为对放弃现期消费的损失所做的必要补偿，因此，利息就成了投资分析平衡现在与未来的杠杆。事实上，投资就是为了在未来获得更多的收益而对目前的资金进行某种安排。

2. 利率

利息和利率都是资金时间价值的体现，利息和利率都是以信用方式动员和筹集资金的。如果投资者认为投资某一项目所得到的利息(或利润)比投入到其他项目所得的利息(或利润)多，他就会投资该项目；反之，他就不可能投资该项目。此外，企业借款需付利息，增加支出负担，这就促使企业减少借入资金的占用以少付利息，同时，也可以使企业自觉减少生产经营环节占压资金。利率的计算公式为。

$$利率=\frac{每单位时间增加的利息}{原金额（又称本金）} \tag{3-1}$$

用以表示利率的时间单位称为利息周期(计息期)，当包括一个以上的计息周期时，则要考虑“单利”和“复利”的问题。

单利法是指在计算利息时，仅用最初本金来计算，而不计入在先前利息周期中所累积增加的利息，即通常所说的“利不生利”的计息方法。

复利法是指不仅本金计息，而且先前周期的利息在后继的周期也要计息。

利息和利率是国家管理经济的重要杠杆。国家在不同时期制定不同的利率政策，对不同地区、不同部门规定不同的利率标准，就会对整个国民经济产生影响。利率是各国调整国民经济的杠杆之一，利率的高低由如下因素决定。

(1) 利率的高低首先取决于社会平均利润率的高低，并随之变动。在通常情况下，平均利润率是利率的最高界限。因为如果利率高于利润率，无利可图就不会有人去借款。

(2) 在平均利润率不变的情况下，利率高低取决于金融市场上借贷资本的供求情况。借贷资本供过于求，利率便下降；反之，供不应求，利率便上升。

(3) 借出资本要承担一定的风险，而风险的大小也影响利率的波动。风险越大，利率也就越高。

(4) 通货膨胀对利息的波动有直接影响，资金贬值往往会使利息无形中成为负值。

(5) 借出资本的期限长短。贷款期限长，不可预见因素多，风险大，利率就高；反之，贷款期限短，不可预见因素少，风险小，利率就低。

3.3.2 利息的计算

由于利息(或利润)是衡量资金时间价值的尺度，所以计算利息的方法也就是计算时间价值的方法。利息的计算有单利法和复利法两种。

1. 单利法

单利法是仅以本金为基数计算利息的方法。单利法虽考虑了资金的时间价值，但未考虑利息再投入生产或流通领域参加资金周转，不符合资金的实际运动规律，所以项目评价中主要采用复利法。单利法的计算公式为：

$$I=P\times n\times i$$

$$F=P\times(1+n\times i) \tag{3-2}$$

式中　I——期末利息；

F——本利和或未来值；

P——本金；

i——利率；

n——计息期数(通常为年)。

单利的年利息额仅由本金产生，其新生利息，不再加入本金产生利息。这样没有反映资金随时都在“增值”的规律，即没有完全反映资金的时间价值。

单利法虽考虑了资金的时间价值，但未考虑利息再投入生产或流通领域参加资金周转，不符合资金的实际运动规律，所以项目评价中主要采用复利法。

【例题 3-1】 某公司现借款 1 000 万元，一年后付息 80 万元，则年利率为多少？

解析：

$$(80 / 1\,000)\times 100\% = 8\%$$

【例题 3-2】 设以单利方式借入 1 000 万元，年利率 8%，4 年(末)偿还，试计算各年利息与本利和。

解析：

计算过程和计算结果见表 3-1。

表 3-1　各年单利利息与本利和计算表　　万元

使用期	年初款额	年末利息	年末本利和	年末偿还
1	1 000	1 000 × 8% = 80	1 080	0
2	1 080	80	1 160	0
3	1 160	80	1 240	0
4	1 240	80	1 320	1 320

2. 复利法

复利法是以本金和累计利息之和为基数计算利息的方法，也就是“利滚利”计算利息的方法。即某一计息周期的利息是由本金加上先前计息周期所累积利息总额之和来计算的，该利息称为复利，即通常所说的“利生利”、“利滚利”。复利法避免了单利法的缺点，反映了资金运动的客观规律，可以完全体现资金的时间价值。其计算式为

$$F = P(1+i)^n \tag{3-3}$$

式中　$(1+i)^n$——“复利系数”或“终值系数”，用符号(F/P，i，n)表示。

【例题 3-3】 如果以复利方式借入 1 000 万元，年利率 8%，4 年(末)偿还，试计算各年利

息与本利和。

解析：计算过程和计算结果见表 3-2。

表 3-2　各年复利利息与复本利和计算表　　万元

使用期	年初款额	年末利息	年末复本利和	年末偿还
1	1 000	1 000×8%=80	1 080	0
2	1 080	1 080×8%=86.4	1 166.4	0
3	1 166.4	1 166.4×8%=93.312	1 259.712	0
4	1 259.712	1 259.712×8%=100.777	1 360.489	1360.489

在例题 3-2 和例题 3-3 中，两者相差 40.489 万元。可见本金越大、利率越高、年数越多，两者的差值就越大。复利计息比较符合资金在社会生产过程中运动的实际状况，因此，在工程经济分析中，一般采用复利法计算。

复利法计算有间断复利和连续复利之分。按期(年、半年、季、月、周、日)计算复利的方法称为间断复利(即普通复利)；按瞬时计算复利的方法称为连续复利。

3. 名义利率与实际利率

1) 名义利率

名义利率以一年为计息的基础，按照每一计息周期的利率乘以每年计息期数的积来计算的，常用 r 表示。(注意，年名义利率忽略了资金的时间价值。)

名义利率的计息期可以为 1 月，1 季，半年，日等。

2) 实际利率

实际利率是实际计算利息时使用的利率，常用 i 表示。

当计息期为 1 年，名义利率就是实际利率，当计息期不为 1 年，名义利率就不是实际利率，就不能用名义利率进行评价。

3) 名义利率与实际利率间的换算

有效利率是指资金在计息中所发生的实际利率，包括计息周期有效利率和利率周期有效利率两种情况。

(1) 计息周期有效利率。即计息周期利率 i，由式(3-1)得：

$$i=\frac{r}{m} \tag{3-4}$$

式中　i——计息周期利率；

r——名义利率；

m——计息次数。

(2) 利率周期有效利率。若用计息周期利率来计算利率周期有效利率，并将利率周期内的利息再生利息因素考虑进去，这时所得的利率周期利率称为利率周期有效利率(又称利率周期实际利率)。根据利率的概念即可推导出利率周期有效利率的计算式。

已知利率周期名义利率 r，一个利率周期内计息 m 次，则计息周期利率为 $i=r/m$，在某个利率周期初有资金为 P。根据一次支付终值公式可得该利率周期终值 F，利率周期有效利率的现金流量，如图 3.2 所示。

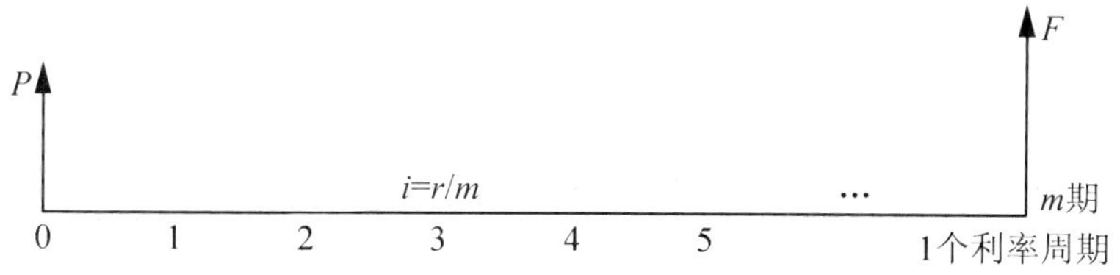

图 3.2 利率周期有效利率计算现金流量图

$$F = P\left(1+\frac{r}{m}\right)^m$$

根据利息的定义可得该利率周期的利息 I 为

$$I = F - P = P\left(1+\frac{r}{m}\right)^m - P = P\left[\left(1+\frac{r}{m}\right)^m - 1\right]$$

再根据利率的定义可得该利率周期的有效利率 i_{eff} 为

$$i_{eff} = \frac{I}{P} = \left(1+\frac{r}{m}\right)^m - 1 \tag{3-5}$$

由此可见，利率周期有效利率与名义利率的关系实质上与复利和单利的关系相同。

【例题 3-4】 现设年名义利率 r=10%，则按年、半年、季、月、日计息的年有效利率各为多少？

解析：

计算过程和计算结果见表 3-3。

表 3-3 年有效利率计算结果

年名义利率 r(%)	计息期	年计息次数 m	计息期利率 i/(%)	年有效利率 i_{eff}/(%)
10%	年	1	10	10
	半年	2	5	10.25
	季	4	2.5	10.38
	月	12	0.833	10.46
	日	365	0.0274	10.51

在名义利率 r 一定时，每年计息次数 m 越多，i_{eff} 与 r 相差越大，因此，如果不同方案的计息期不同，就不能简单地使用名义利率来评价，而必须换算成有效利率进行评价，否则会得出不正确的结论。

4) 连续复利

连续复利的计算公式为

$$i=\lim[(1+\frac{r}{m})^m-1)]=e^r-1$$

式中 r——名义利率；

e——自然对数的底(2.7183)。

i——连续复利；

m——计息次数。

根据连续复利概念得连续复利的终值计算公式为

$$F = Pe^{-rm} \tag{3-6}$$

当实际计息期大于名义利率的计息期(1 年)时，实际利率高于名义利率，1 年内计息期数越多，计息周期越短，实际利率越高。连续复利是该名义利率的实际利率的极限。

【例题 3-5】 如果年名义利率 15%，试分别按照 1 年、半年、1 季度、1 月、365 天和连续复利无穷次计息计算实际利率。

解析：

计算结果见表 3-4。

表 3-4 计息期不同情况下年实际利率的计算

计息周期	年计息次数	计息期实际利率/(%)	年实际利率/(%)
年	1	15	15
半年	2	7.5	15.563
季	4	3.75	15.865
月	12	1.25	16.075
天	365	0.041	16.139
连续	无穷	0.000	16.183

3.4 资金时间价值的等值计算

3.4.1 资金的等值计算

任何技术方案的实施，都有一个时间上的延续过程，由于资金时间价值的存在，使不同时间上发生的现金流量无法直接加以比较，因此，要通过一系列的换算，使其在同一时间点上进行对比，才能符合客观的实际情况。这种考虑了资金时间价值的经济分析方法，使方案的评价和选择变得更加现实和可靠，也就构成了项目评估要讨论的重要内容。

把特定利率下不同时间点上绝对数额不等而经济价值相等的若干资金称为等值资金，利用等值的概念，可以把建设项目计算期内任一时间点的现金流量变换为另一个时间点上的现金流量进行比较，常称之为资金等值换算。

根据资金时间分布的不同和评价的需要，常用的资金等值换算公式有以下 3 种。

(1) 现值(P)与终值(F)的相互变换。

(2) 年值(A)与终值(F)的相互变换。

(3) 现值(P)与年值(A)的相互变换。

3.4.2 一次支付的资金时间价值的等值计算

1. 资金终值计算

资金终值计算就是计算现有资金 P 按年利率 i 计算 n 年以后的复本利和为多少，可以表示为图 3.3 所示的形式。

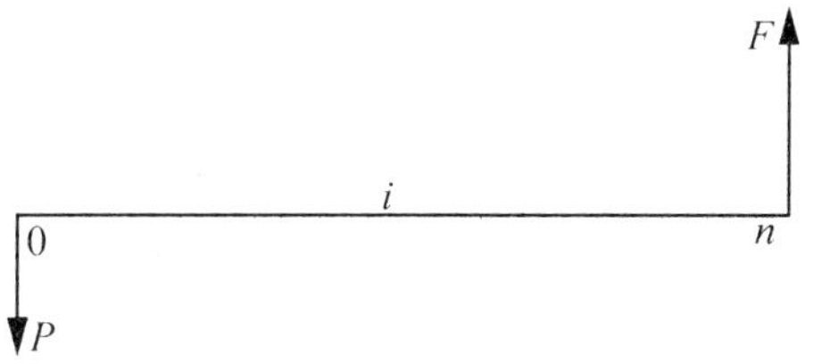

图 3.3　一次支付现金流量图

根据复利的定义即可得到复本利和 F 的计算公式，其计算过程见表 3-5。

表 3-5　复本利和 F 的计算过程

计息期	期初金额(1)	本期利息额(2)	期末复本利和 F_t =(1)+(2)
1	P	$P\cdot i$	$F_1=P+Pi=P(1+i)$
2	$P(1+i)$	$P(1+i)\cdot i$	$F_2=P(1+i)+P(1+i)\cdot i=P(1+i)^2$
3	$P(1+i)^2$	$P(1+i)^2\cdot i$	$F_3=P(1+i)^2+P(1+i)^2\cdot i=P(1+i)^3$
…	…	…	…
n	$P(1+i)^{n-1}$	$P(1+i)^{n-1}\cdot i$	$F=F_n=P(1+i)^{n-1}+P(1+i)^{n-1}.i=P(1+i)^n$

n 年末的复本利和 F 与本金 P 的关系为

$$F=P(1+i)^n \tag{3-7}$$

式中　i——计息期复利率；

n——计息的期数；

P——现值(即现在的资金价值或本金，Present Value)，指资金发生在(或折算为)某一特定时间序列起点时的价值；

F——终值(n 期末的资金价值或本利和，Future Value)，指资金发生在(或折算为)某一特定时间序列终点的价值。

公式(3-7)中 $(1+i)^n$ 称为一次支付终值系数，用(F/P，i，n)表示，$F=P(F/P，i，n)$。

在(F/P，i，n)这类符号中，括号内斜线左侧的符号表示所求的未知数，斜线右侧的符号表示已知数。(F/P，i，n)就表示在已知 i、n 和 P 的情况下求解 F 的值。为了计算方便，通常按照不同的利率 i 和计息期 n 计算 $(1+i)^n$ 的值。在计算 F 时，只要从复利表中查出相应的复利系数再乘以本金即可。

【例题 3-6】 某厂借款 100 万元用于技术改造工程，时间为 6 年，年利率为 12%，每季度计息一次，试问 6 年末的还款金额共为多少？

解析：

$$实际利率＝(1+0.12/4)^4-1＝12.55\%$$

6 年末还款：

$$F=.100(F/P，12.55\%，6)=100\ 万元\times 2.032\ 8=203.28\ 万元$$

或：　$$F=100(F/P，3\%，24)=100\ 万元\times 2.032\ 8=203.28\ 万元$$

【例题 3-7】 某公司借款 1 000 万元，年复利率 i=10%，试问 5 年后连本带利一次需支付多少？

解析：

$$F=P(F/P，i，n)=1\ 000(F/P，10\%，5)$$

从附录中查出系数(F/P，10%，5)为1.611，代入式中得：

$$F=1\ 000\text{万元}\times1.611=1\ 611\text{万元}$$

2. 现值计算

现值公式可以表示为

$$P=F(1+i)^{-n} \tag{3-8}$$

式中　$(1+i)^{-n}$——一次支付现值系数，用符号(P/F，i，n)表示。

一次支付现值系数是指未来一笔资金乘上该系数就可求出其现值。在项目评估分析中，一般是将未来值折现到零期。计算现值P的过程称为“折现”或“贴现”，其所使用的利率常称为折现率或贴现率，故$(1+i)^{-n}$或(P/F，i，n)也可称为折现系数或贴现系数，常写成P=F(P/F，i，n)形式。

【例题 3-8】 某人拟在连续5年内以每季200元等额支付房租，若年利率为12%，每季计息一次，从现在起，问与其等值的第1年年初的现值是多少？

解析：

$$12\%\ /\ 4=3\%$$

$$P=A(P/A，i，n)=200(P/A，3\%，20)$$
$$=2\ 975.50(\text{元})$$

或

$$i=(1+r/m)^m-1=(1+12\%/4)^4-1=12.55\%$$

$$P=A(P/A，i，n)=200(P/A，12.55\%，5)$$
$$=2\ 975.50(\text{元})$$

【例题 3-9】 某公司希望5年后有1 000万元资金，年复利率i=10%，试问现在需一次存款多少？

解析：

$$P=F(P/F，i，n)=1\ 000(P/F，10\%，5)$$

从附录中查出系数(P/F，10%，5)为0.620 9，代入式中得：

$$P=1\ 000\text{万元}\times0.620\ 9=620.9\text{万元}$$

现值与终值的概念和计算方法正好相反，现值系数与终值系数互为倒数。

3.4.3 多次支付的资金时间价值的等值计算

在建设项目建设实施过程中，多次支付是最常见的支付形式。多次支付是指现金流量在多个时间点发生，而不是集中在某一个时间点上。例如：如果用A_t表示第t期末发生的现金流量(可正可负)，用逐个折现的方法，可将多次现金流量换算成现值，其公式为

$$P=A_1(1+i)^{-1}+A_2(1+i)^{-2}+\cdots+A_n(1+i)^{-n}=\sum_{t=1}^{n}A_t(1+i)^{-t}$$

或

$$P=\sum_{t=1}^{n}A_t(P/A_t，i，t)$$

同理，也可将多次现金流量换算成终值，其公式为

$$F=\sum_{t=1}^{n}A_t(1+i)^{n-t} \tag{3-9}$$

或

$$F=\sum_{t=1}^{n}A_t(F/A_t，i，n-t)$$

如果多次现金流量 A_t 是连续序列流量，且数额相等，则可大大简化上述计算公式。这种具有 $A_t=A=$常数(t=1，2，3，…，n)特征的系列现金流量称为等额系列现金流量，如图 3.4 所示。

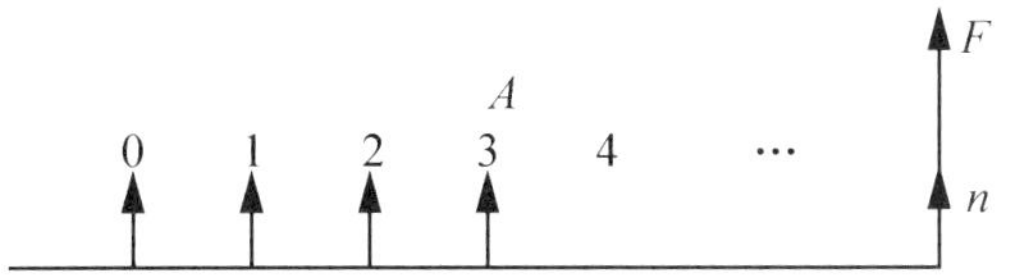

图 3.4　等额系列现金流量示意图——年金与终值关系

图中 A 为年金，发生在(或折算为)某一特定时间序列各计息期末(不包括零期)的等额资金序列的价值。

(1) 等额系列终值计算公式为

$$F=\sum_{t=1}^{n}A_t(1+i)^{n-t}=A\left[(1+i)^{n-1}+(1+i)^{n-2}+\cdots+(1+i)+1\right]$$

$$=A\frac{(1+i)^n-1}{i} \tag{3-10}$$

式中 $\dfrac{(1+i)^n-1}{i}$——等额系列终值系数或年金终值系数，用符号(F/A，i，n)表示，又可写成 $F=A(F/A，i，n)$形式。

等额系列终值系数(F/A，i，n)可从附录中查得。

【例题 3-10】 某人拟在连续 5 年内以等额年末存款 2 000 元等额支付房租，若年利率为 12%，每半年计息一次，从现在起，问与其等值的第 5 年年末的终值是多少？

解析：

$$(1+12\%/2)^2-1=12.36\%$$

$$F=A(F/A，i，n)=2\,000\,(F/A，12.36\%，5)$$

$$=12\,975.50 元$$

(2) 等额系列现值计算公式为

$$P=F(1+i)^{-n}=A\frac{(1+i)^n-1}{i(1+i)^n} \tag{3-11}$$

式中 $\dfrac{(1+i)^n-1}{i(1+i)^n}$——等额系列现值系数或年金现值系数，用符号($P/A$，$i$，$n$)表示，又可写成 $P=A(P/A，i，n)$形式。

等额系列现值系数(P/A，i，n)可从附录中查得。

【例题 3-11】 若想在 5 年内每年末收回 1 000 万元，当利率为 10%时，问开始需一次投资多少？

解析：

$$P=A(P/A，i，n)=1\ 000(P/A，10\%，5)$$

从附录中查出系数(P/A，10%，5)为 3.790 8，代入上式得：

$$P=1\ 000\text{ 万元}\times 3.790\ 8=3\ 790.8\text{ 万元}$$

(3) 等额系列资金回收计算公式如下。

由于等额系列资金回收计算是等额系列现值计算的逆运算，可得：

$$A=P\frac{i(1+i)^n}{(1+i)^n-1} \tag{3-12}$$

式中 $\frac{i(1+i)^n}{(1+i)^n-1}$——等额系列资金回收系数，用符号(A/P，i，n)表示，又可写成 A=P(A/P，i，n)形式。

等额系列资金回收系数(A/P，i，n)可从附录中查得。

等额系列现金流量的年金与现值关系如图 3.5 所示。

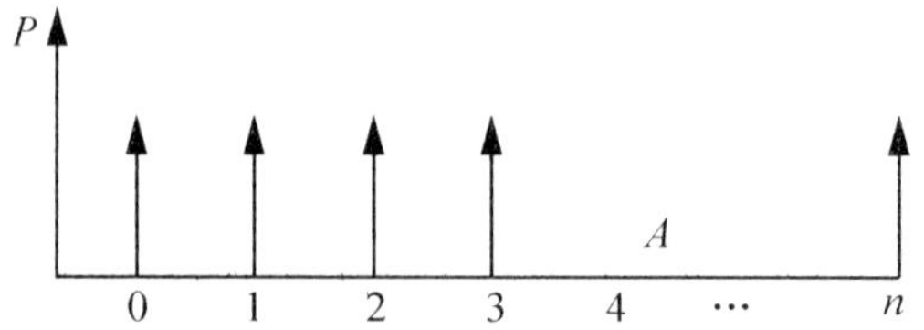

图 3.5　等额系列现金流量示意图——年金与现值关系

【例题 3-12】 若投资 1 000 万元，每年收回率为 8%，在 10 年内收回全部本利，则每年应收回多少?

解析：

$$A=P(A/P，i，n)=1\ 000(A/P，8\%，10)$$

从附录中查出系数(A/P，8%，10)为 0.149 03，代入上式得：

$$A=1\ 000\text{ 万元}\times 0.149\ 03=149.03\text{ 万元}$$

(4) 等额系列偿债基金计算公式如下。

偿债基金计算是等额系列终值计算的逆运算，故可得：

$$A=F\frac{i}{(1+i)^n-1} \tag{3-13}$$

式中 $\frac{i}{(1+i)^n-1}$——等额系列偿债基金系数，用符号(A/F，i，n)表示，又可写成 A=F(A/F，i，n)形式。

等额系列偿债基金系数(A/F，i，n)可通过附录中获得。

【例题 3-13】 若想在第 5 年年底获得 1 000 万元，每年存款金额相等，年利率为 10%，则每年需存款多少?

解析：

$$A=F(A/F, i, n)=1\,000(A/F, 10\%, 5)$$

从附录中查出系数$(A/F, 10\%, 5)$为 0.163 8，代入上式得：

$$A=1\,000\text{ 万元}\times0.163\,8=163.8\text{ 万元}$$

3.4.4 资金的等值计算

1. 等值概念

资金具有时间价值，使得金额相同的资金发生在不同时间产生不同的价值。反之，不同时间点金额不等的资金在时间价值的作用下却可能具有相等的价值。这些不同时期、不同数额但其“价值等效”的资金称为等值。

2. 等值计算

【例题 3-14】 某厂预备进行分期投资，第 1 年年初为 1 000 万元，第 2 年年初为 600 万元，第 3 年年初为 500 万元，若年利率为 10%，则其投资的现值应为多少？

解析：第 1 年的投资现值 P_1=1 000(万元)

第 2 年的投资现值 $P_2=600\times(P/F, 10\%, 1)$=600 万元×0.909 1=545.46 万元

第 3 年的投资现值 $P_3=500\times(P/F, 10\%, 2)$=500 万元×0.826 4=413.20 万元

总投资的现值 $P=P_1+P_2+P_3$=1 000+545.46+413.2 万元=1 958.66 万元

影响资金等值的因素有 3 个：金额的多少、资金发生的时间、利率(或折现率)的大小。其中，利率是一个关键因素，一般等值计算中是以同一利率为依据的。

在考虑资金时间价值的情况下，不同时间发生的收入或支出是不能直接相加减的。而利用等值的概念，则可把不同时间点发生的资金换算成同一时间点的等值资金，然后再进行比较。在工程经济分析中，方案比较都是采用等值的概念来进行分析、评价和选定的。资金时间价值的基本公式见表 3-6。

表 3-6 资金时间价值的基本公式

名 称	公 式	标 记
一次支付终值公式 已知现值求终值	$F=P\cdot(1+i)^n$	终值系数：F/P，i，n
一次支付现值公式 已知终值求现值	$P=F\cdot(1+i)^{-n}$	现值系数：P/F，i，n
等额资金终值公式 已知年金求终值	$F=\dfrac{A(1+i)^n}{i}$	年金终值系数：F/A，i，n
等额资金偿债基金公式 已知终值求年金	$A=\dfrac{Fi}{(1+i)^n-1}$	偿债基金系数：A/F，i：n
等额资金回收公式 已知现值求年金	$A=\dfrac{P\cdot i(1+i)n}{(1+i)^n-1}$	资金回收系数：A/P，i，n
等额资金现值公式 已知年金求现值	$P=\dfrac{A(1+i)^n-1}{i(1+i)^n}$	年金现值系数：P/A，i，n

3.4.5　资金时间价值的综合应用

净现值(NPV)应用了资金时间价值原理，对投资项目现金流量进行了综合分析与评价。投资方案的净现值是指用一个预定的基准收益率(或设定的折现率)i_c(它是反映投资方案在计算期内获利能力的动态评价指标)，分别把整个计算期间内各年所发生的净现金流量都折现到投资方案开始实施时的现值之和。

净现值(NPV)计算公式如下。

$$NPV=\sum_{t=0}^{n}(CI-CO)_t(1+i_c)^{-t} \tag{3-14}$$

式中　NPV——净现值；

$(CI-CO)_t$——第 t 年的净现金流量(应注意“+”、“−”号)；

i_c——基准收益率；

n——方案计算期。

净现值(NPV)是评价项目盈利能力的绝对指标。

(1) 当方案的 $NPV\geqslant 0$ 时，说明该方案能满足基准收益率要求的盈利水平，故在经济上是可行的。

(2) 当方案的 $NPV<0$ 时，说明该方案不能满足基准收益率要求的盈利水平，故在经济上是不可行的。

【例题 3-15】 某厂欲投资建一条新产品的生产线，有 3 种投资方案，各方案的初始投资及各年的收入和支出数据见表 3-7，计算寿命期均为 10 年，该厂期望的投资收益率 i_c。=10%。

试用净现值法比较 3 个方案。

表 3-7　投资项目基本情况表　(万元)

方案	初始投资	年销售收入	年经营成本及税金
A	490	300	200
B	600	500	380
C	700	580	450

解析：

先计算各方案每年的净收益见表 3-8。

表 3-8　各方案每年的净收益　(万元)

方案	初始投资	年销售收入	年经营成本及税金	年净收益
A	490	300	200	100
B	600	500	380	120
C	700	580	450	130

$NPV_A=-490+100\times(P/A，10\%，10)=124.4$(万元)

$NPV_B=-600+120\times(P/A，10\%，10)=137.3$(万元)

$NPV_C=-700+130\times(P/A，10\%，10)=98.8$(万元)

3 个方案的净现值均大于 0，且 B 方案的净现值最大，因此为经济上最优方案，应选择 B 方案进行投资。

本章综合案例

某项目的投资、成本及收入见表 3-9，求该项目的净现值(基准收益率为 12%)。

表 3-9　项目的投资、成本及收入情况　　(万元)

年　份	现金流出				现金流入	净现金流量
	建设投资	流动资金	经营成本	现金流出累计		
0	200	—	—	200		-200
1	200	—	—	200		-200
2	100	—	—	100		-100
3	100	—	—	100		-100
4	50	300	—	350	—	-350
5	—	—	50	50	400	350
6	—	—	100	100	600	500
7	—	—	100	100	600	500
8	—	—	100	100	600	500
9	—	—	100	100	600	500
总计	650	300	450	1 400	2 800	1 400

解析:

该案例需要用到净现值(NPV)指标的相关计算。

采用列表法计算:

将表中最后一栏“净现金流量”用 12%的基准收益率进行折现，然后累加求和即可求出净现值。该投资项目净现值为 308.35 万元计算过程及结果见表 3-10。

表 3-10　投资项目净现值的计算过程　　(万元)

年　份	净现金流量(1)	12%的现值系数(2)	现值(3)=(2)×(1)	现值和(4)=∑(3)
0	-200	1.000	-200.0	-200.0
1	-200	0.893	-17.6	-378.6
2	-100	0.797	-79.7	-458.3
3	-100	0.712	-178.6	-529.5
4	-350	0.636	-222.6	-752.1
5	350	0.567	198.45	-553.65
6	500	0.507	253.5	-300.15
7	500	0.452	226.0	-74.15
8	500	0.404	202.0	127.85
9	500	0.361	180.5	308.35=NPV

利用公式计算：

$$NPV(i_c=12\%)=\frac{350}{(1+0.12)^5}+\frac{500}{(1+0.12)^6}+\frac{500}{(1+0.12)^7}+\frac{500}{(1+0.12)^8}+\frac{500}{(1+0.12)^9}+200+\frac{200}{(1+0.12)}+\frac{100}{(1+0.12)^2}+\frac{100}{(1+0.12)^3}+\frac{350}{(1+0.12)^4}=308.35(\text{万元})$$

本 章 小 结

资金时间价值是建设项目评估及项目投资决策的基础内容，它在建设项目评估实践过程中，具有十分现实的意义。应充分掌握本章所涉及计算内容、方法与技术，以利于对建设项目进行正确的费用与效益分析和综合的评价与

本章推荐课外阅读资料

[14] 贾兆兵．工程经济与项目管理[M]．北京：水利水电出版社，2007.
[23] 蒋景楠．工程经济与项目评估[M]．上海：华东理工大学出版社，2004.
[29] 黄如宝．建筑经济学[M]．上海：同济大学出版社，2004.
[30] 黄渝祥．工程经济学[M]．上海：同济大学出版社，2005.

本章思考题

一、名词解释

资金时间价值　复利法　单利法　现金流入　现金流出　现值　终值　年值　净现值　净现金流量　名义利率　实际利率　年金终值系数　年金现值系数　等额系列资金回收系数等额系列偿债基金系数

二、单选题

1．某投资项目第 1、2 年分别投资 700 万元和 600 万元，第 3 年初投产。第 3、4 年总收入 100 万元，其中经营成本 38 万元，投资期望在第 4 年以后的 5 年中回收，则每年等额回收(　　)(i=8%)。

A．389.05 万元　　B．401.35 万元
C．402.02 万元　　D．520.45 万元

2．某项目采用分期付款的方式，连续 5 年每年末偿还银行 150 万元贷款，如果银行借款利率为 8%，按季计息，问截止到第 5 年年末，该项目累计还款的本利和是(　　)万元。

A．884.21　B．893.68　C．903.12　D．934.56

3．某企业向银行贷款开发一项房地产项目，现有两种计息方法，分别是：年利率 8%，按月计息；年利率 9%，按半年计息，则企业应该选择的方案为(　　)。

A．方案一　　B．方案二

C．方案一与方案二都可以　　D．都不可以

4．某企业向银行贷款，有两种计息方式，一种是按月计息，年利率 8%，另一种是按半年计息，年利率 9%，两种计息方式的有效利率分别为(　　)。

A．7.90%；　8.20%　　B．8.30%；　9.20%

C．9.30%；　8.20%　　D．8.50%；　9.10%

5．某投资者购买了 1 000 元的债券，期限 3 年，年利率 10%，到期一次还本付息，按照复利法，则 3 年后该投资者可获得的利息是(　　)元。

A．220　　B．300　　C．100　　D．331

6．某项目计息周期为半年，名义年利率为 8%，则该项目的实际年利率为(　　)。

A．4%　　B．8%　　C．8.16%　　D．16.64%

7．同一时间点上现金流入量与现金流出量之(　　)称为净现金流量。

A．和　　B．差　　C．积　　D．商

8．资金在运动过程中，把未来某一时间收支的货币换算成现在时刻的价值，称为 (　　)。

A．时值　　B．现值　　C．终值　　D．等额年金

9．某企业于年初存入 5 万元，年利率为 12%，期限为 5 年，在每半年复利一次的情况下，其实际利率为(　　)。

A．24%　　B．12.36%　　C．6%　　D．12.25%

10．假定某技术方案的初始投资为 1 000 万元，第 1 年至第 5 年的经营费用为 80 万元，第 6 年至第 10 年的经营费用为 120 万元，试计算方案的年度费用，基准贴现率为 15%，该方案的年度费用为(　　)。

A．−234.35 万元　　B．−247.89 万元

C．−292.61 万元　　D．−298.03 万元

11．某厂借款 100 万元用于技术改造工程，时间为 6 年，年利率 12%，每季度计息一次，试问第 6 年末的还款金额共为(　　)。

A．203.28 万元　　B．235.35 万元

C．304.87 万元　　D．354.16 万元

三、简答题

1．资金时间价值产生的原因是什么？

2．资金时间价值的衡量尺度有哪些?

3．复利法计算资金等值与单利法计算资金等值相比有哪些优越性?

4．现金流量图的绘制原则是什么？

5．名义利率、实际利率、连续复利三者之间的关系是什么？

6．资金等值计算一般分为哪 3 种情况？

第 4 章　建设项目投资环境与必要性评估

教学目标：在分析一个建设项目是否可行时，首先要把握建设项目的投资环境(包括宏观投资环境和微观投资环境)的基本情况，其次要对建设项目投资的必要性即项目的市场需求与供给情况进行分析和评估。要看项目的产品是否符合市场的需要，那么要进行需求分析。项目需求分析的目的在于对项目产品的销售前景如销售量、销售价格、销售收益等的估计。项目需求分析对确定建设规模具有重要的指导作用，因此从需求分析角度必须掌握一些重要的需求预测方法，如时间序列预测法、指数平滑法、回归分析预测法等。

教学要求：本章要求掌握建设项目宏观投资环境评估和微观投资环境评估的主要方法和技术，还要求能够根据市场需求来判断拟建项目产品的市场生命力。通过需求分析，可以确定项目投资建设的必要性，同时也可以知道项目建成投产后的运营状况。本部分通过项目市场需求分析内容的确定和项目市场需求预测分析方法的介绍，使学生了解项目建设必要性评估的作用。

4.1　建设项目投资环境评估概述

投资环境评估是对一定区域范围内影响项目投资者投资的各种自然、社会、经济因素进行的系统的分析评估，为投资者提供对区域的基本认识和意向性投资分析，或是区域管理者(或受资者)为了解本地区的投资环境状况而进行的区域投资环境分析评估。

4.1.1　投资环境的概念

投资环境是指影响和制约项目投资活动全过程的各种外部环境和条件的总和，它是由决定和影响项目投资资金增值的各种政治、经济、自然和社会因素相互作用而形成的矛盾统一体。对投资环境的概念一般有两种理解。

第一种是指外国投资者到东道国进行投资时，东道国的各种自然、社会、经济因素的集合。这是从国与国之间的资金输入、输出关系中来理解的，可称为国际投资环境。

第二种是指外国或国内投资者在某一地区投资时，投资项目所在地的各种自然、社会、经济因素的集合。这是从更广泛的意义上来理解的，可称为区域投资环境。

一般情况下投资环境是指第二种，因为它的外延比第一种更宽。

投资环境的特征有以下几方面。

(1) 系统性。投资环境的好坏是综合分析和评价的结果。

(2) 动态性。投资环境是一个动态的开放的系统。

(3) 相对性。投资环境可以相对发展和相互比较。

4.1.2　投资环境的划分

投资环境的划分方式有以下几种。

1. 按投资环境层次

按投资环境层次不同，投资环境可分为以下几种。

1) 宏观投资环境

宏观投资环境也称总体投资环境，指东道国的自然地理、人文、政治、文化、习俗的综合情况。主要包括政局、社会治安、经济发展、法律保护、政策稳定等方面条件。宏观投资环境，就是站在国民经济整体运行的角度，站在全球经济一体化的角度来考察评估投资项目立项的必要性，论证项目是否有建设的必要。

2) 微观投资环境

微观投资环境是指进行投资活动的具体场所的自然、经济、社会条件，以及外资企业所处的具体微观投资环境，主要包括物质环境和人际环境。理想的宏观投资环境应具备的条件是：经济长期持续增长、经济结构能适应世界经济的变化；财政收支平衡，有相当数量的外汇储备；物价稳定，较低的或没有通货膨胀率；无外汇管制，汇率较低；开放型的国内市场，出口导向型的外贸发展战略；灵通的国际信息网络；完善的经济立法和一系列鼓励投资的政策。

理想的微观投资环境应具备的条件是：良好的基础设施，充分的金融自由，投资者充分的盈利分配权和经营与人事管理权，产品的自由竞争，政府机构工作的高效率，以及项目在税收、费用、租金和折旧等方面的优惠。

2. 按投资环境的表现形态

按投资环境的表现形态不同，投资环境可以划分为以下几种。

1) 软投资环境

软环境是指不具有物质形态的各种影响投资项目的人际环境因素。如政策、法规、合作对象的经营管理水平，技术熟练程度，职工的素质、教育文化水平、生产能力、运用技术能力、创新能力及市场潜力等。

2) 硬投资环境

硬环境是指具有物质形态的各种影响投资项目的物质环境因素。如自然地理条件和基础设施。

自然地理条件包括地理位置、资源状况和气候条件等；基础设施包括交通运输设施、邮电通信装备、资源和能源的供应、给排水和环保、金融信息、仓储设备、生活居住条件及其他服务设施等。

4.2　建设项目投资宏观环境评估的主要方法与技术

4.2.1　宏观投资环境

宏观环境投资表明了在国内、国际大环境中具有全社会性，对所有产业部门和企业都将产生影响的各种因素和力量的总和。对项目来说，宏观环境是只能对其产生一定影响和不可控制的外部环境。

1. 国际宏观投资环境划分的 PEST 分析法

PEST 分析是指宏观环境的分析，对宏观环境因素做分析，不同行业和企业根据自身特点和经营需要，分析的具体内容会有差异，但一般都应对政治(Political)、经济(Economic)、技术(Technological)和社会(Social)这 4 大类影响企业的主要外部环境因素进行分析。简单而言，称之为 PEST 分析法。

1) 政治法律环境

P 即 Political，政治要素，是指对组织经营活动具有实际与潜在影响的政治力量和有关的法律、法规等因素。当政府对组织所经营业务的态度发生变化时，或当政府发布了对企业经营具有约束力的法律、法规时，企业的经营战略必须随之做出调整。

政治环境包括一个国家的社会制度，执政党的性质，政府的方针、政策、法令等。不同的国家有着不同的社会性质，不同的社会制度对组织活动有着不同的限制和要求。即使社会制度不变的同一国家，在不同时期，由于执政党的不同，其政府的方针特点、政策倾向、对组织活动的态度和影响也是不断变化的。

2) 经济环境

E 即 Economic，经济要素，是指一个国家的经济制度、经济结构、产业布局、资源状况、经济发展水平以及未来的经济走势等。构成经济环境的关键要素包括 GDP 的变化发展趋势、利率水平、通货膨胀程度及趋势、失业率、居民可支配收入水平、汇率水平等。

经济环境主要包括宏观和微观两个方面的内容。宏观经济环境主要指一个国家的人口数量及其增长趋势，国民收入、国民生产总值及其变化情况以及通过这些指标能够反映的国民经济发展水平和发展速度。微观经济环境主要指企业所在地区或所服务地区的消费者的收入水平、消费偏好、储蓄情况、就业程度等因素。这些因素直接决定着企业目前及未来的市场大小。

3) 社会文化环境

S 即 Social，社会要素，是指组织所在社会中成员的民族特征、文化传统、价值观念、宗教信仰、教育水平以及风俗习惯等因素。构成社会环境的要素包括人口规模、年龄结构、种族结构、收入分布、消费结构和水平、人口流动性等。其中人口规模直接影响着一个国家或地区市场的容量，年龄结构则决定消费品的种类及推广方式。

4) 技术环境

T 即 Technological，技术要素。技术要素不仅仅包括那些能引起革命性变化的发明，还包括与企业生产有关的新技术、新工艺、新材料的出现和发展趋势以及应用前景。技术环境除了要考察与企业所处领域的活动直接相关的技术手段的发展变化外，还应及时了解国家对科技开发的投资和支持重点，该领域技术发展动态和研究开发费用总额，技术转移和技术商品化速度，专利及其保护情况等。

2. 我国宏观投资环境的划分

从 20 世纪 60 年代开始世界各国利用各种指标对其投资环境的优劣和吸引投资者的力度进行评估、监测。采用评估指标及评估方法进行投资环境评价已经成为世界各国和区域吸引资金流入、促进经济社会持续发展的重要手段。我国宏观投资环境的划分目前主要包括以下几方面的内容：

1) 政治环境

建国 50 多年来，中国经济社会取得了巨大的进展。尤其是改革开放以后，中国国内投资环境不断改善，中国已经成功加入世界贸易组织(WTO)，加上国家已经开始实施西部大开发战略，这将更进一步促使投资环境的改善，中国可望成为世界各国投资者青睐的投资场所。中国经济发展得益于国家的改革开放政策、良好的投资环境、较好的投资效果、稳定的政局等。

2) 经济环境

经济环境主要包括 GDP 水平，社会商品购买力水平，金融与财政信贷、税收政策环境。

3) 技术环境

技术环境一般包括社会基础设施(如交通运输、通信、生产和生活设施等)，技术创新与技术进步水平。

4) 自然环境

自然环境包括地理位置、自然条件和自然资源。

5) 社会环境

社会环境是指文化教育水平、传统风俗习惯等。

4.2.2 建设项目宏观投资环境评估的主要方法与技术

国外通过统计指标或建立指标体系评价投资环境优劣的方法研究始于20世纪60年代。这些方法归纳起来主要有投资冷热图法(冷热图法)、投资环境评分法(等级尺度法)、道氏评估法、关键因素评估法、相似度法、国家风险评级法、综合评判法和多因素分析评估法等。

1. 冷热图法

美国学者伊西阿·利特法克和彼得·班廷根据他们对 20 世纪 60 年代后半期美国、加拿大等国工商界人士进行的调查资料，通过 7 种因素对各国投资环境的影响进行综合分析后提出了“国别冷热比较法”，又称“投资环境冷热比较分析法”。

国别冷热比较法是以“冷”、“热”因素来表述环境优劣的一种评价方法，即把各个因素和资料加以分析，得出“冷”、“热”差别的评价。

国别冷热比较法把一国投资环境的好、坏归结为 7 大因素。

1) 政治稳定性

政府由阶层代表所组成，代表了广大人民群众的意愿，深得人心，而且该政府能够鼓励和促进企业发展，创造出良好的适宜企业长期经营的环境。一国的政治稳定性高时，这一因素为“热”因素，反之，为“冷”因素。

2) 市场机会

拥有广大的顾客，对外国投资生产的产品或提供的劳务尚未满足需求，并且具有切实的购买力。当市场机会大时，为“热”因素，反之为“冷”因素。

3. 经济发展和成就

一国经济发展程度，效率和稳定形式是考察投资环境的另一因素。经济发展快和成就大，为“热”因素，反之为“冷”因素。

4) 文化一元化

一国国内各阶层的人民，他们之间的相互关系、处世哲学、人生的观念和目标等，都要受到其传统文化的影响。文化一元化程度高，为“热”因素，反之为“冷”因素。

5) 法令阻碍

一国的法令繁杂，并有意或无意地限制和束缚现有企业的经营，影响今后企业的投资环境。若法令阻碍大，为“冷”因素，反之为“热”因素。

6) 实质阻碍

一国的自然资源和地理环境往往对企业的经营产生阻碍。实质阻碍大，为“冷”因素，反之为“热”因素。

7) 地理及文化差距

两国距离远，文化迥异，社会观念及语言文字的差别有碍思想交流。地理及文化差距大，为“冷”因素，反之为“热”因素。

2. 等级尺度法

等级尺度法是在 1986 年由美国经济学家罗伯特·斯托伯提出的，主要用于国际投资环境的考察。这种方法从东道国政府对国外直接投资者的限制和鼓励政策着眼，重点考察投资环境的微观方面，具体分析影响投资环境的 8 大因素。这 8 大因素如下。

(1) 资本外调的自由，或称资本抽回自由，评分值为 0～12 分。

(2) 外商股权比例，即允许外商拥有所有权比例，评分值为 0～12 分。

(3) 对外商管制程度，或外国企业与本地企业间的差别待遇，评分值为 0～12 分。

(4) 货币的稳定性，评分值为 4～20 分。

(5) 政治稳定性，评分值为 0～12 分。

(6) 给予关税保护的态度，评分值为 2～8 分。

(7) 当地资金的供应能力评分值为 0～10 分。

(8) 近 5 年的通货膨胀率评分值为 2～14 分。

这一评估方法的具体评估步骤如下。

首先列出 8 大主要因素及其分层的子因素，对于每一个因素，都依据它们对项目区域投资环境的影响程度给定一个确定的满分分值。

然后依据对投资环境的有利程度，对每个层次的各主要因素给出相应的具体分值(实际值)。

各因素的评分之和就是该项目投资环境的总评分，满分为 100 分。评分方法是根据总分值(在 8～100 分之间)的高低进行优劣评估，分数越高，表明该地区投资环境越好；分数越低，表明该地区的投资环境越不理想。

通过比较不同国家(或地区)投资环境的总分值，即可选出具有优越投资环境的国家(或地区)。

等级尺度法影响因素及评分等级见表 4-1。

表4-1 等级尺度法影响因素及评分等级

投资环境因素	评 分
资本抽回自由	0～12分
无限制	12
只有时间上的限制	8
对资本有限制	6
对资本和红利都有限制	4
限制繁多	2
禁止资本抽回	0
外商股权比例	0～12分
准许并欢迎全部外资股权	12
准许全部外资股权但不欢迎	10
准许外资占大部分股权	8
外资最多不得超过股权半数	6
只准外资占小部分股权	4
外资不得超过股权的三成	2
不准外资控制任何股权	0
对外商的管制程度	0～12分
外商与本国企业一视同仁	12
对外商有限制但无管制	10
对外商有少许管制	8
对外商有限制并有管制	6
对外商有限制并严加管制	4
对外商严加限制并严加管制	2
禁止外商投资	0
货币稳定性	4～20分
完全自由兑换	20
黑市与官价差距小于1%	18
黑市与官价差距在10%～24%之间	14
黑市与官价差距在40%～100%之间	8
黑市与官价差距在100%以上	4
政治稳定性	0～12分
长期稳定	12
稳定但因时而宜	10
内部分裂但政府掌权	8
国内有强大的反对力量	4
有政变和动荡的可能	2
不稳定，政变和动荡极有可能	0
给予关税保护的态度	2～8分
给予充分保护	8
给予相当保护但以新工业为主	6
给予少许保护但以新工业为主	4
很少或不予保护	2

续表

投资环境因素	评 分
当地资金的供应能力	0～10 分
成熟的资本市场，有公开的证券交易所	10
少许当地资本，有投机性证券交易所	8
当地资本有限，外来资本不多(世界贷款等)	6
短期资本极其有限	4
资金管制很严	2
高度的资本外流	0
近 5 年的通货膨胀率	2～14 分
小于 1%	14
1%～3%之间	12
3%～7%之间	10
7%～10%之间	8
10%～15%之间	6
15%～35%之间	4
35%以上	2
总计	8～100 分

3. 综合评判法

综合评判法主要用于国内投资环境的考察。通过定量分析各影响要素，按一定标准(社会平均数或国家参数)确定每个指标应得的分数(得分)，然后按照每个指标的重要程度确定权重。一般采用专家评议法，确定最佳的权数结构，计算综合评价指标(总分)。综合评价指标的计算公式为

$$K = \frac{\sum_{i=1}^{n} K_i W_i}{\sum_{i=1}^{n} W_i} n \tag{4-1}$$

式中 K——总分；

K_i——各分项指标得分；

W_i——各分项指标权数；

$\sum_{i=1}^{n} W_i$——各项指标权数和；

n——指标数目(这里 n=10)。

总分值(10～100 分之间)反映了某区域内量化的投资环境水平，取得最高分 100 分时，说明投资环境极佳。

通过确定综合评估指标的满意值与不允许值，可以确切及时地反映一定时期内投资环境的状况及改善程度，而且也可以进行区域性对比。根据上述各项因素指标的满意值与不允许值及权数，计算出综合评估指标的满意值和综合评估指标的不允许值(综合不允许值)。综合指标评分法的具体内容，见表 4-2。

表 4-2　综合指标评分法

投资环境因素	评　分	权　数	满意值	不允许值
1．资源状况	0～10 分	5	8 分	2 分
资源相当丰富，加工质量高	10			
资源比较丰富，加工质量高	8			
资源不丰富，加工质量高	7			
资源比较丰富，加工质量差	2			
资源不丰富，加工质量差	0			
2．基础设施状况——基础设施投资额占全部固定资产投资额的比例	0～10 分	5	8 分	6 分
15%以上	10			
10%～15%之间	8			
5%～10%之间	6			
2%～5%之间	1			
2%以下	0			
3．利用外资政策状况	2～10 分	15	8 分	6 分
政策相当连续稳定，透明度高	10			
政策比较连续稳定，透明度高	8			
政策比较连续稳定，透明度较低	6			
政策连续性、稳定性差，透明度较低	2			
4．法律环境状况	0～10 分	15	7 分	4 分
法制完善，执法严明	10			
法制较完善，执法严明	7			
法制较完善，法制观念差	4			
法制不完善，有法不依	0			
5．经济发展水平与经济结构	2～10 分	5	8 分	4 分
GNP 年平均增长率 10%以上，经济结构合理	10			
GNP 年平均增长率 5%～10%以上，经济结构合理	8			
GNP 年平均增长率 10%以上，经济结构失调	4			
GNP 年平均增长率 5%以上，经济结构失调	2			
6．市场发育程度	2～10 分	15	6 分	2 分
已形成生产资料市场、劳动力市场、金融市场和房地产市场，并已发育成熟	10			
已形成生产资料市场、劳动力市场、金融市场和房地产市场，但不成熟	6			
已形成生产资料与劳动力市场，但金融市场与房地产市场尚未建立	5			
4 大市场均未形成	2			
7．物价波动幅度(3～5 年内)——通货膨胀率	2～10 分	5	6 分	2 分
2%以下	10			
2%～5%之间	8			
5%～8%之间	7			
8%～15%之间	6			
15%～25%之间	3			
25%以上	2			

续表

投资环境因素	评　分	权　数	满意值	不允许值
8．政府行政效率——项目从立项到注册的平均时间	−2～10 分	15	6 分	2 分
10 天以内	10			
10 天至 1 个月	8			
1 个月至半年	4			
半年至 1 年	2			
1 年以上	−2			
9．劳动者素质与劳务成本状况	1～10 分	10	7 分	1 分
劳动者素质较好，劳务成本较低	10			
劳动者素质较好，劳务成本较高	7			
劳动者素质相当好，劳务成本很高	5			
劳动者素质较差，劳务成本较低	2			
劳动者素质较差，劳务成本较高	1			
10．第三产业发展状况——第三产业增加值占 GNP 的比率	3～10 分	10	8 分	3 分
45%以上	10			
30%～45%之间	8			
20%～30%之间	6			
20%以下	3			

综合满意值=[(8×5+8×5+8×15+7×15+8×5+6×15+6×5+6×15+7×10+8×10)÷100] ×10=73.5(分)

综合不允许值=[(2×5+6×5+6×15+4×15+4×5+2×15+2×5+2×15+1×10+3×10)÷100] ×10=32.0 (分)

满意值是指投资环境的某个方面对投资具有的基本吸引力；不允许值是指投资环境的某个方面对投资具有的排斥力。

4.3　建设项目投资微观环境评估的主要方法与技术

4.3.1　建设项目的行业竞争力分析

行业是这样一些企业所构成的群体，这些企业的产品有着众多相同的属性，并且为争取同样一个买方群体而展开激烈的竞争。投资项目在进入一个行业之前，要了解行业内竞争对手、行业产品发展前景、项目的竞争能力等。相同的宏观环境下，不同行业的经济特点、竞争环境、未来利润前景、政策的限制都不同，因此，投资项目要进行投资项目行业背景评估，主要包括以下几方面内容。

(1) 行业基础评估，根据行业寿命期判断行业目前的发展阶段。

(2) 行业能力评估，行业的技术水平决定了行业的发展规模。

(3) 行业竞争评估，企业所面对的包括竞争者、需求者、供给商等各方面的微观情况的评估。

(4) 行业的吸引力评估，行业产品的市场规模、市场增长率、行业盈利率水平。

建设项目的行业竞争力分析可以采用行业产品寿命周期分析法，产品寿命周期指新产品试制成功后，从投入市场到被市场淘汰为止的一段时期。一般分为导入期、成长期、成熟期、衰退期 4 个阶段。

对于销售增长率指标来说，当销售增长率>10% ，行业竞争力处于成长期；当 0<销售

增长率<10%，行业竞争力处于成熟期；当销售增长率<0，行业竞争力处于衰退期。对于产品普及率指标来说，产品普及率<10%，行业竞争力处于导入期；10%<产品普及率<30%，行业竞争力处于成长期；30%<产品普及率<70%，行业竞争力处于成熟期；产品普及率>70%，行业竞争力处于衰退期。在产品生命周期的不同阶段，市场格局不同，营销策略也因此变化。产品寿命周期分析法的主要因素见表 4-3。

表 4-3　产品寿命周期分析法的主要因素

阶　段	市场情况	竞争情况	企业策略
第一阶段：导入期	产品开始逐步被市场所认同和接受，行业开始形成并初具规模，这是产品生命周期的幼年时期	在此阶段行业内企业很少，市场需求低，产品质量不稳定、批量不大、成本高、发展速度慢	对企业来说，在该阶段需要付出极大的代价来培育市场、完善产品，随着企业的发展和行业的发展，可能会在行业中树立先入优势
第二阶段：成长期	此阶段产品市场需求急剧膨胀	行业内的企业数量迅速增加，行业在经济结构中的地位得到提高，产品质量提高，成本下降	对企业来说，此时是进入该行业的理想时机
第三阶段：成熟期	此阶段产品定型，技术成熟，成本下降，利润水平高，但是随之而来的是由于需求逐渐满足产品需求量达到极大值	行业增长速度减慢，行业内企业之间竞争也日趋激烈	这时期，由于市场竞争激烈，企业进入门槛很高，除非有强大的资金和技术实力，否则难以取得成功
第四阶段：衰退期	由于技术进步或是需求变化，可替代的新产品出现，原有产品的市场迅速萎缩，同时，由于技术的成熟，各企业所提供的产品无差异，质量差别小	行业进入衰退期，行业内的一些企业开始转移生产领域，并逐步退出该领域	此时对企业来说，不宜选择进入此行业

4.3.2　建设项目的产品竞争能力评估

波特竞争力模型 (Michael Porter's Five Forces Model)又称为五力分析模型，是迈克尔·波特(Michael Porter)于 20 世纪 80 年代初提出的，用于竞争战略的分析，可以有效地分析客户的竞争环境。五力分别是：供应商的讨价还价能力、购买者的讨价还价能力、潜在竞争者进入的能力、替代品的替代能力、行业内竞争者现在的竞争能力。波特的竞争力模型如图 4.1 所示。

五力分析模型将大量不同的因素汇集在一个简便的模型中，以此分析一个行业的基本竞争态势。

(1) 潜在的行业新进入者。潜在的行业新进入者是行业竞争的一种重要力量，这些新进入者大都拥有新的生产能力和某些必需的资源，期待能建立有利的市场地位。新进入者加入该行业，会带来生产能力的扩大，带来对市场占有率的要求，这必然引起与现有企业的激烈竞争，使产品价格下跌；另外，新加入者要获得资源进行生产，从而使得行业生产成本升高，这两方面都会导致行业的获利能力下降。新进入者在给行业带来新生产能力、新资源的同时，希望在已被现有企业瓜分完毕的市场中赢得一席之地，这就有可能会与现有企业发生原材料与市场份额的竞争，最终导致行业中现有企业盈利水平降低，严重的话还有可能危及这些企业的生存。竞争性进入威胁的严重程度取决于两方面的因素，这就是进入新领域的障碍大小与预期现有企业对于进入者的反应情况。

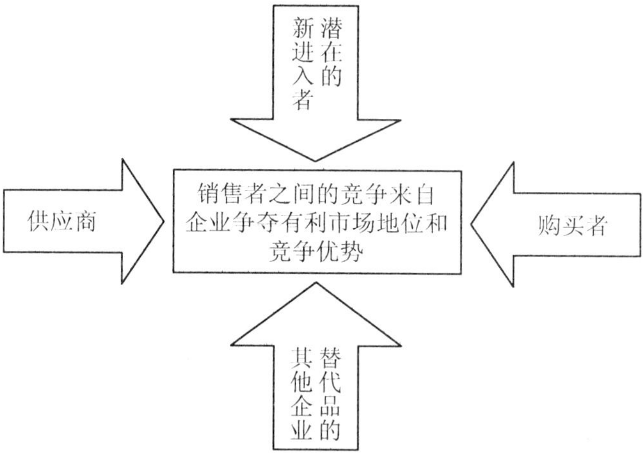

图 4.1　波特的竞争力模型

进入障碍主要包括规模经济、产品差异、资本需要、转换成本、销售渠道开拓、政府行为与政策(如国家综合平衡统一建设的石化企业)、不受规模支配的成本劣势(如商业秘密、产供销关系、学习与经验曲线效应等)、自然资源(如冶金业对矿产的拥有)、地理环境(如造船厂只能建在海滨城市)等方面，这其中有些障碍是很难借助复制或仿造的方式来突破的。预期现有企业对进入者的反应情况，主要是采取报复行动的可能性大小，这取决于有关厂商的财力情况、报复记录、固定资产规模、行业增长速度等。总之，新企业进入一个行业的可能性大小，取决于进入者主观估计进入所能带来的潜在利益、所需花费的代价与所要承担的风险这三者的相对大小情况。

(2) 替代品的威胁。某一行业常会与另一行业的企业处于竞争的状况，其原因是这些企业的产品具有相互替代的性质。替代产品的价格如果比较低，它投入市场就会使本行业产品的价格上限处在较低的水平，这就限制了本行业的收益。本行业与生产替代产品的其他行业进行的竞争，常常需要本行业所有企业采取共同措施和集体行动。

两个处于不同行业中的企业，可能会由于所生产的产品是互为替代品，从而在它们之间产生相互竞争行为，这种源自于替代品的竞争会以各种形式影响行业中现有企业的竞争战略。第一，现有企业产品售价以及获利潜力的提高，将由于存在着能被用户方便接受的替代品而受到限制；第二，由于替代品生产者的侵入，使得现有企业必须提高产品质量，或者通过降低成本来降低售价，或者使其产品具有特色，否则其销量与利润增长的目标就有可能受挫；第三，源自替代品生产者的竞争强度，受产品买主转换成本高低的影响。总之，替代品价格越低、质量越好、用户转换成本越低，其所能产生的竞争压力就强，而这种来自替代品生产者的竞争压力的强度，可以具体通过考察替代品销售增长率，替代品厂家生产能力与盈利扩张情况来加以描述。

(3) 买方讨价还价的能力。买方即顾客，买方的竞争力需要视具体情况而定，但主要由以下 3 个因素决定：买方所需产品的数量，买方转而购买其他替代产品所需的成本，买方所各自追求的目标。买方可能要求降低购买价格、要求高质量的产品和更多的优质服务，其结果是使得行业的竞争者们相互竞争残杀，导致行业利润下降。

(4) 供应商讨价还价的能力。对某一行业来说，供应商竞争力量的强弱，主要取决于供应商行业的市场状况以及他们所提供物品的重要性。供应商的威胁手段一是提高供应价格；二是降低相应产品或服务的质量，从而使下游行业利润下降。

(5) 现有竞争者之间的竞争。这种竞争力是企业所面对的最强大的一种力量，这些竞争者根据自己的一整套规划，运用各种手段(价格、质量、造型、服务、担保、广告、销售网络、创新等)力图在市场上占据有利地位和争夺更多的消费者，对行业造成了极大的威胁。

大部分行业中的企业，相互之间的利益都是紧密联系在一起的，作为企业整体战略一部分的各企业竞争战略，其目标都在于使得自己的企业获得相对于竞争对手的优势，所以，在实施中就必然会产生冲突与对抗现象，这些冲突与对抗就构成了现有企业之间的竞争。现有企业之间的竞争常常表现在价格、广告、产品介绍、售后服务等方面，其竞争强度与许多因素有关。

一般来说，出现下述情况将意味着行业中现有企业之间竞争的加剧，这就是：行业进入障碍较低，势均力敌竞争对手较多，竞争参与者范围广泛；市场趋于成熟，产品需求增长缓慢；竞争者企图采用降价等手段促销；竞争者提供几乎相同的产品或服务，用户转换成本很低；一个战略行动如果取得成功，其收入相当可观；行业外部实力强大的公司在接收了行业中实力薄弱企业后，发起进攻性行动，结果使得刚被接收的企业成为市场的主要竞争者；退出障碍较高，即退出竞争要比继续参与竞争代价更高。在这里，退出障碍主要受经济、战略、感情以及社会政治关系等方面的影响，具体包括：资产的专用性、退出的固定费用、战略上的相互牵制、情绪上的难以接受、政府和社会的各种限制等。

波特竞争力模型的意义在于，5 种竞争力量的抗争中蕴含着三类成功的战略思想，那就是：总成本领先战略、差异化战略、专一化战略。5 种竞争力的合力决定了一个行业的基本竞争潜力。

4.4　建设项目必要性评估的方法与技术

4.4.1　建设项目必要性评估概述

1. 建设项目必要性评估的概念

建设项目的必要性评估就是对可行性研究报告中提出的项目必须建设的理由及建设的重要性进行重新的审查、分析和评估。建设项目必要性评估保证了投资项目规划和投资决策的正确性，有利于控制投资项目建设规模，避免盲目和重复建设，为项目增强产品竞争能力，提高投资效益和降低投资风险提供可靠依据，有利于指导投资者和贷款机构选择正确的投资方向。

2. 建设项目必要性评估的内容

建设项目必要性评估的内容包括以下几方面。

(1) 对项目背景及项目发展概况的审查、分析与评估。

(2) 对项目产品市场供求的竞争能力的审查、分析与评估。

(3) 对建设项目规模的审查、分析与评估。

(4) 对项目产品在国民经济和社会发展中的地位进行审查、分析与评估。

下面主要就建设项目必要性评估中对于项目产品市场供给和需求分析的方法和技术进行介绍，包括建设项目产品市场需求分析的回归预测法、移动平均法、指数平滑法和季节指数法。

4.4.2 建设项目必要性评估的回归预测法

回归预测法是从市场现象之间的因果关系出发，通过建立回归预测模型，根据一种或几种现象的变化去推测另一种现象变化的定量预测法。

回归预测法的基本步骤如下。

(1) 进行因素分析，确定回归模型中的自变量。

(2) 绘制散点图，构造回归模型的理论形式。

(3) 利用最小平方法估计模型参数，建立模型。

(4) 对建立的回归模型进行各种检验。

(5) 利用检验后的回归模型进行预测。

1. 回归预测法的基本模型

设定模型：$y=a+bx+e$，将样本点(x_i，y_i)代入一元回归方程，表示为

$$y_i=a+bx_i+\varepsilon_i \tag{4-2}$$

理论上通过 n 个方程可求取 a、b 值。未来某一自变量 x_i 处的因变量可以用下式来表示。

$$\hat{y}_i=a+bx_i \tag{4-3}$$

$\hat{y}_i$是在 y_i 处以 x_i 和 a、b 作为回归系数的估计值，但是与 y_i 之间存在误差，可以采用最小二乘法原理。高斯定义了最好的估计直线即整体上最贴近所有点的直线的方法，即挑选 a，b，使$\sum e^2$最小者为最佳的 a、b。

$$\min\sum(y_i-a-bx_i)^2$$

令：

$$\begin{cases}\dfrac{\partial\varepsilon^2}{\partial a}=\dfrac{\partial\sum\limits_{i=1}^{n}(y_i-a-bx_i)^2}{\partial a}=0\\[2ex]\dfrac{\partial\varepsilon^2}{\partial b}=\dfrac{\partial\sum\limits_{i=1}^{n}(y_i-a-bx_i)^2}{\partial b}=0\end{cases}$$

$$\begin{cases}\dfrac{\partial\varepsilon^2}{\partial a}=-2\sum\limits_{i=1}^{n}(y_i-a-bx_i)=0\\[2ex]\dfrac{\partial\varepsilon^2}{\partial b}=-2\sum\limits_{i=1}^{n}(y_i-a-bx_i)x_i=0\end{cases}$$

化简为：

$$\begin{cases} na + n\bar{x}b = n\bar{y} \\ n\bar{x}a + \left(\sum_{i=1}^{n} x_i^{\,2}\right)b = \sum_{i=1}^{n} x_i y_i \end{cases} \tag{4-4}$$

式中　$\bar{x}$——$\frac{1}{n}\sum_{i=1}^{n} x_i$；

$\bar{y}$——$\frac{1}{n}\sum_{i=1}^{n} y_i$。

运用二阶行列式求解方法可以得到正规方程组的解：

$$\begin{vmatrix} n & n\bar{x} \\ n\bar{x} & \sum x^2_{\ i} \end{vmatrix} = n(\sum x^2_{\ i} - n\bar{x}^2) = n\sum (x_i - \bar{x})^2 \tag{4-5}$$

$$\begin{cases} \hat{b} = \dfrac{\begin{vmatrix} n & n\bar{y} \\ n\bar{x} & \sum x_i y_i \end{vmatrix}}{n\sum (x_i - \bar{x})^2} = \dfrac{\sum x_i y_i - \bar{x}\sum y_i}{\sum x^2 - \bar{x}\sum x_i} \\ \hat{a} = \bar{y} - \hat{b}\,\bar{x} \end{cases} \tag{4-6}$$

2. 回归方程的线性检验

实际上，只有当两个变量的线性关系较为明显，样本点大致呈一条直线分布时，所配回归直线才有实际价值。这固然可以从散点图上来观察判断，但这只是一个直观的初步判断，下面将吸引入一个数量性指标，叫做相关系数，用来描述两个变量的线性关系的明显程度。

1) 相关系数检验法

相关系数检验是用来描述两个变量之间的线性相关关系的密切程度的数量指标，用 R 来表示。

$$R = \left[\sqrt{\frac{1 - \sum (y_i - y')^2}{\sum (y_i - \bar{y})^2}}\right]$$

显然，$0<R^2<1$。R^2 越小，说明两个变量的线性关系越不明显；R^2 越大，说明两个变量的线性关系越明显，当 $R^2=1$ 时，所有样本点(x_i，y_i)都在回归直线上面，y_i 与 x_i 有完全的线性关系。

只有当 R 大到了一定程度，才能采用线性回归模型进行预测，在计算出 R 值后，其他系数可以查相关系数检验表。在自由度($n-2$)和显著水平 α(一般取 $\alpha=0.05$)下，若 R 大于临界值，则变量 x 和 y 之间的线性关系成立；否则，两个变量不存在线性关系。

2) t 检验

t 检验即回归系数的显著性检验，以判定预测模型变量 x 和 y 之间线性假设是否合理，因为要使用参数值，故称为 t 检验。回归常数是否为 a 的意义不大，通常只检验参数 b。

$$t_b = \frac{b}{s_b} = b\sqrt{\frac{\sum (x_i - \bar{x})^2}{\sum (y_i - y_i')^2 / (n-2)}} \tag{4-7}$$

式中　S_b——参数化的标准差 $S_b=\dfrac{S_y}{\sqrt{\sum(x_i-\bar{x})^2}}$；

S_y——回归标准差，$S_y{}^2=\dfrac{\sum(y_i-\hat{y}_i)^2}{n-2}$。

也可以表示为

$$t_b=\frac{b\sqrt{\sum(x_i-\bar{x})^2}}{S_y} \tag{4-8}$$

t_b 服从 t 分布，可以通过 t 分布表查得显著性水平为 α，自由度为 $n-2$ 的数值 $t(\alpha/2, n-2)$，与之比较，若 t_b 的绝对值大于 t，表明回归系数显著性不为 0，参数的 t 检验通过，说明变量 x 和 y 之间线性假设合理，若 t_b 的绝对值小于或等于 t，表明回归系数为 0 的可能性较大，参数的 t 检验未通过，回归系数不明显，说明变量 x 和 y 之间线性假设不合理。

【例题 4-1】 某建设项目拟生产的产品在过去 5 年的销售额与目标市场人均收入的数据见表 4-4，预计 2006 年该产品的目标市场人均收入为 1 800 元。

表 4-4　2003—2007 年历年产品销售额与目标市场人均收入表

年　份	2003	2004	2005	2006	2007
产品销售额 / 万元	30	35	36	38	40
人均收入 / 元	1 000	1 200	1 250	1 300	1 400

已知如下数据：2003～2007 年历年产品销售额的平方和为 6 465 万元，2003～2007 年历年人均收入的平方和为 7 652 500 万元；2003～2007 年历年人均收入与产品销售额乘积之和为 222 400 万元。

回答以下问题。

(1) 建立一元线性回归模型(计算结果小数点后保留 3 位)。

(2) 进行相关系数检验(取 a=0.05，R 值小数点后保留 3 位，相关系数临界值见附表)。

(3) 对 2006 年可能的销售额进行点预测。

解析：

(1) 令 y 表示产品销售额，x 表示目标市场人均收入，则一元线性回归模型为：

$$y=a+bx$$

根据已知数据：

$$\sum x_i=1\,000+1\,200+1\,250+1\,300+1\,400=6\,150(\text{元})$$

$$\bar{x}=6\,150/5=1\,230(\text{元})$$

$$\sum y_i=30+35+36+38+40=179(\text{万元})$$

$$\bar{y}=179/5=35.8(\text{万元})$$

则

$$b=\frac{\sum x_i y_i-\bar{x}\sum y_i}{\sum x^2-\bar{x}\sum x_i}$$

$$=(222\,400-1\,230\times179)/(7\,652\,500-1\,230\times6\,150)=0.025$$

$$a=\bar{y}-b\bar{x}=35.8-0.025\times1\,230=5.05$$

则一元线性回归方程为：$y = a + bx = 5.05 + 0.025x$

(2) 根据得到的一元线性回归方程，可得：

$$y_1=30.05，y_2=35.05，y_3=36.3，y_4=37.55，y_5=40.05。$$

则 $$\sum(y_i - y_i')^2 = 0.3, \sum(y_i - y)^2 = 56.8。$$

$$R = \left[\sqrt{\frac{1-\sum(y_i - y')^2}{\sum(y_i - \overline{y})^2}}\right] = 0.997$$

因为 $R = 0.997 > R_{0.05} = 0.878$，因此产品销售额和人均收入之间的线性关系成立。

(3) 2006 年可能的销售额的点预测额为：

$$Y_{2006} = 5.05+0.025\times 1\ 800=50.05(万元)$$

【例题 4-2】 2005 年某地区镀锌钢板消费量 15.32 万吨，主要应用于家电业、轻工业和汽车工业等行业，1996～2005 年当地镀锌钢板消费量及同期第二产业产值见表 4-5。按照该地区“十一五”规划，“十一五”期间地方第二产业增长速度预计为 12%。试用一元回归分析法分析 2010 年当地镀锌钢板需求量。

表 4-5　1996—2005 年镀锌钢板消费及同期第二产业产值

年　份	镀锌钢板消费量/万吨	第二产业产值/千亿元
1996	3.45	1.003
1997	3.5	1.119
1998	4.2	1.26
1999	5.4	1.45
2000	7.1	1.527
2001	7.5	1.681
2002	8.5	1.886
2003	11	1.931
2004	13.45	2.028
2005	15.32	2.274

建立一元回归模型，经过分析，发现该地区镀锌钢板消费量与第二产业产值之间存在线性关系，将镀锌钢板设为因变量，以第二产业产值为自变量 x，建立一元回归模型为：

$$y = a + bx$$

各年第二产业产值和各年镀锌钢板消费量的平均值为：

$$\overline{x} = \frac{1}{n}\sum_{i=1}^{n} x_i = 1.62(千亿元)，\overline{y} = \frac{1}{n}\sum_{i=1}^{n} y_i = 7.94(万吨)$$

$$\sum x_i y_i = 143.33, \sum x_i^2 = 27.68$$

则 b=$[\sum x_i y_i - \overline{x}\sum y_i]/[\sum x^2 - \overline{x}\sum x_i]$=9.590

$$a = \overline{y} - b\overline{x} = -7.55$$

进行相关检验：

$$R = \left[\sqrt{\frac{1-\sum(y_i - y')^2}{\sum(y_i - \overline{y})^2}}\right] = 0.961$$

在$\alpha = 0.05$时，自由度$= n - 2 = 8$，查得相关检验表，得：

$R_{0.05} = 0.632$

因为R =0.961>0.632=$R_{0.05}$，故在R的显著性检验水平上，检验通过，说明第二产业产值与镀锌钢板需求量线性关系合理。

$$t_b = \frac{b}{s_b} = b\sqrt{\frac{\sum(x_i - \overline{x})^2}{\sum(y_i - y_i')^2/(n-2)}} = 9.85$$

α =0.05 时，自由度=n−2=10−2=8，查 t 检验表 $t(\alpha/2, n-2)=t(0.025, 8)=2.306$，因为 t_b =9.85>t(0.025，8)=2.306，故在α =0.05 的显著性检查水平上，检验通过，说明第二产业产值与镀锌钢板需求量线性关系明显。

根据地方规划，2005 年地区第二产业产值年增长速度为 12%，则 2010 年地区第二产业产值将达到：

$$X_{(2010)} = (1+r)^5 \times 2.274 = 1.76 \times 2.274 = 4.008(\text{千亿元})$$

于是，2010 年当地镀锌板需求点预测值为：

$$Y_{(2010)} = a + b\,x_{(2005)} = -7.55 + 9.590 \times 4.008 = 30.88(\text{吨})$$

于是，2010 年度镀锌钢板预测为 37.68 吨。相关系数计算表见表 4-6。

表 4-6　相关系数计算表

年　份	y 实际消费量/万吨	y' 预测消费量/万吨	$(y-y')^2$	$(y-Y)^2$
1996	3.45	2.06	1.92	20.18
1997	3.50	3.18	0.10	19.73
1998	4.20	4.53	0.11	14.00
1999	5.40	6.35	0.90	6.46
2000	7.10	7.09	0.00	0.71
2001	7.50	8.57	1.14	0.20
2002	8.50	10.53	4.13	0.31
2003	11.00	10.96	0.00	9.35
2004	13.45	11.89	2.42	30.34
2005	15.32	14.25	1.14	54.43
合计	79.42	79.42	11.86	155.71
平均值	7.94	7.94	1.19	15.57

4.4.3　移动平均法

简单移动平均法是以过去某一段时期的数据平均值作为将来某时期预测值的一种方法。该方法对过去若干历史数据求算术平均数，并把该数据作为以后时期的预测值。

简单移动平均法的公式为

$$F_{t+1} = \frac{1}{n}\sum_{i=t-n+1}^{t} x_i \tag{4-9}$$

式中　F_{t+1}——t+1 时的预测数；

n——在计算移动平均值时所使用的历史数据的数目，即移动时段的长度。

为了进行预测，需要对每一个 t 计算出相应的 F_{t+1}，所有计算得出的数据形成一个新的数据序列。经过 2～3 次同样的处理，历史数据序列的变化模式将会被揭示出来。这个变化趋势较原始数据变化幅度小，因此，移动平均法从方法论上分类属于平滑技术。

n 的选择采用移动平均法进行预测，用来求平均数的时期数 n 的选择非常重要，这也是移动平均的重点。事实上，不同 n 的选择对所计算的平均数有较大影响。n 值越小，表明对近期观测值预测的作用越重视，预测值对数据变化的反应速度也越快，但预测的修匀程度较低，估计值的精度也可能降低。反之，n 值越大，预测值的修匀程度越高，但对数据变化的反映程度较慢。因此，n 值的选择无法两者兼顾，应视具体情况而定。不存在一个确定时期 n 值的规则。n 一般在 3～200 之间，视序列长度和预测目标情况而定。一般对水平型数据，n 值的选取较为随意；一般情况下，如果考虑到历史序列的基本发展趋势变化不大，则 n 应取大一点。对于具有趋势性或阶跃型特点的数据，为提高预测值对数据变化的反应速度，减少预测误差，n 值取较小一些。如果预测目标的趋势正在不断发生变化，则 n 应选小一点，以使移动平均值更能反映目前的发展变化趋势。

简单移动平均法只适用于短期预测，在大多数情况下只用于以季度或周为单位的近期预测。简单移动平均法的另外一个主要用途是对原始数据进行预处理，以消除数据中的异常因素或除去数据中的周期变动成分。移动平均法的主要优点是简单易行，容易掌握。其缺点是只有在处理水平型历史数据时才有效，每计算一次移动平均需要最近的 n 个观测值。在现实经济生活中，历史数据的类型远比水平型复杂，这就大大限制了移动平均法的应用范围。

【例题 4-3】 洗衣机销售量预测。某商场某年 1～12 月洗衣机销售量见表 4-7，请用简单移动平均法预测下一年第一季度该商场洗衣机销售量(n=3)。

表 4-7　洗衣机销售量 3 个月移动平均预测

月　份	序号 t	实际销售量 X_t/台	3 个月移动平均预测/台
1	①	53	
2	②	46	
3	③	28	
4	④	35	42
5	⑤	48	36
6	⑥	50	37
7	⑦	38	44
8	⑧	34	45
9	⑨	58	41
10	⑩	64	43
11	⑪	45	52
12	⑫	42	56

解析：

采用 3 个月移动平均法，下一年 1 月洗衣机销售量预测：

$$Q_1=\frac{x_{10}+x_{11}+x_{12}}{3}=\frac{64+45+42}{3}台=50台$$

2 月洗衣机销售量预测：

$$Q_2=\frac{x_{11}+x_{12}+Q_1}{3}=\frac{45+42+50}{3}台=46台$$

3 月洗衣机销售量预测：

$$Q_3=\frac{x_{12}+Q_1+Q_2}{3}=\frac{42+50+46}{3}台=46台$$

于是，第一季度洗衣机销售量预测为

$$Q=Q_1+Q_2+Q_3=50+46+46台=142台$$

为了使预测更符合当前的发展趋势，可以采用加权移动平均法，即将不同时期的序列给予不同的权重。如对预测的前一期、前二期和前三期分别赋予 3、2 和 1 的权重，则 1 月洗衣机销售量预测：

$$Q_1=\frac{x_{10}+2x_{11}+3x_{12}}{6}=\frac{64+2\times45+3\times42}{6}台=47台$$

2 月洗衣机销售量预测：

$$Q_2=\frac{x_{11}+2x_{12}+3Q_1}{6}=\frac{45+2\times42+3\times47}{6}台=45台$$

3 月洗衣机销售量预测：

$$Q_3=\frac{x_{12}+2\times Q_1+3\times Q_2}{6}=\frac{42+2\times47+3\times45}{6}台=45台$$

于是，下一年第一季度洗衣机销售量预测为：

$$Q=Q_1+Q_2+Q_3=(47+45+45)台=137\ 台$$

【例题 4-4】 某水泥制造厂 2007 年 1～12 月水泥销售量见表 4-8。

表 4-8　某水泥制造厂 2007 年水泥销售量表

时　间	序号 t	实际销售量 x_t(百吨)	时　间	序号 t	实际销售量 x_t(百吨)
2002.1	1	600	2002.7	7	480
2002.2	2	530	2002.8	8	650
2002.3	3	440	2002.9	9	690
2002.4	4	300	2002.10	10	520
2002.5	5	560	2002.11	11	460
2002.6	6	540	2002.12	12	720

试用简单移动平均法预测 2003 年第一季度水泥销售量。(分别取 n=3 和 n=6，并通过比较两个方法预测误差来选择较好方法。)

解析：

(1) 采用 3 个月移动平均法，2003 年 1 月水泥销售量预测：

$$Q_1=\frac{x_{10}+x_{11}+x_{12}}{3}=\frac{520+460+720}{3}百吨=570\ 百吨$$

2003 年 2 月水泥销售量预测：

$$Q_1=\frac{x_{11}+x_{12}+Q_1}{3}=\frac{460+720+570}{3}\text{百吨}=580\text{百吨}$$

2003 年 3 月水泥销售量预测：

$$Q_1=\frac{x_{12}+Q_1+Q_2}{3}=\frac{720+570+580}{3}\text{百吨}=620\text{百吨}$$

采用 6 个月移动平均法，2003 年 1 月水泥销售量预测：

$$Q_1=\frac{x_7+x_8+x_9+x_{10}+x_{11}+x_{12}}{6}=\frac{480+650+690+520+460+720}{6}\text{百吨}=590\text{百吨}$$

2003 年 2 月水泥销售量预测：

$$Q_2=\frac{x_8+x_9+x_{10}+x_{11}+x_{12}+Q_1}{6}=\frac{650+690+520+460+720+590}{6}\text{百吨}=610\text{百吨}$$

2003 年 3 月水泥销售量预测：

$$Q_2=\frac{x_9+x_{10}+x_{11}+x_{12}+Q_1+Q_2}{6}=\frac{690+520+460+720+470+610}{6}\text{百吨}=580\text{百吨}$$

(2) 采用 3 个月还是 6 个月平移，可以通过比较两个方法预测误差来选择，见表 4-9。

表 4-9　移动平均法预测误差比较表

各月实际销售量		用 3 个月移动平均预测		用 6 个月移动平均预测	
序　号	实际销售量/百吨	预测值/百吨	误差平方	预测值/百吨	误差平方
1	600				
2	530				
3	440				
4	300	520	4 840		
5	560	420	1 960		
6	540	430	1 210		
7	480	470	10	500	40
8	650	530	1 440	480	2 890
9	690	560	1 690	500	3 610
10	520	610	810	540	40
11	460	620	2 560	570	1 210
12	720	560	2 560	560	2 560
合计	6 490	4 720	17 080	3 150	10 350
平均值	540	520	1 900	530	1 730

从表 4-9 可以看出，采用 6 个月移动平均的均方差较 3 个月移动平均的小，因此，本案例采用 6 个月移动平均法较好。

二次移动平均法就是在一次移动平均的基础上，对所得数据再做一次移动平均，其计算公式为

$$F_{t+1}^{(2)} = M_t^{(2)} = \frac{M_t^{(1)} + M_{t-1}^{(1)} + \cdots + M_{t-n+1}^{(1)}}{n} \tag{4-10}$$

式中　(2)——表示二次移动平均。

若经过一次或二次移动平均后，得到的数据点呈现明显的线性趋势，可以用下式预测：

$$X_{t+T} = a_t + b_t T$$

$$a_t = 2M_t^{(1)} + M_t^{(2)}$$

$$b_t = \frac{2}{n-1}(M_t^{(1)} - M_t^{(2)})$$

式中　X_{t+1}——$t+T$ 期的预测值；

T——预测期；

a_t——截距，即为预测的起始数据；

b_t——斜率；$M_t^{(1)}$为一次移动平均第 t 期的平均数。

4.4.4　指数平滑法

一次指数平滑法的基本公式为

$$S_t^{(1)} = aX_t + (1-a)S_{t-1}^{(1)} (t \neq 0)$$

式中，$S_t^{(1)}$——第 t 期一次指数平滑值(即 t+1 期的预测值)；

X_t——第 t 期的实际值；

$S_{t-1}^{(1)}$——t−1 期一次指数平滑值(即 t 期预测值)；

a——平滑系数(1≥a≥0)。以此类推有：

$$S_{t-1}^{(1)} = aX_{t-1} + (1-a)S_{t-2}^{(1)}$$

则可以得到：

$$S_t^{(1)} = aX_t + (1-a)\left[aX_{t-1} + (1-a)S_{t-2}^{(1)}\right]$$

经过代入得：

$$S_t^{(1)} = aX_t + a(1-a)X_{t-1} + a(1-a)^2 X_{t-2} + \cdots + a(1-a)^{t-1} X_1^{(1)} + (1-a)^t S_0^{(1)}$$

一次指数平滑法是一种加权预测，权数为 a。它既不需要存储全部历史数据，也不需要存储一组数据，从而可以大大减少数据存储问题，甚至有时只需一个最新观察值、最新预测值和 a 值，就可以进行预测。它提供的预测值是前一期预测值加上前期预测值中产生的误差的修正值。

由此可见，$S_t^{(1)}$ 实际上是对整个时间序列各项的加权平均，其权数分别为 a，$a(1-a)$，$a(1-a)^2$…这一套权数有两个特点：一是权数的总和为 1；二是除最后一个权数外，权数由大到小，以 $a(1-a)$的指数函数加以分配。

这里有一个比较关键的问题是 a 的选择问题。平滑系数 a 小，说明近期实际值对预测值影响较小，预测结果比较平滑；a 大，说明近期实际值对预测值影响较大，而对远期实际值影响较小；当 a=1 时，说明预测值等于上期实际值。平滑系数是根据经验从实际中总结出来的，选择是否得当，直接影响预测的准确性。为此，a 值的选择应考虑以下原则：当上期计算的预测值精度不高时，应选取较大的 a 值，这样可给近期实际值以较大的权数；当时间序列较稳定时，取中间值，一般取 0.4～0.6；当时间序列具有明显的变动倾向时，就取较大的值，一般取 0.6～0.9，这样可以使近期影响较大，提高预测的灵敏性；当时间序列变动缓慢时，就取较小的 a 值，一般取 0.1～0.4，这样就重视了远期的动态。

以上所列举的 a 值的取值范围只是经验之谈，在实际利用指数平滑法进行预测时，就选不同的 a 值进行预测，然后比较不同的 a 值下的预测误差，选取误差相对较小的 a 值进行预测。

此外，在利用指数平滑法进行预测时，还涉及初始平滑值的确定。一般把第一期的实际值 x_i 当作初始值，$S_0^{(1)}=x_1$。这样就可以利用一次平滑值的计算公式进行预测了。

【例题 4-5】 若某厂 2000 年 1～10 月份的销售额见表 4-10。取 a=0.3 时，按上月的实际销售额和预测值，即可求得各月的预测值(设第一个月的预测值与实际销售额相同)。

表 4-10　移动平均法各月预测值

月　份	实际销售额/万元	$S_t^{(t)}(=0.3)$	月　份	实际销售额/万元	$S_t^{(t)}(=0.3)$
0		50	6	48	49.17
1	50	50	7	51	49.72
2	52	50.6	8	40	46.80
3	47	49.52	9	48	47.16
4	51	49.96	10	52	48.61
5	49	49.67			

$$F_6=S_5=ax_5+(1-a)S_4=0.3\times49+(1-0.3)\times49.96=49.67(\text{万元})$$

4.4.5　季节指数法

某地区针织棉内衣 2001～2004 年各季销售量见表 4-11。

表 4-11　某地区针织棉内衣 2001～2004 年销售量表　　千件

季　节	2001 年	2002 年	2003 年	2004 年
1	178	170	185	168
2	88	98	84	106
3	62	64	58	66
4	198	202	216	208

某外地名牌服装企业(A 公司)拟在该地区投资建一座加工自己品牌的针织棉内衣的服装厂(B 厂)，主要供应该地区的市场。该项目拟租用当地的一家企业(C 企业)闲置厂房，租期 5 年，年租金 50 万元。厂房改造费用 400 万元，由承租方承担，当年投资改造即投入生产。生产设备利用从 A 公司生产基地因引进新的生产线而更新下来的大半新的旧设备，该批设备的固定资产的账面价值为 1 000 万元，现市场处理价 500 万元。设备运杂费及安装费 100 万元。按厂房租赁协议，5 年租期满后，厂房连同生产设备一起无偿地转给 C 企业。

拟建 B 厂企业员工中，主要的管理人员和技术人员共 16 人，由 A 公司从生产基地调派，在当地的安家费用每人 5 万元，另需要在当地招募一批新的员工，培训费用 20 万元。

预计工厂投入生产后，每年需要 300 万元的流动资金，每年的销售收入 1 000 万元，除厂房租金之外的经营成本 450 万元，每年的销售税金及附加为销售收入的 10%。B 厂适用所得税税率 20%。A 公司的基准投资收益率为 15 年。

回答下面的问题。

(1) 请说明采用季节指数水平法进行预测的适用条件。

(2) 根据上述数据资料，试用季节指数水平法预测 2005 年各季销售量。

(3) 计算 B 厂项目税前财务净现值，并进行财务评价。

解析：

(1) 季节指数水平法适用于无明显的上升或下降变动趋势，主要受季节变动和不规则变动影响的时间序列，它一般需要 3～5 年各月(或季度)的历史数据资料。

(2) 预测 2005 年各季销售量。

(1) 计算各年同季平均销售量。

第一季为：(178+170+185+168)千件/4=175.25 千件

类似，可求得第二、三、四季的季节销售平均值。

计算所有年所有季的季平均销售量。

(175.25+94+62.5+206)千件/4=134.437 5 千件

计算各季节比率。

第一季为：175.025 / 134.437 5=130.17%

类似，可求得第二、三、四季的季节比率。

计算 2005 年的预期趋势值。

2004 年的平均值 y_{t-1}=(168+106+66+208)千件/4=137 千件

预测 2005 年各季销售量，如

第一季= y_{t-1}=137 千件×130.17%=178.33 千件

类似，可求得第二、三、四季的预测销售量，见表 4-12。

表 4-12 季节指数法预测销售量

季 节	2001	2002	2003	2004	季节销售平均值	季节比率(%)	2005 年预测值
1	178	170	185	168	175.25	130.17	178.33
2	88	98	81	106	94.00	69.92	95.79
3	62	64	58	66	62.50	16.49	63.69
4	198	202	216	208	206.00	153.23	209.93
季节平均值	131.5	133.5	135.75	137	134.4375		

本章综合案例

某钢铁集团 2004 年 1 季度到 2005 年 4 季度的主营业务收入(亿元)，见表 4-13。

表 4-13　钢铁集团主营业务收入

时　间	2004 年 1 季度	2004 年 2 季度	2004 年 3 季度	2004 年 4 季度	2005 年 1 季度	2005 年 2 季度	2005 年 3 季度	2005 年 4 季度
主营业务收入亿元	44.1	54.8	60.1	73.3	68.6	73.4	69.2	53.7

回答下面的问题。

(1) 建立简单移动平均预测模型，并预测 2006 年上半年的起步业务收入(n=3)。

(2) 设 a=0.2，建立一次指数平滑预测模型，并预测 2006 年第一季度的主营业务收入。

解析：

(1) 当 n=3 时的移动平均法计算见表 4-14。

表 4-14　移动平均预测数据表　(亿元)

时　间	主营业务收入	3 个月移动平均预测
2004 年 1 季度	44.1	
2004 年 2 季度	54.8	
2004 年 3 季度	60.1	
2004 年 4 季度	73.3	53.0
2005 年 1 季度	68.6	62.7
2005 年 2 季度	73.4	67.3
2005 年 3 季度	69.2	71.8
2005 年 4 季度	53.7	70.4

2006 年 1 季度主营业务收入 $Q_1=\dfrac{73.4+69.2+53.7}{3}$ 亿元 $=65.4$ 亿元

2006 年 2 季度主营业务收入 $Q_2=\dfrac{69.2+53.7+65.4}{3}$ 亿元 $=62.8$ 亿元

因此 2006 年上半年全业务收入预测为 $Q=Q_1+Q_2$=65.4+62.8 亿元=128.2 亿元

(2) 初始平滑值 $F_0=\dfrac{x_1+x_2+x_3}{3}=\dfrac{44.1+54.8+60.1}{3}$ 亿元 $=53$ 亿元

$$F_1=ax_1+(1-a)F_0=0.2\times44.1+0.8\times53 \text{ 亿元}=51.22 \text{ 亿元}$$

按照指数平滑法计算见表 4-15。

表 4-15　指数平滑法计算数据表

时　间	时序	季度收入/亿元	一次指数平滑值	预测值
0		53.00		
2004.1	1	44.1	51.22	53.00
2004.2	2	54.8	51.94	51.22
2004.3	3	60.1	53.57	51.94
2004.4	4	73.3	57.52	53.57
2005.1	5	68.6	59.73	57.52
2005.2	6	73.4	62.47	59.73
2005.3	7	69.2	63.81	62.47
2005.4	8	53.7	61.79	63.81
2006.1				61.79

于是，由表中可知 2006 年第一季度的主营业务收入为 61.79 亿元。

本章小结

本章主要探讨项目投资建设的必要性和投资环境评估。本章列举了一些关于建设项目宏观投资环境评估和微观投资环境评估的原则、方法和当前国内、国际通常采用的技术，同时对建设项目产品的市场需求分析与动态预测的方法和技术也进行了介绍，具有知识性和实用性，是对建设项目投资环境评估以及建设项目市场分析等问题进行的定性及定量方法的综合阐述。

本章推荐课外阅读资料

[1] 国家发展与改革委员会，建设部．建设项目评价方法与参数[M]．3 版．北京：中国计划出版社，2006.
[2] 建设部标准定额研究所.建设项目经济评价案例[M]．北京：中国计划出版社，2006.
[3] 联合国工业发展组织．工业可行性研究手册[M]．北京：中国财政经济出版社，1978.
[4] 郝建新．全国注册咨询工程师(投资)执业资格考试案例分析[M]．武汉：华中科技大学出版社，2007.
[5] 路通，刘立．咨询工程师(投资)实务手册[M]．北京机械工业出版社，2006.
[6] 刘尔烈．国际工程咨询实务[M]．北京：化学工业出版社，2007.

本章思考题

一、名词解释

投资环境评估　投资环境　宏观投资环境　微观投资环境　行业背景　PEST 分析法　波特竞争力模型　冷热图法　等级尺度法　产品寿命周期分析法。

二、简答题

1. 什么是投资环境？投资环境具有哪些主要特征？
2. 投资环境按层次的不同，可以划分为哪几类？
3. 理想的投资环境应具备哪些条件？
4. 国际上宏观投资环境评估的主要方法和技术有哪些？
5. 建设项目投资微观环境评估的主要方法与技术有哪些？
6. 建设项目必要性评估的定量方法与技术有哪些？
7. 什么是建设项目必要性评估的回归预测法？
8. 什么是建设项目必要性评估的移动平均法？

第 5 章　建设项目建设条件评估

教学目标： 项目建设和生产条件评估，主要是审查、分析和评价拟建项目是否具备建设施工条件和生产经营条件，即对项目实施的可能性和投产后顺利的生产经营的可能性进行的分析评价工作。对于投资项目来说，具备一定的建设和生产条件是投资项目实现预期目标、取得预计经济效益的保证，也是决定项目取舍的重要因素，因此，对项目的建设和生产条件必须进行全面的分析与评估。

项目建设的生产条件　资源条件、原材料条件、燃料供应条件(如煤炭、石油、天然气)、供水条件(如水源、水质、供水成本和供水设施、污水处理、节水措施等)、供电条件(如最大用电量、高峰负荷、供点设施、供电设施等)都是需要评估的内容，因此，项目建设条件评估不仅要评估建设地区和地点，还要评估建成后的生产运行条件。

教学要求： 项目选址是关系到工业布局、投资的地区分配、经济结构、生态平衡等具有全局性、长远性的重要问题，应在国家经济布局和区域发展计划的范围内选择项目的建厂位置，而这一位置的自然和地理条件、运输条件、供电给水条件等必须最大限度地满足建设与经营各方面的要求。本部分主要指导学生掌握项目建设条件评估的基本原则和方法。

5.1　生产建设条件评估

项目的生产建设条件，主要包括项目投入的原材料供应及来源条件，项目所在地的交通运输和通信条件，建厂地区的气象、水文和工程地质条件以及项目的外部协作配套条件等。

5.1.1　自然资源条件

1. 自然资源条件评估

项目资源条件评估是指为了使项目能最大限度地利用资源，结合本地区的资源特点，通过对资源的分布、储量、品位、开采利用的可能性和经济性等所进行的实事求是的分析评价。建设项目资源条件评估中的资源是指狭义的资源，即项目所需要的能够为工业生产提供原材料和能量的自然资源，如各种矿产资源、土地资源、水资源及各种能源等。无论何种资源都具有在数量上的有限性和相对稀缺性及在分布上的不均衡性两大特点。

建设项目自然资源是工业生产的物质基础，为工业提供原料和燃料。工业的自然资源分为矿产资源、森林资源和农业资源等几类。工业原材料的来源主要有工业内部、农业、海洋资源和废弃物回收利用等 4 个方面。就我国而言，工业原料 40%来自农业，60%来自工业；就轻工业而言，70%来自农业，30%来自工业。

(1) 矿产资源。矿产资源是指在一定技术经济条件下，能从自然界中提取出来并有工业价值的矿物性原料的总称。矿产资源可分为能源矿产资源、金属与非金属矿产资源等几种。

能源矿产资源包括煤炭、石油、天然气、泥炭、油页岩以及铀、钍、锂等核能资源；金属矿产资源包括黑色金属和有色金属两类，前者以铁、锰、铬、钒、钛为主，后者有铜、铅、锌、金、银、钨、汞、铝等；非金属矿产资源包括磷、硫、硼、砷、明矾石、石灰石等。根据它们的工业用途，非金属矿产资源又分为化工原料、工业矿物原料、冶金辅助原料及建筑石料等。

(2) 农业资源。农业资源(包括农作物、畜产品、水产品等)是工业，特别是轻工业的主要原料来源，我国目前约有 70%的轻工业原料来自农业。从这个意义上讲，轻工业是农业的加工业，农作物中，其收获物主要供应用作工业原料的作物常称为工业原料作物，如纤维作物、油料作物、糖料作物、饮料作物等。

(3) 森林资源。森林是地球上最重要的资源之一，它为工业提供多种宝贵的原材料，为人类经济生活提供多种食品，并具有调节气候、保持水土、防止和减轻自然灾害及净化空气、消除噪声等功能。

森林可以不断地为人类提供优质木材和多种林业副产品，根据森林的利用效果可分为用材林、经济林、防护林、薪炭林等几类。

随着科学技术的不断发展，还有更多的天然资源用作工业的资源。

2. 自然资源条件评估的内容

自然资源条件评估主要包括下列内容。

(1) 分析为项目提供的资源报告是否落实可靠。分析拟建项目所提供的自然资源报告是否翔实，是否得到矿产储备委员会的正式批准，是否依法开采。矿产资源要有国家矿产储备委员会批准的关于该资源储量、品位、开采价值以及运输条件的报告。在项目评估报告中应提供对矿产品的物理、化学和其他性质的详细分析。

(2) 分析和评价项目所需资源的种类、性质。如拟建项目所需资源的储量和性质，例如，对矿产资源要注意其矿床规模，即实际可开采的储量、类型、矿石结构等。

要分析项目所需要的资源是矿产资源还是农产品资源。如是矿产资源，则要分析和评价其矿床规模、类型特征、矿体形态及其大小、矿体埋藏条件、矿石质量、矿石含有其他元素成分及选矿需要的详细情况；如果是农产品资源，则应依据过去农产品资源供应产量及其部门相关数据，估算有关农产品的目前供应与今后可能获得的品种和数量，还要注意农村经济发展及世界农产品市场的变化，此外，还应该分析资源是可再生资源还是不可再生资源。

(3) 分析和评价项目所需资源的供应数量、质量、服务年限、开采方式与供应方式、成本高低及运输难易等。分析和评价稀缺资源的供需情况，注意开发新资源的前景和寻找替代途径。

(4) 分析和评价项目减少能源消耗的能力。

我国国民经济发展很快，能源紧张将是长期问题，因此，在进行建设项目投资时，应十分重视能源节约问题。为了保证建设项目做到合理利用能源和节约能源，根据原国家计委 1997 年[2542]号文件规定，要求基本建设新建、改建、扩建工程项目及技术改造综合性工程项目可行性研究报告中必须增列“节能篇(章)”作为可行性研究报告的组成部分，并按规定的可行性研究报告审批程序同时报批。在引进先进技术和设备时，要注意降低能源消耗，或采取以煤代油的技术和设备，减少贵重燃料——石油的消耗。对于新增耗油设备，应报国家计委批准，并落实石油的供应来源。

5.1.2　原材料、燃料和动力条件评价

1. 原材料供应条件评估

工业建设项目按其劳动对象的不同，可分为采掘工业和加工工业两大类。采掘工业的劳动对象直接取自自然界，如采矿、采煤、石油开采等一类项目；加工工业是对采掘工业的产品、农副产品进行加工，如机械制造、金属冶炼、化工、纺织、食品加工等工业建设项目。不同项目所需的资源条件及原材料供应的要求是不同的，所以各项目评价的侧重点也会有所差别，但都应根据拟建具体原材料需求特点确定。除采掘工业主要是以自然资源为劳动对象外，所有的生产部门都需要原材料。所谓原料，是指耗费了人类劳动而开采或创造出来的劳动对象，如采掘工业和农业的产品是加工工业的原料。所谓材料是指经过工业进一步加工过的原料，如钢材、水泥、棉纱等。原料和材料一般统称为原材料。

1) 原材料的分类及来源

原材料按其在生产过程中所起的作用，可分为主要原材料和辅助原材料。凡是在生产过程中构成产品主要实体的原材料称为主要原材料；凡是参加生产过程，但不构成产品主要实体的，则称为辅助材料。辅助材料虽不构成产品主要实体，但是为生产过程所必需的材料。它又可分为 3 类：一是在生产过程中被劳动资料消费的(如润滑油)；二是加于原材料之中使之发生物质变化的(如纺织用的漂白粉)；三是帮助劳动过程进行的(如生产中照明用电)。燃料也是一种辅助材料，但由于它的消耗量大、影响大，在实际工作中将其单独列出。

工业中所使用的原材料，主要来自工业原料、农业原料和海洋资源 3 个方面。

工业原料包括：直接由采掘工业生产出来的，如原煤、原油、矿石等；由采掘工业生产出来又经加工工业加工的，如生铁、钢材等；用化学方法制造出来的合成材料，如塑料、合成橡胶等。

农业原料包括：由农业生产出来的多种植物性及动物性原料；由农业生产出来又经过加工而成为工业产品的，如食品工业的面粉、制鞋工业的皮革等。

海洋资源包括：海洋矿产资源(如海底石油)、海水化学资源(如海水中的盐类)、海洋生物资源(如贝类、鱼、虾、蟹等)。

2) 原材料供应条件评估准则

工业项目投产后的生产过程，实际上就是一个原材料不断被消耗，形态不断发生变化，最终转化为产品的过程。各工业部门每时每刻都在消耗种类繁多、数量巨大的原材料，原材料费用一般占工业产品成本的 50%以上。原材料供应条件是指项目在建成投产后生产经营过程中所需各种主要原材料、辅助材料及半成品等的供应数量、质量、价格供应来源、运输距离及仓储设施等方面的条件，它是工业生产所必备的基本条件。每个项目所需的原材料是多种多样的，在项目评估阶段，没有必要对项目所需的全部原材料进行分析评价，应着重对几种主要的或关键性的原材料的供应条件进行分析评价。

在项目评估中，对拟建项目所需要的原材料情况必须进行详细的调查研究，否则项目一旦建成而没有足够数量并符合质量要求的原材料，生产就不能顺利进行，投资的效益就不能正常发挥。

原材料供应条件评估主要包括下列内容。

(1) 原材料的供应数量可靠性要求。

对于工业项目来说，如果所需原材料没有稳定的来源和长期的供应保证，其生产将会受到极大影响。在评估时，应根据项目的设计生产能力，选用的工艺技术和使用的设备来估算所需原材料的数量，并分析预测其供应的稳定性和保证程度。以工业项目的原材料供应为例，工业生产过程多是大批量的连续生产过程，稳定可靠地供应原材料是正常生产的基本条件。评价物料供应的可靠性，必须从宏观和微观两个方面来进行考察。

在宏观上，发展工业项目，首先遇到的是原材料、燃料、动力的供应问题，因此，考察原材料供应的可靠性，必须首先从宏观上把握各种物料总体规模、结构、质量及供应效率。

在微观上，为了保证原材料的可靠供应，还必须落实具体的供应渠道。在项目决策时，应对供应部门或者物料生产部门的供应能力做出可靠的调查与预测，最好能达成供应协议或意向书。无论是大中型项目还是小型项目，在进行可行性研究时，必须对国内外物料的供应状况、需求状况及供需变化趋势有较清楚的了解和科学的预测，得出最可靠的原材料供应来源、数量、规格、成分和供应渠道信息，以便使项目建成后的物料供应有比较可靠的保障。

(2) 原材料的质量分析。

一般来说，投入物的质量性能特征对特定项目的生产工艺、产品质量和资源利用程度影响极大，因此，必须分析其是否符合特定项目对这些投入物在质量和性能上的要求。原材料首先应满足适用性的要求，即制造出的产品符合项目预定的要求。如要生产计算机打印纸、电容器纸、描图纸等技术用纸或中高档文化用纸，就必须选择木浆作为原料；如果是生产一般的箱板纸或低档纸，就可选择草浆来代替木浆做原料。为了保证物料供应的适用性，在评价时就必须既要弄清楚项目产品要求的详细规格和质量，以及对副产品及“三废”排放物的要求，又要准确掌握所选择物料制造的产品、副产品及“三废”排放物的实际工业生产数据。

(3) 经济性分析。

原材料供应的经济性是指项目原始投资和投产后的经营费用的高低程度。分析原材料方案的经济性，不能仅看物料本身的价格高低，而是要综合分析物料供应方案的采用，对整个项目的原始投资造成的影响，对工艺技术方案及设备构成的影响，对燃料、动力及人工费用的影响等，选择综合经济效益最佳的方案。

还应对原材料的价格进行分析。项目主要投入物的价格是影响项目经济效益的关键因素之一，所以，不但要观察主要投入物价格目前的变化动向，还要预测其未来的变化趋势。要充分估计到原材料供应的弹性和互补性，以保证原材料的合理替换和选择，这实质上是体现了资源优势利用和加工工艺的经济合理性。由于现代科技的高速发展，生产某种产品可以选用不同的原料，与此相对应有不同的工艺技术方案，按照经济性原则，必须选择投资少、费用低、效益大的工艺方案。

原材料供应方案的经济性是相对的，随着时间、地点和建厂规模的变化而变化。例如，1928 年苏联研究合成橡胶的原料时，采用几个方案，其中有以石油为原料，经热裂解制取丁二烯的方案，也有以淀粉为原料制取乙醇，再从乙醇制取丁二烯的方案。当时由于受工艺及设备的限制，石油热裂解方案因为流程复杂、设备庞大、成本高昂而落选，乙醇制取法却由于工艺简单、原料价格低廉而被选中。可是时至今日，情况已经完全不同，以乙醇为原料的方案已基本被淘汰，以石油为原料的热裂解方案则已被广泛采用。

(4) 原材料运输方式、存储设施条件分析。

项目所需主要原材料运输距离的远近及运输方式的选择等对项目生产的连续性和产品成本的高低都有很大的影响。由国内供应的原材料要注意就近取材，选择合理经济的供应距离和运输方式，以保证项目生产的连续性和产品成本的降低。在分析评价原材料供应条件时，应对运输能力和运输费用进行计算。对于季节性生产的原料，如农、林、水产品等，需说明短期进货数量。

为保证项目产品的连续生产，应重视原材料存储设施的建设。原材料供应条件包括合理的储备量，在评估时，应分析拟建项目存储设施是否适应生产的连续性，其原材料的储备量是否合理。

(5) 原材料国产化可能性分析。

原材料的供应，首先要立足于国内，如果必须从国外进口，则应对需要进口的原材料和其他投入物说明理由。进口原材料一定要注意供应的稳定性和运输环节的可靠性，一旦国外供应来源有变化时需采取应变措施，并预测用国产原材料替代的前景。有些项目的原材料需要进口，要受到国际市场的制约和外汇拥有量的影响。为了保证原材料的可靠供应和节约外汇，对于一些项目的原材料供应，要考虑国产化原则，项目所需原材料，尽量依靠国内生产，对于国内一时不能满足供应，需要进口的原材料，也要考虑尽快实现国产化的措施。

总之，评价原材料的供应条件的目的是选择适合项目要求的、来源稳定可靠的、价格经济合理的原材料作为项目的主要投入物，这样可以保证项目生产的连续性和稳定性。

2. 燃料及动力供应条件评估

燃料、动力是项目建设与生产过程中的基本要素和重要的物质保证。建设和生产中所需的燃料通常有煤炭、石油和天然气等，所需动力主要有电力、蒸汽和水等。应审查项目所需燃料的需求量和可供应量，还需审查和分析燃料供应的有关政策，供应数量及供应方式。如果是消耗大宗燃料的项目(如热电厂、炼焦厂、炼油厂等)，还要落实燃料的储存设施条件能否应用或具备。当前，能源供应紧张，国家对燃料、动力供应控制得比较严格，在市场中自由机动数量较少的情况下，应力求避免在燃料、动力供应短缺或不足的地区建设耗能较多的项目。

燃料及动力供应条件评估主要包括以下内容。

(1) 分析和评价燃料供应条件。项目所需燃料的需求量能否得到满足首先要依据产品生产过程、成本、质量、区域环境对所用燃料的要求，来选择燃料种类。其次要分析燃料供应政策、供应数量、质量、来源及供应方式。如果是消耗大宗燃料的项目，还要落实燃料的运输及储存设施。

(2) 分析和评价供水条件。要计算项目生产和建设所需用水量、供水价格对成本的影响，分析项目对水源和水质的要求，分析是否有节水的循环设施、污水净化设施，并估算水源、供水泵站及管网等供水设施的费用。工业项目所需工业用水，按其使用性质可大致分为原料用水、锅炉用水、冷却用水、工艺用水和冲洗用水等。项目评估时，对项目工业用水供应条件的审查和分析，应根据对项目水源、水质的基本要求，审查正式水文地质资料和化验数据，并计算用水量、供水价格对产品成本的影响，以及生产中对工业用水的综合利用设施、污水净化设施，以及供水泵站、管网等供水设施等方面的条件是否具备和完善。工业及生活用水主要取自河流、湖泊等的地表水和地下水，工业用水极少直接采用海水。对供水设施的评估，主要是分析项目对用水量、水质、水源的要求以及供水成本的大小，以选择最佳供水方案。

用水量的估计，应包括生产过程用水、辅助用途(如冷却、生产蒸汽等)用水及一般用水。对耗水量大的项目，如钢铁厂、啤酒厂、造纸厂、化工厂等，尤应注意考察供水水源的供水能力及供水成本。

(3) 分析和评价供电条件。电力是工业生产的主要动力。对耗电量大，而又要求连续生产的工业项目(如轧钢项目、冶炼铝厂项目)，需要分析估算项目最大用电量、高峰负荷、设备起动负荷和对电网的冲击负荷，并注意供电的稳定性分析。对引进技术项目还应考虑其对供电质量的要求等，要按生产工艺要求计算日耗电量、年耗电量以及对产品成本的影响，还需计算变电所、输电线路及自备电厂的功率及其投资，要尽可能保证动力供应的稳定性。对于某些大型企业的供电，或一些消耗电量大而又要求生产连续性的项目(如铝厂、铁合金厂、特殊钢厂等)，还要考虑第二电源。

(4) 分析和评价其他动力供应条件。工业项目生产过程中所需的其他动力供应条件，主要是指提供汽、气等动力设施及其需求总量、供应方式，包括其对产品成本的影响等。如果消耗量大且连续性较强需要自备供应设施的项目，还需计算所需蒸汽锅炉、煤气发生器、制氧机、空气压缩机及其供应管网的投资费用，并分析其技术经济上的合理性和安全性。在评估时，还要对产品生产中所需的其他动力(如蒸汽、煤气等)的总需要量进行测算，并分析其对产品成本的影响，分析自备设施投资、规模及设备选型、管网布置的合理性。

5.1.3 基础设施条件评估

1. 交通运输条件

交通运输条件直接关系到项目建设、生产和销售各个环节，从而也影响着生产过程的连续性和经济的合理性，因此，交通运输条件是项目生产建设的重要条件和关键环节。对交通运输条件的分析和评价，重点应注意运输成本、运输方式的经济合理性，运输中各个环节(即装、运、卸、储等)的衔接性及运输能力等方面。

项目的运输条件分为厂外运输条件和厂内运输条件两个方面。厂外运输涉及的因素包括地理环境、物资类型、运输量大小及运输距离等。根据这些因素合理地选择运输方式及运输设备，对铁路、公路和水运做多方案比较。厂内运输主要涉及厂区布局、道路设计、载体类型、工艺要求等因素。厂内运输安排得合理适当，可使货物进出通畅，生产流转合理。运输是沟通工厂内外联系，解决工厂原材料、燃料、半成品和成品进、出、供、求的纽带，它与工厂的经营管理质量和产品成本大小有着直接的关系。科学地选择运输方式和有效的组织运输，是使生产连续而有规律进行的可靠保证。

(1) 厂外运输是工厂为输入原材料、燃料，以及运出成品、半成品和废料而与国家或地区交通运输干线发生的联系，或工厂与其原料基地、码头、车站及其他协作单位之间发生的联系。运输的方式有铁路、公路、水路、航空、管道、架空索道、带式运输等多种。

(2) 厂内运输是厂区内部各组成部分之间的材料、半成品、成品等物料的运输循环系统，是实现工厂正常生产的基本手段。厂内运输方式也有铁路、道路、管道、架空索道等方式并日趋多样化。

2. 运输设施的评估

运输设施的评估，包括对运输方式、运输设备的选择，运输中的装、卸、运、储各环节间的协调和组织管理，各种类型物料进、出量及其对生产过程和产品成本影响等内容。其中运输方式的选择涉及的因素很多，是运输设施评估的重点。

运输方式及其运输设备的选择，通常是根据项目的规模、生产性质、产品类型与数量、地区自然条件、经营管理等要求来决定的。运输量的大小对运输方式的选择起主要作用。一般当年运输量超过 5 万吨时，才考虑选用铁路运输。其次是产品的质量及其外形体积。产品单件质量及外形尺寸很大，汽车运输困难时，也可考虑敷设铁路专用线。最后是项目所在地的自然条件。如工厂临近江河海岸，可借助水运之便。此外，建厂地段的地形、地质、水文、气象条件，工厂物料储运方式及装卸工艺条件等，也对运输方式的选择有重大影响。

对运输方式的评估，必须结合当地的具体条件，对各种运输方式进行技术经济比较，以选取经济合理的运输方式。进行技术经济分析时，应注意计算和评价相关运输项目的相关投资，以便各运输方式的比较具有可比性，同时也便于安排相关项目的同步建设。

3. 通信条件

通信条件是指电话和网络系统，它们是现代生产系统顺利运转的保证条件之一。应重视有关通信项目的同步建设问题，主要分析当地是否具备便捷发达的通信设施和项目对通信条件的要求。

5.1.4 外部协作配套条件评估

1. 协作企业的条件评估

外部协作配套条件，是指为拟建项目提供零部件、半成品或包装品的前序项目，为项目提供投入品的协作厂的条件，或是将拟建项目生产的产品进行加工后销往市场的后序项目(使用项目产出品的协作厂或机构)条件。对于前序协作厂条件的评估，主要应考查协作厂对拟建项目所需零部件、半成品、包装品的供应能力、规格、型号是否与本项目的要求相适应，交货期是否可靠和运输条件是否方便，以及协作厂的地址和技术力量是否满足条件并调查研究协作件的质量、价格，运输费用等。

对于为拟建项目生产的产品加工后销售市场的后序协作厂，应在分析产品需求时，考虑本项目的后序协作配套问题，最好与协作厂签订合同，把供需关系固定下来，使产品的销售或原料的来源有保证。

分析评估拟建项目的前序项目和后序项目与拟建项目及其内部主体工程与辅助配套工程项目之间在建设时间、生产技术和生产能力上的同步建设问题。在时间上的同步，就是相关项目的建设在时间安排上相互衔接，同时建成投产，同时产生经济效益。在技术上同步，就是项目的投入与产出两个方面的技术水平应与前序项目和后序项目的技术水平相适应，能充分发挥综合经济效益；在生产能力上同步，就是分析研究相关项目之间的生产能力的相互协调配套和相互适应问题，即拟建项目与前序和后序项目的生产能力相适应。

2. 劳动力资源条件评估

劳动力资源是指能从事各类工作的劳动力人口，包括项目所需的工人、技术人员和管理人员。劳动力资源的数量和质量对知识密集型项目和劳动力密集型项目形成制约。一个项目所拥有的工程技术人员、经营管理人员的数量、素质、经验构成一个企业技术能力的重要因素。劳动力资源条件的评估要注意以下几点：审查分析投资项目所需各类人员的数量、素质和技能，审查分析投资项目所需各类人员的来源是否保证、各类劳动力成本是否合理等。

5.2　厂址选择条件评估

5.2.1　项目选址

项目选址关系到工业布局、投资的地区分配、经济结构、生态平衡等具有全局性、长远性的重要问题。项目厂址选择评估的目的在于，在国家经济布局和区域发展计划的范围内选择项目的建厂位置，而这一位置的自然和地理条件、运输条件、供电给水条件等必须最大限度满足建设与经营各方面的要求。

项目选址有新建企业和老企业扩建两种情况。新建企业的选址内容包括建厂地区选择和厂址选择两部分。建厂地区选择又称为选点，是按照建厂条件在较大范围内进行选择，确定项目所在的地理区域。这个地理区域有时是很大的区域，每个地区中有几个可供选择的厂址。厂址选择又称为定址，就是确定拟建项目的具体厂址，即按照建厂条件及厂址的工程费用等，从建厂地区提供的几个可选择的厂址中，通过详细的比较，确定工程项目具体坐落的位置，因此，项目选址是一个先选点后定址的过程。老企业的改扩建一般是在该企业附近选择厂址。

项目选址是项目投资决策的一个重要环节。项目选址不当，对工业布局、经济结构、基建投资、产品生产成本、生态环境乃至建成后的生产经营状况，都将产生不利影响，有些影响甚至是长期的，所以，必须从国民经济和社会发展的全局出发，运用系统观点和方法，科学合理地进行项目选址工作。

建设项目厂址选择的主要问题有以下两个。

(1) 建设地区选择，即不同区域的比选，又称“选点评估”。

(2) 建设地址选择，对具体建设地点的选择，又称“定址评估”。

5.2.2　建厂地区的选择

项目地区的选择是一项复杂的系统工程，要综合考虑固定资产投资布局和生产力布局的问题，因此必须从国民经济与社会发展的全局出发，运用系统的观点和方法分析其利弊得失。选择项目的建设地区应以经济因素为主，综合地分析其他影响因素。

选择建厂地区的基本原则是：在符合国民经济发展战略规划、国家工业布局总体规划和地区经济发展规划的要求前提下，根据原材料来源地及主要市场的交通情况，提出几个可供选择的厂区方案，并计算其运输费用、生产成本。以资源为基础的项目，由于运输费用较高，应选择建设在基本原材料场地附近；对于面向市场的项目，如易变质的产品和农产品加工项目，应建在主要消费中心附近；对于不过分面向资源或市场的项目，最好的建厂地区是能够将下列因素很好的结合起来：即距原材料和市场的距离合理，良好的环境条件，劳动力储备丰富，能以合理的价格取得充足的动力和燃料，运输条件良好以及具有废物处理设施。

建厂地区选择的基本准则如下。

(1) 要符合国民经济发展战略规划、国家工业布局总体规划和地区经济发展规划的要求。

投资项目布局与生产力布局之间存在着相互影响。一方面，投资项目建设像投产所需要的生产条件，有赖于现有生产力布局的状况；另一方面，投资项目又可以影响和改变现有生产力布局的状况，可以说投资项目布局是调整生产力布局最直接、最有效的手段。

我国各地区自然条件、资源情况不一，原有经济和技术基础不同，投资的效益在各地区往往相差悬殊，因此在建厂地区选择问题上，应根据各地区经济发展不平衡的客观状况，建设项目建厂布局应有计划地均衡布置。在统一规划下，处理好地区生产专业化与综合发展的关系，既要促进各地区合理分工协作，也要保证各地区的综合发展。

在建厂布局时，必须要从有利于各地区的专业化生产出发，实行地区间的合理分工与协作，使各地区的经济既有工业发展重点，又有综合发展，这样才能充分发挥各地区的优势。地区分工同地区综合发展的经济合理界限，应当是保证各种产品到达消费地的全部劳动消耗量和劳动占用量最低，即不仅要考虑产品生产过程中的劳动消耗量和劳动占用量，还要考虑产品流通过程的劳动消耗量和劳动占用量。

(2) 符合指向定理原则。

① 原料指向原则。对于加工工业来说，原材料成本占总成本的比重都很高，所以原料的运输、仓储的供给，是企业必须慎重考虑的问题。一般的说，凡消耗大量原材料的工厂，如水果、蔬菜、鱼、肉等加工工厂；凡生产过程中原材料失重较大，或产品净重量只占所消耗原材料重量中的一小部分的，如有色金属冶炼行业，都应考虑接近原材料生产地。对农产品、矿产品的初步加工项目，由于大量消耗原料，应尽可能靠近原料产地。满足这一要求，在项目建成投产后，可以避免原料、燃料和产品的长期远途运输，减少费用，降低产品的生产成本，并且可以缩短流通时间，加快流动资金的周转速度。

② 能源指向原则。能源是工业建设项目生产、运行的重要因素。对于能耗高的项目和大量耗电的工业企业选址，如铝厂、镁、钛的冶炼厂、电石厂、人造纤维厂等，宜靠近电厂，它们所取得廉价电能和减少电能运输损失所获得的利益，通常大大超过原料、半成品调运中的劳动耗费。建厂一般应选择靠近动力基地，特别是能提供廉价电能的大型水电站附近。 使用大量煤炭、石油作为燃料的工厂来说，以煤炭、石油产地作为项目选址地点为宜。

③ 消费地指向原则。凡产品不易运输或不易仓储的行业，如食品加工工业、日用品工业等，都应考虑接近消费市场。这样可以节约产品的运输成本与仓储成本，减少产品的损耗，并便于适应市场的变化，及时将产品投放市场。坚持这一原则可以减少或消除原材料

和产品的运输及转运、储存等各个环节的费用，对于原料运输不便、生产性和季节性较强的农产品加工的项目，接近原料地有利于密切工农关系和城乡关系。

在某些情况下，很难做到既接近原料、燃料产地，又接近消费区，在具体布置建设项目时，需要根据节约社会劳动消耗的原则在其间作出选择。对于不过分面向资源或市场的项目，应考虑将下列因素结合起来选择建厂地区：距原材料和市场的距离合理；良好的环境条件；劳动力储备丰富；能以合理的价格取得充足的动力和燃料；运输条件良好以及具有废物处理设施等。

如果一个工业部门在生产中使用的主要是地方原料(即只分布在某些地点的原料)，为了分析这种情形，管理学家韦伯引入了原料指数这一概念，即工业生产中耗用的地方原料的重量与制成品的重量的比值，见式(5-1)。

$$\text{原料指数}=\frac{\text{工业生产中耗用的地方原料的重量}}{\text{制成品的重量}} \tag{5-1}$$

如果原料指数大于1，说明它每生产1吨产品需要耗用1吨以上的地方原料，因此，它在布局上是原料地指向的；如果原料指数小于1，则说明它每生产1吨产品需要耗用的地方原料不到1吨，这种工业在布局上则是消费区指向的；如果原料指数等于1，那么这种工厂单从节约运费的角度考虑，既可以配置在原料地，又可以配置在消费区。

④ 技术指向原则。各种精密仪器仪表、电子计算机等知识密集型行业的投资项目的选址，应该考虑科学技术协作条件，一般应在科学技术中心地区和文化教育事业地区选址，而对于技术密集型的建设项目，由于大中城市工业和科学技术力量雄厚，协作配套条件完备、信息灵通，所以其选址宜在大中城市。

⑤ 工业项目适当聚集的原则。工业项目适当聚集的原则是指在工业布局中，通常是一系列工厂和企业聚成一定规模的工业基地和城镇，以利于产生“集聚效益”。现代化生产是一个复杂的分工合作体系，只有相关企业集中配置，才能对各种资源和生产要素充分利用，便于形成综合生产能力。

工业聚集区的出现对于促进产业升级、转变经济增长方式、发展服务业具有不可替代的作用。企业布点适当集中，才有可能统一建设比较齐全的基础设施，避免重复建设，节约投资，提高这些设施的效益，为不同类型的劳动者提供多种就业机会，但是，工业布点的集聚程度并非愈高愈好。当工业集聚超越一定条件时，工业集聚带来的“外部不经济性”的总和超过生产集聚带来的利益时，综合经济效益反而下降，这就表明集聚程度已超过经济合理的界限。

(3) 符合项目的建设特性和环保需要的原则。

分析项目建设生产和生活对工程地质、水文地质的基本要求，即评价厂址所在地段土壤及地层构造的理化性质是否符合基建工程和生产对地质的要求，应分析项目的施工、生产、生活等方面的用水保证程度。

① 气候、地质条件。在地理、地形、地貌方面，分析该地理位置对拟建项目的投入产出、劳动力来源、经营管理、交通运输、协作化等各种条件的利弊，研究当地各种地理条件和自然灾害的历史资料能否符合建厂条件。对区域地质、地震、防洪等资料进行分析，选择防震、防洪、基础工程属于常规设施的地区；对水源、水文地质条件进行分析，选择在项目有效期内有充分取水保证的地段；对气象条件进行分析，选择气象条件对建厂投资

和生产成本无过大影响的地区，还应包括气温、湿度、日照时间、风向、降水量和飓风风险等方面的分析。项目类型不同，气候条件对项目起作用的方式也不同。上述每一项都可以进行更详细的分析，如平均日最高气温、最低气温及日平均气温，考虑高温、高湿、云雾、风沙和雷击地区对生产的不良影响，考虑冰冻线对建筑物基础和地下管线敷设的影响等。

对于地质条件来说，一般情况下，地质勘察问题对选择适当的厂址关系更大。它包括土壤条件、地下水位和一些特殊因素对厂址的危害，如地震、洪水泛滥等。地下水位最好低于地下室和地下构筑物的深度，地下水对建筑基础最好无侵蚀性。应避开地震断层和基本烈度高于九度的地震区，如泥石流、滑坡、流砂、溶洞等危害地段，以及较厚的三级自重湿陷性黄土、新近堆积黄土、一级膨胀土等地质恶劣区；应避开具有开采价值的矿藏区、采空区，以及古井、古墓、坑穴密集的地区，场地地基承载力一般应不低于 0.1MPa。

② 生态环保条件。有些项目可能本身对环境并没有不利的影响，但项目的建设和运行对生态环境的要求比较高。例如有的项目，对加工水的用量很大，而且质量要求也很高，如果其邻近的工厂将废水排入河中，则该项目将受到损害。

有些项目对环境保护要求很高，如农产品加工项目明显依赖使用的原材料，如果原材料被污染则会对项目效益带来很大影响，因此对于这类项目还要进行环境分析，选择环境对项目没有影响的地区。项目建设和生产还应避免对生态平衡和风景、名胜古迹的破坏，如投资火电厂、化工厂等会产生烟尘及有害气体的项目，应考虑当地的风向，同时，废气、废水要进行综合回收和处理，挖掘潜力，变废为宝。

(4) 符合社会、文化发展条件。

项目建设还要充分考虑社会政治稳定、劳动力来源、生活环境、风俗文化等因素的影响。

政治局面稳定是发展经济的前提条件，根据具体项目的需要，还要分析公共政策方面的各种优惠，遵循国家政策以及土地管理和使用的有关规定。社会因素包括社会文化水平、环境保护问题等因素。跨国投资建厂，需要考虑文化对企业管理的影响。在国外投资设厂，不同的职工文化背景影响管理者与职工的沟通与交流，即使是同一国家，文化发达的地区，职工文化素质较高，有利于企业的发展；反之，文化落后的地区，职工文化素质低，不利于企业的发展。

5.2.3　建厂厂址的选择

不同行业项目选择厂址需要研究的具体内容、方法和遵循的规程、规范不同，其称谓也不同。例如，工业项目称厂址选择，水利水电项目称为场址选择，铁路、公路、城市轨道交通项目称线路选择，输油气管道、输电和通信线路项目称路径选择等。

1. 选择建设地点的总体原则

选择建设地点的总体原则如下。

(1) 节约土地，少占耕地。项目的建设应尽可能节约土地，尽量把厂址放在荒地、劣地、山地和空地，尽可能不占或少占耕地，并力求节约用地。尽量节省土地的补偿费用，降低工程造价。

(2) 减少拆迁移民。工程选址、选线应着眼少拆迁、少移民，尽可能不靠近、不穿越人口密集的城镇或居民区，减少或不发生拆迁安置费，降低工程造价。若必须拆迁移民，应制订征地拆迁移民安置方案，考虑移民数量、安置途径、补偿标准，以及拆迁安置工作量和所需资金等情况，作为前期费用计入项目投资成本。

(3) 应尽量选在工程地质、水文地质条件较好的地段，土壤耐压力应满足拟建厂的要求，严防选在断层、熔岩、流沙层与有用矿床上以及洪水淹没区、已采矿坑塌陷区、滑坡区。厂址的地下水位应尽可能低于地下建筑物的基准面。工业建设项目一般情况下都要求良好的地质条件，不应布置在断层、沙滩、溶洞、塌陷性黄土等地质恶劣地区。在山区建厂要避免有断层、滑坡、泥石流、岩溶、泥泞等不良地质地段；在黄土分布地区建厂应尽可能选在湿陷较小的地区。

(4) 要有利于厂区合理布置和安全运行。厂区土地面积与外形能满足厂房与各种构筑物的需要，并适合于按科学的工艺流程布置厂房与构筑物，满足生产安全要求。厂区地形力求平坦而略有坡度(一般 5%～10%为宜)，地形应有利于车间布置、运输联系及场地排水。一般情况下，自然地形坡度不大于 5‰，丘陵坡地不大 40‰，山区建厂不超过 60‰为宜，以减少平整土地的土方工程量，节约投资，便于地面排水。地形地貌条件结合项目生产规模、特点和要求，应选择合适的地形、地势，使之既能适应生产技术的要求，又能减少施工的土石方工程量，同时满足项目建设及生产和生活的要求。一般应选择平坦而略有坡度，土石方工程量较少且便于地面排水的地段。

(5) 土地面积和形状应满足生产工艺要求。由于各个项目生产性质、生产规模及运输条件不同，其所需占地面积与厂区形状、大小也不相同。在节约用地的原则下，厂区用地面积应满足生产工艺和运输要求，并预留扩建用地，所选厂址土地面积与形状应能使各类构筑物、建筑物、道路及场地等得到合理的布置，应有足够的面积，其形状不宜过于狭长和不规整，外形应尽可能简单，如为矩形场地长宽比一般控制在 1∶1.5 之内，较经济合理。有废料、废渣的工厂，其堆存废料、废渣所需面积应满足工厂服务年限的要求。居住用地应根据工厂规模及定员，按国家、省、市所规定的定额，计算所需面积，施工用地应根据工厂建设规模、施工人数、临建安排等因素考虑。

2. 厂址选择时的费用分析

在进行厂址多方案技术经济分析时，除比较上述厂址条件外，还应具有全寿命周期的理念，从以下两方面进行分析。

(1) 项目投资费用。包括土地征购费、拆迁补偿费、土石方工程费、运输设施费、排水及污水处理设施费、动力设施费、生活设施费、临时设施费、建材运输费等。

(2) 项目投产后生产经营费用比较。包括原材料、燃料运入及产品运出费用，给水、排水、污水处理费用，动力供应费用等。

5.3 建设项目厂址选择的主要技术与方法

5.3.1 建设项目厂址选择的经济分析方法

1. 追加投资回收期法

追加投资回收期法是在已经确定的建厂地区内，对不同厂址方案的投资费用和经营费用进行比较，从而确定厂址的一种方法。其具体步骤是：首先，在所有的厂址方案中，选择二三个比较合适的方案，作为分析、比较的对象；其次，计算每一种方案的投资费用和经营费用。一般情况下，应选择基本的投资、经营费用项目并列表。最后，利用计算的数字，分析和确定最优厂址方案。当一个厂址技术条件好，而建设费用、经营费用都比较少，且投资回收期较短，即为最优方案。厂址选择的方案比较法通过对项目不同选址方案的投资费用和经营费用的对比，做出选址决定的一种方法。它是一种偏重于经济效益方面的厂址优选方法。

如果两个方案的建设投资和经营费用都不一致，当方案间的投资额相差较大或方案的收益无法计量时，需要利用追加投资回收期法来做出选择。

(1) 追加投资回收期法。

追加投资返本期又称差额投资回收期、追加投资回收期，是指用投资大的方案所节约的年经营成本来偿还其多花的追加投资(或差额投资)所需要的年限。设两个对比方案的投资分别为 K_1 与 K_2，年经营成本为 C_1 与 C_2，年净收益相同(或效用相同或无法计量)，并设 $K_1 \leqslant K_2$，$C_1 \geqslant C_2$ 。在不考虑资金时间价值的条件下，静态差额投资回收期(ΔT)计算公式为

$$\Delta T = \frac{K_2 - K_1}{C_1 - C_2} = \frac{\Delta K}{\Delta C} \tag{5-2}$$

若两方案的年净收益不同，年产量为 Q_1 与 Q_2，则需要转化为单位产量参数后再计算。静态差额投资回收期(ΔT)的计算式为

$$\Delta T = \left(\frac{K_2}{Q_2} - \frac{K_1}{Q_1}\right) \div \left(\frac{C_1}{Q_1} - \frac{C_2}{Q_2}\right) \tag{5-3}$$

这个公式的实质是用节省的经营费用补偿多花费的投资费用，即增加的投资要多少年才能通过经营费用的节约收回来。

(2) 追加投资回收期法的判别准则。

计算出追加投资回收期后，应与行业的标准投资回收期相比，如果小于标准投资回收期，说明增加投资的方案可取；否则，不可取。如果备选方案超过两个，且均符合应用追加投资回收期法的条件，就需要对两个方案进行筛选比较。

① 当 $\Delta T \leqslant T_b$ 时，投资大、成本低方案的追加投资回收时间较短，投资大的方案较优。

② 当 $\Delta T > T_b$ 时，投资大、成本低方案的追加投资回收时间较长，投资小的方案较优。

【例题 5-1】 甲方案投资 700 万元，年运行费用 100 万元。乙方案投资 500 万元，年运行费用 130 万元。若两方案的效果相同，问如何决策

解析：

甲方案的追加投资 700 万元−500 万元=200 万元，年运行费用每年可节约 130 万元-100 万元=30 万元，ΔT=200/30=6.67(年)，显然，ΔT 所表明的只是追加投资(差额投资)的经济效益，是投资大的方案多花投资的回收时间。

【例题 5-2】 某项目有 3 个可行方案供选择，其投资额与年经营成本如下：第一方案，K_1=100 万元，C_1=120 万元；第二方案，K_2=110 万元，C_2=115 万元；第三方案，K_3=140 万元，C_3=105 万元。设基准投资回收期 T_b=5 年，试选择最优方案。

解析：

第二方案与第一方案相比较：

$$\Delta T_{2-1} = \frac{K_2 - K_1}{C_1 - C_2} = \frac{110 - 100}{120 - 115}\text{年} = 2\text{年} < T_b = 5\text{年}$$

所以，投资较大的第二方案优于第一方案，第一方案被淘汰。

第三方案与第二方案相比较：

$$\Delta T_{3-2} = \frac{K - K_2}{C_2 - C_3} = \frac{140 - 110}{115 - 105}\text{年} = 3\text{年} < T_b = 5\text{年}$$

可见，投资较大的第三方案比第二方案优越，故选择第三方案为最优方案。第三方案是否可行?还需另行判断，或者只有当断定第二方案或第一方案为可行方案时，第三方案才是可行最优方案。

2. 增量投资收益率法

增量投资所带来的经营成本上的节约与增量投资之比叫做增量投资收益率。

有甲、乙两个互斥方案，其规模相同或基本相同时，如果其中一个方案的投资额和经营成本都为最小时，则该方案就是最理想的方案，但是实践中往往达不到这样的要求。经常出现的情况是某一个方案的投资额小，但经营成本却较高；而另一方案正相反，其投资额较大，但经营成本却较省。这样，投资大的方案与投资小的方案就形成了增量的投资，但投资大的方案正好经营成本较低，它比投资小的方案在经营成本上又带来了节约。

对比方案年经营费之差，也可用年净收益之差表示。当相对比的两个方案生产率相同时，即年收入相同时，它们年经营费的节约额，实质上就是它们年净收益额之差。

增量投资收益率 R_{2-1} 的计算公式为

$$R_{2-1} = \frac{(C_2 - C_1)}{(I_2 - I_1)} = \frac{(A_2 - A_1)}{(I_2 - I_1)} \tag{5-4}$$

增量投资回收期是指用经营成本的节约或增量净收益来补偿增量投资的年限。

当各年经营成本的节约(C_1-C_2)或增量净收益(A_2-A_1)差异较大时，其计算公式为

$$(I_2 - I_1) = \sum_{t=1}^{P_{t(2-1)}} (C_1 - C_2) \tag{5-5}$$

或

$$(I_2 - I_1) = \sum_{t=1}^{P_{t(2-1)}} (A_2 - A_1) \tag{5-6}$$

当计算得到的增量投资收益率大于基准投资收益率时，投资大的方案就是可行的，它表明投资的增量(K_2-K_1)完全可以由经营费的节约(C_1-C_2)或增量净收益(A_2-A_1)来得到补偿，反之，投资小的方案为优选方案。

5.3.2 最小运费法(重心法)

如果建设项目投产后所需的多种原材料需由各地供应，产品也将销售到多个不同地区的许多用户，运输费用将成为厂址选择中一个很重要的因素，因此可利用求重心的原理来寻找运输距离最短、运费最小的厂址方案，从而选择厂址位置。

假设已知各原材料基地及产品销售地在某一段时间内(一般可取一年)的供应量或销售量为 $G_i(i=1，2，3，\cdots，n)$，并假设其相应的地理位置为已知，将 $G_i(i=1，2，3，\cdots，n)$ 分别标注在直角坐标图上(见图 5.1)，可利用以下公式求出重心坐标(x_0，y_0)，即运费最小的最佳厂址位置。

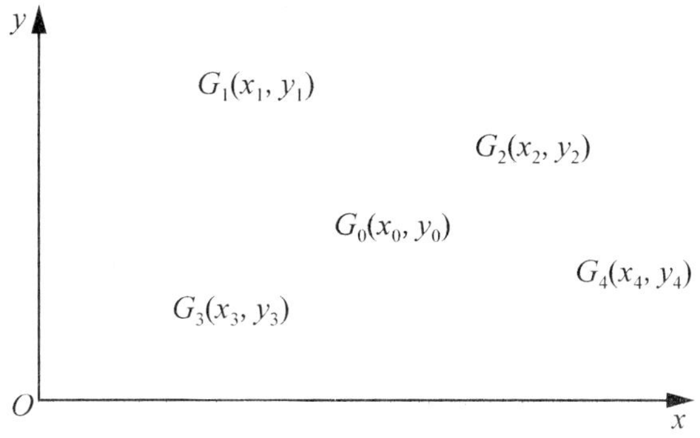

图 5.1　重心法确定厂址位置示意图

重心坐标的计算公式为

$$x_0 = \frac{\sum_{i=1}^{n} G_i x_i}{\sum_{i=1}^{n} G_i}, \quad y_0 = \frac{\sum_{i=1}^{n} G_i y_i}{\sum_{i=1}^{n} G_i} \tag{5-7}$$

式中　G_i——第 i 种原料(或产品)的年供应(或销售)的数量；

x_i，y_i——第 i 种原料(或品种)供应(或销售)地的坐标；

x_0，y_0——选定的厂址目标；

n——原材料供应地和产品销售地的数量。

按照上述方法计算出的仅是理论上运费最为经济的建厂地点，由于地形条件、运输方式、运输单价的不同，其计算结果只能作为参考依据。

根据假定，每个原料地提供的原料及每个市场销售的产品数量都是固定的，把这些数量分别作为对应点的重量，那么就可以求出方格图的中心，也就是运费最小的厂址。

【例题 5-3】 某物流园区，每年需要从 P_1 地运来铸铁，从 P_2 地运来钢材，从 P_3 地运来煤炭，从 P_4 地运来日用百货，各地与某城市中心的距离和每年的材料运量见表 5-1。试用重心法确定分厂厂址。

表 5-1　各地与某城市中心的距离和每年的材料情况表

原材料供应地及其坐标	P_1		P_2		P_3		P_4	
	x_1	y_1	x_2	y_2	x_3	y_3	x_4	y_4
距离市中心坐标距离	20	70	60	60	20	20	50	20
年运输量	2 000		1 200		1 000		2 500	

解析：

x_0 = (20×2 000+60×1 200+20×1 000+50×2 500) / (2 000+1 200+1 000+2 500) = 35.7

y_0 = (70×2 000+60×1 200+20×1 000+20×2 500) / (2 000+1 200+1 000+2 500) = 42.1

5.4　建设项目厂址选择方案的综合比选

5.4.1　建设项目厂址选择方案的比较因素

建设项目厂址选择的经济分析方法只是从经济的角度进行选址的评价。实际上，影响选址的因素是多方面的，同时各种因素也不一定完全能用经济利益来衡量，因此多因素的综合评价方法是选址评价中常用的方法，特别是大型工程项目的评估，通常都需要采用多因素的评估方法。多因素的评价，是一个多目标的综合评价问题。厂址选择的综合评分法是指通过计算影响厂址选择的有关因素的评价分值，并据以作出相应厂址选择的方法。

建设项目厂址比选一般应就几个方案对各因素进行比较。

建设项目厂址综合方案比选的主要内容包括建设条件比较、建设费用比较、经营费用比较、运输费用比较、环境影响比较和安全条件比较 5 个部分。

1. 建设条件比较

建设项目厂址的建设条件包括地理位置、土地资源、地势条件、工程地质条件、土石方工程量条件、动力供应条件、资源及燃料供应条件、生活设施及协作条件等。

(1) 地形、地貌、地质的比较。包括以下两方面内容。

① 工厂出入交通线、供电、取水、排污等与外界产生直接关系的方位、地形。

② 平整土地、防水、防洪、废渣堆置、四邻地物。

(2) 占地情况的比较。比较占用耕地、林地、荒地、山坡等面积的比例，以尽可能少占耕地、林地为原则，作出占地用地情况的评价。

(3) 拆迁情况的比较。包括原有地面建筑物需拆除的数量、原有居民需迁移的人数及拆迁安排等条件和难度的比较。

2. 各项费用的比较

由于各可供选择地段的条件不同，在费用上会产生较大差别，需作多方案比较。

1) 投资费用比较

投资费用包括场地开拓工程、基础工程、运输工程、动力供应及其他工程等费用。

① 土地费用。如土地购置、拆迁，场地整治、青苗赔偿以及土方处理等费用比较。

② 基础处理费。如不同工程地质需用不同地基和基础处理的费用比较。

2) 运营费用比较

运营费用主要包括原材料、燃料的运输费、产品运输费、动力费、排污费和其他运营费用。

① 交通运输整治费。如需要建设或整治的运输线路，转运场站等费用比较。

② 取水、防洪、排污设施所需费用比较。

3) 外境保护条件比较

① 环境保护条件与环保费用比较。包括建设项目厂址位置与城镇规划关系、与风向关系、与公众利益关系等。最后归纳为环境保护、生活设施等费用的比较。

② 安全条件与安全费用比较。主要是抗震所需费用的比较。

对于有多个备选方案(厂址)选择问题，可以采取以下办法进行决策。

淘汰法。如果多个备选方案中有一些方案的每项指标分值都不优于某一方案对应的指标值，则这些备选方案都可以淘汰，见表 5-2 中的厂址 C。

设置最低指标值。对某些评价指标设置最低值，任何方案的相应指标若低于这个最低值，则该方案被淘汰。在厂址选择中，有些因素是不能太差的，比如水源，达不到项目要求的最低标准，则不能建厂。

加权和法。将每个方案的各项指标分值乘以各项指标的权重之后求和，取加权和最大者。该法的步骤如下：首先，在厂址方案比较表中列出各种判断因素；其次，将各判断因素按其重要程度给予一定的比重因子和评价值；再次，将各方案所有比重因子与对应的评价值相乘，求出指标评价分；最后，从中选出评价分最高的方案作为最佳方案。采用这种方法的关键是确定比重因子和评价值，应根据实际条件和经验用统计方法求得。

建设地区选定以后，就在这个地区内选择若干个可供建厂的地段，作具体分析比较，从中选取一个比较理想的厂址，并编写厂址选择报告作为评估报告的附件，研究报告中仅需叙述选择要点和厂址的主要优缺点。有关选厂所需的调查资料、勘察和测量资料、取舍理由、论证等均应编写入报告内。

5.4.2　建设项目厂址选择的主要综合评价方法

建设项目厂址选择的主要综合评价方法主要包括多方案选址比较法、厂址选择的分级评分法两种。

1. 多方案选址比较法

【例题 5-4】 某汽车制造公司决定在南方建一新厂，先在南方 3 个省初步确定了 3 个备选厂址 A、B 和 C，经过专家调查和判断，对这 3 个厂址按 5 个因素进行评分，结果见表 5-2。

表 5-2　因素评分表

选址因素	权重	备选厂址		
		A	B	C
交通运输	0.35	90	95	80
土地费用	0.10	80	85	75
能源供应	0.20	90	85	80
劳动力来源、素质与科技文化条件	0.25	90	80	80
环境污染等其他因素	0.10	90	80	80

在表 4-2 所示的例子中，比较厂址 A 和厂址 B 就是采用这种方法。该例中，厂址 A 的评价总分数为 89 分，厂址 B 的评价总分数为 86.75 分，故应选择厂址 A。

【例题 5-5】 某发动机场选址方案比较见表 5-3，试进行建设项目厂址选择的方案评价。

表 5-3　发动机场址方案比较表

序　号	指标(判断因素)	方案甲	方案乙
1	场址位置	某市半山工业区	某市重型汽车厂附近
2	占地面积/万 m^2	14.8	36
3	可利用固定资产原值万元	2 900	7 600
4	可利用原有生产设施	没有	生产性设施 14.7 万 m^2 现有铸造车间 3.4 万 m^2 其中可利用 1.9 万 m^2
5	交通运输条件	无铁路专用线	有铁路专用线
6	土方工程量	新建 3 万 m^2 厂房和公用设施，填方 6 万 m^2	无大的土方施工量
7	所需投资额/万元	7 500	5 000
8	消化引进技术条件	易于掌握引进技术	消化引进需较长时间

指标评价值见表 5-4。

表 5-4

序　号	指标(判断因素)	不同方案的指标评价值		指标评价值之和
		方案甲	方案乙	
1	场址位置	0.350	0.650	1.000
2	占地面积	0.300	0.700	1.000
3	可利用固定资产原值	0.276	0.724	1.000
4	可利用原有生产设施	0.000	1.000	1.000
5	交通运输条件	0.200	0.800	1.000
6	土方工程量	0.100	0.900	1.000
7	所需投资额	0.400	0.600	1.000
8	消化引进技术条件	0.800	0.200	1.000

方案评价分计算见表 5-5。

表 5-5

序　号	指标(判断因素)	比重因子(WF)	不同方案的指标评价值		指标评价值之和
			方案甲	方案乙	
1	场址位置	15%	0.052 5	0.097 5	0.150 00
2	占地面积	15%	0.045 0	0.105 0	0.150 00
3	可利用固定资产原值	10%	0.027 6	0.072 4	0.100 0
4	可利用原有生产设施	10%	0.000 0	0.100 0	0.100 0
5	交通运输条件	5%	0.005 0	0.045 0	0.050 0
6	土方工程量	10%	0.010 0	0.090 0	0.100 0
7	所需投资额	15%	0.060 0	0.090 0	0.150 0
8	消化引进技术条件	20%	0.160 0	0.040 0	0.200 0
合计		100%	0.360 1	0.639 9	1.000 0

根据公式方案评价值 $I=\sum_{i=1}^{n}P_{ij}\omega_j$，上表中方案乙得分高于方案甲，所以应选定方案乙。

2. 厂址选择的分级评分法

本方法针对厂址选择的基本要求与特点提出需要考虑的因素，对每个因素定出评价的等级，评价人员给出各等级的评分；将各方案的各因素得分汇总，评出评价总分，再根据总分的大小确定方案的优劣。其实质是确定影响方案的因素，考虑各因素的权重，采用统计学中的加权加总后得到总分，对总分进行排名的方法。

【例题 5-6】 有一个新化学产品试验成功，对其投资建厂进行批量试验和正式投产。该投资项目对化工厂的厂址影响因素主要有：投资费用、交通运输、能源供应、劳动力来源、用水供应、企业协作、“三废”处理。这几个因素的等级评价见表 5-6。

表 5-6　厂址方案评分表

选择因素	等级平分			
	最优(1)	良好(2)	一般(3)	不好(4)
投资费用	40	30	20	10
交通运输	40	30	20	10
能源供应	40	30	20	10
劳动力来源	20	15	10	5
用水供应	20	15	10	5
企业协作	16	12	8	48
“三废”处理	8	6	4	2

表 5-7　厂址方案比较表

选择因素	甲方案		乙方案		丙方案	
	等　级	分值(2)	等　级	分　值	等　级	分　值
投资费用	(1)	40	(2)	30	(3)	20
交通运输	(3)	20	(1)	40	(2)	30
能源供应	(1)	40	(3)	20	(2)	30
劳动力来源	(2)	15	(4)	5	(3)	10
用水供应	(2)	15	(3)	10	(1)	20
企业协作	(3)	8	(2)	12	(1)	16
“三废”处理	(2)	6	(3)	4	(1)	8
合计值		144		121		134

从以上结果可以看出，甲方案分值最大，即甲方案最优。

本章综合案例

厂址选择报告。

厂址选择报告的编写内容可按《轻工业建设项目厂(场)址选择报告编制内容深度规定》(QBJS20)执行。内容包括以下几方面。

1. 选厂依据及简况

说明依据的项目建议书及批文、建厂条件、选址原则、选址的范围、选址经过。

2. 拟建厂基本情况

工艺流程概述及对厂址的要求，“三废”治理及污染物处理后达标及排放情况。

拟建厂址基本条件见表 5-8。

表 5-8　拟建厂址基本条件表

<table>
<tr><td>序　号</td><td colspan="11"></td></tr>
<tr><td>1</td><td>生产规模</td><td colspan="10"></td></tr>
<tr><td>2</td><td>主要产品</td><td colspan="10"></td></tr>
<tr><td rowspan="2">3</td><td rowspan="2">投资/万元</td><td colspan="3" rowspan="2">总投资</td><td colspan="3" rowspan="2">其中固定资产</td><td colspan="4">设备及安装占　　%</td></tr>
<tr><td colspan="4">土建占　　%</td></tr>
<tr><td>4</td><td>职工人数人</td><td colspan="4">总人数</td><td colspan="6">其中工人</td></tr>
<tr><td rowspan="2">5</td><td rowspan="2">原料\能源耗用量</td><td>电负荷/KW</td><td></td><td>其中生活区</td><td></td><td>汽(t/h)</td><td></td><td>其中生活区</td><td></td><td>天然气(m^3/年)</td><td></td></tr>
<tr><td>水(m^3/h)</td><td></td><td>其中生活区</td><td></td><td>煤(t/年)</td><td></td><td></td><td></td><td>主要原料(t/年)</td><td></td></tr>
<tr><td>6</td><td>年运输量 t</td><td colspan="2">总量</td><td colspan="8">其中运入____；运出</td></tr>
<tr><td>7</td><td>占地面积 m^2</td><td colspan="10">全厂____；其中生产区____；厂外配套设施____；生活区</td></tr>
<tr><td>8</td><td>建筑面积 m^2</td><td colspan="2">总面积</td><td colspan="8">其中生产____；非生产____；(其中宿舍____；福利设施____)</td></tr>
<tr><td rowspan="3">9</td><td rowspan="3">年“三废”排放量</td><td colspan="2">废水 m^3</td><td colspan="8">全厂　　；其中主要有害成分</td></tr>
<tr><td colspan="2">废渣 t</td><td colspan="8">全厂　　；其中主要有害成分</td></tr>
<tr><td colspan="2">废气 m^3</td><td colspan="8">全厂　　；其中主要有害成分</td></tr>
</table>

3. 厂址方案比较

概述各厂自然地理、社会经济、自然环境、建厂条件及协作条件等。对各厂址方案技术条件、建设投资和年经营费用进行比较，并作《技术条件比较表》、《建设投资比较表》、《年经营费用比较表》。《建设投资比较表》和《年经营费用比较表》的格式见表 5-9 和表 5-10。

技术条件比较表包括的内容有以下几方面。

(1) 通信条件。

(2) 地点、地形、地貌特征。

(3) 区域稳定情况及地震烈度。

(4) 总平面布置条件(风向、日照)等。

(5) 占地面积，目前使用情况和将来发展条件。

(6) 场地特征及土石方工程量。

(7) 场地、工程地质、水文条件及地基处理工程。

(8) 水源及供水条件。

(9) 交通运输条件。

(10) 动力供应条件。

(11) 排水工程条件。
(12) 三废处理条件。
(13) 附近企业对本厂(场)的影响。
(14) 拆迁情况及工作量。
(15) 与邻近企业生产协作条件。
(16) 与城市规划关系，生活福利区的条件。
(17) 原料、燃料、产品(近、出)的运距(运输条件)。
(18) 安全防护条件。
(19) 施工条件。
(20) 资源利用与保护。
(21) 其他可比的技术条件
(22) 结论及存在的问题。

表 5-9　建设投资比较表　万元

序　号	项目名称	方案甲	方案乙	方案丙
1	场地开拓费			
2	交通运输费			
3	给排水及防洪设施费			
4	供电、供热、供气工程费			
5	土建工程费			
6	抗震设施费			
7	通信工程费			
8	环境保护工程费			
9	生活福利设施费			
10	施工及临时建筑费			
11	协作及其他工程费用			
12	合计			

表 5-10　年经营费用比较表　万元

序　号	项目名称	甲方案	乙方案	丙方案
1	原料、燃料成品等运输费用			
2	给水费用			
3	供电、供热、供气费用			
4	排污、排渣等排放费用			
5	通信费用			
6	其他			
7	合计			

4. 厂址推荐方案

论述推荐方案的主要优缺点，并与拟建厂所要求的基本条件进行比较。

5. 当地政府及有关方面对推荐厂址的意见

6. 结论(存在的问题与建议)

本 章 小 结

本章主要分析了建设项目生产建设条件评估的基本原则、基础理论以及方法与技术，是建设项目建设条件、生产运行条件评估的综合分析与阐述。在本章中，对于建设项目建设条件评估的介绍又着重于建设项目的“定点”和“选址”两个问题，即建设项目的地区选择问题和厂址选择问题，还介绍了几种主要的定点选址的评估方法与实用技术。

本章推荐课外阅读资料

[1] 国家发展与改革委员会，建设部．建设项目评价方法与参数[M]．3 版．北京：中国计划出版社，2006．

[2] 建设部标准定额研究所．建设项目经济评价案例[M]．北京：中国计划出版社，2006．

[3] 联合国工业发展组织．工业可行性研究手册[M]．北京：中国财政经济出版社，1978．

[4] 闫军印．建设项目评估[M]．北京：机械工业出版社 2005．

[5] 郭汉丁．业主建设工程项目管理指南[M]．北京：机械工业出版社，2005．

[6] 何俊德．项目评估——理论与方法[M]．2 版武汉：华中科技大学出版社，2006．

本章思考题

一、名词

项目资源条件评估、项目选址、选点、指向定理原则、追加投资回收期法、增量投资收益率法、最小运费法、多方案选址比较法、分级评分法

二、简答题

1．项目建设生产条件的主要内容包括哪些？

2．自然资源条件评估应注意哪些问题？

3．原材料、燃料和动力条件评估应注意哪些问题？

4．基础设施条件评估应注意哪些问题？
5．外部协作配套条件评估应注意哪些问题？
6．什么是建设项目选址？建设项目厂址选择的主要问题是什么？
7．建厂地区选择的基本准则是什么？
8．选择建设地点的总体原则是什么？

三、思考题

1．建设项目厂址选择的经济分析方法有哪些？
2．建设项目厂址选择的方案综合比选的主要因素有哪些？
3．建设项目厂址选择的主要综合评价方法是什么？

第 6 章　建设项目的建设规模评估

教学目标： 建设项目技术方案的分析是可行性研究的重要组成部分，它是项目经济评价的基础，它不仅能够反映科学技术对经济发展水平的影响和制约，同时它也会对整个社会的技术进步、经济增长、产业结构等方面产生不同程度的影响，技术方案的费用将成为项目投资费用和总成本费用的主要组成部分。本章在建设项目投资环境分析与建厂条件分析的基础上，进行项目生产规模的类型分析，探讨影响投资项目规模的制约因素，以及项目规模评估的原则和技术、设备方案的确定方法。

教学要求： 本章要求掌握投资项目建设规模评估的几个主要问题，包括建设规模、工艺方案、技术设备方案，和总图运输布置方案的原则、方法与技术。

6.1　建设项目规模评估概述

6.1.1　建设项目规模简介

项目建设规模也称项目生产规模，是指项目设定的正常生产营运年份可能达到的生产能力或者使用效益，一般是指项目的生产规模，更具体地说是指项目的设计生产量。项目建设规模的确定，就是要合理选择拟建项目的生产规模，解决“生产多少”的问题。每一个建设项目都存在着一个合理规模的选择问题。生产规模过小，使得资源得不到有效配置，单位产品成本较高，经济效益低下；生产规模过大，超过了项目产品市场的需求量，则会导致开工不足，产品积压或降价销售，致使项目经济效益低下，因此，项目规模的合理选择关系着项目的成败。

对工业项目来说，生产规模一般是指在一定生产技术条件下，在一定时间内可能生产某种产品的最大生产能力，即在正常情况下，拟建项目可能达到的最大年产量或产值。产量和生产能力通常按年计算，以实物量或标准实物量表示；有些企业使用原材料的成分对产量或生产能力有较大影响时，其产量和生产能力可以用能加工处理的原材料数量来表示；有的企业用装机容量(如发电厂)、设备能力(如毛纺厂)来表示其产量和生产能力；有的企业产品种类繁多，差异性较大，一般可换算成标准实物量来表示产量或生产能力。对工业生产性项目来说，年产品数量可以作为其生产规模的标志，而对非工业项目来说，规模则是指其提供的工程效益，如水利项目是以其受益面积为其规模标志；而港口工程项目生产规模是以其年吞吐量为主要标志。

6.1.2　项目规模合理化的制约因素

项目规模合理化的制约因素有以下几方面。

(1) 国民经济发展规划、战略布局和有关政策。建设项目的生产规模，尤其是一些基础性项目和公益性项目的生产建设规模，首先应符合国家、地区、行业的经济发展规划的需要。要使经济稳定发展，必须保持合理的产业结构和区域经济结构，而产业结构和区域经济结构是由产业投资结构和区域投资结构形成的，各级政府制订经济计划已安排了各个产业和区域的投资结构，同时包括项目的生产规模，特别是生产有关国计民生产品的大中型项目。

国家在不同时期对不同行业项目最小规模都做了规定。如国务院在 1994 年公布的乙烯生产项目，《20 世纪 90 年代国家产业政策纲要》中规定的经济规模标准是 30 万 t 及以上，而从目前来看，经济规模标准应该是 50 万 t 及以上。再如我国 1994 年通过的《20 世纪 90 年代国家产业政策纲要》规定的小汽车生产的经济规模标准是 15 万辆及以上，而从目前来看，经济规模标准应该至少在 30 万辆及以上。1994 年 3 月 25 日国务院第 16 次常务会议审议又通过了《20 世纪 90 年代国家产业政策纲要》，其中规定了 17 类项目的经济规模标准(年生产能力)。

(2) 项目产品的市场需求。建设项目产品必须存在市场需求，产品能够交换，项目才能存在着现实的经济效益和投资效益，因此，项目的产品市场需求是决定项目是否存在的前提，市场需求的大小是决定项目生产规模的基础，从而决定拟建生产规模。建设项目规模评估人员在确定拟建项目的生产规模时，首先必须对市场分析的结果进行研究，分析项目产品的市场供求关系，项目产品的市场需求量到底有多大，并把其作为制约和决定项目生产规模的重要因素。其次，原材料市场、资金市场、劳动力市场等对项目规模的选择起着程度不同的制约作用。如项目规模过大可能导致材料供应紧张和价格上涨，造成项目所需投资资金的筹集困难和资金成本上升等，将制约项目的规模。

(3) 项目建设的自身要求。针对当前不同行业、不同类型项目确定建设规模，还需要考虑到项目自身的特点和制约因素，主要包括以下几方面内容。

① 对于煤炭、金属与非金属矿山、石油、天然气等矿产资源开发项目，应根据资源合理开发利用要求和资源可采储量、储存条件等确定建设规模。

② 对于水利水电项目，应根据水的资源量、可开发利用量、地质条件、建设条件、库区生态影响、占用土地，以及移民安置等确定建设规模。

③ 对于铁路、公路项目，应根据建设项目影响区域内一定时期运输量的需求预测，以及该项目在综合运输系统和本系统中的作用确定线路等级、线路长度和运输能力。

④ 对于技术改造项目，应充分研究建设项目生产规模与企业现有生产规模的关系，新建生产规模属于外延型还是外延内涵复合型，以及利用现有场地、公用工程和辅助设施的可能性等因素，确定项目建设规模。

(4) 项目的拟建规模要充分考虑协作配套条件。现代化工业处在一个社会化大生产的过程中，专业化水平越来越高，那些大而全(或小而全)的企业，已不能适应市场发展的需要。建设项目往往不是独立的，需要有许多企业或单位协作配套，投产后才能正常发挥作用，有提供原料、辅助材料的配套，有生产零部件的配套，还有动力供应、交通运输等方面的配套，所以，确定项目的拟建规模要充分考虑协作配套条件，即项目的规模要与协作配套的量相符合。规模过小，协作配套企业或单位的能力或效益不能充分发挥出来；规模过大，项目的生产能力利用率低，也同样会浪费资源。

(5) 项目拟采用的生产技术和设备、设施状况。先进适用的生产技术及技术装备是项目规模效益赖以存在的基础，而相应的管理技术水平则是实现规模效益的保证。若与经济规模生产相适应的先进技术及其装备的来源没有保障，或获取技术的成本过高，或管理水平跟不上，则不仅预期的规模效益难以实现，还会给项目的生存和发展带来危机，导致项目投资效益低下，工程支出浪费严重。项目生产规模的选择并不是一项孤立的工作，而应该结合项目的其他技术经济特征的安排来综合考虑。项目如果打算采用先进生产技术和专用设备，能够进行大批量生产，那么项目的生产规模就可以定得大一些；否则，就应该定得小一些。

总之，确定项目的生产规模，在综合考虑以上主要制约因素后，还应结合项目的规模经济问题，在若干个可行的生产规模中，按投资效益标准选择满意的生产规模。

6.1.3　确定项目生产规模的几种基本类型

项目生产规模按获取收益的程度划分，可分为：亏损规模、起始规模、合理经济规模、最佳经济规模，下面主要介绍起始经济规模、合理经济规模和最佳经济规模的确定方法。

在项目评估中，按照经济效益的高低，通常可以把项目生产规模分为以下 4 种类型。

(1) 亏损规模。即销售收入小于总成本费用的规模，也是项目处于亏损状态下的规模。

(2) 起始规模(或最小经济规模)。即项目盈亏平衡时的临界规模，也是销售收入等于总成本费用的保本最小规模。

(3) 合理经济规模(或适宜经济规模)。合理经济规模(或适宜经济规模)即销售收入大于总成本费用，并保证一定盈利水平的生产规模，也是项目按预期投资收益率水平获取预期投资收益时的规模；合理经济规模是指在一定技术条件下，项目投入产出比处于较优状态，资源和资金可以得到充分利用，并可获得较优经济效益的规模。

(4) 最佳经济规模。即能够产生最高经济效益的生产规模。在经济规模时，项目获取最佳经济效益时的规模。

从以上 4 种类型的规模可以看出，最佳经济规模是最理想的规模，因此拟建项目的生产规模最好能达到这个水平。受许多因素的限制，这种规模一般很难达到；而亏损规模和起始规模(或最小经济规模)，都不能选择；在一般情况下，合理经济规模是应当优先考虑的。

在合理确定建设项目的经济规模的同时，也需注意，规模扩大所产生效益不是无限的，它受到技术进步、管理水平、项目经济技术环境等多种因素的制约。超过一定限度，规模效益将不再出现，甚至可能出现单位成本递增和收益递减的现象。

6.2　项目生产规模的确定方法

6.2.1　项目生产规模确定的盈亏分析法

盈亏分析法是对产品生产经营情况进行经济分析的一种方法。盈亏平衡分析又称保本点分析或本量利分析法，是根据产品的业务量(产量或销量)、成本、利润之间的相互制约关系的综合分析，用来预测利润，控制成本，判断经营状况的一种数学分析方法。盈亏平衡分析的分类主要有以下方法。

(1) 按采用的分析方法的不同分为：图解法和方程式法。

(2) 按分析要素间的函数关系不同分为：线性和非线性盈亏平衡分析。

(3) 按分析的产品品种数目多少，可以分为单一产品和多产品盈亏平衡分析。

一般说来，企业收入为成本与利润之和，如果利润为零，则有：

收入=成本=固定成本+变动成本

或　　收入=销售量×价格

式中　变动成本——单位变动成本×销售量。

即

$$销售量×价格=固定成本+单位变动成本×销售量 \tag{6-1}$$

将产品成本分为固定成本和可变成本。固定成本(f)是指不变的费用，如企业的折旧费、管理人员工资、无形及递延资产摊销；可变成本(V)是随着产量的增减而有规律地发生变化的费用，如材料费、计件工资等，销售收入(S)也随着产量按比例增减，生产总成本线与销售收入线的交点(A 点与 E 点)称为盈亏转折(临界)点，即企业的生产能力产量 Q 小于 A 点或大于 E 点时，企业亏损，也可以列成如下算式。

$PQ=f+VQ$　　(平衡)

$PQ<f+VQ$　　(亏损)

$PQ>f+VQ$　　(盈利)

经济规模区的盈亏点"A"与"E"可由下式求得：

$$Q_x=\frac{f}{p-v} \tag{6-2}$$

式中　Q_x——盈亏转折点；

p——单位产品价格；

f——固定成本；

v——单位可变成本。

从上式可知，企业的生产能力(即产量)取决于生产成本(包括固定成本 f 和单位可变成本 v 及单位产品售价 p)。

1. 线性盈亏分析

线性盈亏分析是指在项目投产后正常年份的产量、成本、盈利三者之间都呈线性的函数关系。

可以通过图解法绘制盈亏平衡图，分析产量、成本和盈利的关系，找出盈亏平衡点，如图 6.1 所示。

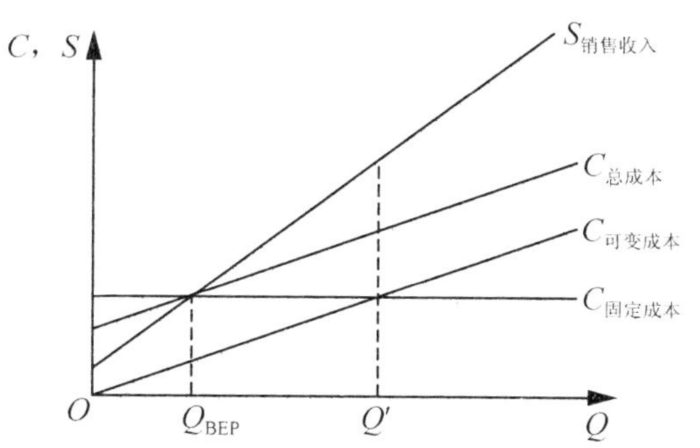

图 6.1　线性盈亏平衡分析图

从盈亏平衡图可见，平衡点 Q_{BEP} 处的总成本(C)与总收入(S)相等。如果产量超过盈亏平衡点的产量，项目就盈利，数量为 $S_{销售收入}$ 曲线和 $C_{总成本}$ 曲线之间的垂直距离而低于此点，销售收入不能抵偿成本支出，在盈亏平衡点 Q_{BEP} 处 $S=C$。

2. 非线性盈亏平衡分析

如果假设企业销售收入和生产总成本与产量(即生产规模)是呈线性关系，可以按照上式获得盈亏平衡点和最佳规模。而在实际生产中，若生产总成本或销售收入与产品产量之间的关系是非线性关系，则盈亏平衡点和最佳生产规模可按以下步骤计算。

(1) 确定总成本函数和总收入公式。

总成本：　$C=a_1+a_2Q+a_3Q^2$

总收入：　$S=b_1Q+b_2Q^2$

式中　Q——产量；

a_1,a_2,a_3,b_1,b_2——技术经济参数，需通过调查研究确定。

(2) 确定总效益函数(R)。

$$R=S-C$$
$$=(b_2-a_3)Q^2+(b_1-a_2)Q-a_1$$

(3) 计算起始规模 Q_{min} 和最大规模 Q_{max}。

令 $R=0$，即

$$(b_2-a_3)Q^2+(b_1-a_2)Q-a_1=0$$

解方程得：

$$Q_{min}=\frac{(b_1-a_2)-\sqrt{(b_1-a_2)^2+4a_1(b_2-a_3)}}{2(a_3-b_2)} \tag{6-3}$$

$$Q_{max}=\frac{(b_1-a_2)+\sqrt{(b_1-a_2)^2+4a_1(b_2-a_3)}}{2(a_3-b_2)} \tag{6-4}$$

从图 6.2 中可以知道：Q_{min} 相当于起始规模 A 点，Q_{max} 相当于最大规模 E 点。生产规模只有在区间 A 和 E 之间企业才会盈利，而小于 A 点(Q_{min})，或大于 E (Q_{max})点企业均会产生亏损。

(4) 计算最优规模。

对总效益函数方程两端求一阶导数，有：

$$\frac{dR}{dQ}=2(b_2-a_3)Q+(b_1-a_2)$$

从数学中可知，在一阶导数为零的点，为极顶点，故令上式为零，有

$$2(b_2-a_3)Q+(b_1-a_2)=0$$

解出 Q，则得到极值点，用 Q_c 表示为

$$Q_c = \frac{b_1 - a_2}{2(a_3 - b_2)} \tag{6-5}$$

Q_c 就是图 6.2 中的最佳经济规模的 C 点，当生产规模接近或等于 C 时，企业取得最大经济效益。

盈亏分析法可以计算出企业最低生产规模界限，即企业的起始规模，这是确定企业经济规模的基础，还可以通过研究产品生产量与费用之间的变化关系进行合理生产规模的选择，就是采用盈亏分析图法，来确定项目最佳的生产规模。从图 6.2 中可知，当生产量达到一定数量时，企业开始盈利，而低于此数就开始亏损，这一点称为最小企业盈亏点(A)；而生产量提高到一定程度，当超过某一数量又要出现亏损时，则这一点称为在现行条件下的最大产量盈亏点(E)。企业产品的产量规模在 A 与 E 之间，就可得到盈利，故区间 A 与 E 之间就是生产的经济规模区，C 点为最优生产规模点，在这一点，相对的生产成本最低，收入最多，利润最高。由于客观具体条件所限，很难找到这个最佳点，只能在 C 点附近选择一个相对经济合理的生产规模区域如(B D)区间，这个合理经济规模区间的选定，也要取决于实际条件并综合考虑各种相关因素来确定。

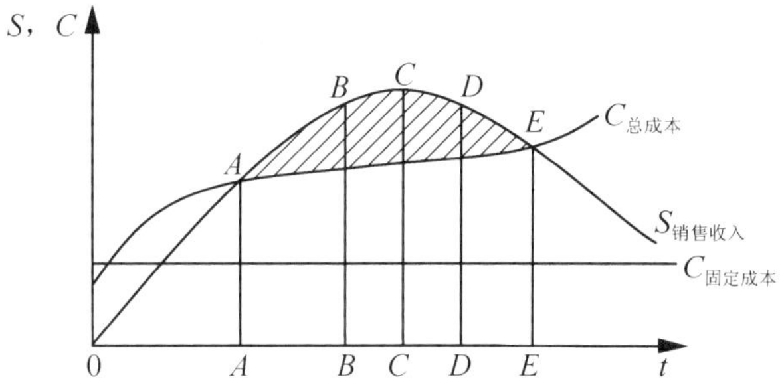

图 6.2　经济规模盈亏分析图

【例题 6-1】 假设某产品的固定成本为 5 000 元，销售单价为 4 元 / 件，可变成本为 2.2 元/件和 3 元 / 件，它随产量不同而变化，见表 6-1。试用盈亏分析法确定合理的经济规模(起始规模)。

解析：

确定最小经济规模(起始规模)。

$$Q_A = \frac{f}{P-V} = \frac{5\,000}{4-2.2}件 = 2\,778件$$

确定最大经济规模。

$$Q_E = \frac{f}{P-V} = \frac{8\,000}{4-3}件 = 8\,000件$$

所以，盈亏平衡规模最小产量为 2 778 件，最大产量为 8 000 件，并从图 6.3 可知，最优规模为 5 000 件。因为此点利润 10 500 元为最大，而其经济合理规模在 4 000～6 000 件之间，此区间利润最大，从表 6-1 可知，当产量由 4 000 件变到 6 000 件时，利润由 10 200 元变到 7 000 元。

表 6-1　项目盈亏平衡分析表

产量件	单位成本/元			总成本/元			单价/(元/件)	销售收入/元	利润/元
	固定成本	可变成本	合　计	固定成本	可变成本	合　计			
(1)	(2)	(3)	(4)=(2)+(3)	(5)	(6)=(3)×(1)	(7)=(5)+(6)	(8)	(9)=(1)×(8)	(10)=(9)−(7)
1 000	3	2.1	5.1	5 000	2 100	7 100	4	4 000	−3 100
2 200	0.9	2.0	2.9	5 000	4 400	9 400	4	8 800	−600
2 778	0.8	2.2	3	5 000	6 112	11 112	4	11 112	0
4 000	0.6	0.2	0.8	5 000	800	5 800	4	16 000	10 200
5 000	0.3	0.9	1.2	5 000	4 500	9 500	4	20 000	10 500
6 000	0.1	2.0	2.1	5 000	12 000	17 000	4	24 000	7 000
6 500	0.09	3	3.09	5 000	19 500	24 500	4	26 000	1 500
8 000	0.08	3.375	3.5	5 000	27 000	32 000	4	32 000	0
10 000	0.07	5	5.07	5 000	50 000	55 000	4	40 000	−15 000

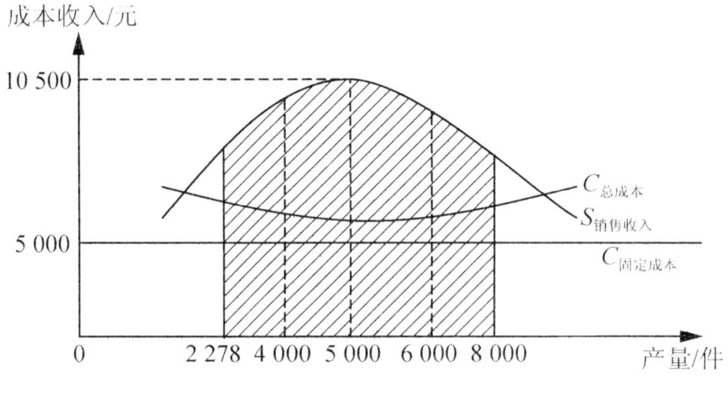

图 6.3　非线性盈亏平衡分析图

6.2.2　分步法

分步法也叫逼近法，其特点是先确定起始生产规模作为所选规模的下限，确定最大生产规模作为所选规模的上限，然后在上下限之间，拟定若干个有价值的方案，通过比较，选出最合理的生产规模。

1. 确定起始生产规模

起始生产规模也就是项目盈亏平衡时(即保本)的最小经济规模。确定起始生产规模分为以下 3 种情况。

(1) 项目产品在国内销售，且无法用进口品替代。

(2) 项目产品可以用进口品替代。

(3) 项目产品可出口的项目。

根据项目产品的性质，确定起始生产规模的具体方法如下。

(1) 项目产品在国内销售，且无法用进口品替代。在一般情况下，选择较小的生产规模，其生产技术往往比较落后，经济效益差，会带来规模不经济的效果。另一方面，在一些生产部门，可供使用的加工工艺和设备，已按一定的生产能力标准化，将生产能力较大的标准化设备用于较小的生产规模，会造成设备能力的闲置和成本费用的上升。在这种情况下确定起始生产规模时，可利用盈亏平衡分析曲线，对可供选择的工艺和设备进行分析，选定其中不至于出现亏损的工艺与设备作为起始生产规模。

(2) 如果项目产品可以替代进口，则应将生产成本费用与进口成本进行比较，确定起始生产规模，如图 6.4 所示。

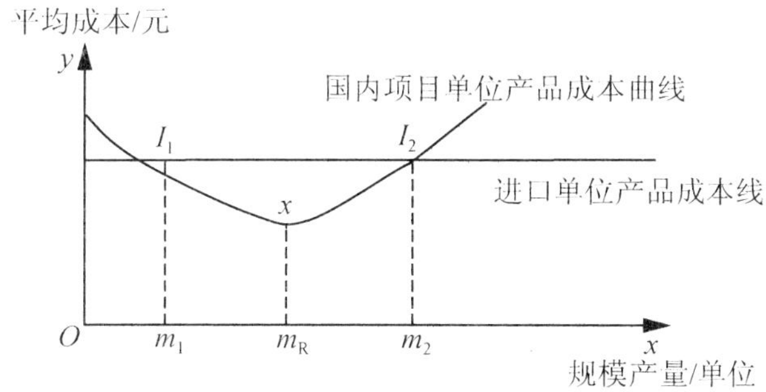

图 6.4　项目成本与进口成本比较图

此类项目，应将项目生产成本费用与换汇收入进行比较，确定起始生产规模。在图 6.4 中，假定国际市场价格较稳定，其单位产品进口成本呈水平线，而国内生产项目的单位产品成本随生产规模变化而成曲线，该曲线与进口产品成本线交于 I_1 点与 I_2 点所对应的生产规模产量为 m_1 与 m_2，说明能替代进口产品的进口量在 m_1～m_2 之间，即为该项目的合理生产规模。

(3) 如果项目产品可以出口，则应将项目生产成本费用与换汇收入进行比较，确定起始生产规模，具体情况如图 6.5 所示。

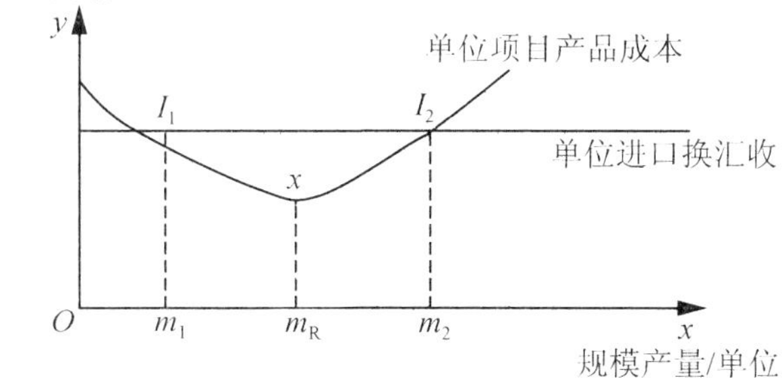

图 6.5　项目成本与换汇收入比较图

2. 确定最大生产规模

在现实经济生活中，项目生产规模受到很多因素的制约，这样，就需要综合考虑各项因素对项目生产规模的限制作用，特别是要对制约项目生产规模的“瓶颈”因素进行分析。在一定的投资条件下，某个因素对项目生产规模的大小可能起决定性的作用，即成为项目生产规模的“瓶颈”。通过“瓶颈”因素的分析，可以确定在可行条件下的最大生产规模，作为所选生产规模的上限。

3. 确定合理生产规模

起始生产规模与最大生产规模确定以后，就确定了拟建项目生产规模的下限和上限，可在这之间拟定若干个不同规模的比较方案。在拟定比较方案中，起决定作用的是设备能力。可以在最小和最大规模之间，选择具有不同能力的设备或者对设备进行不同的组合，以拟定出不同的生产规模方案，然后计算不同生产规模方案的成本费用和效益，然后对成本费用和效益进行比较。其中成本费用最低、效益最好的方案应为最终确定的拟建项目的生产规模。

6.2.3 年生产费用比较法

年生产费用比较法是指通过对不同厂址选择方案的年生产费用的比较，确定最优厂址方案的一种方法。一般的讲，年生产费用小的方案应为最优方案。年生产费用比较法是一种以工程技术能力平衡为基础，以最低单位成本或社会成本为衡量经济效益主要指标的确定建设项目最佳建设规模的一种定量分析方法。

年生产费用比较法事先需要确定的主要内容包括以下几方面。

(1) 在确定设备利用率的基础上，计算确定其年生产能力(即规模)。

(2) 确定运营过程中所需的各种消耗定额。

(3) 确定成本分析中的各项费用。包括直接消耗费用和间接消耗费用。

(4) 计算成本的资金时间价值。建设项目都有一个建设和运行过程，资金的投入和占用也有时间上的差异，这对于比较初始投入资金数额差别很大的方案，有很大的影响，所以需要作成本的动态分析。

(5) 比较各工程技术方案，从中选出一个社会成本最低的方案。这个方案所对应的供给能力应为该建设项目的最佳经济规模。

1. 总计算费用法

总计算费用公式为

$$TC=K+P_cC$$

式中　K——项目总投资；

C——年经营成本；

P_c——基准投资回收期。

则总计算费用最小的方案为最优。

2. 年计算费用法

年计算费用公式如下。

$$AC=C+R_cK$$

式中　R_c——基准投资收益率。

则年计算费用越小的方案越优。

实际上计算费用法是由投资回收期法变形后得到的。

【例题 6-2】 某建设项目方案为建立一个年产 8 000 台生产规模的工程建设方案。各方案所需费用见表 6-2，试确定其经济合理的生产规模的工厂建设方案。

表 6-2 不同生产规模工厂费用对比

各项费用指标	单 位	备选方案		
		第一方案(建 4 个厂)	第二方案(建 2 个厂)	第三方案(建 1 个厂)
生产规模	台/年	2 000	4 000	8 000
总投资	万元	3 000	5 000	4 000
部门基准投资效果系数(R_c)	元	0.13	0.13	0.13
单位产品投资(K)	元	5 000	3 000	8 000
单位产品生产成本(C_m)	元	6 000	4 500	7 000
单位产品平均运输费和销售费用(C_t)	元	700	850	6 00
单位产品总成(C_m+C_t)	元	6 700	5 350	7 600

第一种情况：不考虑运输与销售费用时，各方案的年费用，由公式 $AC=C_m+R_cK$ 计算可知：

$$AC_1=6\ 000+0.13\times5\ 000=6\ 650(\text{元})$$

$$AC_2=4\ 500+0.13\times3\ 000=4\ 890(\text{元})$$

$$AC_3=7\ 000+0.13\times8\ 000=8\ 040(\text{元})$$

由此可知，第二方案的年费用最小，故选第二方案。

第二种情况：如果考虑运输与销售费用时，各方案的年费用，按产品销售成本计算时，则各方案的年费用，根据公式 $AC=(C_m+C_t)+R_cK$ 计算可知：

$$AC_1=6\ 700+0.13\times5\ 000=7\ 350(\text{元})$$

$$AC_2=5\ 350+0.13\times3\ 000=5\ 740(\text{元})$$

$$AC_3=7\ 600+0.13\times8\ 000=8\ 640(\text{元})$$

由此可知，第二方案的年费用最小，故选第二方案。

【例题 6-3】 某企业要扩大生产规模，有三个设计方案：方案一是改建现有工厂，一次性投资 2 545 万元，年经营成本 760 万元；方案二是建新厂，一次性投资 3 340 万元，年经营成本 670 万元；方案三是扩建现有工厂，一次性投资 4 360 万元，年经营成本 650 万元。3 个方案的寿命期相同，所在行业的标准投资效果系数为 10%，用计算费用法选择最优方案。

解析：

由公式 $AC=C+R_cK$ 计算可知：

$$AC_1=760+0.1\times2\ 545=1\ 014.5(\text{万元})$$

$$AC_2=670+0.1\times3\ 340=1\ 004(\text{万元})$$

$$AC_3=650+0.1\times4\ 360=1\ 086(\text{万元})$$

因为 AC_2 最小，故方案二最优。

6.3 技术价格评估与方案选择

6.3.1 技术概述

广义的技术包括设计技术、生产工艺技术、销售技术、管理技术等，狭义的技术一般包括设计技术和工艺技术。可行性研究中的技术方案是指狭义的技术方案，包括工艺技术方案、设备方案、总图设计方案、工程方案等。

技术方案的分析是指项目依据国内外同行业的技术发展现状和趋势，结合本国的国情和技术经济政策、法规，依据本项目的生产规模，设计、选择、评价和确定工艺技术方案、设备方案和其他工程方案。技术方案的分析为经济评价提供可靠基础数据，技术方案的费用将成为项目投资费用和总成本费用的主要组成内容。

技术价格的构成主要包含以下内容。

1. 技术开发成本

技术开发成本包括材料费、设备费、科研人员工资、资料费、外协费、咨询费、培训费、差旅费、管理费、折旧费、摊派费用等。由于技术成果可以多次转让，上述费用不应由技术买方全部支付，而只需支付其中一部分。

2. 技术转让成本

技术转让成本指技术卖方为转让技术而发生的费用。包括技术资料费(设计资料、图纸、说明书、维修手册等)、技术交易费(广告、差旅、公证、场租等)和其他费用。相比之下，技术转让成本比较容易确定，也比较容易被技术买方接受。这部分费用在技术商品价格中占 10%左右。

3. 技术服务费

技术商品是一种系统的知识，技术商品的交易不仅是商品交换过程，而且是一个传播、学习和掌握知识的过程，因此也是技术买卖双方长期合作的过程。技术卖方在技术的实施和运用过程中还要付出辛勤的劳动，派人到现场安装调试、技术指导、培训人员、开拓市场，甚至承担“交钥匙”责任，拿出合格产品，交付成套的正常运转的生产线。这种技术服务和工程实施劳务的费用，大约占技术价格的 25%。

4. 机会成本

机会成本是指因技术转让使技术卖方的产品可能失去了某地区全部或部分销售机会，从而可能给卖方造成损失。技术卖方要求在转让费里给予一定的补偿，这就是机会成本。机会成本很难准确估算。有的卖方很看重机会成本，甚至在自己的产品上市初期，只卖产品而不转让技术。在这种情况下，技术价格中机会成本的比重比较高，但是如果卖方是纯技术转让，自己没有产品，而且也不打算生产这种产品，那么卖方的机会成本为零，不会影响转让价格。

6.3.2 技术选择的一般原则

技术选择的理论有许多，但从推动经济增长和发展经济学两个方面进行分析是我国技术选择的主要理论。

1. 经济增长技术选择理论

经济增长是发展中国家追求的目标之一，因此，促进经济增长的技术是投资过程中技术选择的一个重要依据，支持这种选择的经济理论主要是从投资产生的效果来说明的。这方面的技术选择理论基本上是衡量经济增长的标准：产出率作为选择的标准、社会极限生产率作为选择的标准、再投资率作为选择的标准等。采用经济增长作为技术选择的标准已经在 20 世纪 70 年代后受到了质疑，主要原因是经济增长没有考虑社会的发展和环境保护，对于发展中国家的持续经济增长带来了挑战，所以目前发展中国家更应该从长期发展的角度考虑技术选择问题。

2. 发展经济学的技术选择理论

20 世纪 40 年代后期逐步形成的发展经济学可直接用来解释发展中国家的经济和社会发展，所以对发展中的中国来说，在投资项目的技术选择中，似乎更应该给予重视。基于发展经济学提出的技术选择主要是考虑到技术进步的循序渐进性，发展中国家相对落后的经济制约了这些国家技术的提高，因此从现状出发，选择合适的技术，逐步提高项目的技术含量，是投资项目技术选择的基本思路。这方面的理论有中间技术理论、适用技术理论、累进技术理论等。

发展经济学家在总结了发展中国家技术引进的实践后，提出了如下技术选择理论。

(1) 中间技术理论。所谓中间技术，是指介于简单的传统技术和现代化的最新技术之间的技术。由于简单的传统技术是一种过时的技术，它的使用不利于经济的长期发展和技术进步；过高的最新技术难以在发展中国家引进和消化，并且提供的就业机会相对少，因此，采用中间技术对于发展中国家创造更多的就业机会，解决资金短缺的矛盾和推广技术是十分有利的。

(2) 适用技术理论。所谓适用技术，是指适合本国、本地区资源状况，生产要素的现有条件，市场容量，社会文化环境等因素，能够对经济、技术和环境目标取得最优效果的技术组合。适用技术理论强调的不是技术的先进性，而是技术的效果。采用适用技术能够在一定的投资条件下，既有尽可能高的产出，又有相对较高的投资收益率，既重视当前利益，又兼顾长期发展的效益，有利于经济的整体发展。

(3) 累进技术理论。所谓的累进技术是指以本国、本地区的技术水平、生产发展水平和文化教育水平相适应，能够循序渐进地促进经济发展和技术进步的技术。累进技术强调的是对于经济发展和技术进步的累进效果，而不是生搬硬套国外的先进技术。

3. 技术方案选择的基本原则

技术方案的选择不仅影响项目的建设成本，也影响项目建成后的运营成本，因此，技术方案的选择必须认真和慎重。一般应考虑以下的基本原则。

(1) 先进适用。这是评定技术方案最基本的标准。先进与适用，是对立的统一。保证工艺技术的先进性是首先要满足的条件，它能够带来产品质量、生产成本的优势，但是不能单独强调先进而忽视适用，还要考察工艺技术是否符合我国国情和国力，是否符合我国的技术发展政策。有的引进项目，可以在主要工艺上采用先进技术，而其他部分则采用适用技术。总之，要根据国情和建设项目的经济效益，综合考虑先进与适用的关系。对于拟采用的工艺，除了必须保证能用指定的原材料按时生产出符合数量、质量要求的产品外，还要考虑与企业的生产和销售条件(包括原有设备能否配套，技术和管理水平、市场需求、原材料种类等)是否相适应，特别要考虑原有设备能否利用，技术和管理水平能否跟上。

(2) 安全可靠。项目所采用的技术或工艺，必须经过多次试验并通过实践证明是成熟的，技术过关，质量可靠，有详尽的技术分析数据和可靠性记录，并且生产工艺的危害程度控制在国家规定的标准之内，才能确保生产安全运行，发挥项目的经济效益。对于核电站、产生有毒有害和易燃易爆物质的项目(比如油田、煤矿等)及水利水电枢纽等项目，更应重视技术的安全性和可靠性。

(3) 经济合理。经济合理是指所用的技术或工艺应能以尽可能小的消耗获得最大的经济效果，要求综合考虑所用技术或工艺所能产生的经济效益和国家的经济承受能力。在可行性研究中可能提出几种不同的技术方案，各方案的劳动需要量、能源消耗量、投资数量等可能不同，在产品质量和产品成本等方面可能也有差异，因而应反复进行比较，从中挑选最经济合理的技术或工艺。

6.3.3 技术价格评估的原则和方法

资产评估有 3 种主要方法：成本法、市场法和收益法。对于技术等无形资产的评估，采用了这 3 种评估方法。

1. 成本法

成本法用于技术评估的含义是，运用现实费用标准，参照历史成本，重新研制开发一项技术所需要的成本，因此，该方法又称“重置成本法”。

成本法评估技术商品的价格，用下式表示。

$$C=\sum_{i=1}^{11}c_i+\sum_{i=1}^{4}v_i \tag{6-6}$$

式中　c——技术的研制成本；

v——各级技术人员的劳动报酬。

成本法评估技术商品的价格时，成本主要包括技术的研制成本、技术的交易成本等。技术的研制成本主要包括直接成本和间接成本，其中直接成本主要包括材料费、专用设备费、资料费、外协费、咨询费、培训费、差旅费，及其他直接费用，如保险费、物质运输费、存储费、专利申请费等；间接成本主要包括管理费、分摊费、折旧费等。技术商品的价格还包括高级技术人员的劳动报酬、中级技术人员的劳动报酬、初级技术人员的劳动报酬、普通工作人员的劳动报酬。技术交易成本的主要构成包括技术服务费，指谈判人员和管理人员参加洽谈会和交易过程中的差旅费和管理费、有关手续费，如法律咨询、公证、审查和注册发生的费用，交易税金，广告、宣传费及其他费用等。

成本法评估的结果通常为技术价格的下限(即最低价)，与实际使用价格有很大差异，应当根据使用时间和条件变化进行调整。有的技术由于巨大的市场需求，使实现价格远远超出开发成本。例如，英国的皮尔金顿公司于 20 世纪 50 年代发明了浮法玻璃生产技术，并陆续扩散到世界各国，如今该公司每年坐收许可证费用 30 亿英镑。

2. 市场法

市场法是将待评估技术与近期技术交易中类似技术进行对照与比较，以后者的既知价格为基础加以修正，得出被评估的技术最可能实现的合理价格。市场法应用的前提条件包括以下几方面。

(1) 有一个充分活跃的技术市场。

(2) 发生过可比性强的同类技术交易，各项资料是可得的。

(3) 被选取的样本是在公平条件下的正常交易。

其基本公式如下。

技术的评估值＝技术市场同类技术价格×(1−累计折旧比率)

式中　折旧时间——同类技术交易时间至评估时间的时差。

【例题 6-4】 某公司研制出一种新的节能灯制造技术，但了解到 3 年前已有同类技术在技术市场上成交，转让价格为 50 万元，技术寿命周期为 10 年，试评估该技术转让的价格。

解析：

由于两项节能灯技术交易的相似性，基本符合市场法的应用条件，按线性折旧法计算，该技术剩余寿命为 7 年，则

节能灯技术价格＝50 万元×(1−3/10)＝35 万元

市场法看似简单明了，其实应用条件是苛刻的。主要是可比性和交易信息的可利用性问题。技术交易情况相当复杂，即使是同一科研单位转让同一技术，由于转让对象、转让方式、转让时间、配套服务等因素的区别，技术价格会有很大差异。当交易样本少、技术相似性差、对交易背景不了解时，还是不能简单地套用公式。

我国无形资产评估起步较晚，理论框架和数学模型还不够完善，可以参照的样本和数据也不够丰富，用技术评估方法计算出来的价格与技术市场上实现的价格差异较大。技术交易是在实践中发展起来的，在买方和卖方的千百次洽谈中，以及不同卖方之间的竞争中，逐渐产生了技术商品的价格行情，也形成了一些习惯价格和产业规范。从这个意义上讲，市场法有着比较重要的实用价值，操作起来比较简便。

3. 收益法

收益法是通过一种适当的还原利率，将被评估的技术产生的未来效益折算为现值(折现)的评估方法。收益法不考虑技术商品开发研制成本，而集中考虑技术商品在使用过程中所能带来收益的能力。收益法是建立在效用价值论的基础之上，通过对技术商品的经济效益进行预测来给技术定价的，这种方法比较容易被技术买卖双方接受，可操作性较强，因而比较常用。

收益法的基本计算公式为

$$V=\frac{R_1}{1+r}+\frac{R_2}{(1+r)^2}+\cdots+\frac{R_x}{(1+r)^x}=\sum_{i=1}^{n}R_i/(1+r)^i \tag{6-7}$$

式中　V_i——被评估的技术商品的价值；

R——第 I 年的收益；

r——还原利率(又称为折现率)；

N——被评估技术商品的经济寿命周期。

从公式 6-7 中可以看出，应用收益法对技术商品进行评估有 3 个基本要素。

(1) 技术商品所能产生的收益大小(R 的确定)。

(2) 技术商品收益的持久期(n 的确定)。

(3) 还原利率(r 的确定)。

【例题 6-5】 某工厂生产某种机械零件，年产 20 万件，每件售价 200 元。由于采用一项新技术，使成本下降 10 元，售价提高到每件 220 元。已知折现率为 8%，技术寿命周期 5 年，年产值不变，求该项技术的新增效益现值。

解析：

由于年产量不变，可省去市场调查与预测，直接进行计算。每件产品新增效益 30 元，年新增效益 600 万元。

根据式(6-7)，则有：

$$V=\sum_{i=1}^{5}600/(1+0.08)^{i}$$

$$=\frac{600}{1.08}+\frac{600}{(1.08)^2}+\frac{600}{(1.08)^3}+\frac{600}{(1.08)^4}+\frac{600}{(1.08)^5}$$

$$=555.6+514.4+476.3+441.0+408.3$$

$$=2\,395.6(\text{万元})$$

由式中看出，采用新技术之后，每年新增效益虽然都是 600 万元，但是每年折现值递减，第 5 年只有 408.3 万元。新技术的价值则为 2 395.6 万元。

6.3.4　技术方案评价的方法

运用技术经济价值(S 图法)方法进行技术评估时，首先应计算拟选方案的技术价值和经济价值，并成对标注在反映技术经济对比关系的坐标图上，然后根据坐标图上各点连线——S 曲线的形态，结合计算出的各拟选方案综合价值，评选最优方案。

1. 技术评价

首先确定反映技术方案优劣的指标，包括技术使用、制造和运行状况等性能指标；其次从使用者和制造者角度上把各种技术性能指标区分为固定要求、最低要求和尽可能考虑的期望要求；最后进行技术价值的评分与计算。对评价指标按其接近理想目标的程度进行评分的等级标准分五级，不能满足要求的为 0 分，勉强过得去的为 1 分，过得去的为 2 分，好的为 3 分，很好的为 4 分。当得到了某个拟选技术方案分项评分后，就可以计算该方案的技术价值。

$$X=\frac{\sum_{i=1}^{n}P_i}{nP_{\max}}=\frac{\overline{P}}{P_{\max}} \tag{6-8}$$

式中　X——被评估技术方案的技术价值，理想的技术价值为 1；

技术价值越高，说明满足技术性能要求的程度越好，但不能通过降低经济效益来提高技术价值。技术价值为 0.7 左右就算较好。

P_i——第 i 个技术性能指标的评分值；

P_{max}——技术性能指标的理想分值，为 4 分；

N——评价技术性能指标的个数；

$\overline{P}$——某一技术方案各个项目评分的算术均值。

如果反映技术方案的性能指标重要性差别较大，则要加上加权系数进行计算。

$$X=\frac{\sum_{i=1}^{n} P_i W_i}{P_{max}} \tag{6-9}$$

式中　W_i——第 i 个技术性能指标的加权系数，$\sum W_i=1$。

2. 经济评价

经济评价的主要指标是运用某些技术进行产品生产的制造费用，包括材料费、人工费、管理费等。某一技术方案的经济价值计算如下。

$$Y=\frac{H_i}{H}=\frac{0.7H_{允许}}{H} \tag{6-10}$$

式中　Y——技术方案的经济价值；

i——技术方案的理想成本；

H——被评估技术方案的实际成本。

如果技术方案的经济价值达到 0.7，表明这一方案的经济价值可以接受。

3. 综合评价

综合评价采用反映技术经济对比关系的 S 曲线图来评判拟选方案的综合价值大小，如图 6.6 所示。

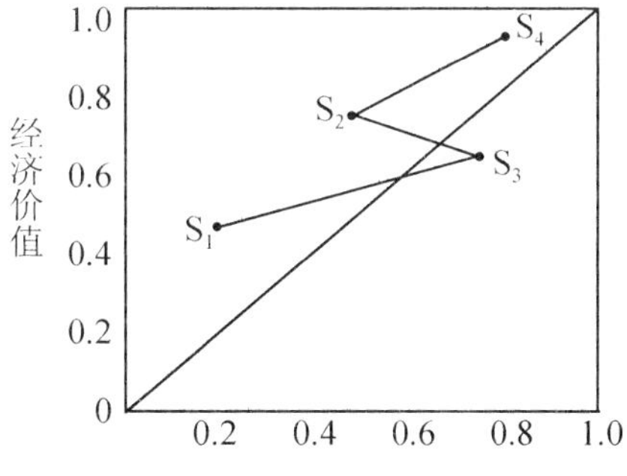

图 6.6　技术经济价值——S 曲线图

S 曲线图上的横坐标是技术价值 X 的数据，纵坐标是经济价值 Y 的数据，X 和 Y 的交点 S 表示拟选用方案的综合价值，$(X,\ Y)(1.0,\ 1.0)$的 S_{max} 表示理想方案的综合价值。坐标原点 0 与交点 S_{max}，连接的 45° 等分线上各点的技术价值与经济价值相同，即技术与经济达到最理想的协调。最优方案的综合价值 S 不但最靠近 S_{max}，同时技术与经济的协调程度也较好，如图 6.6 中的 S_4。

有时也可用公式计算出各评估技术方案的综合价值，取其大者为最优方案。

6.4 设备方案选择评估

6.4.1 设备方案选择的一般原则

1. 设备的概念

设备一般是指人们生产或生活所需的各种机械的总称。

建设项目设备按其作用分为以下几种。

(1) 生产工艺设备。指工业企业中用来改变劳动对象形态和性能，使劳动对象发生物理和化学变化的那部分设备。如各种机床、炉、塔等。

(2) 辅助生产设备。指为主要生产车间服务的设备。如各种动力设备、运输设备、装卸设备等。

(3) 科学研究设备。指实验用的各种测试设备、空调设备和计量设备等。

(4) 管理设备。指生产管理用的各种计算机和其他装置。

(5) 公用设备。指医疗卫生设备、机械等。

2. 设备方案选择的一般原则

设备方案选择的一般原则如下。

(1) 应尽量选用国产设备。凡国内能够制造，并能保证质量、数量和按期供货的设备，或者进口一些技术资料就能仿制的设备，原则上必须国内生产，不必从国外进口。关键设备需要进口，但辅助设备能由国内配套使用的，就不必成套引进。另外，对于进口的设备，还必须懂得如何操作和维修，否则不能发挥设备的先进性。在外商派人调试安装时，可培训国内技术人员及时学会操作，必要时也可派人出国培训。不能因为节约资金而放松对设备的技术要求；也不能不考虑客观条件的限制，片面追求技术含量高的设备，而应该做到技术先进性与经济合理性相结合。

(2) 考虑设备的综合价格。所谓设备的综合价格是指在把设备的购买价格和使用过程的修理费用都同时考虑的情况下，设备购买者所支付的费用总和。根据这一概念，除应考虑设备价廉和物美外，还应考虑设备使用中修理方便和零配件容易购买。

(3) 重点考虑关键设备。一个项目的建成需要大量设备，但这众多设备在未来企业的生产中发挥的作用是不同的。有的处于影响企业生产、关系产品质量的关键性地位，有的处于无足轻重的地位。从这个角度出发，对不同设备要区别对待，对项目的关键设备应保证技术要求，要保证购买先进的设备。

(4) 选择的设备应符合政府部门或专门机构发布的技术标准要求。

少用或不用非标准设备。非标准设备也叫不定型设备，是生产厂家根据需要而专门生产的设备。这些非标准设备除设备价格高外，投入使用后也不易修理。在设备选择时，应尽量采用通用设备、标准化设备，除特殊需要外，一般不要用非标准设备。

(5) 主要设备之间、主要设备与辅助设备之间的能力要相互匹配。

要实现主要设备之间、主要设备与辅助设备之间的能力相互匹配，应注意处理好以下问题。

① 要注意进口设备之间以及国内外设备之间的衔接配套问题。有时一个项目从国外引

进设备时，为了考虑各供应厂家的设备特长和价格等问题，可能分别向几家制造厂购买，这时，就必须注意各厂所供设备之间技术、效率等方面的衔接配套问题。为了避免各厂所供设备不能配套衔接，引进时最好采用总承包的方式。还有一些项目，一部分为进口国外设备，另一部分则引进技术由国内制造，这时，也必须注意国内外设备之间的衔接配套问题。

② 要注意进口设备与原有国产设备、厂房之间的配套问题。主要应注意本厂原有国产设备的质量、性能与引进设备是否配套，以免因国内外设备能力不平衡而影响生产。有的项目利用原有厂房安装引进设备，就应把原有厂房的结构、面积、高度以及原有设备的情况了解清楚，以免设备到厂后安装不下或互不适应而造成浪费。

③ 要注意进口设备与原材料、备品备件及维修能力之间的配套问题。应尽量避免引进的设备所用主要原料需要进口。如果必须从国外引进时，应安排国内有关厂家尽快研制这种原料。在备品备件供应方面，随机引进的备品备件数量往往有限，有些备件在厂家输出技术或设备之后不久就被淘汰，因此采用进口设备，还必须同时组织国内研制所需备品备件，以保证设备长期发挥作用。

6.4.2　设备选型分析

1. 主要工艺设备选型分析

在设备方案选择中，在充分考虑生产的工艺流程、生产规模以及设备在制造、安装方面的特殊要求基础上，重点分析主要或关键工艺设备的选型。在选择主要设备时，应充分考虑项目的设计生产能力，使设备的额定生产能力略大于设计能力，否则有可能导致实际能力达不到设计能力。当然额定能力也不宜太高，以免造成浪费。

2. 设备配套情况分析

设备配套是指设备与设备之间在数量上和质量上要实现匹配，达到项目内部各工序、工段、车间之间生产能力按比例的平衡。设备配套分析包括以下几方面内容。

(1) 设备数量配套分析。即生产能力平衡分析，是指以主要工艺生产设备为中心，顺延工艺流程往前和往后分析各工序、工段、车间设备的额定生产能力的平衡。生产能力的平衡是设备得以充分利用的前提。

(2) 设备质量配套分析。设备质量上的配套，是指前后工序设备都是安全可靠的，如果某一工序的生产设备容易损坏，就会影响其他工序设备能力的发挥。进行设备质量配套分析，就是要分析工艺流程中的易损设备，以便设置相应替换或备用设备，避免造成因关键设备发生故障而可能出现的停产现象。

在设备配套分析中，应重视分析不同生产环节(如原材料下料及配制、热处理、质量检验和包装等环节)的设备相互配套，国内设备与进口设备的配套，生产设备与辅助设备(如供水、供电、运输设备等)的配套，多采用通用化、标准化、系列化的设备。

3. 设备的可靠性分析

设备的可靠性是指设备在规定时间和规定的使用条件下无故障运行的能力。设备可靠性要求设备平均故障间隔期越长越好。设备可靠性包括设备的稳定性、耐用性和安全性。

(1) 设备的稳定性。如果设备不能稳定运转，在使用过程中经常发生故障，除浪费原材料外，还会产生大量的次品或废品，这样的设备不能选用。

(2) 设备的耐用性。设备在使用过程中，由于无形损耗或有形损耗，达到一定使用年限就将淘汰。在考虑技术进步的前提下，要选用寿命长一些的设备，因为设备使用年限长，平均年折旧费就会减少，可降低产品成本。

(3) 设备的安全性。设备的安全性是指设备必须具有必要的可靠的安全防护措施。有下述情况的设备不宜选择：机体单薄、运转不稳定、振幅过大、危及厂房安全的设备，可能泄漏有害气体、易引起工人中毒的设备，噪声大、影响工人身心健康的设备。

4. 设备的先进性分析

设备的先进性，先是要看设备的性能，主要包括以下几方面内容。

(1) 设备的生产效率，如功率、速率、日生产能力等；设备的功效性是指设备在单位时间内生产或加工符合质量要求产品的能力。不同设备有不同表达功效的方式，如功率、行程、转数等。功能先进的设备往往由于受投资的限制或其他条件的制约而不能选用，对此，要综合分析后再下结论。

(2) 设备的资源消耗情况，如油耗、电耗和对原材料的利用率，设备的节能性要求消耗同量的能源能生产出更多的产品，或生产同量的产品消耗更少的能源。设备的能源消耗程度如何，是设备方案分析时应重点考虑的因素之一。

(3) 设备的可靠性，即在规定的时间及使用条件下，无故障发挥规定功能的概率。设备的有效使用年限及被淘汰的风险，包括设备的物理使用年限及经济使用年限；设备的维修性，包括设备在有效使用期内的维修次数，零部件的互换性、标准化和维修的难易程度等。其次还要分析生产产品质量的可靠性，如产品的精密度、光洁度、损耗率、成品率、优良率等。

5. 设备的成套性分析

设备的成套，标志设备的生产、销售、供应的科学管理和制造水平。设备成套供应的优点是对各工序、各设备、各环节生产能力进行了平衡，可以保证均衡生产。当然成套设备本身价格高，如果项目本身有实力组织配套，就不必采用成套设备。

(1) 单机配套一台主机设备附有工具、附件、部件、副机、控制系统等。如果项目解决了主机问题，其他设备易于解决或可灵活选用，就可采用单机配套形式。

(2) 生产线配套，即全部生产过程中各种设备的配套。有时也存在局部生产线配套，如装配生产线、包装生产线等的配套。

(3) 项目配套指一个完整的建设项目所需的各种设备、生产性装置、辅助性装置、运输设备、试验检测设备等的全部成套供应。项目配套可以缩短建设周期。

$$\text{单台(套)设备生产能力}=\text{设备有效工作时间}\times\text{设备单位时间产量}\times\text{设备利用率}$$

$$\text{设备应配置台(套)数}=\frac{\text{项目设备生产能力}}{\text{单台(套)设备生产力}}$$

6. 设备的灵活性分析

设备的灵活性分析包括以下几方面内容。

(1) 多规格生产。对于专业化生产的专机、专线，一般难以改变所生产的产品，灵活性差，但应做到在同类产品中有生产更多规格产品的可能性，如可以生产小型产品的也可以生产中型产品，或生产中型产品的也可以生产大型产品，或大、中、小型产品均可生产。

(2) 多加工性能。在设备选择时，要选用具有多种加工性能的设备，可以使设备有更大的适应性，满足多品种生产的要求。如果为了提高设备的适应性，需要增加很多投资时，应通过技术经济分析比较才能最后确定。

(3) 多品种生产。对于某些生产线，如适当增加一两个环节，不仅可生产一种产品，还可生产两种甚至多种产品，应该考虑选用这种生产线或设备方案。

6.4.3 建设项目设备方案分析的方法与技术

1. 费用效率分析法

费用效率指设备在其有效使用期内的系统效率与总费用的比率。费用效率分析法主要用于设备的经济性分析，分析设备满足特定工艺要求所必须耗费的活劳动和物化劳动的高低，常用的分析方法为费用效率分析法。

费用效率分析法是一种技术与经济有机结合的方案评价方法。它要考虑项目的功能水平与实现功能的寿命周期费用之间的关系。这种方法在设备选型中应用较为广泛。对于设备的功能水平的评价一般可用生产效率、使用寿命、技术寿命、能耗水平、可靠性、操作性、环保性和安全性等指标来描述。在设备选型中应用寿命周期成本评价方法的步骤如下。

(1) 提出各项备选方案，并确定系统效率评价指标。

(2) 明确费用构成项目，并预测各项费用水平。

(3) 计算各方案的经济寿命，作为分析的计算期。

(4) 计算各方案在经济寿命期内的寿命周期成本。

(5) 计算各方案可以实现的系统效率水平，然后与寿命周期成本相除计算费用效率，费用效率较大的方案较优。

费用效率的计算公式为

$$CE=\frac{SE}{LCC} \tag{6-11}$$

式中　CE——费用效率

SE——系统效率

LCC——设备有效使用期内的总费用；

2. SE 的确定方法

SE 的确定有以下两种方法。

(1) 以一个综合要素(如生产效率)作为系统效率。

(2) 用多个单一性要素作为系统效率。这时需要先确定各个因素的权重，然后加权平均计算系统效率，最后计算费用效率。

$$SE_j = \sum_{i=1}^{n} r_{ij} PF_{ij} \tag{6-12}$$

式中　SE_j——j 设备要素综合得分值(系统效率)；

r_{ij}——j 设备第 i 要素权重值；

PF_{ij}——j 设备第 i 要素得分值；i=1，2，…，n，n 为要素个数；j=1，2，…，m，m 为设备(方案)数。

【例题 6-6】 投资项目有 3 种设备选择方案，各设备的寿命周期费用分别是：A 设备 9.8 万元；B 设备 9 万元；C 设备 9.4 万元。系统要素由 6 个要素组成，各设备对应要素得分(按 10 制评分)和要素权重经专家调查，结果见表 6-3。

表 6-3　设备系统效率专家调查评价表

序　号	系统要素	权重%	A 设备		B 设备		C 设备	
			评　价	得　分	评　价	得　分	评　价	得　分
1	可靠性	30	95%	9	90%	7	92%	8
2	安全性	15	安全	10	较安全	8	一般	6
3	耐用性	20	13 年	7	18 年	10	15 年	9
4	维修性	15	一般	6	较好	8	很好	10
5	环保性	10	很好	10	很差	0	很好	10
6	灵活性	10	良好	9	较好	8	一般	6
	合计 PS	100		51		41		49

根据系统效率公式计算得：

$$SE_A=0.3\times9+0.15\times10+0.2\times7+0.15\times6+0.1\times10+0.1\times9=8.4$$

同理 SE_B=7.3；SE_C=8.2。

根据费用效率公式计算得：

$$CE_A = \frac{8.4}{9.8} = 0.86$$

$$CE_B = \frac{7.3}{9} = 0.81$$

$$CE_C = \frac{8.2}{9.4} = 0.87$$

因此，C 设备费用效率最高，经济性最好。

【例题 6-7】 某采购设备项目有 3 套方案，相关数据见表 6-4，试根据费用效率分析法选购设备。

表 6-4

方　案	A	B	C
寿命周期/年	9	8	6
年折算费用/万元	400	320	250
工作量/万 t	400	250	200

解析：

$$CE_A=400/3600=0.111$$

$$CE_B=250/(320\times 8)=0.098$$

$$CE_C=200/(250\times 6)=0.133$$

方案 C 的费用效率值最高，因此选购设备 C。

6.5　建设项目总图运输方案分析

总图运输方案研究主要是依据确定的项目建设规模，根据场地、物流、环境、安全、美学，对工程总体空间和设施进行的合理布置，主要研究总平面布置、管线布置、运输方案设计。通过总图运输方案分析，可以明确项目的具体构成内容及各系统之间的关系，了解各种建筑物，构筑物和土建工程的大小和位置，了解各种主要设备和装置、铁路、公路及其他运输设施，以及水、电、煤气、排水、电话、供气等管线的布置。

1. 总平面布置方案

总平面布置是项目的总体布局，主要任务是确定工程的厂区划分，建筑物和构筑物的位置、标高以及道路布置和绿化、安全等。厂区一般划分为生产区和生活区，建筑物和构筑物包括生产车间厂房、辅助车间厂房和服务设施。

1) 总平面布置的原则

总平面布置的原则具体有以下内容。

(1) 整体协调原则。总平面布置的各部分之间，包括各功能区之间，设备、建筑物和土建工程之间，厂房与厂房之间等，无论是自身特点、功能要求，还是相互联系或布局和建筑风格等，都必须通盘考虑，协调一致。

(2) 最短距离原则。在符合安全要求的条件下，要求各种管线的走向和运输距离最短。最短距离原则，不仅要考虑物的移动，也要考虑人的移动。动力设施要先靠近用户或负荷中心，尽量采用多管、多线的共架、共沟，堆场、仓库尽量做到堆储合一。

(3) 服从工艺流程走向原则。生产总工艺流程走向，是企业生产的主动脉。初级产品、中间产品、最终产品、副产品以及废物排放等在工厂各部的位置，能源、动力以及其他公用设施的安排，都要从属于生产总工艺流程。

(4) 节约用地原则。总平面布置应紧凑、合理、节约用地。在考虑工厂发展余地时，要避免过早占用大片土地。在满足生产、安全、环保、卫生要求的前提下，尽量考虑多层厂房或联合厂房等合并建筑，以节约用地。

(5) 安全和环保要求。主要的生产车间和建筑物，应考虑有良好的自然通风和采光条件；对有可能发生爆炸危险的仓库、储罐等，应布置在厂区边缘地带；对散发粉尘、有害气体的厂房、仓库或堆场，应布置在常年最小频率风向的上风侧；对可能产生噪声、振动相互干扰的厂房，也应采取措施确保安全和满足环保要求。

2) 总平面图的竖向布置

厂区竖向布置主要是根据工厂的生产、水文地质等条件，确定建设场地上的高程(标高)关系，合理组织场地排水。

竖向布置要求如下。

(1) 竖向布置应与总体布置和总平面布置相协调，并充分利用和合理改造厂区自然地形，为全厂各区提供合理高程的用地。

(2) 满足生产工艺、场内外运输装卸、管道敷设对坡向、坡度、高程的要求。

(3) 充分利用地形，选择相适应的竖向布置形式，合理确定建、构筑物和铁路、道路的标高，避免深挖高填，力求减少土石方工程量，保证物流人流的良好运输与通行。

(4) 保证场地排水通畅，不受潮水、内涝、洪水的威胁。

3) 管线布置方案

管线的种类主要包括给排水管道、供电管线、煤气管道、热力管道、压缩空气管道和其他管道。管线的敷设方式主要有直埋式、地下管沟式、架空式，可根据管线的不同种类、要求和需要选择敷设的具体方式。在项目总平面布置的基础上，结合工艺技术方案和设备方案，初步规划主要工程管线的布置方案，标明管线种类、管线走向和标高、敷设方式等，并估算管线投资费用。

管线布置原则具体包括以下几方面。

(1) 直线埋设，并与道路、建筑物的轴线及相邻管线平行。

(2) 尽量减少管线之间及管线与道路之间的交叉，若必须交叉时，宜直角交叉。

(3) 避开填土较深或土质不良地段。

(4) 在满足安全的条件下，架空管线应尽可能共架布置。

(5) 尽量避开穿过露天堆物及建筑物、构筑物的扩展用地。

(6) 地下管线不重叠布置，必须重叠时，其重叠长度愈短愈好，并将埋设线以及管径小而检修多的管线敷设在上面。

(7) 新增管线不应影响原有管线的使用。

2. 运输方案

企业物流系统由原料供应物流、生产物流和销售物流组成。运输是物流活动的核心。可行性研究阶段要确定原料供应物流和销售物流的运输方案(即厂外运输方案)，同时确定生产物流的运输方案(厂内运输方案)。

(1) 厂外运输方案。根据厂外运进、厂内运出的实物量、物态特性、包装方式、产地、运距、可能运输方式，通过经济技术比较，确定并推荐运输方式，编制厂外运输量一览表。对大宗货物的铁路、水路运输，要分析铁路、航道的运输能力，并附承运部门同意运输的“承运意见函”。

厂外运输方案的经济技术比较随项目而异。有多种方式时，要通过经济技术比较确定较优的运输方式。

(2) 厂内运输方案。根据项目生产的特点和生产规模，货物运输的要求，运输距离的长短等，经技术经济比选来确定厂内运输方式。

① 标准轨距铁路运输主要用于原材料和成品大批量运输的企业，只有当年运输量达到一定规模或有特殊要求时，车间之间采用铁路运输才比较合理。

② 水上运输一般只适用于厂外运输，用于靠近港口的大型企业的原材料运进和成品的运出。

③ 无轨运输具有方便灵活的特点，是广泛采用的运输方式。无轨运输种类较多，一般的厂内外运输都以汽车运输为主。

④ 短运距的厂内运输采用电瓶车和内燃搬运车、叉车运输最为适宜。

⑤ 带式输送机适用于经常的、大量的松散物料运输。

(3) 厂区道路。

道路布置的要求包括以下几方面的内容。

① 道路布置应符合有关规范，满足生产(包括安装、检修)、运输和消防的要求，使主要人流、物流路线短捷，运输安全，工程量小。

② 要求与厂外道路衔接顺畅，便于直接进入国家道路网。

③ 应与厂区的总平面布置，竖向布置，铁路、管线、绿化等布置相协调。

④ 应尽可能与主要建筑物平行布置。一般采用正交和环形式布置，对于运输量少的地区或边缘地带可采用尽头式道路。当采用尽头式布置时，应在道路尽头处设置回车场。

⑤ 道路等级及其主要技术指标的选用，应根据生产规模、企业类型、道路类别、使用要求、交通量等综合考虑确定。

⑥ 当人流集中，采用混合交通会影响行人安全时，应设置人行道。

道路方案设计的内容。可行性研究阶段的厂区道路方案设计的内容包括道路形式、路面宽度和纵坡的确定，以及路面的选择。其深度需满足总平面布置、土石方量计算和投资估算的要求。

3. 总图技术经济指标

厂区总平面布置的技术经济指标应执行国土资源部关于《工业项目建设用地控制指标(试行)》(国土资发[2004]232 号)的规定。该技术经济指标，是土地预审报告中的主要内容。总图技术经济指标可用于多方案比较或与国内、外同类先进工厂的指标对比，以及进行企业改、扩建时与现有企业指标对比，可以用于衡量设计方案的经济性、合理性和技术水平。

几个重要的用地控制指标计算分类如下。

(1) 投资强度计算。投资强度是指项目用地范围内单位面积固定资产投资额。

$$投资强度=\frac{项目固定资产总投资}{项目总用地面积} \tag{6-13}$$

式中　项目固定资产总投资——包括厂房、设备和地价款、相关税费，按万元计；

项目总用地面积——按万 m^2 计。

(2) 建筑系数及场地利用系数的计算。

① 建筑系数计算。

建筑系数是指项目用地范围内各种建、构筑物，堆场占地面积总和占总用地面积的比例。

$$建筑系数=\frac{建筑物占地面积+构筑物占地面积+堆场用地面积}{项目总用地面积}\times100\% \tag{6-14}$$

② 场地利用系数计算。

$$场地利用系数=建筑系数+\frac{道路、广场及人行道占地面积+铁路占地面积+管线及管廊占地面积}{项目总用地面积}\times100\% \tag{6-15}$$

建筑系数和场地利用系数是衡量项目总平面布置水平的重要指标。由于各行业生产性质和条件的不同，建筑系数和场地利用系数的大小必然有所差异，就一般工业项目而言，其建筑系数应不低于30%。

③ 容积率计算。容积率是指项目用地范围内总建筑面积与项目总用地面积的比值，用公式表示为

$$容积率=总建筑面积\div总用地面积$$

如果建筑物层高超过8m，在计算容积率时该层建筑面积加倍计算。

④ 行政办公及生活服务设施用地所占比重。

行政办公及生活服务设施用地所占比重=行政办公、生活服务设施占用土地面积÷项目总用地面积×100%，当无法单独计算行政办公和生活服务设施占用土地面积时，可以采用行政办公和生活服务设施建筑面积占总建筑面积的比重计算得出的分摊土地面积代替。

工业项目所需行政办公及生活服务设施用地面积不得超过工业项目总用地面积的7%。

4．总图运输方案比选的主要内容

总图运输方案比选的内容如下。

(1) 总图布置方案比选。

(2) 功能比选。

主要比选生产流程的短捷、流畅、连续程度，项目内部运输的便捷程度以及安全生产满足程度等。

(3) 拆迁方案比选。

对拟建项目占用土地内的原有建筑物、构筑物的数量、面积、类型、可利用的面积、需拆迁部分的面积、拆迁后原有人员及设施的去向、项目需支付的补偿费用等，进行不同拆迁方案的比选。

(4) 运输方案的比选。

运输方案主要是在满足生产的功能条件前提下，进行技术经济比选。

应对总图布置方案从技术经济指标和功能方面进行比选，择优推荐。

总图布置方案技术指标比较见表6-5。

表6-5 总图布置方案技术指标比较表

序号	技术指标	单位	方案一	方案二	方案三
①	厂区占地面积	万 m^2			
②	建筑物、构筑物占地面积	万 m^2			
③	道路和广场占地面积	万 m^2			
④	露天堆场占地面积	万 m^2			
⑤	铁路占地面积	万 m^2			
⑥	绿化面积	万 m^2			
⑦	投资强度	万元/万 m^2			
⑧	建筑系数	%			
⑨	容积率				
⑩	行政办公及生活服务设施用地所占比重	%			
⑪	绿化系数	%			
⑫	场地利用系数	%			
⑬	土石方挖填工程量	m^3			
⑭	地上地下管线工程量	m^3			
⑮	防洪措施工程量	m^2			
⑯	不良地质处理工程量	m^3			

总图布置费用的比选见表 6-6。

表 6-6　总图布置费用比较表　　　单位：万元

序　号	指　标	方案一	方案二	方案三
①	土石方费用			
②	地基处理费用			
③	地下管线费用			
④	防洪抗震设施费用			

本章综合案例

某集装箱码头需要购置一套装卸设备，有 3 个方案可供选择：设备 A 价值 1 800 万元、设备 B 投资 1 000 万元、设备 C 投资 600 万元。设备的年维持费包括能耗费、维修费和养护费。各设备的年维持费和工作量见表 6-7，不考虑时间价值因素，试进行方案的比选。

表 6-1　装卸设备方案有关数据

年	年维持费(万元)			年工作量(万 t)		
	A	B	C	A	B	C
1	180	100	80	29	20	8
2	200	120	100	29	20	8
3	220	140	120	38	25	7
4	240	160	140	32	28	12
5	260	180	160	33	30	13
6	300	200	180	52	40	9
7	340	240	220	45	48	10
8	380	280	240	48	45	11
9	420	320	280	50	53	8
10	480	380	340	52	55	9
11	540	440	400	54	50	14
12	600	500	460	55	46	10

解析：

首先计算各方案的经济寿命，根据公式：

$$AC_i = \frac{K_i}{n} + \frac{1}{n}\sum_{t=1}^{n} C_{it} \tag{6-16}$$

式中　AC_i——方案 i 的年折算费用；

$\frac{1}{n}\sum_{t=1}^{n} C_{it}$——设备使用 n 年的年均使用成本；

K_i——方案 i 的初始投资；

C_{it}——方案 i 第 t 年的维持费；

n——设备使用年限。

计算各方案的年折算费用，年折算费用最小时，即为该方案的经济寿命。计算过程见表 6-8。

表 6-8　三个方案的经济寿命计算过程

年	年维持费/万元			年均使用成本/万元			年折算费用/万元		
	A	B	C	A	B	C	A	B	C
1	180	100	80	180	100	80	1 980	1 100	680
2	200	120	100	190	110	90	1 090	610	390
3	220	140	120	200	120	100	800	453.33	300
4	240	160	140	210	130	110	660	380	260
5	260	180	160	220	140	120	580	340	240
6	300	200	180	233.33	150	130	533.33	316.67	230
7	340	240	220	248.57	162.86	142.86	505.71	305.71	228.57
8	380	280	240	265	177.5	155	490	302.50	230
9	420	320	280	282.22	193.33	168.89	482.22	304.44	235.555 6
10	480	380	340	302	212	186	482	312	246
11	540	440	400	323.64	232.73	205.45	487.27	323.64	260
12	600	500	460	346.67	255	226.67	496.67	338.33	276.67

由表 6-8 可知，设备 A 的经济寿命为 10 年，设备 B 的经济寿命为 8 年，设备 C 的经济寿命为 7 年，则各方案的寿命周期成本为：

A：482×10 万元=4 820 万元

B：302.5×8 万元=2 420 万元

C：228.57×7 万元=1 600 万元

在经济寿命期内各方案的总工作量：A 为 408 万 t；B 为 256 万 t；C 为 67 万 t，各方案的费用效率(CE)计算见表 6-9。

表 6-9　各方案费用效率计算过程

方　案	A	B	C
寿命周期/年	10	8	7
寿命周期成本/万元	4 820	2 420	1 600
工作量/万 t	408	256	67
费用效率 CE	0.085	0.106	0.042

方案 B 的费用效率值最高，因此选购设备 B。

本章小结

建设项目的建设规模的确定是项目评估中的一个重要问题，关系到国家和地区国民经济平衡发展、国民经济产业结构的总体布局、市场供求平衡，同时也是关系项目本身的经济效益和企业未来发展战略的重大问题。对于微观企业来说，项目生产规模的确定与选择的合理与否，直接关系到项目建成投产后的生产经营状况的好坏和投资经济效益的高低。

建设项目规模评估作为建设项目评估总体工作中的一个重要方面，需要将建设项目的建设规模、技术与设备的选择、建设项目总图运输布置内容结合在一起综合衡量。

本章推荐课外阅读资料

[1] 国家发展与改革委员会，建设部.建设项目评价方法与参数[M]．3 版．北京：中国计划出版社，2006．
[2] 沈志渔．项目管理——理论·实务·案例[M]．北京：经济管理出版社，2007．
[3] 蒋景楠．工程经济与项目评估[M]．上海：华东理工大学出版社，2004．
[4] 徐存东．水利用电建设项目管理与评估[M]．武汉：水利水电出版社，2006．
[5] 陆参．工程建设项目可行性研究实务手册[M]．北京：中国电力出版社，2006．
[6] 何俊德．项目评估——理论与方法[M]．2 版．武汉：华中科技大学出版社，2006．

本章思考题

一、名词解释

线性盈亏平衡分析　非线性盈亏平衡分析　合理经济规模　最佳经济规模　分步法　年生产费用比较法　适用技术理论　累进技术理论　成本法　收益法　费用效率分析法　总图运输

二、简答题

1. 什么是项目建设规模？
2. 建设项目规模的制约因素有哪些？
3. 项目生产规模有哪几种基本类型？
4. 起始规模、合理经济规模和最佳经济规模三者的区别和联系主要有哪些？
5. 线性盈亏平衡分析和非线性盈亏平衡分析的各自求解方法有什么不同？
6. 技术选择的两种主要理论是什么？
7. 技术价格评估的原则和方法是什么？

8．技术方案评价的方法是什么？

9．设备方案选择的一般原则是什么？

10．建设项目设备方案分析的方法与技术有哪些？

11．什么是建设项目的总图方案运输？总图运输方案主要包括哪些内容？

三、思考题

1．项目建设规模、技术选择和设备选择之间存在着什么样的关系？

2．建设项目设备方案分析的方法与技术有哪些？

第 7 章　建设项目环境影响评估

教学目标：建设项目环境影响评估应该从拟建项目的实际情况出发，收集项目所在地的基本环境信息，分析项目对空气、水质、土壤和动植物等自然环境的影响，了解可能产生的环境污染程度，然后对为能消除和减轻这些影响，使其达到国家环境质量标准要求而采取的环境保护措施进行分析和评估。

教学要求：本部分课程要求学生了解项目环境影响评估的主要内容，项目可能造成环境污染的因素及其后果，以及对环境影响程度不同的项目的评估方法；还要求学生掌握《中华人民共和国环境影响评价法》中规定的 3 种不同的评价报告形式及如此规定的原因，以及建设项目环境影响经济损益分析的方法。

7.1　建设项目环境影响评估概述

7.1.1　建设项目环境影响评估简介

建设项目环境影响评估是指对规划和建设项目实施后可能造成的环境影响进行分析、预测和评估，提出预防或者减轻不良环境影响的对策和措施。环境影响评估是实施可持续发展战略，预防因建设项目实施后对环境造成不良影响，促进经济、社会和环境协调发展的重要因素；是根据环境标准的要求来控制项目的污染、改善环境；并将环境保护工作纳入到整个项目发展与运行计划中去的重要工作；是强化环境管理的有效手段，对确定积极发展方向和保护环境等一系列重大决策都有重要作用。

联合国环境计划署对环境影响评估的解释为：环境影响评估是一个用于对建议开发项目的环境影响进行预测的研究过程。它针对工程建设可能给当地社会、经济、生态及资源带来的影响，确定相应措施将问题最小化，制定出改善周边环境、促进可持续发展的措施。

环境影响评估出现在 20 世纪 70 年代早期，现在已经发展成为一种成熟的环境评估技术，被广泛应用于各种发展计划和工程建设中。在国际资助的水电开发计划中，世界银行、经济合作和发展组织、发展援助委员会等对项目的环境影响评估要求十分严格。例如，我国政府把农村水电工程建设列入必须编制环境影响报告书的类别，要求执行《建设项目环境保护管理条例》中规定的有关项目环境影响评估制度。

1986 年 3 月国家环保委、国家计委和国家经委联合颁发的《建设项目环境保护管理办法》第六条规定：各级计划、土地管理、基建、技改、银行、物资、工商行政管理部门，都应将建设项目的环境保护管理纳入工作计划。对未经批准环境影响报告书或环境影响报告表的建设项目，计划部门不予办理项目审批手续，土地部门不予办理征地手续，银行不予贷款；凡环境保护设计篇章未经环境保护部门审查的建设项目，有关部门不办理施工执照；物资部门不供应材料、设备；凡没有取得《环境保护设施验收合格证》的建设项目，工商行政管理部门不办理营业执照。

根据环境影响评估方面的有关规定，投资项目的环境影响评价报告必须由取得《建设项目环境影响评估资格证书》的单位承担编制任务，否则无效。只有在建设项目环境影响评估报告经环保部门或其他主管部门批准后，才能作为设计阶段、施工阶段、验收及生产准备阶段环境管理的依据。

以上有关规定说明，如果项目可行性研究中没有环保设计和评价或者做得不符合要求，项目就不能得到审批和兴建，所以拟建项目的环境影响评估是项目可行性研究中一项必不可少的重要内容，是建设项目评估的重要内容之一。

环境影响评估的程序主要是：在项目设想研究和撰写建议书阶段，环境影响评估要确定研究范围，进行最初的环境检查；在可行性研究阶段，环境影响评估正式实施；在项目获得批准，进行项目评估和签订贷款协议阶段，对环境影响评估结果进行审查，并制定环境管理计划；在初步设计和签订合同阶段，对环境影响评估要在合同和贷款协议中确定环境条款和监测计划；在建设实施阶段，EIA 要执行环境管理计划和监测结果；在工程运行阶段，进行环境检查、评价和总结。对建设项目的技术经济研究和环境影响研究在各个阶段是同时进行的。

建设项目环境影响评估的主要目标是事先发现由环境影响引发的潜在问题，确保在项目规划和设计的初期对这些问题进行全面准确的预测，并将结果提供给与建议开发项目有关的部门，从而有助于项目决策者和设计者根据环境影响评估结论进行科学决策，避免开发过程中环境负效应的影响。

环境影响评估实施目的包括以下方面的内容。

(1) 识别项目实施后将引发的环境变化。

(2) 预测变化将达到何种程度。

(3) 评价这些变化的重要性。

(4) 制定所需要采取的减缓措施。

(5) 与有关部门和决策者进行充分的信息交流。

7.1.2 建设项目环境影响评估工作的分类管理

《中华人民共和国环境影响评估法》第三章第十六条规定，国家根据建设项目对环境的影响程度，对建设项目的环境影响评价实行分类管理。建设单位应当按照下列规定组织编制环境影响报告书、环境影响报告表或者填报环境影响登记表(以下统称环境影响评估文件)。

(1) 可能造成重大环境影响的，应当编制环境影响报告书，对产生的环境影响进行全面评价。

(2) 可能造成轻度环境影响的，应当编制环境影响报告表，对产生的环境影响进行分析或者专项评价。

(3) 对环境影响很小、不需要进行环境影响评估的，应当填报环境影响登记表。

建设项目的环境影响分类管理名录由国务院环境保护行政主管部门制定并公布。

1. 环境影响报告书

可能造成重大环境影响的，对产生的环境影响进行全面评价。《中华人民共和国环境保护法》第二章第十三条规定，建设污染环境的项目必须遵守国家有关建设项目环境保护管理的规定。建设项目的环境影响报告书必须对建设项目产生的污染和对环境的影响做出评价，规定防治措施，经项目主管部门预审并依照规定的程序报环境保护行政主管部门批准。环境影响报告书批准后，计划部门方可批准建设项目设计任务书。新建、扩建、改建的建设项目必须遵守国家有关建设项目环境保护管理的规定。建设项目可能产生环境噪声污染的，建设单位必须提出环境影响报告书，规定环境噪声污染的防治措施，并按国家规定的程序报环境保护行政主管部门批准。环境影响报告书中，应当有该建设项目所在地的单位和居民的意见。建设项目的环境影响报告书必须对建设项目可能产生的水污染和对生态环境的影响做出评价，规定防治的措施，按照规定的程序经有关环境保护部门审查批准。在运河、渠道、水库等水利工程内设置排污口，应当经过有关水利工程管理部门同意。建设项目中防治水污染的设施，必须与主体工程同时设计，同时施工，同时投产使用。防治水污染的设施必须经过环境保护部门的检验，达不到规定要求的，该建设项目不准投入生产或使用。

建设项目对环境可能造成重大影响的，应当编制环境影响报告书，对建设项目产生的污染和对环境的影响进行全面、详细的评价。通常，这些建设项目包括以下内容。

(1) 原料、产品或生产过程中涉及的污染物种类多、数量大或毒性大，难以在环境中降解的建设项目。

(2) 可能造成生态系统结构重大变化、重要生态功能改变或生物多样性明显减少的建设项目。

(3) 可能对脆弱生态系统产生较大影响或可能引发和加剧自然灾害的建设项目。

(4) 容易引起跨行政区环境影响纠纷的建设项目。

(5) 所有流域开发，开发区建设，城市新区建设和旧区改建等区域性开发活动或建设项目。

2. 环境影响报告表

建设项目对环境可能造成轻度影响的，应当编制环境影响报告表，对建设项目产生的污染和对环境的影响进行分析或者专项评价。通常这些建设项目包括以下内容。

(1) 污染因素单一，而且污染物种类少、产生量小或毒性较低的建设项目。

(2) 对地形、地貌、水文、土壤，和生物多样性等有一定影响的，但不改变生态系统结构和功能的建设项目。

(3) 基本不对环境敏感区造成影响的小型建设项目。

3. 环境影响登记表

建设项目对环境影响很小，不需要进行环境影响评估的，应当填报环境影响登记表。通常这些建设项目包括以下内容。

(1) 基本不产生废水、废气、废渣、粉尘、恶臭、噪声、震动、热污染、放射性、电磁波等不利环境影响的建设项目。

(2) 基本不改变地形、地貌、水文、土壤、生物多样性等，不改变生态系统结构和功能的建设项目。

(3) 不对环境敏感区造成影响的小型建设项目。

4. 对环境可能造成重大影响、轻度影响、影响很小的建设项目界定原则

1) 对环境可能造成重大影响的建设项目界定原则。

对环境可能造成重大影响的建设项目指符合下列任一条件的项目。

(1) 所有流域开发、开发区建设、城市新区建设和旧区改建等区域性开发项目。

(2) 可能对环境敏感区造成影响的大中型建设项目。

(3) 污染因素复杂，产生污染物种类多、产量大，产生的污染物毒性大或难降解的建设项目。

(4) 造成生态系统结构的重大变化或生态环境功能重大损失的项目，影响到重要生态系统、脆弱生态系统，或有可能造成或加剧自然灾害的建设项目。

(5) 易引起跨行政区污染纠纷的建设项目。

2) 对环境可能造成轻度影响建设项目的界定原则

对环境可能造成轻度影响的建设项目指符合下列条件的项目。

(1) 不对环境敏感区造成影响的中等规模的建设项目，以及可能对环境敏感区造成影响的小规模建设项目。

(2) 污染因素简单、污染物种类少和产生量小且毒性较低的中等规模的建设项目。

(3) 对地形、地貌、水文、植被、野生珍稀动植物等生态条件有一定影响，但不改变生态环境结构和功能的中等规模以下的建设项目。

(4) 污染因素少，基本上不产生污染的大型建设项目。

(5) 在新、老污染源均达标排放的前提下，排污量全面减少的技改项目。

3) 对环境影响很小的建设项目的界定原则

对环境影响很小的建设项目指符合下列条件的建设项目。

(1) 基本不产生废水、废气、废渣、粉尘、恶臭、噪声、震动、放射性、电磁波等不利影响的建设项目。

(2) 基本不改变地形、地貌、水文、植被、野生珍稀动植物等生态条件，以及不改变生态环境功能的建设项目。

(3) 未对环境敏感区造成影响的小规模的建设项目。

(4) 无特别环境影响的第三产业项目。

4) 环境敏感区的界定原则

环境敏感区具体包括以下区域。

(1) 需特殊保护的地区：指国家或地方法律法规确定的，县以上人民政府划定的需特殊保护的地区，如水源保护区、风景名胜、自然保护区、森林公园、国家重点保护文物、历史文化保护地(区)、水土流失重点预防保护区、基本农田保护区。

(2) 生态敏感与脆弱区：指水土流失重点治理及重点监督区、天然湿地、珍稀动植物栖息地或特殊环境，如天然林、热带雨林、红树林、珊瑚礁、产卵场、渔场等重要生态系统或自然资源。

(3) 社会关注区：指文教区、疗养地、医院等区域，以及具有历史、科学、民族、文化意义的保护地。

(4) 环境质量已达不到环境功能区划要求的地区。

7.2 建设项目环境影响评估的主要内容

7.2.1 建设项目环境影响评估工作程序

环境影响评价工作程序分为以下 3 个阶段。

1. 准备阶段

准备阶段的主要工作包括以下几部分内容。

(1) 研究有关文件(包括国家和地方的法律法规、发展规划及相关标准、建设项目依据、可行性研究资料及其他有关技术资料)。

(2) 进行初步的工程分析，明确项目建设的工程组成，根据工艺流程确定排污环节和主要污染物，同时进行建设项目影响区域的环境现状调查。

(3) 识别建设项目的环境影响因素，筛选主要的环境影响因子，明确评价重点。

(4) 确定各单项环境影响评价的范围和评价工作等级，编制评价大纲或工作方案。

第二阶段为正式工作阶段，主要工作内容有以下几方面。

(1) 做进一步工程分析，进行充分的环境现状调查、监测，并开展环境质量现状评价。

(2) 根据污染源和环境现状资料进行建设项目的环境影响预测，评价建设项目的环境影响，并开展公众意见调查。

(3) 提出减少环境污染和生态影响的环境管理措施与工程措施。

2. 报告书编制阶段

报告书编制阶段的主要工作为汇总、分析第二阶段工作所得到的各种资料、数据，从环保角度确定项目的可行性，给出评价结论和提出进一步的减缓环境影响的建议，最终完成环境影响报告书(表)的编制。

3. 运行效果的检测、检验和评估阶段

运行效果的检测、检验和评估阶段的主要工作是伴随着项目的建设、投产和运行，开展项目环境影响结果的检测和检验，对运行效果进行评估，并开展项目环境影响的后评价工作。环境影响评价的时间与组织见表 7-1。

表 7-1 环境影响评价工作的时间与组织

评价步骤	评价时间	评价组织
1.初步研究	在可行性研究期间	项目管理和环境研究小组
2.影响识别(确定范围)	在可行性研究和初步设计之间	环境研究小组
3.基础研究	在初步设计期间	环境和工程研究小组
4.影响评价	在初步设计和最终设计之间	环境研究小组和技术专家
5.环境对策措施	在初步设计和最终设计之间	环境研究小组协同工程研究小组
6.方案比较	在最终设计之前	环境研究小组
7.报告编写	在最终设计之前	环境研究小组
8.决策	在最终设计之前	环境研究部门
9.追踪调查	在运行开始后	项目生产运行和管理部门

7.2.2　建设项目环境影响评价的分级评价

1. 划分环境影响评价等级

不同的环境影响评价工作等级，要求的环境影响评价深度不同。

一级评价：要对单项环境要素的环境影响进行全面、细致和深入的评价，对该环境要素的现状调查、影响预测、评价影响和提出改善措施，一般都要求比较全面和深入，并应当采用定量化计算来描述完成。一般情况下，建设项目的环境影响评价包括一个以上的单项影响评价，每个单项影响评价的工作等级不一定相同。

二级评价：要对单项环境要素的重点环境影响进行详细、深入的评价，一般要采用定量化计算和定性的描述来完成。

三级评价：对单项环境要素的环境影响进行一般评价，可通过定性的描述来完成。

2. 划分环境影响评价工作等级的依据

划分环境影响评价工作等级的依据主要有以下几方面内容。

(1) 建设项目的工程特点。工程性质、工程规模、能源、水及其他资源的使用量及类型、污染物排放特点(包括污染物种类、性质、排放量、排放方式、排放去向、排放浓度)等。

(2) 建设项目所在地区的环境特征。自然环境条件和特点、环境敏感程度、环境质量现状、生态系统功能与特点、自然资源及社会经济环境状况等，以及建设项目实施后可能引起现有环境特征发生的变化。

(3) 国家或地方政府所颁布的有关法律法规(包括环境质量标准和污染物排放标准等)。

7.2.3　建设项目环境影响评估的主要内容

建设项目环境影响报告书应根据环境和工程的特点及评价工作等级，选择下列全部或部分内容进行编制。

1. 总则

总则的主要内容包括以下几方面。

(1) 结合评价项目的特点阐述编制环境影响报告书的目的。

(2) 编制依据。

编制依据包括有以下几方面。

① 项目建议书。

② 评价大纲及其审查意见。

③ 评价委托书(合同)或任务书。

④ 建设项目可行性研究报告等。

(3) 采用标准。包括国家标准、地方标准或拟参照的国外有关标准(参照的国外标准应按国家环境保护局规定的程序报有关部门批准)。

(4) 控制污染与保护环境的目标。

2. 建设项目概况

建设项目概况包含以下几部分内容。

(1) 建设项目的名称、地点及建设性质。

(2) 建设规模(扩建项目应说明原有规模)、占地面积及厂区平面布置(应附平面图)。

(3) 土地利用情况和发展规划。

(4) 产品方案和主要工艺方法。

(5) 职工人数和生活区布局。

3. 工程分析

报告书应对建设项目的下列情况进行说明，并作出分析。

(1) 主要原料、燃料及其来源和储运方式，物料平衡、水的用量与平衡及水的回用情况。

(2) 工艺过程(附工艺流程图)。

(3) 废水、废气、废渣、放射性废物等的种类、排放量和排放方式，以及其中所含污染物的种类、性质、排放浓度及产生的噪声、振动的特性及数值等。

(4) 废弃物的回收利用、综合利用和处理、处置方案。

(5) 交通运输情况及场地的开发利用情况。

4. 建设项目周围地区的环境现状

建设项目周围地区的环境状况包括以下几部分内容。

(1) 地理位置(应附平面图)。

(2) 地质、地形、地貌和土壤情况，河流、湖泊(水库)、海湾的水文情况，气候与气象情况。

(3) 大气、地面水、地下水和土壤的环境质量状况。

(4) 矿藏、森林、草原、水产和野生动物、野生植物、农作物等情况。

(5) 自然保护区、风景游览区、名胜古迹、温泉、疗养区以及重要的政治文化设施情况。

(6) 社会经济情况，包括现有工矿企业和生活居住区的分布情况、人口密度、农业概况、土地利用情况、交通运输情况及其他社会经济活动情况。

(7) 人群健康状况和地方病情况。

(8) 其他环境污染、环境破坏的现状资料。

5. 环境影响预测

环境影响预测包括以下几部分内容。

(1) 预测环境影响的时段。

(2) 预测范围。

(3) 预测内容及预测方法。

(4) 预测结果及其分析和说明。

6. 建设项目的环境影响

建设项目的环境影响包括以下几部分内容。

(1) 建设项目环境影响的特征。

(2) 建设项目环境影响的范围、程度和性质。

(3) 进行多个厂址的优选时，应综合评价每个厂址的环境影响并进行比较和分析。

7. 环境保护措施的评价及技术经济论证，提出各项措施的投资估算(列表)

8. 环境影响经济损益分析

9. 环境监测制度及环境管理、环境规划的建议

10. 环境影响评价结论

7.3 建设项目环境影响评价的经济损益分析

7.3.1 建设项目环境影响评价经济损益分析概述

人类作为建设项目环境保护的主体，既要保护建设项目所影响的天然的自然环境，也要保护人工改造后的自然环境。环境影响评价对人类的生产或生活行为(包括立法、规划和开发建设活动等)可能对环境造成的影响，在环境质量现状监测和调查的基础上，运用类比分析等技术手段进行分析、预测和评估，提出预防和减缓不良环境影响措施的技术方法。

建设项目环境影响的经济损益分析也称环境影响的经济评价，即估算某一项目、规划所引起的环境影响的经济价值，并将环境影响的价值纳入项目的经济分析(费用效益分析)中去，以判断这些环境影响对该项目效益的可行性会产生多大的影响。对负面的环境影响，估算出的是环境成本；对正面的环境影响，估算出的是环境效益。建设项目环境影响经济损益分析包括建设项目环境影响经济评价和环保措施的经济损益评价两部分。后者即是环境保护措施的经济论证，是要估算环境保护措施的投资费用、运行费用、取得的效益，用于多种环境保护措施的比较，以选择费用比较低的环境保护措施。环境保护措施的经济论证不能代替建设项目环境影响的经济损益分析。

1. 环境保护措施及其技术、经济论证

环境保护措施及其技术、经济论证主要包括以下 4 个方面的内容。

(1) 环保措施技术经济可行性论证对建设项目研究阶段所提出的环境保护措施进行多方案比选，推荐最佳方案。若所提措施不能满足环保要求，则需提出切实可行的改进建议，包括替代方案。

(2) 污染处理工艺达标及可靠性分析。

(3) 环保投资估算按工程实施的不同时段，分别列出其环保投资额，并分析其合理性。计算环保投资占工程总投资的比例，给出各项措施及投资估算一览表。

(4) 依托现有设施的可行性分析。

2. 环境影响经济损益分析

任何建设项目在实施的过程中都需要花费费用，其目的是为了取得一定的效果。所花费的费用包括生产成本、社会付出的代价和环境受到的损害等，所得到的效果包括经济效果、社会效果和环境效果。环境影响经济损益分析就是在费用—效益分析方法中体现出环境影响的作用，即先把环境受到的损害货币化后计入费用(外部费用)，把得到的环境效果货币化后计入效益(外部效益)，然后再进行费用效益分析。环境影响经济损益分析一般按以下 4 个步骤来进行。

(1) 筛选环境影响。环境影响被筛选为 3 大类，一类是被剔除，不再做任何评价分析的影响，如内部的、小的以及能被控抑的影响；另一类是需要做定性说明的影响，如那些大的但可能很不确定的影响；最后一类是那些需要并且能够量化和货币化的影响。

(2) 量化环境影响。

(3) 评估环境影响的货币化价值(环境成本或环境效益)。

(4) 将货币化的环境影响纳入项目的经济分析。将估算出的环境影响价值纳入经济费用效益流量表，计算出净现值和内部收益率这两个重要的项目可行性指标，以判断是否改变和多大程度上改变了原有的可行性评价指标，从而判断项目的环境影响在多大程度上影响了项目的可行性。

7.3.2 建设项目环境影响评价的环境价值概述

上述环境影响经济损益步骤中，最重要的是对环境影响的货币化价值进行评估，下面就环境价值的定义和评估方法进行简要介绍。

1. 环境价值

环境的总价值包括环境的使用价值和非使用价值。价值的恰当量度是人们的最大支付意愿，即一个人为获得某件物品(服务)而愿意付出的最大货币量。影响支付意愿的因素有收入、替代品价格、年龄、教育、个人独特偏好以及对该物品的了解程度等。市场价格在有些情况下(如对市场物品)可以近似地衡量物品的价值，但不能准确度量一个物品的价值。市场价格是由物品的总供给和总需求来决定的，它通常低于消费者的最大支付意愿，两者之差是消费者剩余。人们在消费许多环境服务或环境物品时，常常没有支付价格，因为这些环境服务或物品没有市场价格，那么，这些环境服务的价值就等于人们享受这些环境服务时所获得的消费者剩余。有些环境价值评估技术，就是通过测量这一消费者剩余来评估环境的价值的。

2. 环境价值评估方法

环境价值评估的方法有以下几种。

(1) 旅行费用法。一般用来评估户外游憩地的环境价值。其基本思想是：消费者为了获得娱乐享受或消费环境商品所付出的代价为旅行费用。旅行费用越高，' 来该地游玩的人越少，旅行费用越低，来该地游玩的人越多，所以旅行费用成了旅游地环境服务价格的替代物。据此，可以求出人们在消费该旅游地环境服务时获得的消费者剩余。旅游地门票为零时，该消费者剩余就是这一景观的游憩价值。

(2) 隐含价格法。可用于评估大气质量改善的环境价值，也可用于评估大气污染、水污染、环境舒适性和生态系统环境服务功能等的环境价值。其基本思想是：以上环境因素会影响房地产的价格。市场中形成的房地产价格，包含了人们对其环境因素的评估。由于房地产价格受周围环境因素影响的同时，还受自身建筑特点(如面积、朝向、建成时间)及所在区域特点(如离商店的远近、当地学校质量、交通状况、犯罪率)等的影响，通过回归分析，可以从房地产价格中分离出环境因素引起的那部分房地产价格变化，从而确定人们对环境因素的估价。隐含价格法对环境质量的估价一般需要建立隐含价格方程和建立环境质量需求方程后求解。隐含价格法应用条件如下。

① 房地产价格在市场中自由形成。

② 可获得完整的、大量的市场交易记录以及长期的环境质量记录。

(3) 调查评价法。可用于评估几乎所有的环境对象，如大气污染的环境损害、户外景观的游憩价值、环境污染的健康损害、人的生命价值、特有环境的非使用价值，其中环境的非使用价值只能使用调查评价法来评估。调查评价法通过构建模拟市场来揭示人们对某种环境物品的支付意愿，从而评价环境价值。它通过人们在模拟市场中的行为，而不是在现实市场中的行为来进行价值评估，通常不发生实际的货币支付。调查评价法应用的关键在于受到严格检验的实施步骤。从市场设计、问题提出、市场操作、抽样，一直到结果分析，每一步都需要精心设计。成功的设计要依靠实验经济学、认知心理学、行为科学以及调查研究技术的指导。

3. 环境价值评估的分类评估方法

(1) 医疗费用法。用于评估环境污染引起的健康影响(疾病)的经济价值。如果环境污染引起某种疾病(发病率)的增加，治疗该疾病的费用可以作为人们为避免该环境影响所具有的支付意愿的底限值，例如，大气中的污染会使哮喘发病率增加。医疗费用法估价健康影响的缺陷是：它无视疾病给人们带来的痛苦，没有捕捉到健康影响这一方面。

(2) 人力资本法。用于评估环境污染对健康的影响(收入损失、死亡)。环境污染引起收入能力降低、某种疾病死亡率的增加，由此引起的收入减少可以作为人们为避免该环境影响所具有的支付意愿的底限值。人力资本法把人作为生产财富的资本，用一个人生产财富的多少来定义这个人的价值。由于劳动力的边际产量等于工资，所以用工资表示一个人的边际价值，用一个人工资的总和(经贴现)表示这个人的总价值。例如，儿童铅中毒可降低智商，减少预期收入，所减少的预期收入可作为这一环境污染造成健康危害的损害价值，

(3) 生产力损失法。用于评估环境污染和生态破坏造成的工农业等生产力的损失。该方法用环境破坏造成的产量损失，乘以该产品的市场价格，来表示该环境破坏的损失价值。这种方法也称市场价值法。例如，两场酸雨使玉米减产 10%～15% ，减产量乘以当年玉米价格可作为酸雨的农业危害损失。应用生产力损失法需要依据受控实验或野外调查后进行生物统计分析，来确定污染和损失的剂量—反应关系。

(4) 恢复或重置费用法。用于评估水土流失、重金属污染、土地退化等环境破坏造成的损失，是用恢复被破坏的环境(或重置相似环境)的费用来表示该环境的价值。如果这种恢复或重置行为确会发生，则该费用一定小于该环境影响的价值，该费用只能作为环境影响的最低估计值；如果这种恢复或重置行为可能不会发生，则该费用可能大于或小于环境影响价值。

(5) 影子工程法。用于评估水污染造成的损失、森林生态功能价值等。用复制具有相似环境功能的工程的费用来表示该环境的价值，是重置费用法的特征。例如，森林具有涵养水源的生态功能，假如一片森林涵养水源量是 100 万 t，在当地建造一个 1 万 t 库容的水库的费用是 150 万元，则可以用这 150 万元的建库费用来表示这片森林涵养水源生态功能的价值。如果这种复制行为确会发生，则该费用一定小于该生态环境的价值，只能作为该价值的最低估计值；如果这种行为可能不会发生，则该费用可能大于或小于环境价值。

(6) 防护费用法。用于评估噪声、危险品和其他污染造成的损失。用避免某种污染的

费用来表示该环境污染造成损失的价值。例如，用购买桶装净化水作为对水污染的防护措施，由此引起的额外费用可视为水污染的损害价值。同样，购买空气净化器以防大气污染，安装隔音设施以防噪声，都可用相应的防护费用来表示环境影响的损害价值。如果这种防护行为确会发生，则该费用一定小于该损失的价值，只能作为该损失的最低估计值；如果这种行为可能不会发生，则该费用可能大于或小于损失价值。

本章综合案例

【案例 1】　××建设项目环境影响报告书

1. 项目基本情况

项目基本情况见表 7-2。

表 7-2　项目基本情况

<table>
<tr><td>项目名称</td><td colspan="5"></td></tr>
<tr><td>建设单位</td><td colspan="5"></td></tr>
<tr><td>法人代表</td><td></td><td>联系电话</td><td></td><td>邮　编</td><td></td></tr>
<tr><td>建设地址(海域)</td><td colspan="5"></td></tr>
<tr><td>建设依据</td><td colspan="2"></td><td>主管部门</td><td colspan="2"></td></tr>
<tr><td>建设性质</td><td colspan="2">新　改　扩</td><td>行业代码</td><td colspan="2"></td></tr>
<tr><td>工程规模</td><td colspan="5"></td></tr>
<tr><td>总 投 资</td><td colspan="2"></td><td>工程周期</td><td colspan="2"></td></tr>
<tr><td>绿化面积</td><td colspan="2"></td><td>占地面积</td><td colspan="2"></td></tr>
<tr><td>主要产品名　称</td><td>主要产品产量(规模)</td><td>主要原辅材料名称</td><td>主要原辅材料现状用量</td><td>主要原辅材料新增用量</td><td>主要原辅材料预计总用量</td></tr>
<tr><td></td><td></td><td></td><td></td><td></td><td></td></tr>
<tr><td></td><td></td><td></td><td></td><td></td><td></td></tr>
<tr><td></td><td></td><td></td><td></td><td></td><td></td></tr>
<tr><td></td><td></td><td></td><td></td><td></td><td></td></tr>
<tr><td colspan="6">主要能源及水资源消耗</td></tr>
<tr><td>名称</td><td colspan="2">现状用量</td><td colspan="2">新增用量</td><td>预计总用量</td></tr>
<tr><td>水</td><td colspan="2"></td><td colspan="2"></td><td></td></tr>
<tr><td>电</td><td colspan="2"></td><td colspan="2"></td><td></td></tr>
<tr><td>燃煤</td><td colspan="2"></td><td colspan="2"></td><td></td></tr>
<tr><td>燃油</td><td colspan="2"></td><td colspan="2"></td><td></td></tr>
<tr><td>燃气</td><td colspan="2"></td><td colspan="2"></td><td></td></tr>
<tr><td>其他</td><td colspan="2"></td><td colspan="2"></td><td></td></tr>
</table>

2. 当地社会、经济、环境简述

项目区域内地质、地貌、生态、气候、气象、水系等情况，区域内社会、经济和环境规划情况，从大气、水、噪声、生态等方面说明当地环境质量现状，并分析主要环境问题。建设项目所在地自然环境简况见表 7-3。

表 7-3　建设项目所在地自然环境社会环境简况

自然环境简况(地形、地貌、地质、气候、气象、水文、植被、生物多样性等)：
社会环境简况(社会经济结构、教育、文化、文物保护等)：

3. 主要环境目标

主要环境目标指项目评价区内居民区、学校、医院、文物古迹、风景名胜区、水源地和生态敏感点等，应尽可能给出保护目标、性质、规模和距厂界距离等。

4. 工程分析

介绍工艺流程情况，应包括主要原辅材料的来源与储运、主要物料平衡、水平衡和主要设备的参数等，分析污染源的产生和排放情况。建设项目工程分析见表 7-4，项目主要污染物的产生及预计排放情况见表 7-5。

表 7-4　建设项目工程分析

工艺流程简述：
主要污染工序：

表 7-5　项目主要污染物的产生及预计排放情况

内容 类型	排放源 (编号)	污染物名称	处理前产生浓度及 产生量(单位)	排放浓度及 排放量(单位)
大气污染物				
水污染物				
固体废物				
噪声				
其他				
主要生态影响(不够时可附另页)				

5. 施工期环境影响

施工期环境影响指项目建设过程中，污染物的产生情况及造成的影响。

6. 运营期环境影响

运营期环境影响指项目正常运营时所带来的环境影响，包括正常工况和非正常工况两种情况。环境影响分析见表 7-6。

表 7-6　环境影响分析

施工期环境影响简要分析：
营运期环境影响分析：

7. 退役期环境影响

退役期环境影响指项目(设备)退役时可能产生的环境问题及影响。

8. 污染治理措施评述

介绍所采用的治理措施的工艺情况、处理能力和效果，应从废水、废气、固体废弃物和噪声等方面评述是否能做到达标排放，同时应进行技术经济论证。建设项目拟采取的防治措施及预期治理效果见表 7-7。

表 7-7　建设项目拟采取的防治措施及预期治理效果

内容 类型	排放源(编号)	污染物名称	防治措施	预期治理效果
大气污染物				
水污染物				
固体废弃物				
噪声				
其他				

9. 环境保护投资及环境影响经济损益分析

按水、气、噪声、固体废弃物及其他类给出环保投资明细和环保投资占项目总投资的比例，并进行环境影响经济损益分析。

10. 结论与建议

包括环境现状结论、项目污染物排放的环境影响分析结论、污染防治措施的有效性结论和项目建设的可行性结论，同时给出减少环境影响的其他建议。

11. 本报告书应附以下附件、附图

附件 1：项目建议书。

附件 2：开展环境影响评价委任函。

附件 3：审批该项目的环境保护行政主管部门(或其下一级)对于评价标准的批复文件。

附件 4：其他与项目环境评价有关的文件、资料。

附图 1：项目地理位置图，比例尺 1∶50 000，应反映行政区划分、水系、标明纳污口位置和地形地貌等。

附图 2：项目平面布置图。

附图 3：工艺流程图和污染流程图。

12. 专项评价

如果本报告书不能说明项目产生的污染对环境造成的影响，应进行专项评价。根据建设项目特点和当地环境特征，应选下列 1～2 项进行专项评价。

(1) 大气环境影响专项评价。

(2) 水环境影响专项评价(包括地表水和地下水)。

(3) 生态环境影响专项评价。

(4) 噪声环境影响专项评价。

(5) 固体废弃物环境影响专项评价。

专项评价工作应按照《环境影响评价技术导则》中的要求进行。

【案例二】 国家环境保护总局审批环境影响评价的建设项目目录

农林水利：国际河流和跨省(区、市)河流上的水库项目；需中央政府协调的国际河流、涉及跨省(区、市)水资源配置调整的项目；跨流域调水工程；库容 1 000 万 m^3 及以上水库项目；总投资 10 亿元及以上的其他水利工程；在山区、丘陵区、风沙区实施的总投资 5 亿元及以上林业综合开发项目。

煤炭：国家规划矿区内的煤炭开发项目，年产 50 万 t 及以上煤炭液化项目。

电力：在主要河流上建设的和总装机容量 25 万 KW 及以上的水电站项目；抽水蓄能电站、火电站、燃煤热电站、核电站、330kv 及以上电压等级的电网工程。

石油天然气：年产 100 万 t 及以上新油田开发项目；年产 20 亿 m^3 及以上新气田开发项目；跨省(区、市)干线输油管网项目；跨省(区、市)或年输气能力 5 亿 m^3 及以上输气管网项目；进口液化天然气接收、储运设施；国家原油存储设施。

铁路：跨省(区、市)或 100 千米及以上新建(含增建)项目。

公路：国道主干线、西部开发公路干线、国家高速公路网、跨省(区、市)的公路项目；跨境、跨海湾、跨大江大河(通航段)的独立公路桥梁、隧道项目。

水运：新建港区和年吞吐能力 200 万 t 及以上煤炭、矿石、油气专用泊位项目；集装箱专用码头；千吨级以上通航建筑物内河航运项目。

民航：新建机场；总投资 10 亿元及以上扩建机场项目；扩建军民合用机场项目。

钢铁：已探明工业储量 5 000 万 t 及以上规模的铁矿开发项目和新增生产能力的炼铁、炼钢、轧钢项目。

焦化：新建及新增年生产能力 100 万 t 及以上焦炭生产项目；总投资 5 亿元及以上煤焦油综合加工项目。

有色：新增生产能力的电解铝项目、新建氧化铝项目；总投资 5 亿元及以上的矿山开发项目和其他有色金属冶炼项目。

建材：日产 5 000t 及以上水泥熟料生产项目。

稀土：矿山开发、冶炼分离和总投资 1 亿元及以上深加工项目。

黄金：日采选矿石 500t 及以上项目。

石化：新建炼油及扩建一次炼油项目；新建乙烯及改扩建新增能力超过年产 20 万 t 的乙烯项目。

化工：新建 PTA、PX、MDI、TDI 项目，以及ＰＴＡ、ＰＸ改造能力超过年产 10 万 t 的项目；铬盐、氰化物生产项目；新建农药项目；总投资 10 亿元及以上氯乙烯、聚氯乙烯、纯碱、甲醇、二甲醚项目。

化肥：年产 50 万 t 及以上钾矿肥项目；总投资 10 亿元及以上合成氨、尿素、磷肥生产项目。

医药：总投资 5 亿元及以上化学制药项目。

轻工纺织化纤：年产 10 万 t 及以上纸浆项目；变性燃料乙醇；总投资 5 亿元及以上粮食和农副产品发酵项目；日产 300 吨及以上聚酯项目；总投资 5 亿元及以上合成纤维和粘胶纤维生产项目。

烟草：烟用二醋酸纤维素及丝束项目。

机械：新建汽车整车项目；新建 10 万 t 及以上造船设施(船台、船坞)项目。

电子：总投资 10 亿元及以上的液晶显示器、芯片、彩色显像管、玻璃壳制造项目。

城建：城市快速轨道交通；跨省(区、市)日调水 50 万 t 及以上城市供水项目；跨越大江大河(通航段)、重要海湾的城市桥梁、隧道项目。

社会事业：国家重点风景名胜区、国家自然保护区、国家重点文物保护单位区域内总投资 5 000 万元及以上旅游开发和资源保护设施，世界自然、文化遗产保护区内总投资 3 000 万元及以上项目；大型主题公园。

其他：核设施、绝密工程等特殊性质的项目；放射性废物库建设项目；列入《全国危险废物和医疗废物处置设施建设规划》的危险废物处置设施建设项目；涉及三级、四级生物安全实验室建设项目；新物种引进、推广和转基因产品生产项目；按国家有关规定需由国家环境保护总局审批的其他建设项目。

本 章 小 结

建设项目环境影响评价的目的是为了实施可持续发展战略，预防因建设项目实施后对环境造成不良影响，促进经济、社会和环境的协调发展。环境影响评价是强化环境管理的有效手段，对确定积极发展方向和保护环境等一系列重大决策都有重要作用。

我国开展建设项目环境影响评价已有 20 多年，它已成为我国最为行之有效的环境保护制度之一。对于预防或者减轻不良环境影响，对于经济、社会和环境的协调发展，都有极其重要的作用。

本章推荐课外阅读资料

[1] 国家环境保护总局环境工程评估中心.环境影响评价相关法律法规[M].北京：中国环境科学出版社，2005.

[2] 国家环境保护局环境工程评估中心建设项目环境影响技术评估指南[M].北京：中国环境科学出版社，2003.

[3] 国家环境保护总局环境工程评估中心.环境影响评价技术方法[M].北京：中国环境科学出版社，2008

[4] 国家环境保护总局环境工程评估中心.环境影响评价案例分析[M].北京：中国环境科学出版社，2008.

[5] 曾向东.环境影响评价[M].北京：高等教育出版社，2008.

[6] 郝建新.全国注册咨询工程师(投资)执业资格考试案例分析[M].武汉：华中科技大学出版社，2007.

[7] 路通，刘立.咨询工程师(投资)实务手册[M].北京：机械工业出版社，2006.

本章思考题

一、名词解释

环境影响评估　环境污染的费用—效益原则　调查评价法　旅行费用法　市场价值法　医疗费用法　防护费用法　环境影响报告书　环境影响报告表

二、简答题

1. 建设项目环境影响评价的分类管理原则是什么？
2. 应当编制环境影响报告书的项目情况有哪些？
3. 环境价值评估方法有哪些？
4. 环境影响评价经济损益分析的主要内容是什么？
5. 环境保护措施有哪些？

第 8 章　建设项目财务基础数据测算

教学目标： 对建设项目进行财务分析和经济评价，其目的是通过比较项目的成本和效益，从所有可供选择的建设项目中确定那些具有可接受收益的项目。要做到这一点，首先要对建设项目的成本和效益即各项财务数据做出合理的测算。建设项目财务数据的测算及财务辅助报表的编制是建设项目评估中一项承前启后的工作，其准确性对于项目评估的质量具有决定性的影响。

教学要求： 通过本章的学习，要求掌握建设项目总投资、总成本费用、营业收入和营业税金及附加、利润等各项财务基础数据的估算方法以及财务测算报表的编制方法。

8.1　财务基础数据测算的基本理论

8.1.1　财务基础数据测算的基本概念

1. 财务基础数据测算的含义

财务基础数据测算是指在项目市场、资源、技术条件分析评价的基础上，从项目(或企业)的角度出发，依据现行的法律法规、价格政策、税收政策和其他有关规定，对一系列财务基础数据进行调查、搜集、整理和测算，并编制有关财务基础数据估算表格的工作。

在工程项目进行经济分析之前，必须先进行财务基础数据的测算。它是在经过项目建设必要性审查、生产建设条件评估和技术可行性评估之后，在市场需求调查、销售规划、技术方案和规模经济分析论证的基础上，从项目评价的要求出发，按照现行财务制度规定，对项目有关的成本和收益等财务基础数据进行收集、测算，并编制财务基础数据测算表等的一系列工作。

财务基础数据的测算是项目财务评价、国民经济评价和投资风险评价的基础和重要依据。它不仅为财务效益分析提供必要的财务数据，而且对财务效益分析的结果，以及最后的决策意见，产生决定性影响，在项目评价中起到承上启下的作用。

2. 财务基础数据估算的内容

财务基础数据的估算应包括项目计算期内各年经济活动情况及全部财务收支结果，具体应包括 5 个方面的内容。

1) 项目总投资及其资金的来源和筹措

项目总投资是指一次性投入项目的固定资产(含建设期利息)和流动资金的总和。它在项目建成投产后形成固定资产、无形资产、其他资产和流动资产。投资的测算包括项目总投资和项目建设期间各年度投资的测算，在此基础上制定资金筹措和使用计划，指明资金来源和运用方式、进行筹资方案分析论证。

2) 生产成本费用

生产成本费用是企业生产经营过程中发生的各种耗费及补偿价值。根据评价目的与要求，可采用制造成本法和完全成本法分别测算总成本、可变成本、固定成本和经营成本，经营成本是在总成本费用中扣除折旧费、摊销费、维简费和利息支出后的所得。

3) 销售收入与税金

销售收入与税金是指在项目生产期的一定时间内产品各年的销售收入和税金。销售收入按当年生产产品的销售量与产品单价计算；而销售税金是指项目生产期内因销售产品(营业或提供劳务)而发生的从销售收入中缴纳的税金，包括消费税、营业税、资源税、城市维护建设税及教育费附加等，是损益表和现金流量表中的一个独立项目。销售收入和税金是测算销售利润的重要依据。

4) 销售利润的形成与分配

销售利润是指项目的销售收入扣除销售税金及附加和总生产成本费用后的盈余，它综合反映了企业生产经营活动的成果，是贷款还本付息的重要来源。企业销售利润除了交纳所得税外，还要弥补以往亏损和提取公积金，之后才能作为偿还借款的资金来源。

5) 贷款还本付息

贷款还本付息是指项目投产后，按国家规定资金来源和贷款机构的要求偿还固定资产投资借款本金，而利息支出列入当年的生产总成本费用。测算的内容包括本金和利息数量，以及清偿贷款本息所需的实际时间，它反映了项目的清偿能力。

《建设项目经济评价方法与参数》(第三版)中明确规定，进行财务效益和费用估算，需要编制下列财务分析辅助报表。

(1) 建设投资估算表。

(2) 建设期利息估算表。

(3) 流动资金估算表。

(4) 项目总投资使用计划与资金筹措表。

(5) 营业收入、营业税金及附加和增值税估算表。

(6) 总成本费用估算表。

对于采用生产要素法编制的总成本费用估算表，应编制下列基础报表。

① 外购原材料费估算表。

② 外购燃料和动力费估算表。

③ 固定资产折旧费估算表。

④ 无形资产和其他资产摊销估算表。

⑤ 工资及福利费估算表。

对于采用生产成本加期间费用估算法编制的总成本费用估算表，应根据国家现行的企业财务会计制度的相应要求，另行编制配套的基础报表。

8.1.2 财务基础数据估算表之间的关系

1. 财务基础数据估算表的分类

财务基础数据估算表可归纳为 3 大类。

第一类，预测项目建设期间资金流动状况的报表，如投资使用计划与资金筹措表和固定资产投资估算表。

第二类，预测项目投产后资金流动状况的报表：如流动资金估算表、总成本费用估算表、销售收入和税金及附加估算表、损益表等。为编制生产总成本费用估算表，还附设了材料、能源成本预测，固定资产折旧和无形资产摊销费 3 张估算表。

第三类，预测项目投产后用规定的资金来源归还固定资产借款本息情况的报表，即借款还本付息表，它反映项目建设期和生产期内的资金流动情况和项目投资的偿还能力与速度。

基础数据估算表的中心是将投资成本、产品成本与销售收入的预测数据进行对比，求出项目的利润总额，在此基础上估算借款的还本付息情况。上述 3 类估算表应按一定程序和内在联系使其相互衔接。

第一类估算表的编制顺序是先编制投资估算表(建设投资、流动资金)，然后再编制资金投入计划与资金筹措表。

第二类中总成本费用估算表所需的 3 张附表，只要能满足财务分析对基本数据的要求即可，有的附表也可并入总成本费用估算表中，或作文字说明，而后根据总成本费用估算表、销售(营业)收入和税金估算表的数据，综合估算出项目利润总额并将其列入损益和利润分配表。

第三类估算表是把前两类估算表中的主要数据经过综合分析和计算，按照国家现行规定，编制成项目借款偿还计划表。

2. 财务数据估算表之间的关系

财务基础数据估算 5 个方面的内容是联贯的，其中心是将投资成本(包括固定资产投资和流动资金)、产品成本与销售收入的预测数据进行对比，求得项目的销售利润，在此基础上测算贷款的还本付息情况，因此，编制上述 3 类估算表应按一定程序使其相互衔接起来，各类财务基础数据估算表之间的关系如图 8.1 所示。

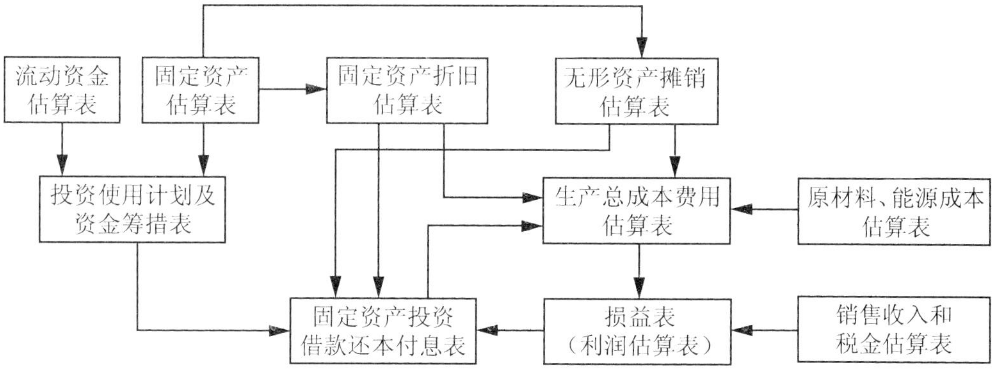

图 8.1　财务估算表关系图

8.1.3　项目计算期的确定

项目计算期是指经济评价中为进行动态分析所设定的期限，包括建设期和运营期。建设期是指从项目资金正式投入开始到项目建成投产为止所需要的时间，可按合理工期或预计的建设进度确定。运营期分为投产期和达产期两个阶段，投产期是指项目投入生产，但生产能力尚未完全达到设计能力时的过渡阶段；达产期是指生产运营达到设计预期水平后的时间。项目计算期应根据多种因素综合确定，包括行业特点、主要装置(或设备)的经济寿命等。行业有规定时，应从其规定。运营期一般应以项目主要设备的经济寿命期确定。

项目计算期的长短主要取决于项目本身的特性，因此无法对项目计算期做出统一规定，但计算期不宜定得太长，一方面是因为按照现金流量折现的方法，把后期的净收益折为现值的数值相对较小，很难对财务分析结论产生决定性的影响；另一方面是因为时间越长，预测的数据会越不准确。

计算期较长的项目多以年为时间单位。对于计算期较短的行业项目，在较短的时间间隔内(如月、季、半年或其他非日历时间间隔)现金流水平有较大变化，如油田钻井开发项目、高科技产业项目等，这类项目不宜用“年”作为计算现金流量的时间单位，可根据项目的具体情况选择合适的计算现金流量的时间单位。由于折现评价指标受计算时间的影响，对需要比较的项目或方案应取相同的计算期。

固定资产寿命期的几种类型如下。

(1) 自然寿命期。

自然寿命期指固定资产从投入使用到不能修理、修复而报废为止所经历的时间。

(2) 经济寿命期。

经济寿命期指固定资产从投入使用到因继续使用不经济而需要提前更新所经历的时间。

固定资产在使用过程中会经历两种磨损，即有形磨损和无形磨损，固定资产的经济寿命期充分考虑了上述两种磨损因素，因此以固定资产经济寿命期确定项目生产期较为合理。

有些折旧年限很长甚至是“永久性”的工程项目，其计算期中的生产(使用)期可低于其折旧年限，此时在财务现金流量表及资金来源与运用表中最末一年“回收固定资产余值”栏内填写该年的固定资产净值。计算期不宜定得过长(一般不超过 20 年)，对于某些水利、交通运输等服务年限较长的特殊项目，经营期的年限可适当延长。

8.2　建设项目总投资估算

8.2.1　总投资的构成

建设项目评价中的总投资包括建设投资、建设期利息和流动资金之和。它包含了工程项目从筹建期间开始到项目全部建成投产为止所发生的全部投资费用。新建项目的总投资由建设期和筹建期投入的建设投资和项目建成投产后所需的流动资金两大部分组成。一般情况下，项目的资金来源包括外部借款，按照我国现行的资金管理体制和项目的概预算编制办法，应将建设期借款利息计入总投资中。

建设项目经济评价中应按有关规定将建设投资中的各分项分别形成固定资产原值、无形资产原值和其他资产原值。形成的固定资产原值可用于计算折旧费，形成的无形资产和其他资产原值可用于计算摊销费，建设期利息应计入固定资产原值。

总投资估算的原则和程序如下。

(1) 分别估算各单项工程所需的建筑工程费、设备及工器具购置费、安装工程费。

(2) 在汇总各单项工程费用的基础上，估算工程建设其他费用和基本预备费。

(3) 估算涨价预备费和建设期利息。

(4) 估算流动资金。

建设投资是指建设单位在项目建设期与筹建期间所花费的全部费用。建设投资的构成可按概算法分类或按形成资产法分类。按概算法分类，建设投资由建筑工程费、设备及工器具购置费、安装工程费、工程建设其他费用、基本预备费、涨价预备费构成。按形成资产法分类，建设投资由形成固定资产的费用、形成无形资产的费用、形成其他资产的费用和预备费 4 部分组成。

项目总投资按要素构成法与形成资产法的关系如图 8.2 所示。

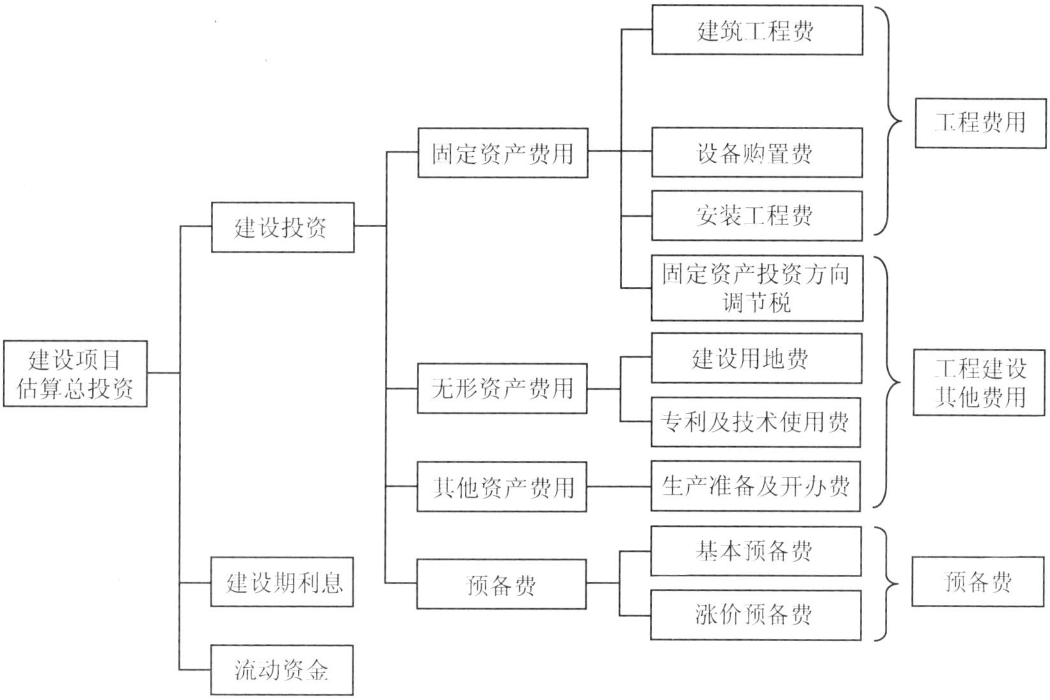

图 8.2　项目总投资按要素构成法与形成资产法关系图

流动资金是指生产经营性项目投产后，用于购买原材料、燃料、支付工资及其他经营费用等所需的周转资金。它是伴随着固定资产投资而发生的长期占用流动资产投资，流动资金=流动资产－流动负债，其中，流动资产主要考虑现金、应收账款和存货；流动负债主要考虑应付账款，因此，流动资金实际上就是财务中的营运资金。

按照费用归集形式，建设投资可按概算法或形成资产法分类。根据项目前期研究各阶段对投资估算精度的要求、行业特点和相关规定，可选用相应的投资估算方法。投资估算的内容与深度应满足项目前期研究各阶段的要求，并为融资决策提供依据。

8.2.2　建设投资估算的简单估算法

建设投资的估算方法包括简单估算法、投资分类估算法、形成资产法等几种主要方法。

建设项目建设投资的估算方法可以采用简单估算方法，主要包括生产能力指数法、系数估算法、比例估算法等。

这 3 种估算方法估算精度相对不高，主要适用于投资机会研究和项目预可行性研究阶段，在项目可行性研究阶段应采用投资分类估算法和投资估算指标法。

1) 生产能力指数法

生产能力指数法又称指数估算法，是根据已建成的类似项目生产能力和投资额来粗略估算拟建项目投资额的方法，是对单位生产能力估算法的改进，其计算公式为

$$C_A = C_B\left(\frac{Q_A}{Q_B}\right)^x \times f \tag{8-1}$$

式中 x——生产能力指数；

C_A——拟建项目投资额；

C_B——已建成的类似项目投资额；

Q_A——拟建项目生产能力；

Q_B——已建成的类似项目生产能力；

f——年平均工程造价指数。

上式表明造价与规模(或容量)呈非线性关系，且单位造价随工程规模的增大而减小。在正常情况下，$0 \leqslant x \leqslant 1$。不同生产率水平的国家和不同性质的项目中，$x$的取值是不相同的，比如化工项目美国取$x$=0.6，英国取$x$=0.66，日本取$x$=0.7。

若已建类似项目的生产规模与拟建项目生产规模相差不大，Q_A与Q_B的比值在0.5～2之间，则指数x的取值近似为1。

若已建类似项目的生产规模与拟建项目生产规模相差不大于50倍，且拟建项目生产规模的扩大仅靠增大设备规模来达到时，x的取值在0.6～0.7之间；若是靠增加相同规格设备的数量达到时，x的取值在0.8～0.9之间。

生产能力指数法主要应用于拟建装置或项目与用来参考的已知装置或项目的规模不同的场合。

【例题8-1】 已知建设年产30万t乙烯装置的投资额为6 000万元，现有一年产70万t的乙烯装置，工作条件与此装置配套，试估算该装置的投资额为多少万元？(x=0.6，f=1.2)

解析：

$$C_A = C_B\left(\frac{Q_A}{Q_B}\right)^X \times f$$

$$=6\,000\times(70/30)^{0.6}\times1.2 \text{ 万元}=11971 \text{ 万元}$$

生产能力指数法比单位生产能力估算法精确度略高，其误差可控制在±20%以内，尽管估价误差仍较大，但有它独特的好处，即这种估价方法不需要详细的工程设计资料，只知道工艺流程及规模就可以，在总承包工程报价时，承包商大都采用这种方法估价。

2) 系数估算法

系数估算法也称为因子估算法，它是以拟建项目的主体工程费或主要设备费为基数，以其他工程费与主体工程费的百分比为系数估算项目总投资的方法。这种方法简单易行，但是精度较低，一般用于项目建议书阶段。系数估算法的种类很多，在我国国内常用的方法有设备系数法和主体专业系数法，朗格系数法是世行项目投资估算常用的方法。

(1) 设备系数法。以拟建项目的设备费为基数，根据已建成的同类项目的建筑安装费和其他工程费等与设备价值的百分比，求出拟建项目的建筑安装工程费和其他工程费，进而求出建设项目总投资，其计算公式为

$$C=E(1+f_1P_1+f_2P_2+f_3P_3+\cdots)+I \tag{8-2}$$

式中　C——拟建项目投资额；

E——拟建项目设备费；

P_1，P_2，$P_3\cdots$——已建项目中建筑安装费及其他工程费等与设备费的比例；

f_1，f_2，$f_3\cdots$——由于时间因素引起的定额、价格、费用标准等变化的综合调整系数；

I——拟建项目的其他费用。

(2) 主体专业系数法。以拟建项目中投资比重较大，并与生产能力直接相关的工艺设备投资为基数，根据已建同类项目的有关统计资料，计算出拟建项目各专业工程(总图、土建、采暖、给排水、管道、电气、自控等)与工艺设备投资的百分比，据此求出拟建项目各专业投资，然后加总即为项目总投资，其计算公式为

$$C=E(1+f_1P'_1+f_2P'_2+f_3P'_3+\cdots)+I$$

式中　p'_1、p'_2、p'_3——已建项目中各专业工程费用与设备投资的比重。

其他符号同前。

【例题 8-2】 某新建项目设备投资为 10 000 万元，根据已建同类项目统计数据情况，一般建筑工程占设备投资的 28.5%，安装工程占设备投资的 9.5%，其他工程费用占设备投资的 7.8%。该项目其他费用估计为 800 万元，试估算该项目的投资额为多少万元？(调整系数 $f=1$)

解析：

$$C=E(1+f_1P_1+f_2P_2+f_3P_3+\cdots)+I$$

$$=10\,000(1+28.5\%+9.5\%+7.8\%)+800=15\,380(\text{万元})$$

(3) 朗格系数法。这种方法是以设备费为基数，乘以适当系数来推算项目的建设费用。这种方法在国内不常见，是世行项目投资估算常采用的方法。该方法的基本原理是将总成本费用中的直接成本和间接成本分别计算，再合为项目建设的总成本费用，其计算公式为

$$C=E\left(1+\sum K_i\right)K_c \tag{8-3}$$

式中　C——总建设费用；

E——主要设备费；

K_i——管线、仪表、建筑物等项费用的估算系数；

K_c——管理费、合同费、应急费等项费用的估算系数。

总建设费用与设备费用之比为郎格系数 K_L，其公式表式如下。

$$K_L=(1+\sum K_i)K_c \tag{8-4}$$

【例题 8-3】 在北非某地建设一座年产 30 万套汽车轮胎的工厂，已知该工厂的设备到达工地的费用为 2 204 万美元。试估算该工厂的投资。

解：轮胎工厂的生产流程基本上属于固体流程，因此在采用朗格系数法时，全部数据应采用固体流程的数据。现计算如下：

(1) 设备到达现场的费用 2 204 万美元。

(2) 根据表 8-1 计算费用(a)

$$(a)=E\times1.43=2\ 204\times1.43\text{ 万美元}=3\ 151.72\text{ 万美元}$$

则设备基础、绝热、刷油及安装费用为：3 151.72−2 204 万美元＝947.72 万美元

(3) 计算费用(b)

$$(b)=E\times1.43\times1.1=2\ 204\times1.43\times1.1\text{ 万美元}=3\ 466.89\text{ 万美元}$$

则其中配管(管道工程)费用为：3 466.89 万美元−3 151.72 万美元=315.17 万美元

(4) 计算费用(c)即装置直接费

$$(c)=E\times1.43\times1.1\times1.5\text{ 万美元}=5\ 200.34\text{ 万美元}$$

则电气、仪表、建筑等工程费用为：5 200.34 万美元−3 466.89 万美元＝1 733.45 万美元

(5) 计算投资 C

$$C=E\times1.43\times1.1\times1.5\times1.31\text{ 万美元}=6\ 812.45\text{ 万美元}$$

表 8-1　朗格系数包含的内容

项　目		固体流程 A 类	固体流程 B 类	流体流程
郎格系数 L		3.1	3.63	4.74
内容	(a)包括基础\设备\绝热\油漆及设备安装费	E×1.43		
	(b)包括上述在内和配管工程费	(a)×1.1	(a)×1.25	(a)×1.6
	(c)装置直接费	(b)×1.5		
	(d)包括上述在内和间接费,总费用	(c)×1.31	(c)×1.35	(c)×1.38

则间接费用为：6 812.45 万美元−5 200.34 万美元＝1 612.11 万美元

由此估算出该工厂的总投资为 6 812.45 万美元，其中间接费用为 1 612.11 万美元

设备费用在一项工程中所占的比重对于石油、石化、化工工程而言占 45%～55%，几乎占一半左右，同时一项工程中每台设备所含有的管道、电气、自控仪表、绝热、油漆、建筑等，都有一定的规律，所以，只要对各种不同类型工程的朗格系数掌握得准确，估算精度仍可较高。朗格系数法估算误差在 10%~15%。

3) 比例估算法

根据统计资料，先求出已有同类企业主要设备投资占全厂建设投资的比例，然后再估算出拟建项目的主要设备投资，即可按比例求出拟建项目的建设投资，其表达式为

$$I=\frac{1}{K}\sum_{i=1}^{n}Q_iP_i \tag{8-5}$$

式中　I——拟建项目的建设投资；

K——已建项目主要设备投资占拟建项目投资的比例；

n——设备种类数；

Q_i——第 i 种设备的数量；

P_i——第 i 种设备的单价(到厂价格)。

8.2.3　建设投资估算的分类估算法

1. 建设投资分类估算法构成要素

按照概算法估算建设投资，应主要考虑以下几类构成要素。

(1) 工程费用：直接构成固定资产实体的各种费用，包括建筑工程费、设备及工器具购置费和安装工程费等。

(2) 工程建设其他费用：按规定应在项目投资中支付，并列入工程项目总造价的费用，主要包括土地征用与补偿费(或土地使用权出让金)、建设单位管理费(含建设单位开办费和经费)、研究试验费、生产人员培训费、办公及生活家具购置费、联合试运转费、勘察设计费、工程监理费、施工机构迁移费、引进技术和设备的其他费用、专利权、商标权、供电贴费(电增容费)和供水贴费(水增容费)等。

(3) 预备费：在投资估算时，用以处理实际与计划不相符而追加的费用，包括基本预备费(由于自然灾害造成的损失和设计、施工阶段必须增加的工程和费用)和涨价预备费两部分。

(4) 建设期利息。

(5) 固定资产投资方向调节税。1991 年作出规定，在中国境内投资的非三资企业按政策规定缴纳此税，但目前暂缓征收。

2. 工程费与工程建设其他费的估算方法

这种方法是把建设项目划分为建筑工程费、设备安装工程费、设备及工器具购置费及其他基本建设费等费用项目或单位工程，再根据各种具体的投资估算指标，进行各项费用项目或单位工程投资的估算，在此基础上，可汇总成每一单项工程的投资，另外再估算工程建设其他费用及预备费，即求得建设项目总投资。

(1) 建筑工程费用估算。建筑工程费用是指为建造永久性建筑物和构筑物所需要的费用，一般采用单位建筑工程投资估算法、单位实物工程量投资估算法、概算指标投资估算法等进行估算。

① 单位建筑工程投资估算法，以单位建筑工程量投资乘以建筑建筑工程总量计算。一般工业与民用建筑以单位建筑面积(m^2)的投资，工业窑炉砌筑以单位容积(m^3)的投资，水库以水坝单位长度(m)的投资，铁路路基以单位长度(km)的投资，矿上掘进以单位长度(m)的投资，乘以相应的建筑工程量计算建筑工程费。

② 单位实物工程量投资估算法，以单位实物工程量的投资乘以实物工程总量计算。土石方工程按每立方米投资，矿井巷道衬砌工程按每延米投资，路面铺设工程按每平方米投资，乘以相应的实物工程总量计算建筑工程费。

③ 概算指标投资估算法，对于没有上述估算指标且建筑工程费占总投资比例较大的项目，可采用概算指标估投资算法。采用此种方法，应占有较为详细的工程资料、建筑材料价格和工程费用指标，投入的实践和工作量大。

(2) 安装工程费估算。安装工程费通常按行业或专门机构发布的安装工程定额、取费标准和指标估算投资，具体可按安装费率、每吨设备安装费或单位安装实物工程量的费用估算，其计算公式如下。

安装工程费=设备原价×安装费率

安装工程费=设备吨位×每吨安装费

安装工程费=安装工程实物量×安装费用指标

使用指标估算法，应注意以下事项。

使用指标估算法应根据不同地区、年代进行调整。因为地区、年代不同，设备与材料的价格均有差异，调整方法可以按主要材料消耗量或“工程量”为计算依据；也可以按不同工程项目的“万元工料消耗定额”而定不同的系数，在有关部门颁布有定额或材料价差系数(物价指数)时，可以据其调整。

使用指标估算法进行投资估算决不能生搬硬套，必须对工艺流程、定额、价格及费用标准进行分析，经过实事求是的调整与换算后，才能提高其精确度。

(3) 设备购置费估算。设备购置费根据项目主要设备表及价格、费用资料编制，工器具购置费按设备费的一定比例计取。对于价值高的设备应按单台(套)估算购置费，价值较小的设备可按类估算，国内设备和进口设备应分别估算。设备购置费是指为建设项目购置或自制的达到固定资产标准的各种国产或进口设备、工具、器具的购置费用。它由设备原价和设备运杂费构成，其计算公式为

设备购置费＝设备原价+设备运杂费

式中　设备原价——国产设备或进口设备的原价；

设备运杂费——除设备原价之外的关于设备采购、运输、途中包装及仓库保管等方面支出费用的总和。

① 国内设备的估算。

国产设备原价指的是设备制造厂的交货价，或订货合同价。它一般根据生产厂或供应商的询价、报价、合同价确定，或采用一定的方法计算确定。国产设备原价分为国产标准设备原价和国产非标准设备原价。

国产标准设备是指按照主管部门颁布的标准图纸和技术要求，由我国设备生产厂批量生产的，符合国家质量检测标准的设备。国产标准设备原价有两种，即带有备件的原价和不带有备件的原价。在计算时，一般采用带有备件的原价。

国产非标准设备是指国家尚无定型标准，各设备生产厂不可能在工艺过程中采用批量生产，只能按一次订货，并根据具体设计图纸制造的设备。非标准设备原价有多种不同的计算方法，按成本计算估价法，非标准设备的原价由以下各项组成。

(a) 材料费，其计算公式为

材料费＝材料净重×(1＋加工损耗系数)×每吨材料综合价

(b) 加工费。加工费包括生产工人工资和工资附加费、燃料动力费、设备折旧费、车间经费等，其计算公式为

加工费=设备总重量(吨)×设备每吨加工费

(c) 辅助材料费(简称辅材费)。辅助材料费包括焊条、焊丝、氧气、氩气、氮气、油漆、电石等费用，其计算公式为

辅助材料费＝设备总重量×辅助材料费指标

(d) 专用工具费。按(a)～(c)项之和乘以一定百分比计算。

(e) 废品损失费。按(a)～(d)项之和乘以一定百分比计算。

(f) 外购配套件费。按设备设计图纸所列的外购配套件的名称、型号、规格、数量、重量，根据相应的价格加运杂费计算。

(g) 包装费。按以上(a)～(f)项之和乘以一定百分比计算。

(h) 利润。可按(a)～(e)项加第(g)项之和乘以一定利润率计算。

(i) 税金，主要指增值税。计算公式为：

增值税=当期销项税额－进项税额

当期销项税额=销售额×适用增值税率

销售额为(a)～(h)项之和。

K 非标准设备设计费：按国家规定的设计费收费标准计算。

综上所述，单台非标准设备原价可用下面的公式表达。

K={[(材料费+加工费+辅助材料费)×(1+专用工具费率)
×(1+废品损失费率)+外购配套件费]×(1+包装费率)
−外购配套件费}×(1+利润率)+销项税金
+非标准设备设计费+外购配套件费

【例题 8-4】 某工厂采购一台国产非标准设备，制造厂生产该台设备所用材料费 20 万元，加工费 2 万元，辅助材料费 4 000 元，专用工具费率 1.5%，废品损失费率 10%，外购配套件费 5 万元，包装费率 1%，利润率为 7%，增值税率为 17%，非标准设备设计费 2 万元，求该国产非标准设备的原价。

解析：

专用工具费=(20+2+0.4)×1.5%万元=0.336 万元

废品损失费=(20+2+0.4+0.336)×10%万元=2.274 万元

包装费=(22.4+0.336+2.274+5)×1%万元=0.300 万元

利润=(22.4+0.336+2.274+0.3)×7%万元=1.772 万元

销项税金=(22.4+0.336+2.274+5+0.3+1.772)×17%万元=5.454 万元

该国产非标准设备的原价=22.4+0.336+2.274+0.3+1.772+5.454+2+5 万元=39.536 万元

② 进口设备费的估算。

进口设备采用最多的是装运港船上交货价(FOB)，其抵岸价的构成可概括成如下形式。

进口设备抵岸价=货价+国际运费+运输保险费+银行财务费+外贸手续费+关税+增值税+消费税+海关监管手续费+车辆购置附加费

(a) 货价。货价一般指装运港船上交货价(FOB)。设备货价分为原币货价和人民币货价，原币货价一律折算为美元表示，人民币货价按原币货价乘以外汇市场美元兑换人民币中间价确定。进口设备货价按有关生产厂商询价、报价、订货合同价计算。

(b) 国际运费。国际运费即从装运港(站)到达我国抵达港(站)的运费。我国进口设备大部分采用海洋运输，小部分采用铁路运输，个别采用航空运输。进口设备国际运费计算公式如下。

国际运费(海、陆、空)=原币货价(FOB)×运费率

国际运费(海、陆、空)=运量×单位运价

式中　运费率或单位运价——参照有关部门或进出口公司的规定执行。

(c) 运输保险费。对外贸易货物运输保险是由保险人(保险公司)与被保险人(出口人或进口人)订立保险契约，在被保险人交付议定的保险费后，保险人根据保险契约的规定对货物在运输过程中发生的承保责任范围内的损失给予经济上的补偿，这是一种财产保险，其计算公式为

$$运输保险费=\frac{原币货价（FOB）+国外运费}{1-保险费率}\times 保险费率$$

式中　保险费率——按保险公司规定的进口货物保险费率计算。

(d) 银行财务费。银行财务费一般是指中国银行手续费，可按下式简化计算。

银行财务费=人民币货价(FOB)×银行财务费率

(e) 外贸手续费。外贸手续费指按对外经济贸易部规定的外贸手续费率计取的费用，外贸手续费率一般取 1.5%，其计算公式为

外贸手续费=(装运港船上交货价(FOB)+国际运费+运输保险费)×外贸手续费率

(f) 关税。关税是由海关对进出国境或关境的货物和物品征收的一种税。计算公式如下。

关税＝到岸价格(CIF)×进口关税税率

式中　到岸价格(CIF)——包括离岸价格(FOB)、国际运费、运输保险费，是关税完税价格。进口关税税率分为优惠和普通两种。优惠税率适用于与我国签订关税互惠贸易条约或协定国家的进口设备；普通税率适用于未与我国签订关税互惠贸易条约或协定国家的进口设备。进口关税税率按我国海关总署发布的进口关税税率计算。

(g) 增值税。增值税是对从事进口贸易的单位和个人，在进口商品报关进口后征收的税种。我国增值税条例规定，进口应税产品均按组成计税价格和增值税税率直接计算应纳税额，其计算公式为：

进口产品增值税额＝组成计税价格×增值税税率

组成计税价格＝关税完税价格+关税+消费税

增值税税率根据规定的税率计算。

(h) 消费税。消费税是对部分进口设备(如轿车、摩托车等)征收的一种税，一般计算公式如下。

$$应纳消费税额=\frac{到岸价+关税}{1-消费税税率}\times 消费税税率$$

式中　消费税税率——根据规定的税率计算。

(i) 海关监管手续费。指海关对进口减税、免税、保税货物实施监督、管理、提供服务的手续费。对于全额征收进口关税的货物不计本项费用，其计算公式为

海关监管手续费＝到岸价×海关监管手续费率(一般为 0.3%)

(j) 车辆购置附加费。车辆购置附加费指进口车辆需缴进口车辆购置附加费，其公式为

进口车辆购置附加费=(到岸价+关税+消费税+增值税)×进口车辆购置附加费率

【例题 8-5】 某进口设备的到岸价为 100 万元，银行财务费 0.5 万元，外贸手续费费率为 1.5%，关税税率为 20%，增值税税率 17%。该设备无消费税和海关监管手续费，则该进口设备的抵岸价为多少万元？

解析：

进口设备抵岸价=货价+国际运费+运输保险费+银行财务费+外贸手续费+关税+值税+消费税+海关监管手续费+车辆购置附加费

外贸手续费=(装运港船上交货价(FOB)+国际运费+运输保险费)×外贸手续费率

关税=到岸价格(CIF)×进口关税税率

进口产品增值税额=组成计税价格×增值税税率

组成计税价格=关税完税价格+关税+消费税

由于到岸价格(CIF)包括离岸价格(FOB)、国际运费、运输保险费，是关税完税价格，所以：

$$(100+0.5+100\times1.5\%+100\times20\%)+(100+100\times20\%)\times17\%=122+20.40=142.40\text{ 万元}$$

3. 工程建设其他费用估算

工程建设其他费用，是指从工程筹建起到工程竣工验收交付使用止的整个建设期间，除建筑安装工程费用和设备及工、器具购置费用以外的，为保证工程建设顺利完成和交付使用后能够正常发挥效用而发生的各项费用。

工程建设其他费用估算一般较为常用的是利用工程建设其他费用按各项费用科目的费率或者取费标准估算。工程建设其他费用按内容大体可分为 3 类：第一类指土地使用费；第二类指与工程建设有关的其他费用；第三类指与未来企业生产经营有关的其他费用。

1) 土地使用费

土地使用费包括：① 土地征用及迁移补偿费；② 土地使用权出让金。

2) 与项目建设有关的其他费用

与项建目设有关的其他费用包括：① 建设单位管理费；② 勘察设计费；③ 研究试验费；④ 建设单位临时设施费；⑤ 工程监理费；⑥ 工程保险费；⑦ 引进技术和进口设备其他费用；⑧ 工程承包费。

3) 与未来企业生产经营有关的其他费用

与未来企业生产经营有关的其他费用包括：① 联合试运转费；② 生产准备费；③ 办公和生活家具购置费。

工程建设其他费用的构成如图 8.3 所示。

- 工程建设其他费用
  - 与土地有关的费用
    - 土地征用及拆迁补偿费
    - 土地使用权出让金
  - 与工程建设有关的费用
    - 建设单位管理费
    - 勘察设计费
    - 研究实验费
    - 建设单位临时设施费
    - 工程建设管理费
    - 引进技术和进口设备
    - 费其他费用
  - 与未来企业经营有关的费用
    - 联合试运转费
    - 生产准备费
    - 办公及生活家具购置费

图 8.3　工程建设其他费的构成

按各项费用科目的费率或者取费标准估算如下。

(1) 土地征用费或土地使用权出让金，按国家有关规定逐项计算，而后加总得出。

(2) 建设单位管理费=工程费×费用率指标。

(3) 勘察设计费，按有关规定计算。

(4) 研究试验费，根据项目需要提出的要求计算。

(5) 联合试运转费，一般根据项目工艺设备购置费的百分比计算。

(6) 生产职工培训费，根据需要培训的人数及培训时间，按生产准备费指标进行估算。

(7) 办公及生活家具购置费，可按设计定员人数乘以综合指标，一般取 600 元／人～800 元／人。

(8) 工程监理费，按工程建设监理收费标准计算，即按占所监理工程概算或预算的百分比计算。

(9) 供电贴费，按项目所在地供电部门现行规定计算。

(10) 供水贴费，按项目所在地供水部门现行规定计算。

4. 预备费估算

1) 基本预备费的估算

基本预备费是指在初步设计及概算内难以预料的工程费用，费用内容包括以下方面。

(1) 在批准的初步设计范围内，技术设计、施工图设计及施工过程中所增加的工程费用；设计变更、局部地基处理等所增加的费用。

(2) 一般自然灾害造成的损失和预防自然灾害所采取的措施费用。实行工程保险的工程项目费用应适当降低。

(3) 竣工验收时为鉴定工程质量对隐蔽工程进行必要挖掘和修复的费用。

基本预备费按设备及工器具购置费、建筑安装工程费用和工程建设其他费用三者之和为计取基础，乘以基本预备费费率进行计算。

基本预备费=(设备及工器具购置费+建筑安装工程费用
+工程建设其他费用)×基本预备费费率

基本预备费费率的取值应执行国家及部门的有关规定。一般较为常用的做法是将基本预备费在工程费用和工程建设其他费用基础之上乘以基本预备费率。

2) 涨价预备费

涨价预备费包括：人工、设备、材料、施工机械的价差费，建筑安装工程费及工程建设其他费用调整，利率、汇率调整等增加的费用。

通常，涨价预备费以建筑工程费、设备工器具购置费、安装工程费(工程建设其他费用、基本预备费)之和为计算基数。涨价预备费的计算公式为

$$PF = \sum_{t=1}^{n} I_t \left[(1+f)^t - 1 \right] \tag{8-6}$$

式中 PF——涨价预备费；

I_t——第 t 年的建筑工程费、设备及工器具购置费、安装工程费(工程建设其他费用、基本预备费)之和；

f——建设期价格上涨指数；

n——建设期。

【例题 8-6】 某项目投资建设期为 3 年，第 1 年投资额是 1 000 万元，且每年以 15%速度增长，预计该项目年均投资价格上涨率为 5%，则该项目建设期间涨价预备费是多少万元？

解析：

首先计算出各年投资额。

I_1=1 000 万元

I_2=1 000×(1+15%)万元=1 150 万元

I_3=1 000×(1+15%)^2 万元=1 322.5 万元

再套用公式计算各年的涨价预备费。

PF_1=1 000×[(1+5%)−1]万元=50 万元

PF_2=1150×[(1+5%)^2−1]万元=117.88 万元

PF_3=1322.5×[(1+5%)^3−1]万元=208.46 万元

PF=50 万元+117.88+208.46 万元=376.34 万元

5. 建设期利息估算

在建设投资分年计划的基础上可设定初步融资方案，对采用债务融资的项目应估算建设期利息。建设期利息指筹措债务资金时在建设期内发生并按规定允许在投产后计入固定资产原值的利息，即资本化利息。

建设期利息包括银行借款和其他债务资金的利息以及其他融资费用。其他融资费用是指某些债务融资中发生的手续费、承诺费、管理费、信贷保险费等融资费用，一般情况下应将其单独计算并计入建设期利息。在项目前期研究的初级阶段，也可做粗略估算并计入建设投资。对于不涉及国外贷款的项目，在可行性研究阶段，也可做粗略估算并计入建设投资。

估算建设期利息，应根据不同情况选择名义年利率或有效年利率。分期建成投产的项目，应按各期投产时间分别停止借款费用的资本化，此后发生的借款利息应计入总成本费用。

估算建设期利息，需要根据项目进度计划，提出建设投资分年计划，列出各年投资额，并明确其中的外汇和人民币，应注意名义利率和有效年利率的换算。将名义年利率折算为有效年利率的计算公式为

$$有效年利率=(1+r/m)^m-1 \tag{8-7}$$

式中　r——名义年利率；

m——每年计息次数。

当建设期用自有资金按期支付利息时，可不必进行换算，直接采用名义利率计算建设期利息。计算建设期利息，为了简化计算，通常假定借款均在每年的年中支用，借款当年按半年计息，其余各年份按全年计息。

采用自有资金付息时，按单利计算的公式为

$$各年应计利息=(年初借款本金累计+本年借款额/2)\times名义年利率$$

采用复利方式计息时，公式如下。

$$各年应计利息=(年初借款本息累计+本年借款额/2)\times有效年利率 \tag{8-8}$$

对有多种借款资金来源，每笔借款的年利率各不相同的项目，既可分别计算每笔借款的利息，也可先计算出各笔借款加权平均的年利率，并以加权平均利率计算全部借款的利息。

【例题 8-7】 某新建项目，建设期 4 年，分年均衡进行贷款，第一年贷款 1 000 万元，以后各年贷款均为 500 万元，年贷款利率为 6%，建设期内利息只计息不支付，该项目建设期贷款利息为多少万元？

解析：

建设期利息的计算可按当年借款在年中支用考虑，即单年贷款按半年计息。

第一年贷款利息：1 000×6%×1/2 万元=30 万元

第二年贷款利息：(1 000+30)×6%+500 × 6% × 1/2 万元=76.8 万元

第三年贷款利息：(1 030+500+76.8) × 6%万元+500 × 6% × 1/2 万元=111.408 万元

第四年贷款利息：(1 030+1 000+76.8+111.408) × 6%万元+5 000 × 6% × 1/2 万元=148.092 48 万元

项目建设期贷款利息为：30 万元+76.8 万元+111.408 万元+148.092 48 万元=366.30 万元

建设期利息估算表的格式见表 8-2。

表 8-2 建设期利息估算表

序号	项目	合计	建设期					
			1	2	3	4	…	*n*
1	借款							
1.1	建设期利息							
1.1.1	期初借款余额							
1.1.2	当期借款							
1.1.3	当期应计利息							
1.1.4	期末借款余额							
1. 2	其他融资费用							
1.3	小计 (1.1 + 1.2)							
2	债券							
2.1	建设期利息							
2.1.1	期初债务余额							
2 .1. 2	当期债务金额							
2.1.3	当期应计利息							
2.1.4	期末债务余额							
2 .2	其他融资费用							
2.3	小计 (2.1 + 2.2)							
3	合计 (1.3 + 2.3)							
3.1	建设期利息合计(1.1 + 2.1)							
3.2	其他融资费用合计 (1.2 + 2.2)							

注：本表适用于新设法人项目与既有法人项目的新增建设期利息的估算。原则上应分别估算外汇和人民币债务。如有多种借款或债券，必要时应分别列出。

8.2.4　建设投资的形成资产法估算

根据国家规定，从形成资产法的角度，建设投资的估算包括固定资产投资、无形资产费用、其他资产费用和预备费 4 个组成部分。表 8-3 为建设投资估算表。

表 8-3　建设投资估算表(形成资产法)　万元

序　号	工程或费用名称	建筑工程费	设备购置费	安装工程费	其他费用	合计	其中：外币	比例(%)
1	固定资产费用							
1.1	工程费用							
1.1.1	×××							
1.1.2	×××							
1.1.3	×××							
	……							
1.2	固定资产其他费用							
	×××							
	……							
2	无形资产费用							
	×××							
	……							
3	其他资产费用							
	×××							
	……							
4	预备费							
4 .1	基本预备费							
4 .2	涨价预备费							
5	建设投资合计							
比例(%)								100%

注：“比例”指各主要科目的费用(包括横向和纵向)占建设投资的比例。

按形成资产法分类，建设投资由形成固定资产的费用、形成无形资产的费用、形成其他资产的费用和预备费 4 部分组成。固定资产费用指项目投产时将直接形成固定资产的建设投资，包括工程费用和工程建设其他费用中按规定将形成固定资产的费用，后者被称为固定资产其他费用，主要包括建设单位管理费、可行性研究费、研究试验费、勘察设计费、环境影响评价费、场地准备及临时设施费、引进技术和引进设备其他费、工程保险费、联合试运转费、特殊设备安全监督检验费和市政公用设施建设及绿化费等。无形资产费用指将直接形成无形资产的建设投资，主要是专利权、非专利技术、商标权、土地使用权和商誉等。其他资产费用指建设投资中除形成固定资产和无形资产以外的部分，如生产准备及开办费等。

项目评价中总投资是指项目建设和投入运营所需要的全部投资(其估算范围与现行的

投入总资金一致)，是建设投资、建设期利息和全部流动资金之和。它区别于目前国家考核建设规模的总投资，后者为建设投资和 30 %的流动资金(又称铺底流动资金)之和。

按照现行财务会计制度的规定，固定资产是指同时具有下列特征的有形资产。

(1) 为生产商品、提供劳务、出租或经营管理而持有的。

(2) 使用寿命超过一个会计年度。

无形资产是指企业拥有或者控制的没有实物形态的可辨认非货币性资产。其他资产，原称递延资产，是指除流动资产、长期投资、固定资产、无形资产以外的其他资产，如长期待摊费用。按照有关规定，除购置和建造固定资产以外，所有筹建期间发生的费用，先在长期待摊费用中归集，待企业开始生产经营起计入当期的损益。

项目评价中总投资形成的资产可做如下划分。

(l) 形成固定资产，构成固定资产原值的费用包括以下几部分。

① 工程费用，即建筑工程费、设备购置费和安装工程费。

② 工程建设其他费用。

③ 预备费，可含基本预备费和涨价预备费。

④ 建设期利息。

(2) 形成无形资产，构成无形资产原值的费用主要包括技术转让费或技术使用费(含专利权和非专利技术)、商标权和商誉等。

(3) 形成其他资产，构成其他资产原值的费用主要包括生产准备费、开办费、出国人员费、来华人员费、图纸资料翻译复制费、样品样机购置费和农业开荒费等。

(4) 总投资中的流动资金与流动负债共同构成流动资产。

① 土地使用权的特殊处理：按照有关规定，在尚未开发或建造自用项目前，土地使用权作为无形资产核算，房地产开发企业开发商品房时，将其账面价值转入开发成本；企业建造自用项目时将其账面价值转入在建工程成本，因此，为了与以后的折旧和摊销计算相协调，在建设投资估算表中通常可将土地使用权直接列入固定资产其他费用中。

② 建设期利息：项目在建设期因使用外部资金而支付的利息。国外借款的利息还要包括承诺费、管理费等。为简化计算，承诺费一般不单独计算，而是采用适当提高利息率的方法处理。

8.2.5 流动资金估算

1. 流动资金的概念

流动资金是指项目建成后企业在生产过程中处于生产和流通领域、供周转使用的资金。流动资产的构成要素一般包括存货、库存现金、应收账款和预付账款。流动负债的构成要素一般只考虑应付账款和预收账款。流动资金等于流动资产与流动负债的差额。

投产第一年所需的流动资金应在项目投产前安排。为了简化计算，项目评价中流动资金可从投产第一年开始安排。

2. 流动资金的估算方法

按行业或前期研究阶段的不同，流动资金估算可选用扩大指标估算法或分项详细估算法。

(1) 扩大指标估算法。扩大指标估算法是参照同类企业流动资金占营业收入或经营成本的比例或者单位产量占用营运资金的数额估算流动资金。在项目建议书阶段一般可采用扩大指标估算法，某些行业在可行性研究阶段也可采用此方法。

① 销售收入资金率法的计算公式为

流动资金需要量=项目年销售收入×销售收入资金率

一般加工工业项目多采用该法进行流动资金估算。

② 总成本(或经营成本)资金率法的计算公式为

流动资金需要量=项目年总成本(或经营成本)×总成本(或经营成本)资金率。

一般采掘项目多采用该法进行流动资金估算。

③ 固定资产价值资金率法的计算公式为

流动资金需要量=固定资产价值×固定资产价值资金率

某些特定的项目(如火力发电厂、港口项目等)可采用该法进行流动资金估算。

④ 单位产量资金率法的计算公式为

流动资金需要量=达产期年产量×单位产量资金率

某些特定的项目(如煤矿项目)可采用该法进行流动资金估算。

(2) 分项详细估算法。是利用流动资产与流动负债估算项目占用的流动资金。一般先对流动资产和流动负债主要构成要素进行分项估算，进而估算流动资金。一般项目的流动资金宜采用分项详细估算法。

分项详细估算法是对流动资产和流动负债主要构成要素即存货、现金、应收账款、预付账款以及应付账款和预收账款等几项内容分期进行估算，计算公式如下。

流动资金=流动资产-流动负债

流动资产=应收账款+预付账款+存货+现金

流动负债=应付账款+预收账款

流动资金本年增加额=本年流动资金-上年流动资金

① 流动资金估算。

具体步骤是首先确定各分项最低周转天数，计算出周转次数，然后进行分项估算。

周转次数的计算公式为

周转次数=360 天/最低周转天数

各类流动资产和流动负债的最低周转天数参照同类企业的平均周转天数并结合项目特点确定，或按部门(行业)规定。在确定最低周转天数时应考虑储存天数、在途天数，并考虑适当的保险系数。

存货的估算公式如下。

存货=外购原材料、燃料+其他材料+在产品+产成品

外购原材料、燃料=年外购原材料、燃料费用/分项周转次数

其他材料=年其他材料/其他材料周转次数

在产品=(年外购原材料、燃料动力费用+年工资及福利费+年修理费+年其他制造费用)/在产品周转次数

产成品=(年经营成本-年营业费用)/产成品周转次数

应收账款是指企业对外销售商品、提供劳务尚未收回的资金，计算公式为

应收账款＝年(应收)经营成本(销售收入)/应收账款周转次数

预付账款是企业为购买各种材料、半成品或服务所预先支付的款项，计算公式为

预付账款＝外购商品或服务年费用金额/预付账款周转次数

此处现金是指为维持正常生产经营必须预留的货币资金，计算公式如下。

现金＝(年工资及福利费+年其他费用)/现金周转次数

年其他费用＝制造费用+管理费用+营业费用

－(以上三项费用中所含的工资及福利费、折旧费、推销费、修理费)

② 流动负债估算。

流动负债是指将在一年或者超过一年的营业周期内偿还的债务，包括短期借款、应付票据、应付账款、预收账款、应付工资、应付福利费、应付股利、应交税金、其他暂收应付款项、预提费用和一年内到期的长期借款等。

在项目评价中，流动负债的估算可以只考虑应付账款和预收账款两项。

应付账款＝外购原材料、燃料动力及其他材料年费用/应付账款周转次数

预收账款＝预收的营业收入年金额/预收账款周转次数

流动资金估算表的格式见表 8-4。

表 8-4 流动资金估算表　　万元

序　号	项　目	最低周转天数	周转次数	计　算　期					
				1	2	3	4	…	n
1	流动资产								
1.1	应收账款								
1.2	存货								
1.2.1	原材料								
1.2.2	×××								
1.2.3	燃料								
	×××								
1.2.4	在产品								
1.2.5	产成品								
1.3	现金								
1.4	预付账款								
2	流动负债								
2.1	应付账款								
2.2	预收账款								
3	流动资金(1-2)								
4	流动资金当期增加额								

注：1．表中科目可视行业变动。

2．如发生外币流动资金，应另行估算后予以说明，其数额应包含在本表数额内。

3．不发生预付账款和预收账款的项目可不列此两项。

3. 估算流动资金应注意的问题

估算流动资金应注意的问题如下。

(1) 在采用分项详细估算法时，应根据项目实际情况分别确定现金、应收账款、存货和应付账款的最低周转天数，并考虑一定的保险系数。由于最低周转天数减少，将增加周转次数，从而减少流动资金需用量，因此，必须切合实际地选用最低周转天数。对于存货中的外购原材料和燃料，要分品种和来源，考虑运输方式和运输距离，以及占用流动资金的比重大小等因素确定。

(2) 在不同生产负荷下的流动资金，应按不同生产负荷所需的各项费用金额，分别按照上述的计算公式进行估算，而不能直接按照100%的生产负荷下的流动资金乘以生产负荷百分比求得。

(3) 流动资金属于长期性(永久性)流动资产，流动资金的筹措可通过长期负债和资本金(一般要求占 30%)的方式解决。流动资金一般要求在投产前一年开始筹措，为简化计算，可规定在投产的第一年开始按生产负荷安排流动资金需用量。其借款部分按全年计算利息，流动资金利息应计入生产期间财务费用，项目计算期末收回全部流动资金(不含利息)。

项目总投资使用计划与资金筹措表的格式见表 8-5。

表 8-5　项目总投资使用计划与资金筹措表　　万元

序号	项　目	合　计			1			…		
		人民币	外币	小计	人民币	外币	小计	人民币	外币	小计
1	总投资									
1.1	建设投资									
1.2	建设期利息									
1.3	流动资金									
2	资金筹措									
2 .1	项目资本金									
2.1.1	用于建设投资									
	××方									
2.1.2	用于流动资金									
	×× 方									
2.1.3	用于建设期利息									
	×× 方									
2 .2	债务资金									
2.2.1	用于建设投资									
	×× 借款									
	×× 债券									
2.2.2	用于建设期利息									
	×× 借款									

续表

序号	项　目	合　计			1			…		
		人民币	外币	小计	人民币	外币	小计	人民币	外币	小计
	×× 债券									
2.2.3	用于流动资金									
	××借款									
	××债券									
2. 3	其他资金									
	×××									
	……									

注：1. 本表按新增投资范畴编制。

2. 本表建设期利息一般可包括其他融资费用。

3. 对既有法人项目，项目资本金中可包括新增资金和既有法人货币资金与资产变现或资产经营权变现的资金，可分别列出或加以文字说明。

8.3　总成本费用估算

8.3.1　总成本费用的估算

总成本费用是指在运营期内为生产产品或提供服务所发生的全部费用，工业企业总成本费用是指项目在一定时期内(一般为一年)为生产和销售产品而花费的全部成本费用，在量上等于经营成本与折旧费、摊销费和财务费用之和。

生产成本费用是指项目生产运营支出的各种费用。按成本与生产过程的关系分为制造成本和期间费用；按成本与产量的关系，分为固定成本和可变成本；按财务评价的特定要求分为总成本费用和经营成本。

总成本费用估算的基本方法有以下两种。

(1) 生产要素法：即分别估算出外购原材料和燃料动力费、人工工资及福利费、折旧费、固定资产修理费、摊销费、其他费用及利息支出，加总得到总成本费用。

(2) 生产(服务)成本加期间费用法：按各生产单位核算生产成本(搜集各分单元原材料和公用工程消耗、人员定员、固定资产原值等，而后分别估算各分单元的生产或服务成本，进而加总得到总的生产或服务成本)，然后与期间费用相加得到总成本费用。

1. 生产成本加期间费用估算法构成

总成本费用计算公式如下。

总成本费用＝生产成本+期间费用

式中　生产成本——直接材料费+直接燃料和动力费+直接工资+其他直接支出+制造费用

期间费用——管理费用+营业费用+财务费用

总成本费用由生产成本和期间费用两部分组成。

(1) 生产成本。也称制造成本，是指企业生产经营过程中实际消耗的直接材料、直接工资、其他直接支出和制造费用。

直接材料包括企业生产经营过程中实际消耗的原材料、辅助材料、设备配件、外购半成品、燃料、动力、包装物、低值易耗品以及其他直接材料。

直接工资包括企业直接从事产品生产人员的工资、奖金、津贴和补贴。

其他直接支出包括直接从事产品生产人员的职工福利费等。

制造费用指企业各个生产单位为组织和管理生产所发生的各项费用，包括生产单位管理人员工资、职工福利费、折旧费、维简费、修理费、物料消耗、低值易耗品摊销、劳动保护费、水电费、办公费、差旅费、运输费、保险费、租赁费(不包括融资租赁费)、设计制图费、试验检验费、环境保护费以及其他制造费用。

(2) 期间费用。期间费用指在一定会计期间内发生的与生产经营没有直接关系或关系不密切的管理费用、财务费用和销售费用。

管理费用是指企业行政管理部门为管理和组织经营活动发生的各项费用，包括公司经费(工厂总部管理人员工资、职工福利费、差旅费、办公费、折旧费、修理费、物料消耗、低值易耗品摊销以及其他公司经费)、工会经费、职工教育经费、劳动保险费、董事会费、咨询费、顾问费、交际应酬费、税金(指企业按规定支付的房产税、车船使用税、土地使用税和印花税等)、土地使用费(海域使用费)、技术转让费、无形资产摊销、开办费摊销、研究发展费以及其他管理费用。

财务费用指企业为筹集资金而发生的各项费用，包括企业生产经营期间的利息净支出(减利息收入)、汇兑净损失、调剂外汇手续费、金融机构手续费以及筹资发生的其他财务费用等。销售费用指企业在销售产品、自制半成品和提供劳务等过程中发生的各项费用以及专设销售机构的各项经费，包括应由企业负担的运输费、装卸费、包装费、保险费、委托代销费、广告费、展览费、租赁费(不包括融资租赁费)和销售服务费用、销售部门人员工资、职工福利费、差旅费、办公费、折旧费、修理费、物料消耗、低值易耗品摊销以及其他经费。

2. *产品制造成本加期间费用法估算*

总成本费用构成如图 8.4 所示，此方法按费用的经济用途将其分为直接材料、直接工资、其他直接支出、制造费用和期间费用，其中前四项计入产品制造成本，最后一项不计入产品成本。

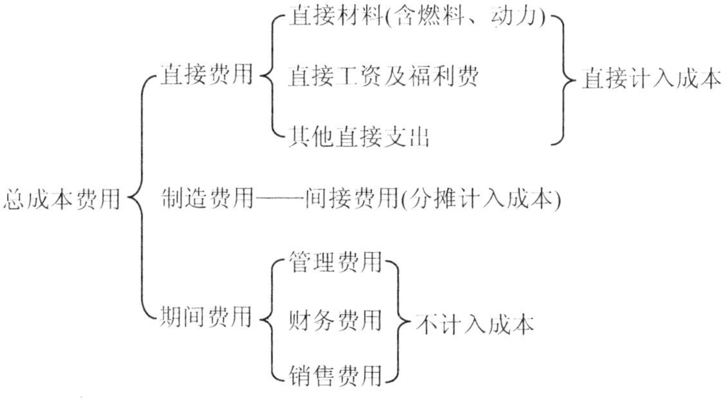

图 8.4　按制造成本法总成本费用的构成

按照制造成本法估算的总成本费用，编制总成本费用估算表，见表 8-6。

表 8-6　采用产品制造成本法的总成本费用估算表　　万元

序　号	项　目	合　计		达产期			
			1	2	3	…	n
1	生产成本						
1.1 1.	直接材料 直接燃料及动力费						
1.3	工资及福利费						
1.4	制造费用						
1.4.1	折旧费						
1.4.2	修理费						
1.4.3	其他制造费用						
2	管理费用						
2.1	无形资产摊销						
2.2	其他资产摊销						
2.3	其他管理费用						
3	财务费用						
3.1	利息支出						
3.1.1	长期借款利息						
3.1.2	流动资金借款利息						
3.1.3	短期借款利息						
4	销售费用						
5	总成本费用(1+2+3+4)						
5.1	其中：(1)固定成本						
5.2	(2)可变成本						
6	经营成本(5-1.4.1-2.1-2.2-3.1)						

注：1.生产成本中的折旧费、修理费指生产性设施的固定资产折旧和修理费。

2.生产成本中的工资和福利费制生产性人员工资和福利费。车间或分厂管理人员工资和福利费可在制造费用中单独列项或含在其他制造费中。

3.本表其他管理费中含管理设施的折旧费、修理费以及管理人员的工资和福利费。

3. 生产要素估算法

此法从各种生产要素的费用入手，汇总得到总成本费用，如图 8.5 所示。将生产和销售过程中消耗的外购原材料、辅助材料、燃料、动力，人员工资福利，外部提供的劳务服务，当期应计提的折旧和摊销，以及应付的财务费用相加，得出总成本费用。采用此方法，不必计算内部各生产环节成本转移，也较容易计算可变成本和固定成本。按生产要素法估算的总成本费用，其结果列入“总成本费用估算表”(见表 8-7)。

- 总成本费用
  - 可变成本
    - 外购原材料
    - 外购燃料、动力
    - 计件工资及福利费
  - 固定成本
    - 计时工资及福利费
    - 修理费
    - 其他费用(含销售费用)
    - 折旧费
    - 维简费
    - 摊销费
    - 利息支出

（外购原材料至其他费用(含销售费用)合为：经营成本）

图 8.5 按费用要素分类法总成本费用的构成

总成本费用的计算公式为

总成本费用＝外购原材料、燃料和动力费+工资及福利费+折旧费＋摊销费+修理费+财务费用(利息支出)+其他费用　　(8-9)

表 8-7 总成本费用估算表(生产要素法)　　万元

序号	项目	合计	计算期					
			1	2	3	4	…	n
1	外购原材料费							
2	外购燃料及动力费							
3	工资及福利费							
4	修理费							
5	其他费用							
6	经营成本(1+2+3+4+5)							
7	折旧费							
8	摊销费							
9	利息支出							
10	总成本费用(6+7+8+9)							
	其中：可变成本							
	固定成本							

注：本表适用于新设法人项目与既有法人项目的“有项目”、“无项目”和增量成本费用的估算。

生产要素法下的总成本费用估算方法如下。

(1) 外购原材料成本估算。

原材料成本=全年产量×单位产品原材料成本(原材料消耗定额×单价)

此处原材料指外购原材料，价格以入库价格为准。有多种原材料时，可根据具体情况选择耗用量较大的主要原材料为估算对象。

(2) 外购燃料动力成本估算。

燃料动力成本=全年产量×单位产品燃料和动力成本

上述两项成本估算值可列入外购原材料估算表和外购燃料和动力费估算表，形式见表 8-8 和表 8-9。

表 8-8　外购原材料费估算表　　万元

序　号	项　目	合　计	计算期					
			1	2	3	4	…	n
1	外购原材料费							
1.1	原材料 A							
	单价							
	数量							
	进项税额							
1.2	原材料 B							
	单价							
	数量							
	进项税额							
2	辅助材料费用							
	进项税额							
3	其他							
	进项税额							
4	外购原材料费合计							
5	外购原材料进项税额合计							

注：本表适用于新设法人项目与既有法人项目的“有项目”、“无项目”和增量外购原材料费的估算。

表 8-9 外购燃料和动力费估算表　　万元

序　号	项　目	合　计	计　算　期					
			1	2	3	4	…	n
1	燃料费							
1.1	燃料 A							
	单价							
	数量							
	进项税额							
1.2	……							
2	动力费							
2.1	动力 A							
	单价							
	数量							
	进项税额							
2.2	……							
3	外购燃料及动力费合计							
4	外购燃料及动力进项税额合计							

注：本表适用于新设法人项目与既有法人项目的“有项目”、“无项目”和增量外购燃料动力费的

估算。

(3) 人工及工资福利费估算。

工资及福利费(也称薪酬)通常包括职工工资，奖金，津贴和补贴，职工福利费，以及医疗保险、养老保险、失业保险、工伤保险、生育保险等社会保险费和住房公积金中由职工个人缴付的部分。

按生产要素法估算总成本费用时，人工工资及福利费按项目全部人员数量估算。

工资估算的方法是

年工资成本=全厂职工定员数×人均年工资额

按照不同的工资级别对职工进行划分(高管、中管、一般管理、技术工人、一般工人、国外人员)，分别估算同一级别职工的工资，然后加以汇总。福利费一般可按照职工工资总额的一定百分比计算。

工资及福利费估算表的格式见表8-10。

表8-10 工资及福利费估算表 万元

序号	项目	合计	计算期					
			1	2	3	4	…	n
1	工人							
	人数							
	人均年工资							
	工资额							
2	技术人员							
	人数							
	人均年工资							
	工资额							
3	管理人员							
	人数							
	人均年工资							
	工资额							
4	工资总额(1+2+3)							
5	福利费							
6	合计(4+5)							

注：本表适用于新设法人项目工资及福利费的估算，以及既有法人项目的“有项目”、“无项目”和增量工资及福利费的估算。外商投资项目取消福利费科目。

(4) 固定资产折旧的计提。

计提折旧的固定资产范围如下。

① 房屋、建筑物。

② 在用的机器设备、仪器仪表、运输车辆、器具、工器具。

③ 季节性停用和大修理停用的机器设备。

④ 以经营租赁方式租出的固定资产。

⑤ 以融资租赁方式租入的固定资产。

⑥ 财政部规定的其他应当计提折旧的固定资产。

不得计提折旧的资料范围如下。

① 土地。

② 房屋、建筑物以外未使用、不需用以及封存的固定资产。

③ 以经营租赁方式租入的固定资产。

④ 已提足折旧继续使用的固定资产。

⑤ 按照规定提取维简费的固定资产。

⑥ 已在成本中一次性列支而形成的固定资产。

⑦ 破产、关停企业的固定资产。

⑧ 财政部规定的其他不得计提折旧的固定资产。提前报废的固定资产，不得计提折旧。

企业固定资产折旧应根据用途计算相关资产的成本或当期损益。财务分析中，按生产要素法估算总成本费用时，固定资产折旧可直接列支于总成本费用。

固定资产的折旧方法可在税法允许的范围内由企业自行确定，一般采用直线法，包括年限平均法和工作量法。

我国税法允许对某些机器设备采用快速折旧法，即双倍余额递减法和年数总和法。

按行业会计制度规定，企业净残值率按照固定资产原值 3%～5%确定，特殊情况净残值率低于 3%或高于 5%的，由企业自主确定，并报主管财政机关备案。可研中，由于折旧年限是根据固定资产的经济寿命期决定的，因此净残值率一般选择 10%，个别行业可选择高于此数。

国家对各类资产都规定了折旧年限：房屋、建筑物为 20 年；火车、轮船、机器、机械及其他生产设备为 10 年；电子设备和火车、轮船以外的运输工具以及与生产、经营业务有关的器具、工具、家具为 5 年。若采用综合折旧，项目的生产期即为折旧年限。科研中，对轻工、机械、电子等行业的折旧年限，一般可确定为 8～15 年，其他行业可以达到 20 年或以上。

① 折旧方法——工作量法。

交通运输企业和其他企业专用车队的客货运汽车，按照行驶里程计算折旧费，其计算公式如下。

单位进程折旧额=原值×(1-预计净残值率)/总行驶里程

年折旧额=单位里程折旧额×年行驶里程

大型专用设备，可根据工作小时计算折旧费，其计算公式如下。

每工作小时折旧额=原值×(1-预计净残值率)/总工作小时

年折旧额=每工作小时折旧额×年工作小时

② 折旧方法——加速折旧法。

加速折旧法又称递减折旧费用法，该法是一种政策性优惠。加速折旧方法较为典型的有双倍余额递减法和年数总和法。

(a) 双倍余额递减法。

双倍余额递减法是以年限平均法确定的折旧率的双倍乘以固定资产在每一会计期间的

期初账面净值，从而确定当期应提折旧的方法，其计算公式如下。

$$年折旧率=2/折旧年限\times100\%$$

$$年折旧额=固定资产净值\times年折旧率$$

实行双倍余额递减法的，应在折旧年限到期前两年内，将固定资产净值扣除净残值后的净额平均摊销。

【例题 8-8】 某项固定资产原价为 10 000 元，预计净残值 400 元，预计使用年限 5 年。采用双倍余额递减法计算各年的折旧额。

解析：

年折旧率=2÷5×100%万元=40%

第一年折旧额=10 000×40%万元=4 000 元

第二年折旧额=(10 000−4 000)×40%万元=2 400 元

第三年折旧额=(10 000−6 400)×40%万元=1 440 元

第四年折旧额=(10 000−7 840−400)÷2 万元=880 元

第五年折旧额=(10 000−7 840−400)÷2 万元=880 元

(b) 年数总和法。

年数总和法也称年数总额法，是指以固定资产原值减去预计净残值后的余额为基数，按照逐年递减的折旧率计提折旧的一种方法。其折旧率以该项固定资产预计尚可使用的年数(包括当年)作分子，以逐年可使用年数之和作分母。分母是固定的，而分子逐年递减，因此，折旧率逐年递减，计提的折旧额也逐年递减。

年数总和法的计算公式如下：

$$年折旧率=\frac{折旧年限-已使用年数}{折旧年限\times(折旧年限+1)\div2}\times100\%$$

$$年折旧额=(固定资产原值-预计净残值)\times年折旧率$$

【例题 8-9】 采用例【8-8】的数据，用年数总和法计算各年的折旧额。

解析：

计算折旧的基数=10 000 万元−400 万元=9 600 元

年数总和＝(5+4+3+2+1)年=15 年

第一年折旧额=9 600×5／15 元=3 200 元

第二年折旧额=9 600×4／15 元=2 560 元

第三年折旧额=9 600×3／15 元=1 920 元

第四年折旧额=9 600×2／15 元=1 280 元

第五年折旧额=9 600×1／15 元=640 元

③ 折旧方法——年限平均法。

年限平均法也称使用年限法，是指按照固定资产的预计使用年限平均分摊固定资产折旧额的方法。这种方法计算的折旧额在各个使用年(月)份都是相等的，折旧的累计额所绘出的图线是直线，因此，这种方法也称直线法。

平均年限法的计算公式如下。

$$年折旧率=\frac{1-预计净残值率}{折旧年限}\times 100\% \quad (8\text{-}10)$$

$$年折旧额=固定资产原值\times 年折旧率 \quad (8\text{-}11)$$

净残值率按照固定资产原值的 3%～5%确定，净残值率低于 3%或者高于 5%的，由企业自主确定，报主管财政机关备案。

固定资产折旧费估算表的格式见表 8-11。

表 8-11 固定资产折旧费估算表　万元

序　号	项　目	合　计	计算期					
			1	2	3	4	…	n
1	房屋、建筑物							
	原值							
	当期折旧费							
	净值							
2	机器设备							
	原值							
	当期折旧费							
	净值							
	……							
3	合计							
	原值							
	当期折旧费							
	净值							

注：本表适用于新设法人项目固定资产折旧费的估算，以及既有法人项目的“有项目”、“无项目”和增量固定资产折旧费的估算。当估算既有法人项目的“有项目”固定资产折旧费时，应将新增和利用原有部分固定资产分别列出，并分别计算折旧费。

(5) 摊销费估算。

摊销费是指无形资产和其他资产在一定期限内分期摊销的费用。

无形资产和其他资产一般采用直线法进行摊销，且不留残值。无形资产摊销年限的确定：法律和合同或者企业申请书分别规定有法定有效期和受益年限的，按照法定有效期与合同或者企业申请书规定的受益年限取短的原则确定；没有规定期限的，按不少于 10 年的期限分期摊销。

其他资产的摊销期应遵从税法规定。

各项无形资产摊销期限的同时，可合并计算年摊销；若期限不同，应分别按表格计算。

无形资产和其他资产摊销估算表的格式见表 8-12。

表 8-12 无形资产和其他资产摊销估算表　　万元

序　号	项　目	合　计	计算期					
			1	2	3	4	…	n
1	无形资产							
	原值							
	当期摊销费							
	净值							
2	其他资产							
	原值							
	当期摊销费							
	净值							
	…							
3	合计							
	原值							
	当期摊销费							
	净值							

注：本表适用于新设法人项目固定资产折旧费的估算，以及既有法人项目的“有项目”、“无项目”和增量摊销费的估算。当估算既有法人项目的“有项目”摊销费时，应将新增和利用原有部分的资产分别列出，并分别计算摊销费。

8.3.2　经营成本估算

经营成本是项目评价特有的概念，主要是为了满足项目财务现金流量的分析需要，以及对项目进行动态的经济效益分析。经营成本是指总成本费用扣除固定资产折旧费、维简费、摊销费和财务费用后的成本费用，计算公式为为

经营成本=总成本费用-折旧费-维简费-摊销费-利息支出

经营成本是指项目总成本费用扣除折旧费、摊销费和利息支出以后的成本费用，其计算公式为

经营成本=总成本费用-折旧费-摊销费-利息支出

经营成本中扣除若干项的原因如下。

现金流量表反映各时刻的资金流入和支出，以其实际发生时刻计量，不做摊销，因此折旧和摊销不应包括在内。

各项目的融资方案不同，利率也不同，因此项目财务现金流量表不考虑投资资金的来源，利息支出也不作为现金流出；资本金财务现金流量表中已将利息支出单列，因此经营成本中也不包括利息支出。

经营成本是项目经济评价中所使用的特定概念，作为项目运营期的主要现金流出，其构成和估算可采用下式表达。

经营成本=外购原材料、燃料和动力费+工资及福利费+修理费+其他费用

式中　其他费用——从制造费用、管理费用和营业费用中扣除了折旧费、摊销费、修理费、工资及福利费以后的其余部分。

8.3.3 固定成本和可变成本

固定成本一般包括折旧费、摊销费、修理费、工资及福利费(计件工资除外)和其他费用等，通常把运营期发生的全部利息也作为固定成本。可变成本主要包括外购原材料、燃料及动力费和计件工资等。

有些成本费用属于半固定半可变成本，必要时可进一步分解为固定成本和可变成本。项目评价中可根据行业特点进行简化处理。根据成本费用与产量的关系可以将总成本费用分解为可变成本、固定成本和半可变(半固定)成本。工资、营业费用和流动资金利息等可能既有可变因素，又有固定因素，因此成为半可变成本。必要时需将半可变成本进一步分解为可变成本和固定成本。

流动资金借款和短期借款利息均可视为半可变半固定成本。为简化计算，一般也将其作为固定成本。固定成本一般包括折旧费、摊销费、修理费、工资及福利费(计件工资除外)和其他费用等。可变成本主要包括外购原材料、燃料及动力费和计件工资等。

为了进行盈亏平衡分析和不确定性分析，需将总成本费用分解为固定成本和可变成本。固定成本指成本总额不随产品产量和销量变化的各项成本费用，主要包括非生产人员工资、折旧费、摊销费、修理费、办公费和管理费等。可变成本指成本总额随产品产量和销量变化而发生同方向变化的各项费用，主要包括原材料、燃料、动力消耗、包装费和生产人员工资等。此外，长期借款利息应视为固定成本，短期借款如果用于购置流动资产，可能部分与产品产量、销量有关，其利息视为半可变半固定成本，需进行分解，但为简化计算，也可视为固定成本。

据此，总成本费用可以有以下两种表示方式。

$$总成本费用=可变成本+固定成本$$

或总成本费用=经营成本+折旧费+摊销费+利息

$$经营成本=总成本费用-折旧费-摊销费-利息支出$$

8.4 销售收入与销售税金及附加估算

8.4.1 销售收入的估算

1. 销售收入的概念

销售收入是指销售产品或者提供服务所获得的收入。销售收入是进行利润总额和销售税金估算的基础数据。

2. 销售收入的确定

销售收入估算的基础数据包括产品或服务的数量和价格，都与市场密切相关。销售收入的确定主要包括以下几方面。

(1) 确定销售量。明确产品销售市场，根据项目的市场调查和预测分析结果，分别测算出外销和内销的销售量。为计算简便，假定年生产量即为年销售量，不考虑库存。对于生产出口产品的项目，应根据有利于提高外汇效果的原则合理确定内销与外销的比例。年销售量还应按投产期与达产期分别测算。按照市场预测的结果和项目具体情况，根据经验直接判定分年的负荷率。根据市场预测的结果，结合项目性质、产出特性和市场的开发程度制定分年运营计划，进而确定各年产出数量。

(2) 确定产品的销售价格。它取决于产品的销售去向和市场需求。并考虑国内外产品价格变化趋势，确定产品价格水平。产品销售价格一般采用出厂价。

根据预计成本、利润和税金确定价格(新产品适用)，其计算公式为

出厂价格=产品计划成本+产品计划利润+产品计划税金

式中 产品计划利润——产品计划成本×产品成本利润率

产品计划税金=[(产品计划成本+产品计划利润)/(1-税率)]×税率 (8-12)

(3) 确定销售收入。销售收入是销售产品或提供服务取得的收入，为销售量和销售单价的乘积，计算公式为

营业收入=销售量×销售单价 (8-13)

8.4.2 销售税金及附加的估算

1. 销售税金及附加的内容

销售税金及附加的计征依据是项目的销售收入。销售税金及附加中不含有增值税，因为增值税是价外税，纳税人交税，最终由消费者负担，因此与纳税人的经营成本和经营利润无关，所以，增值税不在“销售(营业)税金及附加”科目中反映，在经营期间的现金流量系统中可以不考虑增值税。销售收入、销售税金及附加和增值税估算表见表 8-13。

项目评价涉及的税费主要包括关税、增值税、营业税、消费税、所得税、资源税、城市维护建设税和教育费附加等，有些行业还包括土地增值税。税种和税率的选择，应根据相关税法和项目的具体情况确定，如有减免税优惠，应说明依据及减免方式，并按相关规定估算。销售税金是根据商品买卖或劳务服务的流转额征收的税金，属于流转税的范畴，销售税金包括消费税、营业税、城市维护建设税、资源税。在工程项目经济分析中，一般将教育费附加并入销售税金项内，视同销售税金处理。

表 8-13 销售收入、销售税金及附加和增值税估算表 万元

序 号	项 目	合 计	计算期					
			1	2	3	4	…	*n*
1	销售收入							
1.1	产品 A 销售收入							
	单价							
	数量							
	销项税额							
1.2	产品 B 销售收入							
	单价							
	数量							
	销项税额							

续表

序　号	项　目	合　计	计算期					
			1	2	3	4	…	n
	……							
2	销售税金与附加							
2.1	销售税							
2.2	消费税							
2.3	城市维护建设税							
2.4	教育费附加							
3	增值税							
	销项税额							
	进项税额							

注：1. 本表适用于新设法人项目与既有法人项目的“有项目”、“无项目”和增量的销售收入、销售税金与附加和增值税估算。

2. 根据行业或产品的不同可增减相应税收科目。

2. 销售税金及附加的估算方法

(1) 营业税估算。

营业税是对在我国境内从事交通运输业、建筑业、金融保险业、邮电通信业、文化体育业、娱乐业、服务业或有偿转让无形资产、销售不动产行为的单位和个人，就其营业额所征收的一种税。营业税税率在3%～20%之间。应纳税额的计算公式为

$$应纳税额=营业额\times适用税率 \tag{8-14}$$

在一般情况下，营业额为纳税人提供应税劳务、转让无形资产、销售不动产向对方收取的全部价款和价外费用。

(2) 消费税估算。

消费税是对工业企业生产、委托加工和进口的部分应税消费品按差别税率或税额征收的一种税。消费税是在普遍征收增值税的基础上，根据消费政策、产业政策的要求，有选择地对部分消费品征税，其征税对象包括烟、酒、化妆品、首饰、成品油等。

消费税的税率有从价定率和从量定额两种。黄酒、啤酒、成品油采用从量定额，其他消费品均为从价定额，税率从3%～45%不等。

消费税一般以应税消费品的生产者为纳税人，于销售时纳税。应纳税额计算公式如下。

从价定率计算的应纳税额：

$$应纳税额=应税消费品销售额\times适用税率=[营业收入(含增值税)/(1+增值税率)]\times消费税率 \tag{8-15}$$

$$实行从量定额办法计算的应纳税额=应税消费品销售数量\times单位税额 \tag{8-16}$$

式中应税消费品的销售额——纳税人销售应税消费品向买方收取的全部价款和价外费用，不包括向买方收取的增值税税款。

(3) 附加税估算。

在会计处理上，营业税、消费税、土地增值税、资源税、城市维护建设税和教育费附

加均可包含在营业税金及附加中，营业税金及附加最后进入利润和利润分配表中的科目。

① 城市维护建设税估算。

城市维护建设税是以纳税人实际缴纳的流转税额为计税依据的一种税。

城市维护建设税按纳税人所在地区实行差别税率：市区为 7%；县城、镇为 5%；乡村、矿区为 3%。城市维护建设税以纳税人实际缴付的增值税、消费税、营业税税额为计税依据，与上述 3 种税同时缴纳，其应纳税额计算公式如下。

应纳税额=(增值税+消费税+营业税)的实际纳税额×适用税率

② 资源税估算。

资源税是国家对在我国境内开采应税矿产品或者生产盐的单位和个人征收的一种税，是对因资源生成和开发条件的差异而客观形成的级差收入征收的。

资源税的征收范围包括：

矿产品：包括原油、天然气、煤炭、金属矿产品和其他非金属矿产品。

盐：包括固体盐、液体盐。

资源税的应纳税额按照应税产品的课税数量和规定的单位税额计算，公式如下。

应纳税额=应税产品课税产品数量×单位税额　(8-17)

式中　课税数量——纳税人开采或者生产应税产品用于销售的，以销售数量为课税数量；纳税人开采或者生产应税产品自用的，以自用数量为课税数量。

③ 教育费附加估算。

教育费附加是为了加快地方教育事业的发展，扩大地方教育经费的资金来源而开征的一种税。

凡缴纳消费税、增值税、营业税的单位和个人，都是教育费附加的缴纳人，教育费附加随消费税、增值税、营业税同时缴纳，由税务机关负责征收。

教育费附加的计征依据是缴纳人实际缴纳的消费税、增值税、营业税的税额，其计算公式如下。

应纳教育费附加=实际缴纳的(消费税+增值税+营业税)税额×3%

营业税金及附加的综合税率的计算因企业所在地的不同而不同。

纳税地点在市区的企业综合税率的计算公式为

$$\text{税率}(\%)=\frac{1}{1-3\%-(3\%\times7\%)-(3\%\times3\%)}-1=3.412\% \tag{8-18}$$

纳税地点在县城、镇的企业综合税率的计算公式为

$$\text{税率}(\%)=\frac{1}{1-3\%-(3\%\times5\%)-(3\%\times3\%)}-1=3.348\% \tag{8-19}$$

纳税地点不在市区、县城、镇的企业综合税率的计算公式为

$$\text{税率}(\%)=\frac{1}{1-3\%-(3\%\times1\%)-(3\%\times3\%)}-1=3.220\% \tag{8-20}$$

【例题 8-10】 某市建筑公司承建某县政府办公楼，工程不含税造价为 1 000 万元，求该施工企业应缴纳的营业税。

解析：

$$含税造价=\frac{1\,000}{1-3\%-(3\%\times 7\%)-(3\%\times 3\%)}万元=1\,034.13万元$$

$$应缴纳的营业税=1\,034.13\times 3\%万元=31.02万元$$

8.4.3 其他税费的估算

1. 关税

关税是以进出口的应税货物为纳税对象的税种，项目评价中涉及引进设备、技术和进口原材料时，可能需要估算进口关税。项目评价中应按有关税法和国家和税收优惠政策，正确的估算进口关税。

我国仅对少量货物(少数资源性产品及易于竞相杀价、盲目出口、需要规范出口秩序的半制成品征收出口关税。现行税则对 36 种商品计征出口关税，主要是鳗鱼苗、部分有色金属矿砂及其精矿、生锑、磷等，其中 16 种为零税率)征收出口关税，对大部分货物免征出口关税，若项目的出品产品属征税货物，应按规定估算出口关税。

2. 增值税

按现行税法规定，增值税作为价外税不包括在销售税金及附加中，产出物的价格不含有增值税中的销项税，投入物的价格中也不含有增值税中的进项税。但在财务分析中要单独计算增值税，因为营业收入和成本中是包含增值税的，为使计算口径一致，在计算利润总额时，还要从营业收入中扣除增值税。

增值税是按照增值额计税的，其公式为

$$增值税应纳税额=销项税额-进项税额 \tag{8-21}$$

式中　销项税额=销售额×增值税率=营业收入(含税销售额)÷(1+增值税率)×增值税率

进项税额=外购原材料、燃料及动力费÷(1+增值税率)×增值税率

【例题 8-11】 某化工项目达到设计生产能力后年产甲产品 2 300t，并能够全部销售，年外购原料、燃料及动力费等 1 859 万元。经预测该产品在生产期初的出厂价格为 17 380 元/t(含税)，该产品缴纳增值税，税率为 17%，外购材料适用税率也是 17%，城市维护建设税税率为 0.6%，教育费附加按增值税 2%计缴，试估算项目正常年份的增值税金。

解析：

$$年销售收入=2\,300\times 17\,380万元=3\,997.4(万元)$$

$$\begin{aligned}年增值税&=(销售收入-外购原料、燃料及动力费等)\div(1+增值税率)\times 增值税率\\&=(3\,997.4-1\,859)\div(1+17\%)\times 17\%万元=310.71万元\end{aligned}$$

8.5 利润总额及其分配估算

8.5.1 利润总额的估算

利润总额就是企业在一定时期内生产经营活动的最终财务成果。根据利润总额可计算所得税及税后利润。在财务分析中，利润总额还是计算投资利润率、投资利税率的基础数

据。利润总额的估算公式为

利润总额=产品销售(营业)收入-销售税金及附加-增值税-总成本费用

8.5.2 所得税估算

凡在我国境内实行独立经营核算的各类企业或者组织者，来源于我国境内、境外的生产、经营所得和其他所得，均应依法缴纳企业所得税。纳税人每一纳税年度的收入总额减去准予扣除项目的余额，为应纳税所得额。

企业所得税的应纳税额按照应纳税所得额和33%的税率计算，应纳税额计算公式为

应纳税额=应纳税所得额×33%

纳税人发生年度亏损的，可以用下一纳税年度的所得弥补，下一纳税年度的所得不足弥补的，可以逐年延续弥补，但是延续弥补期最长不得超过 5 年。

在可研中，税后利润按下列顺序分配。

(1) 盈余公积金：法定盈余公积金，10% ；公益金：5% ；任意公积金，提取比例由董事会决定。

(2) 应付利润，即向投资者分配利润。企业前年度未分配利润，可并入本年度向投资者分配。

(3) 未分配利润，即未作分配的净利润。可供分配利润减去盈余公积金和应付利润后的余额，即为未分配利润。

销售收入、成本、税金和利润的关系如图 8.6 所示。利润与利润分配表的格式见表 8-14。

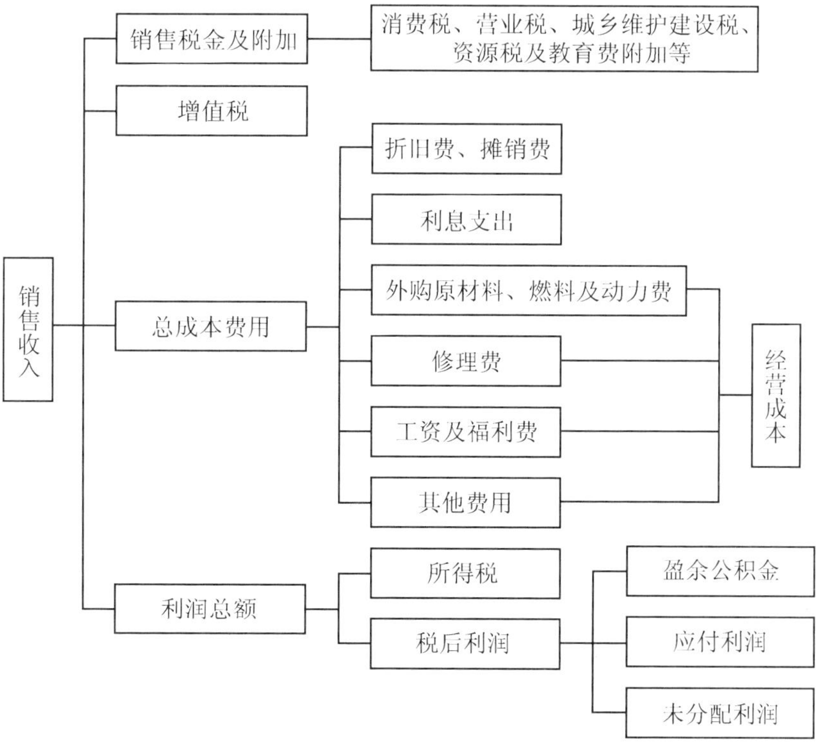

图 8.6 销售收入、成本、税金和利润关系图

表 8-14 利润与利润分配表　　万元

序　号	项　目	合　计	计算期					
			1	2	3	4	…	n
1	营业收入							
2	营业税金及附加							
3	总成本费用							
4	补贴收入							
5	利润总额(1-2-3+4)							
6	弥补以前年度亏损							
7	应纳税所得额(5-6)							
8	所得税							
9	净利润(5-8)							
10	期初未分配利润							
11	可供分配的利润(9+10)							
12	提取法定盈余公积金							
13	可供投资者分配的利润(11-12)							
14	应付优先股股利							
15	提取任意盈余公积金							
16	应付普通股股利(13-14-15)							
17	各投资方利润分配							
	其中：××方							
	××方							
18	未分配利润（13-14-15-17)							
19	息税前利润(利润总额+利息支出)							
20	息税折旧摊销前利润(息税前利润+折旧+摊销)							

注：对于外商出资项目由第 11 项减去储备基金、职工奖励与福利基金和企业发展基金后，得出可供投资者分配的利润；第 14～16 项根据企业性质和具体情况选择填列；法定盈余公积金按净利润计提。

8.5.3　损益表的编制

损益表是反映项目计算期内各年的销售(营业)收入、总成本费用、利润总额、所得税及税后利润分配情况的重要财务报表。此表的编制基础是会计上的权责发生制原则。权责发生制又称应计制或应计基础，是指收入、费用的确认应当以收入和费用的实际发生作为确认计量的标准，凡是当期已经实现的收入和已经发生或应当负担的费用，不论款项是否收付，都应当作为当期的收入和费用处理；凡是不属于当期的收入和费用，即使款项已经在当期收付，都不应作为当期的收入和费用处理，因此，损益表中使用的是总成本费用。损益表综合反映了项目每年的盈利水平，在项目财务评价中用以计算投资收益率的各项指标，同时通过利润分配可计算出用于偿还贷款的利润额度。损益表的编制以利润总额的计算过程为基础。

用于项目财务评价编制的损益表中，在测算项目利润时，通常将投资净收益和营业外收支净额省略。因为，投资净收益一般属于项目建成投产后的对外再投资收益，这类活动在项目评价时难以估算，因此可以暂不计入；营业外收支净额，除非已有明确的来源和开支项目需单独列出，否则也暂不计入。因此，项目进行财务评价时，利润总额的计算公式为

利润总额=产品销售(营业)收入-销售税金及附加-总成本费用　(8-22)

损益表的格式见表 8-15。

(1) 产品销售(营业)收入、销售税金及附加、总成本费用的各年度数据分别取自相应的辅助报表。

(2) 利润总额=产品销售(营业)收入-销售税金及附加-总成本费用。

(3) 所得税的计算公式如下。

所得税＝应纳税所得额×所得税税率　(8-23)

应纳税所得额为利润总额根据国家有关规定进行调整后的数额。在建设项目财务评价中，主要是按减免所得税及用税前利润弥补上年度亏损的有关规定进行的调整。按现行《工业企业财务制度》规定，企业发生的年度亏损，可以用下一年度的税前利润等弥补，下一年度利润不足弥补的，可以在 5 年内延续弥补，5 年内不足弥补的，用税后利润弥补。

表 8-15 损益表　万元

序　号	项　目	投产期		达产期					合　计
		3	4	5	6	7	…	*n*	
1	生产负荷(%)								
2	销售(营业)收入								
3	销售税金及附加								
4	总成本费用								
5	利润总额(1-2-3)								
6	所得税(33%)								
7	税后利润(4-5)								
8	弥补损失								
9	法定盈余公积金								
10	公益金								
11	应付利润								
12	未分配利润 6-7-8-9-10								
13	累计未分配利润								

(4) 税后利润公式为

税后利润=利润总额-所得税　(8-24)

(5) 弥补损失主要是指支付被没收的财物损失，支付各项税收的滞纳金及罚款，弥补以前年度亏损。

(6) 税后利润按法定盈余公积金、公益金、应付利润及未分配利润等项进行分配。

① 表中法定盈余公积金按照税后利润扣除用于弥补损失的金额后的10%提取，该项达到注册资金50%时可以不再提取。公益金的计提比例一般为5%~10%，主要用于企业的职工集体福利设施支出。

② 应付利润为向投资者分配的利润。

③ 未分配利润主要指向投资者分配完利润后剩余的利润，可用于偿还固定资产投资借款及弥补以前年度亏损。

8.6 借款还本付息估算

贷款还本付息是指项目投产后，按国家规定资金来源和贷款机构的要求偿还固定资产投资借款本金，而利息支出列入当年的生产总成本费用。测算的内容包括本金和利息数量，以及清偿贷款本息所需的实际时间，它反映了项目的清偿能力。

目前，虽然借贷双方在有关的借贷合同中规定了还款期限，但在实际操作过程中，主要还是根据项目的还款资金来源情况进行测算。一般情况下，先偿还当年所需的外汇借款本金，然后按照先贷先还、后贷后还，利息高的先还，利息低的后还的顺序归还国内借款。

按固定资产投资贷款还本付息的计算结果编制“借款还本付息表”(见表8-16)。

表8-16　借款还本付息表

序　号	项　目	利率(%)	建设期		投产期		达产期			
			1	2	3	4	5	6	…	n
1	借款还本付息									
1.1	年初借款本息累计									
1.1.1	本金									
1.1.2	建设期利息									
1.2	本年借款									
1.3	本年应计利息									
1.4	本年还本									
1.5	本年付息									
1.6	年末本息余额									
2	偿还本金的资金来源									
2.1	当年可用于还本的未分配利润									
2.2	当年可用于还本的折旧与摊销									
2.3	以前年度结余可用于还本资金									
2.4	用于还本的短期借款									
2.5	其他资金									

8.6.1 固定资产投资贷款还本付息估算

固定资产投资贷款还本付息估算主要是测算还款期的利息和偿还贷款的时间，从而观察项目的偿还能力和收益，为财务效益评价和项目决策提供依据。

1. 还本付息的资金来源

根据国家现行财税制度的规定，贷款还本付息的资金来源主要包括可用于归还借款的利润、固定资产折旧、无形资产摊销费和其他还款资金来源。

(1) 利润。用于归还贷款的利润，一般应是经过利润分配程序后的未分配利润。如果是股份制企业需要向股东支付股利，那么应从未分配利润中扣除分配给投资者的利润，然后用来归还贷款。项目投产初期，如果用规定的资金来源归还贷款的缺口较大，也可暂不提取公积金，但这段时间不宜过长，否则将影响到企业的扩展能力。

(2) 固定资产折旧。鉴于项目投产初期尚未面临固定资产更新的问题，作为固定资产重置准备金性质的折旧基金在被提取以后暂时处于闲置状态。因此，为了有效地利用一切可能的资金来源以缩短还贷期限，加强项目的偿债能力，可以使用部分新增折旧基金作为偿还贷款的来源之一。一般的，投产初期可以利用的折旧基金占全部折旧基金的比例较大，随着生产时期的延伸，可利用的折旧基金比例逐步减小。最终，所有被用于归还贷款的折旧基金，应由未分配利润归还贷款后的余额垫回，以保证折旧基金从总体上不被挪他用，在还清贷款后恢复其原有的经济属性。

(3) 无形资产摊销费。摊销费是按现行的财务制度计入项目的总成本费用，但是项目在提取摊销费后，这笔资金没有具体的用途规定，具有“沉淀”性质，因此可以用来归还贷款。

(4) 其他还款资金。是指按有关规定可以用减免的销售税金来作为偿还贷款的资金来源。进行预测时，如果没有明确的依据，可以暂不考虑。

项目在建设期借入的全部固定资产投资贷款本金及其在建设期的借款利息(即资本化利息)两部分构成固定资产投资贷款总额，在项目投产后可由上述资金来源偿还。

在生产期内，固定资产投资和流动资金的贷款利息，按现行的财务制度，均应计入项目总生产成本费用中的财务费用。

2. 还款方式及还款顺序

项目贷款的还款方式应根据贷款资金的不同来源所要求的还款条件来确定。

按照国际惯例，债权人一般对贷款本息的偿还期限有明确的规定。要求借款方在规定的期限内按规定的数量还清全部贷款的本金和利息。因此，需要利用资金回收系数计算出在规定的期限内每年需归还的本息总额，然后按协议的要求分别采用等额还本付息、或等额还本、利息照付两种方法。

(1) 等额还本付息。这种方法是指在还款期内，每年偿付的本金利息之和是相等的，但每年支付的本金数和利息数均不相等，计算步骤如下。

① 计算建设期末的累计借款本金与资本化利息之和 I_c。

② 根据等值计算原理，采用资金回收系数计算每年等值的还本付息额度 A。

$$A = P\frac{i(1+i)^n}{(1+i)^n - 1}$$

③ 计算每年应付的利息，计算公式为

$$每年应支付的利息=年初借款余额×年利率 \tag{8-25}$$

式中　年初借款余额——I_c－本年之前各年偿还的本金累计。

④ 计算每年偿还的本金，计算公式为

$$本年偿还本金=A－每年支付利息$$

采用等额还本付息法，利息将随偿还本金后欠款的减少逐年减少，而偿还的本金恰好相反，将由于利息减少而逐年加大。此方法适用投产初期效益较差，而后期效益较好的项目。

【例题 8-12】 已知某项目建设期末贷款本利和累计为 1 000 万元，按照贷款协议，采用等额还本付息的方法分 5 年还清，已知年利率为 6%，求该项目还款期每年的还本额、付息额和还本付息总额。

解析：

每年的还本付息总额为

$$A = P\frac{i(1+i)^n}{(1+i)^n - 1} = 1\,000 \times \frac{6\% \times (1+6\%)^5}{(1+6\%)^5 - 1}万元 = 237.409万元$$

还款期各年的还本额、付息额和还本付息总额见表 8-17。

表 8-17　等额还本付息方式下各年的还款数据　　万元

年　份	1	2	3	4	5
年初借款余额	1 000	822.60	634.56	435.23	223.94
利率	6%	6%	6%	6%	6%
年利息	60	49.36	38.07	26.11	13.46
年还本额	177.40	188.04	199.33	211.29	223.94
年还本付息总额	237.40	237.40	237.40	237.40	237.40
年末借款余额	822.60	634.56	435.23	223.94	0

【例题 8-13】 某企业为了某一项目的建设，向银行借款 5 000 万元，商谈约定的贷款期限为 5 年，没有宽限期，年利率为 6%，采用等额还本付息方式进行还本付息，试计算每年的还本额和利息支付额。

解析：

$$I=5\,000\ 万元，i=6\%，n=5，$$

每年需要支付的还本付息额为

$$A=P\times i\times(1+i)^n / [(1+i)^n-1]万元=1\,186.98\ 万元$$

每年的还本付息额见表 8-18。

表 8-18　每年的还本付　　万元

年　份	1	2	3	4	5
年初本金	5 000	4 113	3 173	2 176	1 120
年利率	6%	6%	6%	6%	6%

续表

年 份	1	2	3	4	5
本年应计利息	300	247	190	131	67
本年还本付息	1 187	1 187	1 187	1 187	1 187
本年应还本金	887	940	997	1 056	1 120
年末本金	4 113	3 173	2 176	1 120	0

表中，每年应计利息为年初本金与年利率的乘积；每年应还本金为每年应还本付息总额与当年应付利息之差；年末本金为年初本金与本年偿还本金之差。

(2) 等额还本、利息照付。这种方法是指在还款期内每年等额偿还本金，而利息按年初借款余额和利息率的乘积计算，利息不等，而且每年偿还的本利和不等。计算步骤如下。

① 计算建设期末的累计借款本金和未付的资本化利息之和 I_c。

② 计算在指定偿还期内，每年应偿还的本金 A。

$$A = I_c / n \tag{8-26}$$

式中 n——贷款的偿还期(不包括建设期)。

③ 每年应付的利息额，计算公式为

$$\text{年应付利息}=\text{年初借款余额}\times\text{年利率} \tag{8-27}$$

④ 每年的还本付息额总额，计算公式为

$$\text{年还本付息总额}=A+\text{年应付利息} \tag{8-28}$$

此方法由于每年偿还的本金是等额的，计算简单，但项目投产初期还本付息的压力大，因此，此法适用于投产初期效益好，有充足现金流的项目。

【例题 8-14】 仍以例题 8-12 为例，求在等额还本、利息照付方式下每年的还本额、付息额和还本付息总额。

解析：

每年的还本额 A=1 000/5 万元=200 万元

还款期各年的还本额、付息额和还本付息总额见表 8-19。

表 8-19 等额还本、利息照付方式下各年的还款数据

年 份	1	2	3	4	5
年初借款余额/万元	1 000	800	600	400	200
利率(%)	6	6	6	6	6
年利息/万元	60	48	36	24	12
年还本额/万元	200	200	200	200	200
年还本付息总额/万元	260	248	236	224	212
年末借款余额/万元	800	600	400	200	0

【例题 8-15】 在例题 8 -13 中，如果采用等额还本、利息照付的还本付息方式，试计算每年的还本额和利息支付额。

解析：

I=5 000 万元，i=6%，n=5；每年偿还本金=I / n=1 000(万元)；每年需要还本付息的计

算过程见表 8-20。

表 8-20　每年需要还本付息　　万元

年　份	1	2	3	4	5
年初本金	5 000	4 000	3 000	2 000	1 000
年利率	6%	6%	6%	6%	6%
本年应计利息	300	240	180	120	60
本年应还本金	1 000	1 000	1 000	1 000	1 000
本年还本付息	1 300	1 240	1 180	1 120	1 060
年末本金	4 000	3 000	2 000	1 000	0

表中，本年应付利息为年初本金与年利率的乘积，本年还本付息为应付利息与偿还本金之和，年末本金为年初本金与本年偿还本金之差。

总之，项目贷款的还款方式应根据贷款资金的不同来源所要求的还款条件来确定。

国外贷款的还款方式：债权人对贷款本息的偿还期限有明确规定；按协议要求分别采用等额还本付息或等额本金偿还两种方法。

国内贷款的还款方式：虽也规定了还款期限，但多是根据项目实际偿还能力测算还款期。一般做法是先偿付当年所需的外汇借款本金后，用剩余的资金来源按先贷款先还、后贷款后还，利息高的先还、利息低的后还的顺序。如按双方的贷款协议归还国内借款，计算公式如下。

人民币还本额=当年还本资金来源-外汇当年还本额

8.6.2　流动资金借款还本付息估算

流动资金借款的还本付息方式与固定资产不同，因为流动资金是在企业的生产和销售环节中周转使用，虽然其物质形态不断发生转化，但其价值量具有长期的稳定性，通常不会因为生产经营的延续而增加或减少。基于这一原因，流动资金借款在生产经营期内只计算每年所支付的利息，本金通常是在项目寿命期最后一年一次性支付的。利息计算公式如下。

年流动资金借款利息=流动资金借款额×年利率

本章综合案例

【案例 1】 某公司拟投资建设一个化工厂，这一建设项目的基本数据如下，试根据建设项目总投资的构成内容，计算拟建项目的总投资。

该项目建设期 3 年，实施计划进度为：第 1 年完成项目全部投资的 20%，第 2 年完成项目全部投资的 55%，第 3 年完成项目全部投资的 25%，第 4 年投产，投产当年生产负荷达生产能力的 70%，第 5 年生产负荷达生产能力的 90%，第 6 年生产负荷达生产能力的 100%，项目运营期 15 年。

本项目工程费与工程建设其他费的估算额为 52 180 万元，预备费(包括基本预备费和涨价预备费)为 5 000 万元，本项目投资方向调节税率为 5%。

本项目的资金来源为自有资金和贷款。贷款总额为 40 000 万元，其中外汇贷款为

2 300 万美元，外汇牌价 1 美元兑换 8.3 元；人民币贷款从中国建设银行获得，年利率

为 12.48%(本案例按季计息)；贷款的外汇部分从中国银行获得，年利率 8%(按年计息)。

建设项目达到设计生产能力以后，全厂定员为 1 100 人，工资及福利费按每人每年 7 200 元估算.每年其他费用 860 万元，年外购原材料＼燃料及动力费估算为 19 200 万元，年经营成本为 21 000 万元。年修理费占年经营成本的 10%，各项流动资金天数分别为：应收账款 30 天，现金 40 天，应付账款 30 天，存货 40 天。

问题：

(1) 建设期贷款利率计算。

(2) 试用分项详细估算法估算流动资金。

(3) 试估算拟建项目的总投资。

解析：

问题 1：建设期贷款利率计算。

(1) 人民币贷款实际利率计算。

人民币实际利率=(1+名义利率÷年计息次数)^{年计息次数}−1

=(1+12.48%÷4)^4−1=13.08%

(2) 每年投资的本金数额计算。

人民币部分：贷款总额数为：40 000−2 300×8.3=20 910(万元)

第 1 年为：20 910×20%=4 182(万元)

第 2 年为：20 910×55%=11 500.50(万元)

第 3 年为：20 910×25%=5 227.50(万元)

美元部分：贷款总额数为：2 300(万美元)

第 1 年为：2 300×20%=460(万美元)

第 2 年为：2 300×55%=1 265(万美元)

第 3 年为：2 300×25%=575(万美元)

(3) 每年应计利息计算。

每年应计利息=(年初借款本利累计额+本年借款额÷2)×年实际利率

人民币建设期贷款利息计算。

第 1 年贷款利息=(0+4 182÷2)×13.08%=273.50(万元)

第 2 年贷款利息=[(4 182+273.50)+11 500.50÷2]×13.08%=1 334.91(万元)

第 3 年贷款利息 =[(4 182+273.50 +11 500.50+1 334.91)+5 227.5÷2]×13.08%=2 603.53 (万元)

人民币贷款利息合计=273.5+1 334.91+2 603.53=4 211.94(万元)

外币贷款利息计算：

第 1 年外币贷款利息=(0+460÷2)×8%=18.40(万美元)

第 2 年外币贷款利息=[(460 +18.40)+1 265 ÷2]×8%=88.87(万美元)

第 3 年外币贷款利息=[(460+18.40 +1 265+88.88)+575÷2]×8%=169.58(万美元)

外币贷款利息合计=18.40+88.87+169.58=276.85(万美元)

问题 2：分项详细估算法估算流动资金。

应收账款= 年经营成本÷年周转次数

=21 000÷(360÷30)=1 750(万元)

现金=(年工资福利费+年其他费)÷年周转次数

=(1 100×0.72+860)÷(360÷40)=183.56(万元)

存货计算如下。

外购原材料、燃料=年外购原材料、燃料动力费 ÷ 年周转次数

=19 200 ÷ (360 ÷ 40)=2 133.33 万元

在产品=(年福利费+年其他费+年外购原材料、燃料动力费+年修理费) ÷ 年周转次数

=(1 100 × 0.72+860+19 200+21 000　× 10%) ÷ (360 ÷ 40)=2 550.22(万元)

产成品=年经营成本 ÷ 年周转次数

=21 000 ÷ (360 ÷ 40)=2 333.33(万元)

存货=2 133.33+2 550.22+2 333.33=7 016.88(万元)

流动资产=应收账款+现金+存货

=1 750+183.56+7 016.88=8 950.44(万元)

应付账款=年外购原材料、燃料、动力费 ÷ 年周转次数

流动负债=应付账款=1 600 万元

流动资金=流动资产 − 流动负债

=8 950.44 − 1 600 = 7 350.44(万元)

问题 3：根据建设项目总投资的构成内容，计算拟建项目的总投资。

项目总投资估算额=固定资产投资总额+流动资金=(工程费+工程建设其他费+预备费+投资方向调节税+贷款利息)+流动资金

=[(52 180+5 000) × (1+5%)+276.85 × 8.3+4 211.94]+7 350.44 × 30%

=66 548.80+2 205.13=68 753.93(万元)

【案例 2】 某地区 2004 年初拟建一工业项目，有关资料如下。

(1) 经估算，国产设备购置费为 2 000 万元(人民币)，进口设备 FOB 价为 2 500 万元(人民币)，到岸价(货价、海运费、运输保险费)为 3 020 万元(人民币)，进口设备国内运输费 100 万元。

(2) 本地区已建类似工程项目中建筑工程费用(土建、装饰)为设备投资的 23%，2001 年已建类似工程建筑工程造价资料及 2004 年初价格信息见表 8-21，建筑工程综合费率为 24.74%。设备安装费用为设备投资的 9%，其他费用为设备投资的 8%。由于时间因素引起变化的综合调整系数分别为 0.98 和 1.16。

(3) 基本预备费率按 8%考虑。

表 8-21　2001 年已建类似工程建筑工程造价资料及 2004 年初价格信息表

名　称	单　位	数　量	2001 年预算单价/元	2004 年初预算单价/元
人工	工日	24 000	28	32
钢材	T	440	2 410	4 100
木材	m^3	120	1 251	1 250
水泥	t	850	352	383
名称	单位	合价	调整系数	
其他材料费	万元	198.50	1.10	
机械台班费	万元	66.00	1.06	

注：其他材料费系指除钢材、木材、水泥以外的各项材料费之和。

问题：

(1) 按照表 8-22 的给定数据和要求，计算进口设备购置费用。

(2) 计算拟建项目设备投资费用。

(3) 试计算以下问题。

① 已建类似工程建筑工程直接工程费、建筑工程费用。

② 已建类似工程建筑工程中的人工费、材料费、机械台班费分别占建筑工程费用的百分比(保留小数点后两位)。

③ 拟建项目的建筑工程综合调整系数(保留小数点后两位)。

(4) 估算拟建项目静态投资。

表 8-22　进口设备购置费用计算表

序　号	项　目	费　率	计算式	金额(万元)
1	到岸价格			
2	银行财务费	0.5%		
3	外贸手续费	1.5%		
4	关税	10%		
5	增值税	17%		
6	设备国内运杂费			
进口设备购置费				

解析：

问题(1)计算进口设备购置费用。

计算过程及结果见表 8-23。

表 8-23　进口设备购置费用计算表

序　号	项　目	费　率	计算式	金额(万元)
1	到岸价格			3 020.00
2	银行财务费	0.5%	2 500×0.5%	12.50
3	外贸手续费	1.5%	3 020×1.5%	45.30
4	关税	10%	3 020×10%	302
5	增值税	17%	(3 020+302)×17%	564.74
6	设备国内运杂费			100.00
进口设备购置费			1+2+3+4+5+6	4 044.54

问题(2)拟建项目设备投资费用

$$4\ 044.54+2\ 000.00=6\ 044.54(\text{万元})$$

问题(3)

① 已建类似工程建筑工程直接工程费。

$$\text{人工费}=24\ 000\times 28=67.20(\text{万元})$$

$$\text{材料费}=440\times 2\ 410+120\times 1\ 251+850\times 352+1\ 985\ 000=349.47(\text{万元})$$

机械使用费=66.00(万元)

则类似已建工程建筑工程直接工程费=67.20+349.47+66.00=482.67(万元)

② 类似已建工程建筑工程费用：482.67 × (1+24.74%)=602.08(万元)

③ 已建类似工程建筑工程中的人工费占建筑工程费用的比例：67.20 ÷ 602.08=11%

已建类似工程建筑工程中的材料费占建筑工程费用的比例：349.47 ÷ 602.08=58%

已建类似工程建筑工程中的机械费占建筑工程费用的比例：66.00 ÷ 602.08=11%

④ 2004 年拟建项目的建筑工程综合调整系数。

人工费=0.003 2 × 24 000=76.8(万元)

材料费=0.41 × 440+0.125 × 120+0.038 3 × 850+198.5 × 1.1=446.31(万元)

机械费=66.00 × 1.06=69.96(万元)

直接工程费=76.8+446.31+69.96=593.07(万元)

则建筑工程综合调整系数=593.07 ÷ 482.67=1.23

问题(4)拟建项目工程建设静态投资估算。

建筑工程费：6 044.54 × 23% × 1.23=1 710.00(万元)

安装工程费：6 044.54 × 9% × 0.98=533.13(万元)

工程建设其他费用：6 044.54 × 8% × 1.16=560.93(万元)

基本预备费：(6 044.54+1 710.00+533.13+560.93) × 8%=707.89(万元)

静态投资：6 044.54+1 700.00+533.13+560.93+707.89=9 556.49(万元)

【案例 3】 某企业拟建年产 10 万 t 炼钢厂，根据可行性研究报告提供的主厂房工艺设备清单和询价资料估算出该项目主厂房设备投资约 3 600 万元。已建类似项目资料：与设备有关的其他各专业工程投资系数见表 8-24，与主厂房投资有关的辅助工程及附属设施投资系数见表 8-25。

表 8-24 与设备投资有关的各专业工程投资系数

加热炉	汽化冷却	余热锅炉	自动化仪表	起重设备	供电与传动	建安工程
0.12	0.01	0.04	0.02	0.09	0.18	0.40

表 8-25 与主厂房投资有关的辅助及附属设施投资系数

动力系统	机修系统	总图运输系统	行政及生活福利设施工程	工程建设其他费
0.30	0.12	0.20	0.30	0.20

本项目资金来源为自有资金和贷款，贷款总额为 8 000 万元，贷款利率为 8%，(按年计息)。建设期 3 年，第 1 年投入 30%，第 2 年投入 50%， 第 3 年投入 20%，预计建设期物价上涨率 3%，基本预备费 5%，投资方向调节税率 0%。

问题

(1) 试用系数估算法估算该项目主厂房投资和项目建设的工程费与其他投资费。

(2) 估算该项目的固定资产投资额，并编制固定资产投资估算表。

(3) 若固定资产投资资金率为 6%，使用扩大指标估算法估算项目的流动资金，确定项目的总投资。

解析:

问题 1。

主厂房投资=3 600×(1+12%+1%+4%+2%+9%+18%+40%)=3 600×(1+0.86)=6 696(万元)，其中，建安工程投资=3 600×0.4=1 440(万元)。

其中，设备购置投资=3 600×1.46=5 256(万元)。

工程费与工程建设其他费=6 696×(1+30%+12%+20%+30%+20%)

=6 696×(1+112%)=14 195.52(万元)。

基本预备费=14 195.52×5%=709.78(万元)。

由此得：静态投资=14 195.52+709.78=14 905.30(万元)

建设期各年的静态投资额如下。

第 1 年：14 905.3×30%=4 471.59(万元)

第 2 年：14 905.3×50%=7 452.65(万元)

第 3 年：14 905.3×20%=2 981.06(万元)

涨价预备费的计算。

涨价预备费=4 471.59×[(1+3%)-1]+7 452.65 × [$(1+3\%)^2$-1]+2 981.06×[$(1+3\%)^3$-1]

=134.15+453.87+276.42=864.44(万元)

由此得：预备费=709.78+864.44=1 574.22(万元)

投资方向调节税：0 万元。

建设期贷款利息如下。

第 1 年贷款利息(0+8 000×30%/2)×8%=96(万元)

第 2 年贷款利息(96+8 000×30%+8 000×50%/2)×8%=359.68(万元)

第 3 年贷款利息[2 400+96+4 000+359.68)+(8 000 × 20%/2)]×8%=612.45(万元)

建设期贷款利息总计如下。

96+359.68+612.45=1 068.13(万元)

由此得:

建设项目投资额：14 195.52+1 574.22+0+1 068.13=16 837.87(万元)

流动资金 16 837.87×6%=1 010.27(万元)

拟建项目总投资如下。

16 837.87 +1 010.27=17 848.14(万元)

问题 2。

建设投资的估算见表 8-26。

表 8-26　建设投资估算表(概算法)

序　号	工程费用名称	系　数	建筑安装工程费	设备购置费	工程建设其他费	合　计	占总投资比例 %
1	工程费		7 600.32	5 256.00		12 856.32	81.53
1.1	主机房		1 440.00	5 256.00		6 696.00	

续表

序　号	工程费用名称	系　数	建筑安装工程费	设备购置费	工程建设其他费	合　计	占总投资比例%
1.2	动力系统	0.3	2 008.80			2 008.80	
1.3	机修系统	0.12	803.52			803.52	
1.4	总图运输系统	0.20	1 339.20			1 339.20	
1.5	行政\生活福利设施	0.30	2 008.80			2 008.80	
2	工程建设其他费	0.20			1 339.22	1 339.20	8.40
	(1)+(2)					14 195.52	
3	预备费				1 574.22	1 574.22	9.98
3.1	基本预备费				709.78	709.78	
3.2	涨价预备费				864.44	864.44	
4	投资方向调节税				0.00	0.00	
5	建设期贷款利息				1 068.13	1 574.22	
固定资产投资 1+2+3+4			7 600.32	5 256.00	3 981.55	16 837.87	100

问题 3。

流动资金 16 837.87 × 6%=1 010.27(万元)

拟建项目总投资：16 837.87 +1 010.27=17 848.14(万元)

本 章 小 结

建设项目财务基础数据测算过程是建设项目评估及项目投资决策的重要环节和步骤，对于建设项目财务分析和建设项目国民经济费用与效益分析内容的继续学习具有重要的铺垫作用，在建设项目评估实践过程中，也具有十分现实的意义。应充分掌握本章所涉及的主要测算内容、方法与实务技术，以利于对建设项目进行正确的费用与效益分析和综合评价与论证。

本章推荐课外阅读资料

[1] 国家发展与改革委员会和建设部．建设项目评价方法与参数 3 版．[M]．北京：中国计划出版社，2006．

[2] 建设部标准定额研究所．建设项目经济评价案例[M]．北京：中国计划出版社，2006．

[3] 联合国工业发展组织．工业可行性研究手册[M]，1978．

[4] 简德三．项目评估与可行性研究[M]．上海：上海财经大学出版社，2004．

[5] 闫军印．建设项目评估[M]．北京：机械工业出版，2005．

[6] 宋维佳．可行性研究与项目评估[M]．大连：东北财经大学出版社，2007.
[7] 苏益．投资项目评估[M]．北京：清华大学出版社，2007.

本章思考题

一、名词解释

总投资、建设投资、流动资金、FOB 价格、CIF 价格、组成计税价格、抵岸价、工程费、工程建设其他费、建设期利息、等额还本付息、基本预备费、涨价预备费、总成本费用、经营成本、固定成本、可变成本、双倍余额递减法、年数总和法、增值税、营业税金及附加、税后利润、应付利润、未分配利润

二、简答题

(1) 财务基础数据估算的内容是什么？

(2) 财务基础数据估算表的组成与相互关系是什么？

(3) 简述建设项目总投资测算的内容与方法。

(4) 建设投资的构成与测算方法是什么？

(5) 建设项目预备费与建设期利息的测算方法是什么？

(6) 总成本费用的测算方法是什么？

(7) 建设项目贷款还本付息表的编制的主要过程是什么？

(8) 总成本费用的估算有哪两种主要方法？

(9) 建设投资估算有哪两种主要方法？

三、计算题

(1) 某建设项目，建设期 2 年，第 1 年计划投资 1 000 万元，第 2 年计划投资 500 万元，年均投资价格上涨率为 5%，则建设期间涨价预备费应为多少万元？

(2) 某新建项目，建设期 3 年，第 1 年贷款 300 万元，第 2 年贷款 600 万元，第 3 年没有贷款。贷款在年度内均衡发放，年利率为 6%，贷款利息均在项目投产后偿还，则该项目第 3 年的贷款利息是多少万元？

(3) 某新建项目，建设期为 3 年，分年均衡进行贷款，第 1 年贷款 1 000 万元，第 2 年贷款 2 000 万元，第 3 年贷款 500 万元，年贷款利率为 6%，建设期间只计息，不支付，则该项目第 3 年贷款利息为是多少万元？

(4) 某建设项目投资构成中，设备及工器具购置费为 2 000 万元，建筑安装工程费为 1 000 万元，工程建设其他费为 500 万元，预备费为 200 万元，建设期贷款 1 800 万元，应计利息 80 万元，流动资金贷款 400 万元，则该建设项目的总投资是多少万元？

(5) 某工厂采购一台国产非标准设备，制造厂生产该台设备所用材料费 20 万元，加工费 2 万元，辅助材料费 4 000 元，专用工具费 3 000 元，废品损失费率 10%，外购配套件费 5 万元，包装费 2 000 元，利润率为 7%，税金 4.5 万元，非标准设备设计费 2 万元，运杂费率 5%，该设备购置费是多少万元？

(6) 某市建筑公司承建某县政府办公楼，工程不含税造价为 1 000 万元，该施工企业应缴纳的营业税为是多少万元？

(7) 某项固定资产原价为 20 000 元。预计净残值 800 元，预计使用年限 5 年，试采用双倍余额递减法计算各年的折旧额。

(8) 某成套生产线设备原价为 90 万元。预计净残值 7 万元，预计使用年限 8 年，试采用年数总和法计算各年的折旧额。

(9) 甲建筑公司以 16 000 万元的总承包额中标为某房地产开发公司承建一幢写字楼，之后甲建筑公司又将该写字楼工程的装饰工程以 7 000 万元分包给乙建筑公司。工程完工后，房地产开发公司用其自有的市场价值 4 000 万元的两幢普通住宅楼抵顶了应付给甲建筑公司的工程劳务费。甲建筑公司将一幢普通住宅楼自用，另一幢市场价值 2 200 万元的普通住宅抵顶了应付给乙建筑公司的工程劳务费。试分别计算甲建筑公司和乙建筑公司应缴纳和应扣缴的建筑业营业税税款。

第 9 章 建设项目经济评价

教学目标：建设项目经济评价是建设项目评估的重要内容，其目的在于确保决策的正确性和科学性，避免或最大限度地减小投资方案的风险，明确投资方案的经济效果水平，最大限度地提高项目投资的综合经济效益，为项目的投资决策提供科学的依据。因此，正确选择建设项目经济评价的指标和方法是十分重要的。由于固定资产、流动资产估算存在误差引起的不确定性风险，销售收入与经营成本估算存在通货膨胀、技术进步、市场供求等变化因素，以及政策、法规变动都将影响财务评价和国民经济评价的结果，使其具有不确定性，因此要进行项目可行性研究的不确定性分析。下面将介绍关于盈亏平衡分析、敏感性分析、概率分析等不确定性分析的方法与应用。

教学要求：本章要求掌握建设项目经济评价过程中财务效益评估与财务分析的基本过程及所应用的主要方法，具体内容包括建设项目经济评价基础理论、建设项目经济评价指标、财务分析与评价基本报表的编制、项目财务评价的指标体系与方法、项目财务盈利能力分析以及偿债能力分析，以及建设项目不确定性分析的主要方法。项目的风险分析是对项目总投资和效益由于随机性的原因引起的变化进行的分析方法。项目的不确定性的重要性在于项目总投资和效益的变化有时是不可预知的，也是不可预估的，是非概率的因素引起的不确定性情况的分析，这是两者的主要区别，因此应针对上述特点进行有区别的评估。

9.1 项目经济评价概述

9.1.1 建设项目经济评价概述

建设项目经济评价是建设项目决策的重要依据，在项目财务效益与费用估算的基础上进行。建设项目经济评价对评价方案计算期内各种有关技术经济因素和方案投入与产出的有关财务、经济资料数据进行调查、分析、预测，对方案的经济效果进行计算、评价，分析比较各方案的优劣，从而确定和推荐最佳方案。

建设项目经济评价主要包括以下内容。

(1) 盈利能力分析。分析和测算项目计算期的盈利能力和盈利水平。

(2) 清偿能力分析。分析和测算项目偿还贷款的能力和投资的回收能力。

(3) 抗风险能力分析。分析项目在建设和生产期可能遇到的不确定性因素和随机因素对项目经济效果的影响程度，考察项目承受各种投资风险的能力，提高项目投资的可靠性和盈利性。

对于经营性项目，财务评价应通过编制财务评价报表，计算财务指标，分析项目的盈利能力、偿债能力和财务生存能力，判断项目的财务可接受性，明确项目对财务主体及投资者的价值贡献，为项目决策提供依据。对于非经营性项目，财务评价应主要分析项目的财务生存能力。

建设项目经济评价方法，按其是否考虑时间因素又可分为静态评价方法和动态评价方法。

静态评价方法是不考虑货币的时间因素，亦即不考虑时间因素对货币价值的影响，而对现金流量分别进行直接汇总来计算评价指标的方法。静态评价方法的最大特点是计算简便。在对方案进行粗评价，或对短期投资项目进行评价，以及对于逐年收益大致相等的项目评价，静态评价方法是可以采用的方法。

动态评价方法是考虑资金的时间价值来计算评价指标的。在工程经济分析中，由于时间和利率的影响，对投资方案的每一笔现金流量都应该考虑它所发生的时间，以及时间因素对其价值的影响。动态评价方法能较全面地反映投资方案整个计算期的经济效果。

在进行方案比较时，在方案初选阶段，可采用静态评价方法，然而一般以动态评价方法为主。

9.1.2　建设项目经济评价指标

评价经济效果的好坏，一方面取决于基础数据的完整性和可靠性，另一方面则取决于选取的评价指标体系的合理性。只有选取正确的评价指标体系，建设项目经济评价的结果才能与客观实际情况相吻合，才具有实际意义。一般来讲，项目的经济评价指标不是唯一的，根据不同的评价深度要求和可获得资料的多少，以及项目本身所处的条件不同，可选用不同的指标，这些指标有主有次，可以从不同侧面反映投资项目的经济效果。

根据不同的划分标准，投资项目评价指标体系可以进行不同的分类见图 9.1。

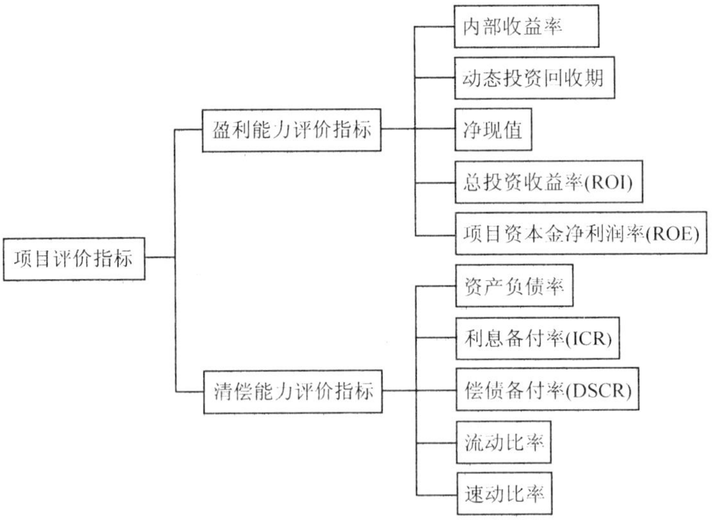

图 9.1　评价指标分类

9.2　建设项目经济评价的盈利能力分析指标

9.2.1　投资回收期

根据是否考虑资金时间价值，可分为静态评价指标和动态评价指标。静态分析是指不采取折现方式处理数据，例如依据利润与利润分配表计算项目资本金净利润率(ROE)和总投资收益率(ROI)指标。

投资回收期是反映投资方案清偿能力的重要指标，分为静态投资回收期和动态投资回收期。

1. 静态投资回收期

静态投资回收期是在不考虑资金时间价值的条件下，以项目的净收益回收其全部投资所需要的时间。投资回收期可以自项目建设开始年算起，也可以自项目投产年开始算起，但应予注明。

自建设开始年算起，投资回收期 P_t(以年表示)的计算公式为

$$\sum_{t=0}^{P_t}(CI-CO)_t=0 \tag{9-1}$$

式中　P_t——静态投资回收期；

CI——现金流入量；

CO——现金流出量；

$(CI-CO)_t$——第 t 年净现金流量。

静态投资回收期可根据现金流量表计算，其具体计算又分以下两种情况。

(1) 项目建成投产后各年的净收益(即净现金流量)均相同，则静态投资回收期的计算公式为

$$P_t=\frac{K}{A} \tag{9-2}$$

式中　K——总投资；

A——每年的净收益，即 $A=(CI-CO)_t$。

(2) 项目建成投产后各年的净收益不相同，则静态投资回收期可根据累计净现金流量求得，也就是在现金流量表中累计净现金流量由负值转向正值之间的年份。其计算公式为

$$P_t=(\text{累计净现金流量出现正值的年份数}-1)+\frac{\text{上一年累计净现金流量的绝对值}}{\text{出现正值年份的净现金流量}} \tag{9-3}$$

【例题 9-1】 某项目投资 5 000 万元，当年投产，投产后第 1 年到第 4 年现金流量分别为 500 万元，1 000 万元，2 000 万元和 3 000 万元，有关数据见表 9-1，其静态投资回收期为多少年?

表 9-1　某项目现金流量表　　万元

年份	1	2	3	4
净现金流量	−4 500	1 000	2 000	3 000
累计净现金流量	−4 500	−3 500	−1 500	1 500

解析：

$$P_t = \text{累计净现金流量开始出现正值的年份} - 1 + \frac{\text{上一年累计现金流量的绝对值}}{\text{当年净现金流量}}$$

$$= 4-1+1\ 500/3\ 000 = 3.5(\text{年})$$

(3) 评价准则。

将计算出的静态投资回收期(P_t)与所确定的基准投资回收期(P_c)进行比较。

若 $P_t \leq P_c$，表明项目投资能在规定的时间内收回，则项目(或方案)在经济上可以考虑接受。

若 $P_t > P_c$，则项目(或方案)在经济上是不可行的。

2．动态投资回收期

动态投资回收期是把投资项目各年的净现金流量按基准收益率折成现值之后，再来推算投资回收期，这就是它与静态投资回收期的根本区别。动态投资回收期就是累计现值等于零时的年份。

1) 计算公式

动态投资回收期的计算表达式为

$$\sum_{t=0}^{P_t'} (CI - CO)_t (1 + i_c)^{-t} = 0$$

式中　P_t'——动态投资回收期；

i_c——基准收益率。

在实际应用中，可根据项目现金流量表用下列近似公式计算。

$$P_t' = (\text{累计净现金流量现值出现正值的年数} - 1) + \frac{\text{上一年累计净现金流量现值的绝对值}}{\text{出现正值年份净现金流量的现值}}$$

$$P_t = T - 1 + \frac{\left|\sum_{i=1}^{T-1} (CI - CO)_i\right|}{(CI - CO)_T} \tag{9-4}$$

式中　T——各年累计净现金流量首次为正值或零的年数。

投资回收期短，表明项目投资回收快，抗风险能力强。

按静态分析计算的投资回收期较短，决策者可能认为经济效果尚可以接受，但若考虑时间因素，用折现法计算出的动态投资回收期，要比用传统方法计算出的静态投资回收期长些，该方案未必能被接受。

【例题 9-2】 某项目现金流量见表 9-2，已知 i_c=8%，则其净现值为多少？动态投资回收期为多少年？

表 9-2　项目净现金流量表

年份(年初)	1	2	3	4
净现金流量	-100	50	100	150

解析：

项目累计折现净现金流量的计算见表 9-3。

表 9-3　项目累计折现净现金流量计算表　万元

年　份	1	2	3	4
净现金流量	−100	50	100	150
折现净现金流量	−100	46.30	85.73	128.60
累计折现净现金流量	−100	−53.37	32.36	160.96

$$P_t' = (\text{累计净现金流量现值出现正值的年数} - 1) + \frac{\text{上一年累计净现金流量现值的绝对值}}{\text{出现正值年份净现金流量的现值}}$$

$$= 3 - 1 + 53.37 / 85.73 = 2.62 \text{ 年}$$

【例题 9-3】 某项目方案有关数据见表 9-4，基准折现率为 10%，标准动态投资回收期为 8 年，试计算该方案动态投资回收期，并进行方案评价。

表 9-4　动态投资回收期计算表　万元

序　号	年目录	0	1	2	3	4	5	6
1	投资支出	20	500	100				
2	其他支出				300	450	450	450
3	收入				450	700	700	700
4	净现金流量	-20	-500	-100	150	250	250	250
5	折现值	-20	-454.6	-82.6	112.7	170.8	155.2	141.1
6	累计折现值	-20	-474.6	-557.2	-444.5	-273.7	-118.5	22.6

解析：

由于动态投资回收期就是累计折现值为零时的年限，则动态投资回收期应按下式计算。

$$P_t' = 6 - 1 + \frac{118.5}{141.1} = 5.84\ (\text{年})$$

由于项目方案的投资回收期小于基准的动态投资回收期，则该项目可行。

2) 投资回收期指标的优点与不足

投资回收期指标容易理解，计算也比较简便，在一定程度上显示了资本的周转速度。显然，资本周转速度愈快，回收期愈短，风险愈小，盈利愈多。这对于那些技术上更新迅速较快的项目或资金相当短缺的项目或未来情况很难预测而投资者又特别关心资金补偿的项目进行分析是特别有用的，但不足的是投资回收期没有全面考虑投资方案整个计算期内的现金流量，即只考虑投资回收之前的效果，不能反映投资回收之后的情况，即无法准确衡量方案在整个计算期内的经济效果，所以，投资回收期作为方案选择和项目排队的评价准则是不可靠的，它只能作为辅助评价指标，或与其他评价方法结合应用。

9.2.2　净现值

净现值(Net Present Value NPV)是反映投资方案在计算期内获利能力的动态评价指标。投资方案的净现值是指用一个预定的基准收益率(或设定的折现率)i_c，分别把整个计算期间内各年所发生的净现金流量都折现到投资方案开始实施时的现值之和。

(1) 净现值的计算公式为

$$NPV=\sum_{t=0}^{n}(CI-CO)_t(1+i_c)^{-t} \tag{9-5}$$

式中　NPV——净现值；

$(CI-CO)_t$——第 t 年的净现金流量(应注意“+”、“−”号)；

i_c——基准收益率；

n——方案计算期。

【例题 9-4】 某项目现金流量见表 9-5，已知 i_c=8%，则其净现值为多少？

表 9-5　项目净现金流量表　　万元

年份(年初)	1	2	3	4
净现金流量	−100	50	100	150

解析：NPV=150(1+8%)$^{-3}$ + 100(1+8%)$^{-2}$+50(1+8%)$^{-1}$ −100

=160.96(万元)

【例题 9-5】 某投资项目中规定，投资 10 000 元，在 5 年中每年平均收入 5 310 元，并且还有残值 2 000 元，每年支出的经营费和维修费为 3 000 元 ，按投入赚得 10%的利率计算，试说明它是否是一个理想方案？

解析：

绘制现金流量图如图 9.2 所示。

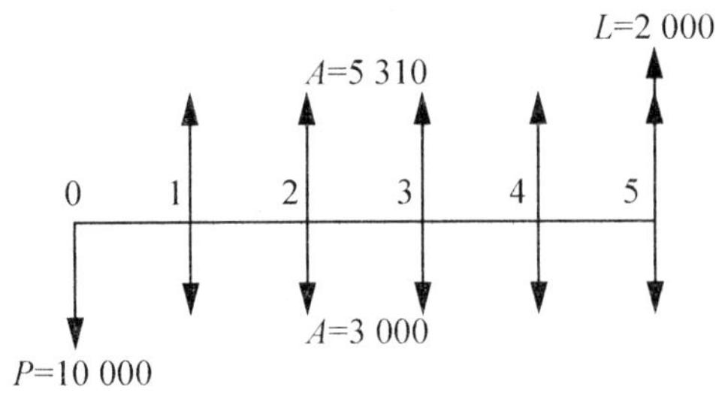

图 9.2　现金流量图

NPV= −10 000+(5 310−3 000)(P/A，10%，5)+2 000(P/F，10%，5)

= −10 000+2 310×3.791+2 000×0.020 9= −1.5

由于计算的结果近似得零，所以它不是一个理想方案。

(2) 净现值的评价准则如下。

净现值(NPV)是评价项目盈利能力的绝对指标。

① 当方案的 $NPV\geqslant 0$ 时，说明该方案能满足基准收益率要求的盈利水平，故在经济上是可行的。

② 方案的 $NPV<0$ 时，说明该方案不能满足基准收益率要求的盈利水平，故在经济上是不可行的。

净现值(NPV)指标考虑了资金的时间价值，并全面考虑了项目在整个计算期内的经济状况，经济意义明确直观，能够直接以货币额表示项目的盈利水平，因此判断直观。不足之处是必须首先确定一个符合经济现实的基准收益率，而基准收益率的确定往往是比较困难的，而且在互斥方案评价时，净现值必须慎重考虑互斥方案的寿命，如果互斥方案寿命不等，必须构造一个相同的分析期限，才能进行各个方案之间的比选。另外，净现值不能反映项目投资中单位投资的使用效率，不能直接说明在项目运营期间各年的经营成果。

【例题 9-6】 某建设项目投资方案建设期为 2 年，建设期内每年年初投资 400 万元，运营期每年年末净收益为 150 万元。若基准收益率为 12%，运营期为 18 年，残值为零，则该投资方案的净现值和静态投资回收期分别为多少?

解析：

$$\text{静态投资回收期}=2+5+50/150$$
$$=2+5+0.33=7.33\text{ 年}$$

$NPV=150(P/A，12\%，18)(P/F，12\%，2)-400-400(P/F，12\%，1)=109.77$

NPV 大于零，方案可行。

9.2.3 内部收益率

由于内部收益率不是初始投资在整个计算期内的盈利率，因而它不仅受项目初始投资规模的影响，还受项目计算期内各年净收益大小的影响。

1. 内部收益率

1) 数学表达式

对常规投资项目，内部收益率就是净现值为零时的收益率，其数学表达式为

$$NPV(IRR)=\sum_{t=0}^{n}(CI-CO)_t(1+IRR)^{-t}=0 \tag{9-6}$$

式中　IRR——内部收益率。

内部收益率 IRR 表示项目的真实收益率，i_c 表示基准收益率，当内部收益率大于等于基准收益率时，项目可行

2) 计算方法

对于常规现金流量可以采用线性插值试算法求得内部收益率的近似解，步骤如下。

(1) 根据经验，选定一个适当的折现率 i_0.

(2) 根据投资方案的现金流量情况，利用选定的折现率 i_0 求出方案的净现值 NPV。

(3) 若 $NPV>0$，则适当使 i_0 继续增大；若 $NPV<0$，则适当使 i_0 继续减小。

(4) 重复。直到找到这样的两个折现率 i_1 和 i_2，使其所对应的净现值 $NPV_1>0$，$NPV_2<0$，其中(i_2-i_1)一般不超过 2%～5%。

(5) 采用线性插值公式求出内部收益率的近似解，其计算公式如下。

$$IRR=i_1+\frac{NPV_1}{NPV_1+|NPV_2|}(i_2-i_1) \tag{9-7}$$

【例题 9-7】 有一方案，投资 10 000 元，方案的经营寿命为 5 年，届时有残值 2 000 元，每年收入为 5 000 元，每年支出 2 200 元，期望收益率为 8%，求方案投资的内部收益率。

解析：$NPV=-10\,000+2\,000(P/F，i，5)+(5\,000-2\,200)(P/A，i，5)$

当 $i_1=15\%$时：$NPV=-10\,000+2\,000(P/F，15\%，5)+(5\,000-2\,200)(P/A，15\%，5)=365$

当 i_2=20%时：NPV= −10 000+2 000(P/F，20%，5)+(5 000−2 200)(P/A，20%，5)= −598

说明内部收益率在 15%～20%，分析一下，在 15%～20%这个小区间内，NPV 近似地随 i 线性变化，如图 9.3 所示，就有△ABC∽△ADE。

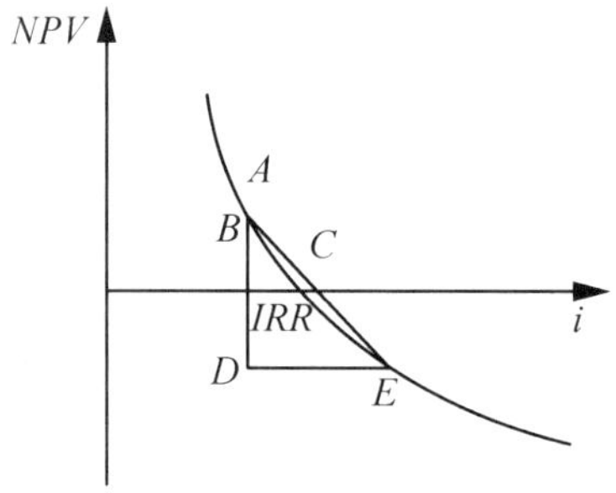

图 9.3　试算内插法求 *IRR* 图解

则有：$\dfrac{AB}{AD}=\dfrac{BC}{DE}$

$$\frac{NPV(i_1)}{|NPV(i_1)|+|NPV(i_2)|}=\frac{IRR-i_1}{i_2-i_1}$$

$$IRR=i_1+\frac{NPV(i_1)}{|NPV(i_1)|+|NPV(i_2)|}(i_2-i_1)$$

$$IRR=0.15+\frac{365}{|365|+|-598|}(0.20-0.15)=16.9\%$$

3) 评价准则

内部收益率计算出来后，应与基准收益率进行比较。

(1) 若 $IRR \geqslant i_c$，则项目(或方案)在经济上可以接受。

(2) 若 $IRR < i_c$，则项目(或方案)在经济上应拒绝。

基准收益率也称基准折现率，是企业或行业或投资者以动态的观点所确定的、可接受的投资项目最低标准的收益水平。它表明投资决策者对项目资金时间价值的估价，是投资资金应当获得的最低盈利率水平，是评价和判断投资方案在经济上是否可行的依据，是一个重要的经济参数。基准收益率的确定一般以行业的平均收益率为基础，同时综合考虑资金成本、投资风险、通货膨胀以及资金限制等影响因素。

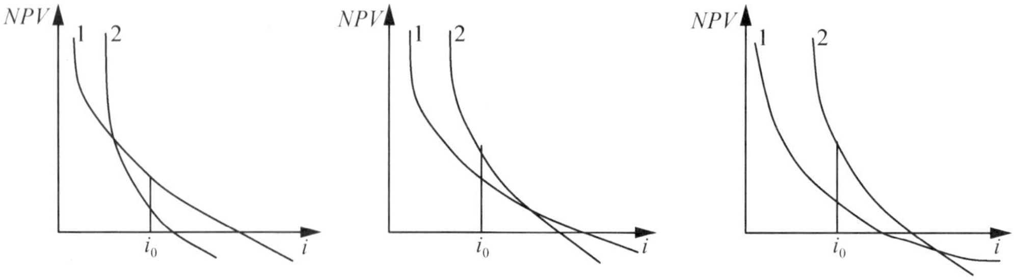

图 9.4　用于方案比较的差额内部收益率示意图

• 208 •

2. 差额内部收益率

在进行多方案比较时，不能直接用各方案内部收益率的大小来比较，因为按方案现金流量总额计算的内部收益率最大，但按基准收益率计算的现金流量总额的净现值不一定最大，就是说，内部收益率并不反映方案现金流量的结构。如有两个互斥方案 1 与 2，由于投资规模不同，因此两者的现金流量结构不同，其净现值函数曲线呈现出不同的形状。一般情况下，方案的前期净收益大，后期的净收益小，其净收益现值函数的变化率较小，曲线平缓，如图 9.4 所示曲线 1，此类情况相当于投资规模小，而后期收益也较小的方案。反之，若方案的前期净收益较小，后期净收益较大，即投资规模较大，后期收益也较大的方案，其净收益现值函数的变化率较大，曲线较陡，如图 9.4 所示曲线 2。一般情况下，由于投资规模不同，互斥方案的净现值函数曲线之间可能存在着 3 种相互关系，如图 9.4 中的(a)、(b)、(c)所示。在图 9.4(a)中，曲线 1、2 的交点在基准收益率 i_0 的左侧，此时用净现值法和用内部收益率所得的结论是一致的，即方案 1 优于方案 2。在图 9.4(c)中，两方案曲线的交点在横坐标以下，此种情况用净现值法和内部收益率法得出的结论也是一致的，即方案 2 优于方案 1。但在图 9.4(b)中的情况就不同了，曲线 1、2 的交点在 i_0 的右侧，又在横坐标的上方，方案 1 的内部收益率大于方案 2 的内部收益率，故方案 1 优于方案 2，但从净现值的标准来看，$NPV_1 < NPV_2$，方案 2 又优于方案 1，这样以两种不同方法来评价方案，会得出相反的结论。所以，对多方案进行比较选优时，如果用内部收益率法来选择方案，一定要用差额内部收益率。

差额投资内部收益率可用下列公式计算。

$$\sum_{t=0}^{n}(CF_{t2} - CF_{t1}) \times \frac{1}{(1+\Delta IRR)^t} = 0 \tag{9-8}$$

式中　CF_{t2}——投资大的方案第 t 年的净现金流量；

CF_{t1}——投资小的方案第 t 年的净现金流量；

ΔIRR——投资增量收益率。

式(9-8)经过变化可得出：$NPV_2 - NPV_1 = 0$

由此可见，投资增量收益率 ΔIRR 就是两方案净现值相等时的内部收益率，反映在图 9.4 中就是两条净现值函数曲线相交时所对应的收益率。用投资增量收益率 ΔIRR 对多方案评价和选优，就能解决分别用 NPV 法和 IRR 法选择方案时出现的矛盾，即 $NPV_1 < NPV_2$，而 $IRR_1 > IRR_2$ 时方案的选择问题，如图 9.4(b)所示。此时只需求出两互斥方案的投资增量收益率 ΔIRR 后，将其与基准收益率 i_0 比较，就可选出最优方案。方案优劣的判断准则如下。

当 $\Delta IRR < i_0$ 时，投资额小、收益小的方案优于投资额大、收益大的方案，如图 9.4(a)所示。

当 $\Delta IRR > i_0$ 时，投资额大的方案优于投资额小的方案，如图 9.4(b)、(c)所示。

【例 9-8】 有两个简单的投资方案，其现金流量见表 9-6，$i = 10\%$，试选择其中最优者。

表 9-6　方案现金流量表

方　案	投　资/万元	年经营费用/万元	年销售收入/万元	寿命年
Ⅰ	1 500	650	1 150	10
Ⅱ	2 300	825	1 475	10

解析：

为了使讨论的问题更加明确，分别用 NPV 和 IRR 法计算。

$$NPV_1=-1\,500+(1\,150-650)(P/A，10\%，10)=1\,572(\text{万元})$$

$$NPV_2=-2\,300+(1\,475-825)(P/A，10\%，10)=1\,693.6(\text{万元})$$

可见，用净现值法比较方案，其结果是Ⅱ优于Ⅰ。

下面计算两方案的内部收益率。

对于Ⅰ方案：当 i_1=30% 时 $NPV_1=46$

当 i_2=35% 时 $NPV_2=-142.5$

$$IRR=30\%+\frac{46}{46+142.5}(35\%-30\%)=31.2\%$$

对于Ⅱ方案：当 i_1=25% 时 $NPV_1=21.15$

当 i_2=30% 时 $NPV_2=-290$

$$IRR=25\%+\frac{21.15}{21.15+290}(30\%-25\%)=25.34\%$$

可见，用内部收益率法比较方案其结果是Ⅰ优于Ⅱ。

两方案分别用净现值和内部收益率法选择时，方案的结论正好相反。无论用哪种方法进行方案相对比选，比选的实质是将投资大的方案与投资小的方案相比，判断增量投资能否被其增量收益收回，即对增量的现金流量的经济性做出判断。也就是当用内部收益率法比较多个方案时，把两个方案的投资差看成是一笔新投资，把两个方案的成本差和收益差看成是这笔新投资带来的净收益，由此计算出来的使增量投资和净收益现值等于零时的贴现率，就为差额内部收益率(或投资增量收益率)，用此差额内部收益率与基准收益率比较，就可判断出增量投资的经济性，即可选出最优方案，如例 9-8 所示。

$$\Delta NPV=-800+150(P/A，i，10)$$

当 i_1=10%时 $\Delta NPV_1=121.6$

当 i_2=15%时 $\Delta NPV_2=-47.15$

$$\Delta IRR=10\%+\frac{121.6}{121.6+47.15}(15\%-10\%)=13.6\%$$

由于 $\Delta IRR>i_0$，说明(Ⅱ-Ⅰ)方案是可行的，即增加 800 万元投资是可行的，从而得出Ⅱ方案优于Ⅰ方案的结果。因为净现值随着 i 的变化而变化，但对同一变化量来说，两个方案的变化幅度却不一样，一般是投资大的变化快。因为投资是早期进行的，若投资大，对资金占用就大，只要利率有一点变化，其绝对变化量就大。

对于能满足相同需要的多个互斥方案，若用差额内部收益率来评价方案时，其基本步骤如下。

(1) 计算各方案自身的内部收益率，从中选取 $IRR>i_0$ 的所有方案。

(2) 将所选出的方案，按初始投资额由小到大的顺序排列。

(3) 通过比较来计算两方案的差额内部收益率，若 $\Delta IRR>i_0$ 则选择投资大的方案，否则选取投资小的方案，将选出的方案与后一个方案再进行比较。

(4) 重复(3)，直到选出最优方案为止。

用差额内部收益率法选择多方案时，只有在基准收益率大于被比较的两方案的差额内部收益率时，才能得出正确结论。也就是说，如果投资大的方案相对于投资小的方案的增量投资用于其他机会，会获得高于差额内部收益率的盈利率，投资大的方案为最优方案的这一结论是正确的，但若基准收益率小于差额内部收益率，再用差额内部收益率选择方案就会导致错误的结论。由于基准收益率是独立确定的，不依赖于具体待比选方案的差额内部收益率，故用内部收益率最大准则比选方案是不可靠的。

9.2.4　总投资收益率

总投资收益率(ROI)表示总投资的盈利水平，是指项目达到设计能力后正常年份的年息税前利润或运营期内年平均息税前利润(EBIT)与项目总投资(TI)的比率。总投资收益率应按下式计算。

$$ROI = \frac{EBIT}{TI} \times 100\% \tag{9-9}$$

式中　$EBIT$——项目正常年份的年息税前利润或运营期内年平均息税前利润；

TI——项目总投资。

总投资收益率高于同行业的收益率参考值，表明用总投资收益率表示的盈利能力满足要求。

9.2.5　项目资本金净利润率

项目资本金净利润率(ROE)表示项目资本金的盈利水平，是指项目达到设计能力后正常年份的年净利润或运营期内年平均净利润(NP)与项目资本金(EC)的比率。项目资本金净利润率应按下式计算。

$$ROE = \frac{NP}{EC} \times 100\% \tag{9-10}$$

式中　NP—— 项目正常年份的年净利润或运营期内年平均净利润；

EC——项目资本金。

项目资本金净利润率高于同行业的净利润率参考值，表明用项目资本金净利润率表示的盈利能力满足要求。

9.3　建设项目经济评价的清偿能力分析指标

判断项目偿债能力的参数主要包括：利息备付率、偿债备付率、资产负债率、流动比率、速动比率。

非折现方法判断项目偿债能力的指标包括以下几个。

1. 利息备付率(ICR)

在借款偿还期内的息税前利润(EBIT)与应付利息(PI)的比值，它从付息资金来源的充裕性角度反映项目偿付债务利息的保障程度和支付能力。利息备付率应按下式计算。

$$ICR = \frac{EBIT}{PI} \times 100\% \tag{9-11}$$

式中 $EBIT$——息税前利润；

PI——计入总成本费用的应付利息。

利息备付率应分年计算。

2. 偿债备付率(DSCR)

在借款偿还期内，用于计算还本付息的资金($EBITDA - T_{AX}$)与应还本付息金额(PD)的比值，它从还本付息资金来源的充裕性角度反映项目偿付债务本息的保障程度和支付能力。偿债备付率应按下式计算。

$$DSCR = \frac{EBITDA - T_{AX}}{PD} \tag{9-12}$$

式中 EBITDA——息税前利润加折旧和摊销；

T_{AX}——企业所得税；

PD——应还本付息金额，包括还本金额、计入总成本费用的全部利息。

一般情况下，融资租赁费用可视同借款偿还，运营期内的短期借款也应纳入计算。

偿债备付率应按年计算。

3. 资产负债率(LOAR)

法人在某一时间点(一般指会计年度末)的负债总额(TL)与资产总额(TA)之比，反映法人总体负债状况，是筹措项目资金时金融机构和投资者决策的重要参考依据。资产负债率应按下式计算。

$$IOAR = \frac{TL}{TA} \times 100\% \tag{9-13}$$

式中 TL——期末负债总额；

TA——期末资产总额。

4. 流动比率

流动资产与流动负债之比，反映法人偿还流动负债的能力。流动比率应按下式计算。

$$流动比率 = \frac{流动资产}{流动负债} \times 100\% \tag{9-14}$$

流动比率是评价企业偿债能力时较为常用的一种比率。它可以衡量企业短期偿债能力的大小，它要求企业的流动资产在清偿完流动负债以后，还有余力来应付日常经营活动中的其他资金需要。对债权人来讲，此项比率越高越好，比率高说明偿还短期债务的能力就强，债权就有保障。对所有者来讲，此项比率不宜过高，比率过高说明企业的资金大量积压在所持有的流动资产形态上，影响到企业生产经营过程中的高速运转，影响资金使用效率。若比率过低，说明偿还短期债务的能力低，影响企业筹资能力，势必影响生产经营活动的顺利开展。

根据一般经验判定，流动比率应在200%以上，这样才既能保证企业有较强的偿债能力，又能保证企业生产经营顺利进行。

在运用流动比率评价企业财务状况时，应注意到各行业的经营性质不同，营业周期不同，对资产流动性要求也不一样，因此200%的流动比率标准并不是绝对的，企业应根据自身的情况控制企业的流动比率，使企业资金在生产经营过程中保持良性循环，充分发挥资金效益。

5. 速动比率

速动资产与流动负债之比，反映法人在短时间内偿还流动负债的能力。速动比率应按下式计算。

$$\text{速动比率}=\frac{\text{速动资产}}{\text{流动负债}}\times 100\% \tag{9-15}$$

速动比率代表企业以速动资产偿还流动负债的综合能力。速动比率通常以流动资产和存货之差与流动负债之比表示，速动资产是指从流动资产中扣除变现速度最慢的存货等资产后，可以直接用于偿还流动负债的那部分流动资产。也有观点认为，速动比率应以流动资产减去待摊费用、存货、预付账款之后的差与流动负债之比表示，这种观点比较稳健。由于流动资产中，存货变现能力较差；待摊费用是已经发生的支出，应由本期和以后各期分担的分摊期限在一年以内的各项费用，根本没有变现能力，而预付账款意义与存货等同，因此这3项不包括在速动资产之内。由此可见，速动比率比流动比率更能表现一个企业的短期偿债能力。一般经验认为：流动比率在2∶1比较适当，而速动比率则为1∶1。

9.4　财务分析与评价基本报表的编制

财务分析应在项目财务效益与费用估算的基础上进行，其内容应根据项目的性质和目标确定。

对于经营性项目，财务分析应通过编制财务分析报表，计算财务指标，分析项目的盈利能力、偿债能力和财务生存能力，判断项目的财务可接受性，明确项目对财务主体及投资者的价值贡献，为项目决策提供依据。

对于非经营性项目，财务分析应主要分析项目的财务生存能力。

财务分析可分为融资前分析和融资后分析，一般宜先进行融资前分析，在融资前分析结论满足要求的情况下，初步设定融资方案，再进行融资后分析。在项目建议书阶段，可只进行融资前分析。融资前分析应以动态分析(折现现金流量分析)为主，静态分析(非折现现金流量分析)为辅。

融资前动态分析应以营业收入、建设投资、经营成本和流动资金的估算为基础，考察整个计算期内现金流入和现金流出，编制项目投资现金流量表，利用资金时间价值的原理进行折现，计算项目投资内部收益率和净现值等指标。融资前分析排除了融资方案变化的影响，从项目投资总获利能力的角度考察项目方案设计的合理性。融资前分析计算的相关指标，应作为初步投资决策与融资方案研究的依据和基础。

根据分析角度的不同，融资前分析可选择计算所得税前指标和(或)所得税后指标。融资后分析应以融资前分析和初步的融资方案为基础，考察项目在拟定融资条件下的盈利能力、偿债能力和财务生存能力，判断项目方案在融资条件下的可行性。融资后分析用于比选融资方案，帮助投资者做出融资决策。财务分析与财务效益与费用估算的关系如图 9.5 所示。

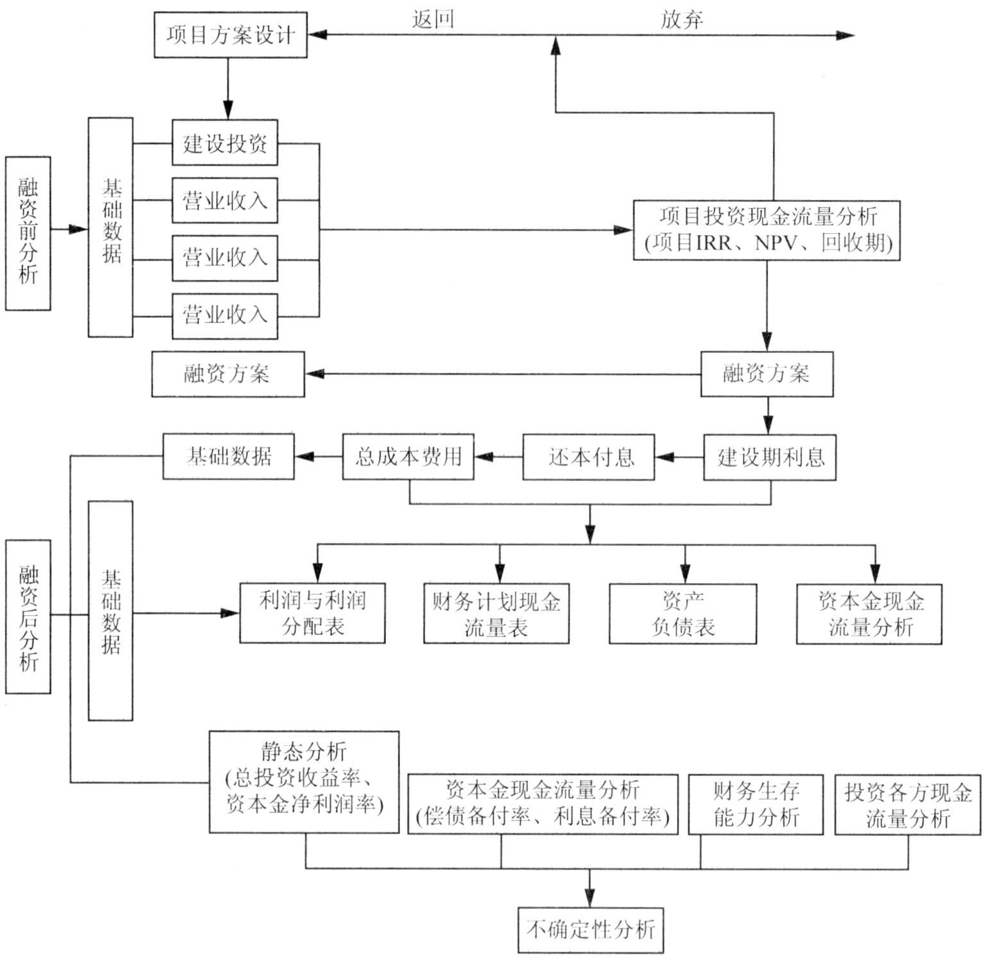

图 9.5　财务分析、财务效益与费用估算的关系图

财务评价报表包括下列各类现金流量表、利润与利润分配表、财务计划现金流量表、资产负债表和借款还本付息估算表等。

(1) 现金流量表应正确反映计算期内的现金流入和流出，具体可分为下列 3 种类型。

① 项目投资现金流量表见表 9-7，用于计算项目投资内部收益率及净现值等财务评价指标。

② 项目资本金现金流量表，见表 9-8，用于计算项目资本金财务内部收益率。

(2) 利润与利润分配表，见表 9-9，反映项目计算期内各年营业收入、总成本费用、利润总额等情况，以及所得税后利润的分配，用于计算总投资收益率、项目资本金净利润率等指标。

(3) 财务计划现金流量表，反映项目计算期各年的投资、融资及经营活动的现金流入和流出，用于计算累计盈余资金，分析项目的财务生存能力。

(4) 资产负债表,见表 9-10，用于综合反映项目计算期内各年年末资产、负债和所有者权益的增减变化及对应关系，计算资产负债率。

(5) 借款还本付息计划表，反映项目计算期内各年借款本金偿还和利息支付情况，用于计算偿债备付率和利息备付率指标。

按以上内容完成财务评价后，还应对各项财务指标进行汇总，并结合不确定性分析的结果，做出项目财务评价的结论。

表 9-7　项目投资现金流量表　　　　万元

序号	项目	合计	计算期					
			1	2	3	4	…	n
1	现金流入							
1.1	营业收入							
1.2	补贴收入							
1.3	回收固定资产余值							
1.4	回收流动资金							
2	现金流出							
2.1	建设投资							
2.2	流动资金							
2.3	经营成本							
2.4	营业税金及附加							
2.5	维持运营投资							
3	所得税前净现金流量(1-2)							
4	累计所得税前净现金流量							
5	调整所得税							
6	所得税后净现金流量(3-5)							
7	累计所得税后净现金流量							

计算指标：
项目投资财务内部收益率(%)(所得税前)
项目投资财务内部收益率(%)(所得税后)
项目投资财务净现值(%)(所得税前)
项目投资财务净现值(%)(所得税后)
项目投资回收期(年)(所得税前)
项目投资回收期(年)(所得税后)

注：1.本表适用于新设法人项目与既有法人项目的增量和“有项目”的现金流量分析。

2. 调整所得税为以息税前利润为基数计算的所得税，区别于“利润与利润分配表”、“项目资本金现金流量表”和“财务计划现金流量表”中的所得税。

表 9-8 项目资本金现金流量表　　　　万元

序号	项目	合计	计算期					
			1	2	3	4	…	n
1	现金流入							
1.1	营业收入							
1.2	补贴收入							
1.3	回收固定资产余值							
1.4	回收流动资金							
2	现金流出							

续表

序　号	项　目	合　计	计算期					
			1	2	3	4	…	*n*
2.1	项目资本金							
2.2	借款本金偿还							
2.3	借款利息支付							
2.4	经营成本							
2.5	营业税金及附加							
2.6	所得税							
2.7	维持运营投资							
3	净现金流量(1−2)							
计算指标： 资本金财务内部收益率(%)								

注：1 项目资本金包括建设投资、建设期利息和流动资金的资金。

2 对外商投资项目，现金流出中增加职工奖励和福利基金科目。

3 本表适用于新设法人项目与既有法人项目的“有项目”的现金流量分析。

表 9-9　利润与利润分配表　　万元

序　号	项　目	合　计	计算期					
			1	2	3	4	…	*n*
1	营业收入							
2	营业税金及附加							
3	总成本费用							
4	补贴收入							
5	利润总额(1−2−3+4)							
6	弥补以前年度亏损							
7	应纳税所得额(5−6)							
8	所得税							
9	净利润(5−8)							
10	期初未分配利润							
11	可供分配的利润(9+10)							
12	提取法定盈余公积金							
13	可供投资者分配的利润(11−12)							
14	应付优先股股利							
15	提取任意盈余公积金							
16	应付普通股股利(13−14−15)							
17	各投资方利润分配							
	其中：××方							
	××方							
18	未分配利润(13−14−15−17)							
19	息税前利润(利润总额+利息支出)							
20	息税折旧摊销前利润(息税前利润+折旧+摊销)							

注：1.对于外商出资项目由第 11 项减去储备基金、职工奖励与福利基金和企业发展基金后，得出可供投资者分配的利润。

2.第 14-16 项根据企业性质和具体情况选择填列。

3.法定盈余公积金按净利润计提。

表 9-10　资产负债表　　　　　　　　　　　　　万元

序　号	项　目	计算期					
		1	2	3	4	…	*n*
1	资产						
1.1	流动资产总额						
1.1.1	货币资金						
1.1.2	应收账款						
1.1.3	预付账款						
1.1.4	存货						
1.1.5	其他						
1.2	在建工程						
1.3	固定资产净值						
1.4	无形及其他资产净值						
2	负债及所有者权益(2.4+2.5)						
2.1	流动负债总额						
2.1.1	短期借款						
2.1.2	应付账款						
2.1.3	预收账款						
2.1.4	其他						
2.2	建设投资借款						
2.3	流动资金借款						
2.4	负债小计(2.1+2.2+2.3)						
2.5	所有者权益						
2.5.1	资本金						
2.5.2	资本公积金						
2.5.3	累计盈余公积金						
2.5.4	累计未分配利润						

9.5　不确定性分析

建设项目经济评价的基本方法包括确定性评价方法与不确定性评价方法两类。对同一个项目必须同时进行确定性评价和不确定性评价。

项目经济评价所采用的基本变量都是对未来的预测和假设，因而具有不确定性。通过对拟建项目具有较大影响的不确定性因素进行分析，计算基本变量的增减变化引起项目财务或经济效益指标的变化，找出最敏感的因素及其临界点，预测项目可能承担的风险，使项目的投资决策建立在较为稳妥的基础上。

不确定性分析与风险分析既有联系，又有区别。由于人们对未来事物认识的局限性、可获信息的有限性以及未来事物本身的不确定性，使得投资建设项目的实施结果可能偏离预期目标，这就形成了投资建设项目预期目标的不确定性，从而使项目可能得到高于或低于预期的效益，甚至遭受一定的损失，导致投资建设项目“有风险”。通过不确定性分析可以找出影响项目效益的敏感因素，确定敏感程度。借助于风险分析可以得知不确定性因素发生的可能性以及给项目带来经济损失的程度。不确定性分析找出的敏感因素可以作为风险因素识别和风险估计的依据。

9.5.1 盈亏平衡分析

1. 盈亏平衡分析概述

盈亏平衡分析是指项目达到设计生产能力的条件下，通过盈亏平衡点(BreakEvenPoint，BEP)分析项目成本与收益的平衡关系。盈亏平衡点是项目的盈利与亏损的转折点，即在这一点上，销售(营业、服务)收入等于总成本费用，正好盈亏平衡，用以考察项目对产出品变化的适应能力和抗风险能力。盈亏平衡点越低，表明项目适应产出品变化的能力越大，抗风险能力越强。

盈亏平衡点通过正常年份的产量或者销售量、可变成本、固定成本、产品价格和销售税金及附加等数据计算。可变成本主要包括原材料、燃料、动力消耗、包装费和计件工资等。固定成本主要包括工资(计件工资除外)、折旧费、无形资产及资产摊销费、修理费和其他费用等。为简化计算，财务费用一般也将其作为固定成本。正常年份应选择还款期间的第一个达产年和还款后的年份分别计算，以便分别给出最高和最低的盈亏平衡点区间范围。

盈亏平衡分析分为线性盈亏平衡分析和非线性盈亏平衡分析，项目评价中仅进行线性盈亏平衡分析。线性盈亏平衡分析有以下4个假定条件。

(1) 产量等于销售量，即当年生产的产品(服务)当年销售出去。

(2) 产量变化，单位可变成本不变，从而总成本费用是产量的线性函数。

(3) 产量变化，产品售价不变，从而销售收入是销售量的线性函数。

(4) 按单一产品计算，当生产多种产品，应换算为单一产品，不同产品的生产负荷率的变化应保持一致。

2. 盈亏平衡点的计算

盈亏平衡点的表达形式有多种，项目评价中最常用的是以产量和生产能力利用率表示的盈亏平衡点。盈亏平衡点一般采用公式计算，也可利用盈亏平衡图求取。

盈亏平衡分析法基本的损益方程式如下。

$$TR=TC \tag{9-16}$$

$$PQ=F+VQ+PQM \tag{9-17}$$

销售收入-利润=总固定成本+总可变成本

盈亏平衡分析的两种方法如下。

(1) 公式计算法。

$$BEP\text{生产能力利用率}=\frac{\text{年固定成本}}{(\text{年营业收入}-\text{年可变成本}-\text{年营业税金及附加})}\times 100\%$$

$$BEP产量=\frac{年固定成本}{(单位产品价格-单位产品可变成本-单位产品营业税金及附加)}\times 100\%$$

(2) 图解法。

盈亏平衡点的确定如图 9.6 所示。

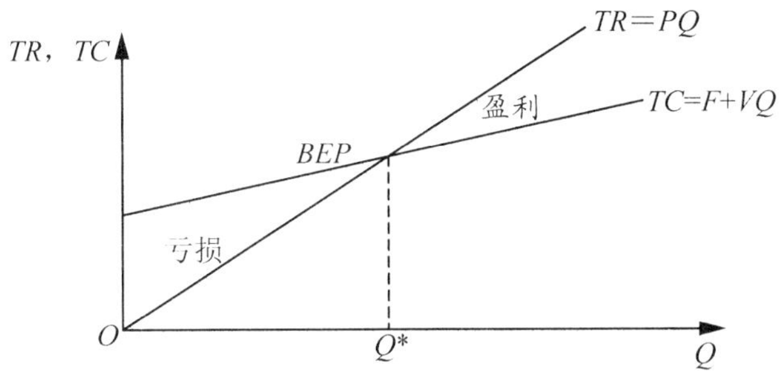

图 9.6　盈亏平衡分析图

图中销售收入线(如果销售收入和成本费用都是按含税价格计算的，还应减去增值税)与总成本费用线的交点即为盈亏平衡点，这一点所对应的产量即为 *BEP* 产量，也可换算为 *BEP* 生产能力利用率。

(3) 解析法。

用销售额表示的盈亏平衡点 BEP_S 的计算公式为

$$P\times BEP_Q = P\times\frac{F+PQM}{P-V} \tag{9-18}$$

用销售单价表示的盈亏平衡点 *BEPp* 的计算公式为

$$BEP_P=\frac{F}{Q(1-M)}+\frac{V}{1-M} \tag{9-19}$$

以产量表示的盈亏平衡点和以生产能力利用率表示的盈亏平衡点越低，项目的经营风险越小。

【例题 9-9】某企业产品单位售价为 8 元，其成本 *y* 是销售量 *x* 的函数，即该企业总成本为 *y*=50 000+5*x*，则盈亏平衡点的销售额为多少元？

解析：

由 *y*=50 000+5*x* 得知 *F*=50 000，*V*=5，当盈亏平衡时有：

50 000/(8−5)=16 666.66(元)

所以盈亏平衡销售额为 16 666.66×8=133 333.28(元)

【例题 9-10】　某企业生产一种新产品，单价 80 元，企业每年发生固定成本 1 0 万元。产销量 5 000 件，息税前利润 4 万元，企业现拟扩大规模增加 4 万元固定成本，这将使单位变动成本降低 1 5 元，产量提高 2 000 件，同时为增加销量降低售价至 60 元。试计算该公司扩充前后的盈亏平衡点是多少？

解析：

(1) 扩充前：*Q*＝5 000 件，F＝ 1 00 000 元，*P*＝80 元，净利润 ＝40 000 元。

销售收入−利润=总固定成本+总可变成本

利润＝*PQ*−(*F*+*VQ*)

$$V=(PQ-\text{利润}-F)/Q$$

$$V=(80\times5\,000-4\,0000-1\,00\,000)/5\,000=52(\text{元})$$

因此，盈亏平衡点业务量(利润为零)如下。

$$Q^*=F/(P-V)=100\,000/(80-52)=3\,571(\text{件})$$

(2) 扩充后：$F=140\,000$，$Q=7\,000$ 件，$V=37$ 元，$P=60$ 元。

因此盈亏平衡点业务量如下。

$$Q^*=(F+PQM)/(P-V)=(140\,000/(60-37)=6\,086(\text{件})$$

因此，扩充后盈亏平衡点业务量增加，项目风险增大。

【例题 9-11】某企业进行技术改造，现有 3 种方案可供选择，每种方案的产品成本见表 9-11，试比较选择方案。

表 9-11　方案数据比较

指标方案	A	B	C
单位变动成本/(元/件)	50	20	10
固定成本/万元	1500	4 500	6 500

解析：

A 方案的总成本 $C_A=50X+1\,500$

B 方案的总成本 $C_B=20X+4\,500$

C 方案的总成本 $C_C=10X+6\,500$

当 $C_A=C_B$ 时，$50X+1\,500=20X+4\,500$，解得 $X=100$。

当 $C_B=C_C$ 时，$20X+4\,500=10X+6\,500$，解得 $X=200$。

当 $100>X>0$ 时，采用 A 方案。

当 $200>X>100$ 时，采用 B 方案。

当 $X>200$ 时，采用 C 方案。

当 $X=100$ 时，采用 A、B 方案均可。

当 $X=200$ 时，采用 A、B 方案均可。

9.5.2　敏感性分析

1. 敏感性分析的含义

所谓敏感性分析，是指通过测定一个或多个不确定因素的变化所导致的建设项目经济评价指标的变化，分析各种因素的变化对实现预期目标的影响程度，从而当外部条件发生不利变化时，可对投资方案的承受能力做出判断。若某个不确定性因素的小幅度变化就能导致经济效果的较大变动，则其为敏感性因素。

敏感性分析是投资建设项目评价中应用十分广泛的一种技术，用以考察项目涉及的各种不确定因素对项目基本方案经济评价指标的影响，找出敏感因素，估计项目效益对它们的敏感程度，粗略预测项目可能承担的风险，为进一步的风险分析打下基础。

敏感性分析包括单因素敏感性分析和多因素敏感性分析。单因素敏感性分析是指每次只改变一个因素的数值来进行分析，估算单个因素的变化对项目效益产生的影响；多因素分析则是同时改变两个或两个以上因素进行分析，估算多因素同时发生变化的影响。为了找出关键的敏感性因素，通常进行单因素敏感性分析。

2. 敏感性分析的方法

敏感性分析的方法包括以下几方面内容。

(1) 根据项目特点，结合经验判断选择对项目效益影响较大且重要的不确定因素进行分析。经验表明，主要对产出物价格、建设投资、主要投入物价格或可变成本、生产负荷、建设工期及汇率等不确定因素进行敏感性分析。

(2) 敏感性分析一般选择不确定因素变化的百分率为±5%、±10%、±15%、±20%等。对于不便用百分数表示的因素，例如建设工期，可采用延长一段时间表示，如延长一年。

(3) 建设项目经济评价有一整套指标体系，敏感性分析可选定其中一个或几个主要指标进行分析，最基本的分析指标是内部收益率，根据项目的实际情况也可选择净现值或投资回收期评价指标，必要时可同时针对两个或两个以上的指标进行敏感性分析。

(4) 临界点(又称转换值)是指不确定性因素的变化使项目由可行变为不可行的临界数值，可采用不确定性因素相对基本方案的变化率或其对应的具体数值表示。当该不确定因素为费用科目时，即为其增加的百分率；当其为效益科目时，为降低的百分率。临界点也可用该百分率对应的具体数值表示。当不确定因素的变化超过了临界点所表示的不确定因素的极限变化范围时，项目将由可行变为不可行。

临界点的高低与计算临界点的指标的初始值有关。若选取基准收益率为计算临界点的指标，对于同一个项目，随着设定基准收益率的提高，临界点就会变低(即临界点表示的不确定因素的极限变化范围变小)，而在一定的基准收益率下，临界点越低，说明该因素对项目评价指标的影响越大，项目对该因素就越敏感。

通常临界点计算采用试插法。当然，也可用计算机软件的函数或图解法求得。由于项目评价指标的变化与不确定因素变化之间不是直线关系，当通过敏感性分析图求得临界点的近似值时，有时有一定误差。

(5) 敏感性分析结果在项目决策分析中的应用。将敏感性分析的结果进行汇总，编制敏感性分析表(见表 9-10)，编制敏感度系数与临界点分析表(见表 9-13)，绘制敏感性分析图，并对分析结果进行文字说明，将不确定因素变化后计算的经济评价指标与基本方案评价指标进行对比分析，结合敏感度系数及临界点的计算结果，按不确定性因素的敏感程度进行排序，找出最敏感的因素，分析敏感因素可能造成的风险，并提出应对措施。当不确定因素的敏感度很高时，应进一步通过风险分析，判断其发生的可能性及对项目的影响程度。

表 9-12　敏感性分析表

变化因素	-30%	-20%	-10%	0%	10%	20%	30%
基准折现率 i_0							
建设投资							
销售价格							
原材料成本							
汇率							
……							

表 9-13　敏感度系数和临界点分析表

序　号	不确定因素	变化率(%)	内部收益率	敏感度系数	临界点(%)	临界值
	基本方案					
1	产品产量 (生产负荷)					
2	产品价格					
3	主要原材料 价格					
4	建设投资					
5	汇率					
	……					

由于固定资产、流动资产估算存在误差引起的不确定性风险；销售收入与经营成本估算存在通货膨胀、技术进步、市场供求等变化因素；政策、法规变动的影响都将影响财务评价和国民经济评价的结果，使其具有不确定性，因此要进行项目可行性研究的不确定性分析。

3. 敏感性分析的一般步骤

(1) 确定分析指标。

由于敏感性分析是在确定性分析基础上进行的，因此其分析指标与确定性分析使用的指标相同，包括 *NPV*、*NAV*、*IRR*、投资回收期等。

(2) 选定不确定性因素，并设定其变化范围。

不确定性因素通常有以下两种。

① 对经济效果指标影响较大的因素。

② 准确性难以把握的因素。

对一般工业项目来说，敏感性因素可以考虑从下列因素中选定，并根据实际确定其变化范围。

① 投资额。

② 产量及销售量。

③ 项目建设期、投产期、达到设计能力所需时间等。

④ 产品价格。

⑤ 经营成本，特别是变动成本。

⑥ 寿命期。

⑦ 寿命期末资产残值。

⑧ 折现率。

⑨ 汇率。

(3) 计算因素变动对分析指标的影响幅度。

计算不确定因素在可能的变动范围内发生不同幅度变动所导致的方案经济效果指标的变动，建立一一对应的数量关系，并用图或表形式表示出来。

(4) 确定敏感性因素。

(5) 综合评价，选择可行的优选方案。

根据敏感因素对技术项目方案的建设项目经济评价指标的影响程度，结合确定性分析的结果做出进一步的综合评价，寻求对主要不确定性因素不太敏感的比选方案。

4. 敏感度系数的测定

敏感度系数又称灵敏度，表示项目评价指标对不确定因素的敏感程度。利用敏感度系数来确定敏感性因素的方法是一种相对测定的方法。即设定要分析的因素均从确定性经济分析中所采用的数值开始变动，且各因素每次变动的幅度(增或减的百分数)相同，比较在同一变动幅度下各因素的变动对经济评价指标的影响，据此判断方案经济评价指标对各因素变动的敏感程度，其计算公式如下：

$$\beta_{ij}=\frac{\Delta Y_j}{\Delta F_i} \tag{9-20}$$

$$\Delta Y_j=\frac{Y_{j1}-Y_{j0}}{Y_{j0}} \tag{9-21}$$

式中　β_{ij}——第 j 个指标对第 i 个不确定性因素的敏感度系数。

F_i——第 i 个不确定性因素的变化幅度(%)。

Y_j——第 j 个指标受变量因素变化影响的差额幅度(变化率)。

Y_{j1}——第 j 个指标受变量因素变化影响后所达到的指标值。

Y_{j0}——第 j 个指标未受变量因素变化影响时的指标值。

根据不同因素相对变化对经济评价指标影响的大小，可以得到各个因素的敏感性程度排序，据此可以找出最敏感的因素。

【例题 9-12】 某小型电动汽车的投资方案，用于确定性经济分析的现金流量见表 9-14，所采用的数据是根据未来最可能出现的情况而预测估算的。由于对未来影响经济环境的某些因素把握不大，投资额、经营成本和销售收入均有可能在±20%的范围内变动。设定基准折现率为 10%，不考虑所得税，试就 3 个不确定性因素作敏感性分析。

表 9-14　小型电动汽车项目现金流量表　　　　万元

年　份	0	1	2～10	11
投资	15 000			
销售收入			19 800	19 800
经营成本			15 200	15 200
期末资产残值				2 000
净现金流量	−15 000		4 600	6 600

设投资额为 K，年销售收入为 B，年经营成本为 C，期末残值为 L，选择净现值指标评价方案的经济效果。

解析：

(1) 确定性分析。

$$\begin{aligned}NPV &= -K+(B-C)(P/A,10\%,10)(P/F,10\%,1)+L(P/F,10\%,11)\\ &= -15\ 000+4\ 600(P/A,10\%,10)(P/F,10\%,1)+2\ 000(P/F,10\%,11)\\ &= 11\ 394(\text{万元})\end{aligned}$$

(2) 设定投资额变动的百分比为 x，分析投资额变动对方案净现值影响的计算公式如下。

$$NPV=-K(1+x)+(B-C)(P/A,10\%,10)(P/F,10\%,1)+L(P/F,10\%,11)$$

(3) 设定经营成本变动的百分比为 y，分析成本变动对方案净现值影响的计算公式如下。

$$NPV=-K+[B-C(1+y)](P/A,10\%,10)(P/F,10\%,1)+L(P/F,10\%,11)$$

(4) 设定销售收入变动的百分比为 z，分析销售收入变动对方案净现值影响的计算公式如下。

$$NPV=-K+[B(1+z)-C](P/A,10\%,10)(P/F,10\%,1)+L(P/F,10\%,11)$$

(5) 相对效果分析。

用表格，分别对 x、y、z 取不同的值，计算出各不确定因素在不同变动幅度下的 NPV，结果见表 9-15。

表 9-15　不确定因素在不同变动幅度下的 *NPV* 值

变动率参数	−20%	−15%	−10%	−5%	0	5%	10%	15%	20%
投资额	14 394	13 644	12 894	12 144	11 394	10 644	9 894	9 144	8 394
经营成本	28 374	24 129	19 844	15 639	11 394	7 149	2 904	−1 341	−5 586
销售收入	−10 725	−5 195	335	5 864	11 394	16 924	22 453	27 983	33 513

(6) 绘制敏感性分析图见图 9.7。

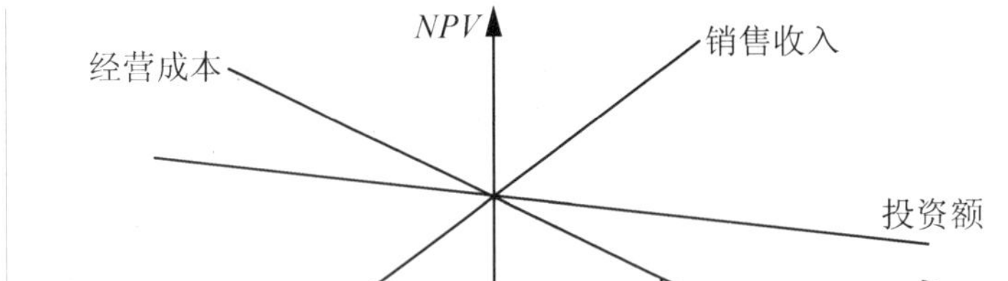

图 9.7　敏感性分析示意图

因为直线与横轴所夹锐角最大的为最敏感性因素，所以销售收入为最敏感性因素。

敏感性分析的局限性：某些因素可能比较敏感，但变动的可能性不大；某些因素可能不十分敏感，但变动的可能性大。不能只考虑敏感性因素的变化幅度，而不考虑敏感性因素的变化可能性(概率)。

9.6　建设项目风险分析

项目中常用标准差与概率分析法分析风险因素。

概率分析两种主要方法是净现值的期望值法和净现值的决策树法。

1. 净现值的期望值法

净现值的期望值法可以用公式 9-22、公式 9-23、公式 9-24 来表示。

(1) 净现值的期望

$$E(NPV)=\sum_{j=1}^{n}NPV^{(j)}\cdot P_j \tag{9-22}$$

(2) 净现值的方差

$$D(NPV)=\sum_{j=1}^{n}\left[NPV^{(j)}-E(NPV)\right]^2\cdot P_j \tag{9-23}$$

(3) 净现值的标准差

$$\sigma\ (NPV)=\sqrt{D(NPV)} \tag{9-24}$$

【例题 9-13】 请根据表 9-16、表 9-17 的内容进行某投资方案的净现值的期望值计算。

表 9-16　不确定因素状态及其发生概率

产品市场状态	畅销 θ_{A1}	平销 θ_{A2}	滞销 θ_{A3}
发生概率	0.2	0.6	0.2
原材料价格水平	高 θ_{B1}	中 θ_{B2}	低 θ_{B3}
发生概率	0.4	0.4	0.2

表 9-17　各种状态组合的净现金流量及发生概率

序　号	状态组合	发生概率 P_j	现金流量/万元		NPV(i=12%)
			0 年	1～5 年	
1	$\theta_{A1}\cap\ \theta_{B1}$	0.08	−1000	375	351.88
2	$\theta_{A1}\cap\ \theta_{B2}$	0.08	−1000	450	622.15
3	$\theta_{A1}\cap\ \theta_{B3}$	0.04	−1000	510	838.44
4	$\theta_{A2}\cap\ \theta_{B1}$	0.24	−1000	310	117.48
5	$\theta_{A2}\cap\ \theta_{B2}$	0.24	−1000	350	261.67
6	$\theta_{A2}\cap\ \theta_{B3}$	0.12	−1000	390	405.86
7	$\theta_{A3}\cap\ \theta_{B1}$	0.08	−1000	230	−170.90
8	$\theta_{A3}\cap\ \theta_{B2}$	0.08	−1000	250	−98.81
9	$\theta_{A3}\cap\ \theta_{B3}$	0.04	−1000	270	−26.71

试对上述投资项目进行风险估计。

解析：

$$E(NPV)=\sum_{j=1}^{9} NPV^{(j)}\cdot P_j=228.51$$

$$D(NPV)=\sum_{j=1}^{9}\left[NPV^{(j)}-228.51\right]^2\cdot P_j=59\,430.12$$

$$\sigma\ (NPV)=\sqrt{D(NPV)}=\sqrt{59430.12}=243.78$$

2. 净现值的决策树法

决策树由不同的节点和分枝组成，符号“□”表示的节点称决策点，从决策点引出的每一分枝称为方案枝，表示一个可供选择的方案；符号“○”表示的节点称状态点，从状态点引出的每一直线表示一种可能发生的状态，成为概率枝。在每条概率枝的末端有所在方案该状态下的损益值，称为可能结果。根据各种状态发生的概率与相应的损益值分别计算每一个方案的损益期望值，并将其标注在相应的状态点上，经过比较，将期望值最大的一个分支保留，其余的剪除，称为剪枝，最后决策点上方的数字就是最优方案的期望值。概率树法常用于多层决策的情况，对每一个决策点进行缩减，一层层决策。

概率树分析的一般步骤如下。

(1) 列出要考虑的各种风险因素，如投资、经营成本、销售价格等。

(2) 设想各种风险因素可能发生的状态，即确定其数值发生变化个数。

(3) 分别确定各种状态可能出现的概率，并使可能发生状态概率之和等于 1。

(4) 分别求出各种风险因素发生变化时，方案净现金流量各状态发生的概率和相应状态下的净现值 $NPV(j)$。

(5) 求方案净现值的期望值(均值)$E(NPV)$，其计算公式如下。

$$E(NPV)=\sum_{j=1}^{k} NPV^{(j)}\times P_j \tag{9-25}$$

式中　P_j——第种状态出现的概率。

k——可能出现的状态数。

(6) 求出方案净现值非负(大于或等于零)的累计概率。

(7) 对概率分析结果进行说明(累计概率越大，风险越小)。

【例题 9-14】 某企业拟开发一种新产品取代将要滞销的老产品，新产品的性能优于老产品，但生产成本比老产品高。已知投入市场后可能面临如下 4 种市场前景。

第一种前景：销路很好(称为状态 1，记作 θ_1)。

第二种前景：销路一般，能以适当的价格销售出去(θ_2)。

第三种前景：销路不太好(θ_3)。

第四种前景：没有销路(θ_4)。

经过周密的市场调查研究，销售部门做出如下判断。

状态 1 出现的概率：$p(\theta_1)=0.3$。

状态 2 出现的概率：$p(\theta_2)=0.4$。

状态 3 出现的概率：$p(\theta_3)=0.2$。

状态 4 出现的概率：$p(\theta_4)=0.1$。

技术部门提供了以下 3 种方案。

方案 A：立即停止老产品的生产，改造原生产线生产新产品，这一方案的投资较少但有停产损失，而且生产规模有限。

方案 B：改造原生产线生产新产品，并把部分零件委托其他厂生产，以扩大生产规模

方案 C：暂时维持老产品生产，新建一条高效率的生产线生产新产品，这一方案投资较大。

各方案在不同状态下的净现值见表 9-18。

表 9-18　各方案在不同状态下的净现值

状态与概率方案	θ_1	θ_2	θ_3	θ_4
	0.3	0.4	0.2	0.1
A	140	100	10	-80
B	210	150	50	-200
C	240	180	-50	-500

试用净现值决策树法比选最优方案。

解析：

有望值决策概率树图如图 9.8 所示。

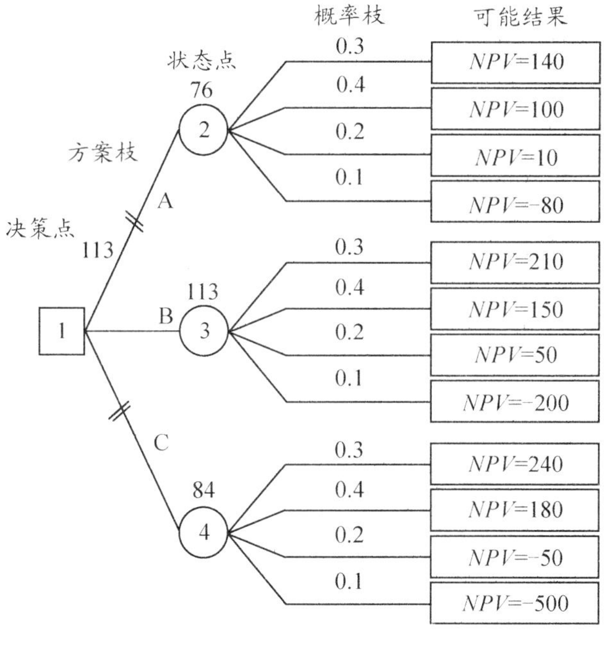

图 9.8　期望值决策概率树图

根据期望值决策方案是指根据各备选方案评价指标的期望值大小选择方案，其计算结果如下。

$$E(NPV_A)=140\times0.3+100\times0.4+10\times0.2+(-80)\times0.1=76$$

$$E(NPV_B)=210\times0.3+150\times0.4+50\times0.2+(-200)\times0.1=113$$

$$E(NPV_C)=240\times0.3+180\times0.4+(-50)\times0.2+(-500)\times0.1=84$$

根据期望值最大原则，选择方案 B。

3 种方案在不同的状态下具有不同的经济效果，在一定计算期内，各方案在不同状态下有不同的净现值。这个例题是一个典型的风险决策问题。企业的目标是取得最好的经济效果，决策者面临 3 个备选方案 4 种可能状态，并且已经了解各种方案在不同的状态下的经济效果指标及各种状态发生的概率，决策者要解决的问题是确定哪个方案。

本章综合案例

某项目建设期为 2 年，生产期为 8 年，项目建设投资(不含固定资产投资方向调节税、建设期借款利息)3 100 万元，预计 90%形成固定资产，10%形成长期待摊费用。固定资产折旧年限为 8 年，按平均年限折旧法计算折旧，残值率为 5%，在生产期末回收固定资产残值。长期待摊费用按 8 年期平均摊销。

建设项目发生的资金投入、收益及成本情况见表 9-19。建设投资贷款年利率为 7%，建设期只计利息不还款。银行要求建设单位从生产期开始的 6 年间，按照每年等额本金偿还法进行偿还，同时偿还当年发生的利息。流动资金贷款年利率为 3%。

假定销售税金及附加税率为 6%，所得税率为 33%，行业基准投资收益率为 12%，基准投资回收期为 7 年。

问题：

(1) 编制建设期借款还本付息表，见表 9-20。

(2) 计算各年固定资产折旧额。

(3) 编制项目资本金现金流量表，见表 9-21。

(4) 计算项目的财务净现值和动态投资回收期，并对项目做可行性判断。

表 9-19　建设项目资金投入、收益及成本表　　万元

序　号	年份 项目		1	2	3	4	5～10
1	建设投资	自有资金	930	620			
		贷款	930	620			
2	流动资金贷款				300		
3	年销售收入				3 800	4 320	5 400
4	年经营成本				2 600	2 600	2 600

表 9-20　建设期借款还本付息表　　万元

序　号	项　目	建设期		生产期					
		1	2	3	4	5	6	7	8
1	年初累计借款								
2	本年新增借款								
3	本年应计利息								
4	本年应还本金								
5	本年应还利息								

表 9-21　项目资本金现金流量表　　　　万元

序　号	项　目	建设期		生产期							
		1	2	3	4	5	6	7	8	9	10
	生产负荷										
1	现金流入										
1.1	营业收入										
1.2	回收固定资产余值										
1.3	回收流动资金										
2	现金流出										
2.1	自有资金										
2.2	借款本金偿还										
2.3	借款利息支出										
2.4	经营成本										
2.5	销售税金及附加										
2.6	所得税										
3	净现金流量(1－2)										
4	折现系数(I_c=12%)										
5	折现净现金流量										
6	累计折现净现金流量										

解析：

(1) 建设期借款还本付息的数额见表 9-22。

表 9-22　编制建设期借款还本付息表　　　　万元

序　号	项　目	建设期		生产期					
		1	2	3	4	5	6	7	8
1	年初累计借款		962.55	1 671.63	1 393.02	1 114.41	835.80	557.19	278.58
2	本年新增借款	930	620						
3	本年应计利息	32.55	89.08	117.01	97.51	78.01	58.51	39.00	19.50
4	本年应还本金			278.61	278.61	278.61	278.61	278.61	278.58
5	本年应还利息			117.01	97.51	78.01	58.51	39	19.5

(2) 各年固定资产折旧额的计算如下。

固定资产原值：3 100 × 90%+32.55+89.08=2 911.63(万元)

残值：2 911.63 × 5%=145.58(万元)

各年固定资产折旧费：(2 911.63−145.58)÷ 8=345.76(万元)

(3) 项目资本金现金流量见表 9-23。

表 9-23　项目资本金现金流量表　万元

序　号	项　目	建设期		生产期							
		1	2	3	4	5	6	7	8	9	10
	生产负荷										
1	现金流入			3 800	4 320	5 400	5 400	5 400	5 400	5 400	5 845.58
1.1	营业收入			3 800	4 320	5 400	5 400	5 400	5 400	5 400	5 400
1.2	回收固定资产余值										145.58
1.3	回收流动资金										300
2	现金流出	930	620	3 384.91	3 564.35	3 951.1	3 938.03	3 924.96	3 911.87	3 620.22	3 920.22
2.1	自有资金	930	620								
2.2	借款本金偿还			278.61	278.61	278.61	278.61	278.61	278.58		300
2.3	借款利息支出			126.01	106.51	87.01	67.51	48	28.5	9	9
2.4	经营成本			2 600	2 600	2 600	2 600	2 600	2 600	2 600	2 600
2.5	销售税金及附加			228	259.2	324	324	324	324	324	324
2.6	所得税			152.29	320.03	661.48	667.91	674.35	680.79	687.22	687.22
3	净现金流量(1−2)	−930	−620	415.09	755.65	1 448.9	1 461.97	1 475.04	1 488.13	1 779.78	1 925.36
4	折现系数(I_c=12%)	0.892 9	0.7972	0.711 3	0.635 5	0.567 4	0.506 6	0.452 3	0.403 9	0.360 6	0.322 0
5	折现净现金流量	−830.40	−494.26	295.25	480.22	822.11	740.63	667.16	601.06	641.79	619.97
6	累计折现净现金流量	−830.40	−1324.66	−1 029.41	−549.19	272.92	1 013.55	1 680.71	2 281.77	2 923.56	3 543.53

(4) 从项目投资主体的角度看，建设项目投资借款是现金流入，但又同时将借款用于项目投资，则构成同一时间点、相同数额的现金流出，两者相抵，对净现金流量的计算实际上无影响，因此，表中投资只计自有资金；另一方面，现金流入又是因项目全部投资所获得，故应将借款本金的偿还及利息的支付计入现金流出。

项目财务净现值(I_c=12%)=3 543.53 > 0

动态投资回收期为：5 − 1+549.19/822.11=4.67(年)<7(年)，所以项目可行。

本 章 小 结

建设项目经济评价对于提高建设项目决策的科学化水平，保证项目投资效益，规避项目投资风险，充分发挥投资效益具有重要作用。各行各业的建设项目，如工业、农业、林业、交通运输、教育、卫生、房地产开发等的经济评价对项目实际取得的经济效益进行测算和评估，可以总结经验教训，为今后建设项目科学决策提供参考信息。

本章推荐课外阅读资料

[1] 国家发展与改革委员会和建设部．建设项目评价方法与参数(第三版)[M]．北京：中国计划出版社，2006.

[2] 建设部标准定额研究所．建设项目经济评价案例[M]．北京：中国计划出版社，2006.
[3] 法律出版社法规中心．企业会计准则及其应用指南[M]．北京：法律出版社，2007.
[4] 李敏，李嘉毅．企业财务通则应用指南[M]．上海：上海财经大学，2007.
[5] 全国造价工程师执业资格培训教材编审委员会．工程造价管理的基础理论与相关法规[M]．北京：中国计划出版社，2006.

本章思考题

一、名词解释

静态投资回收期、动态投资回收期、内部收益率、盈亏平衡分析法、净现值的期望值、概率分析法、单敏感性因素、多因素敏感性分析、累计概率、临界点

二 选择题

1．某建设项目投资方案建设期为 2 年，建设期内每年年初投资 400 万元，运营期每年年末净收益为 150 万元。若基准收益率为 12%，运营期为 18 年，残值为零，则该投资方案的净现值和静态投资回收期分别为(　　)。

A．213.80 万元和 7.33 年　　B 213.80 万元和 6.33 年
C．109.77 万元和 7.33 年　　D 109.77 万元和 6.33 年

2．某投资方案累计投资现金流量情况见(9-24)，则静态投资回收期与动态投资回收期分别为(　　)年。

表 9-24　某投资方案累计投资现金流量

年　序	0	1	2	3	4	5	6
净现金流量	-100	-80	40	60	60	60	90
累计净现金流量现值	-100	-72.7	33.1	45.1	41	37.3	50.8

A．4.21 年和 5.32　　B．4.43 年和 5.54
C．4.43 年和 5.54　　D．4.43 年和 5.32

3．某项目投资现金流量表见表 9-25，其净现值曲线如图 9.9 所示，如果分别取 i_1=12%，i_2=15%，则 *IRR* 的近似值应为(　　)。

表 9-25　某项目投资现金流量表

年　序	0	1	2	3	4	5
净现金流量	-100	20	30	20	40	40

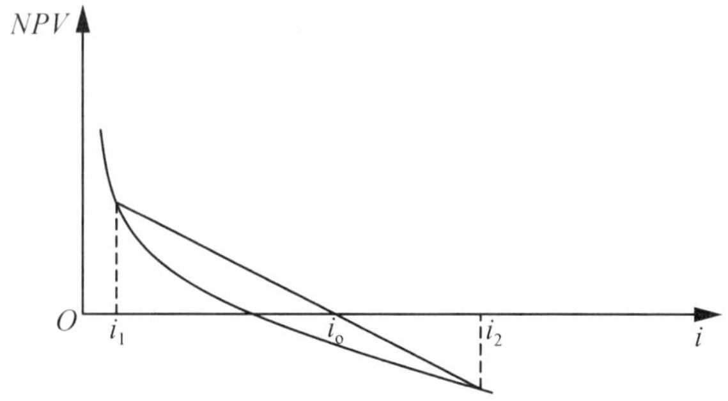

图 9.9　某项目净现值曲线

A．12.70%　　B．12.98%　　C．13.23%　　D．13.50%

4．速动比率是着重反映项目(　　)的指标。

A．盈利能力　　B．长期偿债能力　　C．短期偿债能力　　D．运营能力

5．设某拟建工程项目总投资为 2 000 万元，建设期为 1 年。据分析预测，该项目在生产期内的年净现金流量有 3 种情况，即 300 万元、400 万元、500 万元，它们出现的概率分别为 0.2、0.3、0.5。项目的生产期有 8 年、10 年、12 年这 3 种可能，其发生的概率分别为 0.2、0.5、0.3，项目的折现率为 12%，则该项目净现值大于零的累计概率为(　　)。

A．0.74　　B．0.78　　C．0.82　　D．0.84

6．某公司经营情况如下：房租为 300 元/月，假设经营产品 A、B、C 的利润各占总利润的 1/3，现通过对 A 的销售来对方案进行可行性分析，假设 A 的平均进价为 1.50 元/斤，售价为 1.70 元/斤，平均每月销售 A 约 3 000 斤，每月进货 2 次，运费 150 元/次，水电费 60 元/月，免税收，则盈亏平衡销量和销售率分别为(　　)。

A．1 500 和 50%　　B．1 200 和 40%

C．1 000 和 33.3%　　D．1 100 和 36.7%

7．某方案所有组合状态的概率及净现值见表 9-26，则该方案的净现值及累计概率分别为(　　)。

表 9-26　某方案所有状态的概率及净现值

投资额/万元	100			110			155		
年净收益/万元	20	28	33	20	28	33	20	28	33
组合概率	0.075	0.12	0.105	0.125	0.2	0.175	0.05	0.08	0.07
净现值/万元	2.89	52.05	82.77	−27.11	22.05	52.77	−52.11	−2.95	27.77

A．24.51 万元和 0.745　　B．22.81 万元和 1

C．25.35 万元和 0.875　　D．24.51 万元和 1

8．某项目生产能力为 3 万件/年，产品售价为 3 000 元/件，总成本费用为 7 800 万元，其中固定成本 3 000 万元，总变动成本与产量呈线性关系。盈亏平衡点的生产能力利用率应为(　　)。

A．65.8%　　B．68.1%

C．71.3%　　D．72.5%

9．某建设项目投资方案所有组合状态的概率及净现值见表 9-27。

则投资方案净现值的期望值及净现值大于 0 的概率分别为(　　)。

表 9-27　某建设项目投资方案所有组合状态的概率及净现值

投资额/万元	150			180		
年净收益/万元	23	30	38	23	30	38
组合概率	0.18	0.30	0.12	0.12	0.20	0.08
净现值/万元	−8.665	34.35	83.51	−38.665	4.35	53.51

A．19.28 万元和 1　　B．29.5 万元和 0.7

C．29.5 万元和 1　　D．19.28 万元和 0.7

10．单因素敏感性分析图如图 9.10 所示，对其理解正确的是(　　)。

A．一张图只能反映一个因素的敏感性分析结果

B．临界点表明方案经济效果评价指标达到最高要求所允许的最大变化幅度

C．不确定性因素变化超过临界点越多方案越好

D．将临界点与未来实际可能发生的变化幅度相比，可大致分析该项目的风险情况

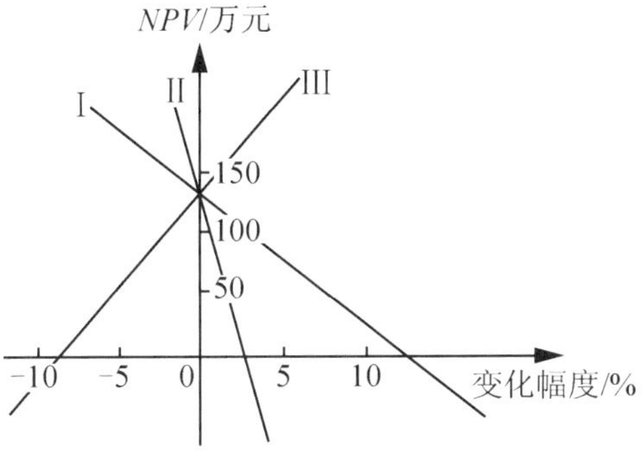

图 9.10　单因素敏感性分析图

11．根据图 9.10 所示，则净现值对 3 种不确定因素 Ⅰ、Ⅱ、Ⅲ的敏感性从大到小的排列顺序为(　　)。

A．Ⅱ-Ⅲ-Ⅰ　　B．Ⅰ-Ⅱ-Ⅲ　　C．Ⅰ-Ⅲ-Ⅱ　　D．Ⅱ-Ⅰ-Ⅲ

12．敏感性分析的目的在于寻求敏感因素，可以通过(　　)来确定。

A．平衡点　　B．累计概率　　C．临界点　　D．斜率

三、简答题

1．建设项目经济评价分析主要包括哪些内容？

2．建设项目经济评价的基本方法是什么？

3．项目财务评价指标体系的构成有哪几类？各自的主要指标是什么？

4．投资回收期指标的概念、计算与判别准则是什么？

5．偿债能力指标的概念、计算与判别准则是什么？

6．财务净现值指标的概念与判别准则是什么？

7．财务内部收益率指标的概念与判别准则是什么？

8．财务净现值率指标的概念是什么？

9．基准收益率的概念及其确定的影响因素有哪些？

10．什么是项目的不确定性分析?它有什么作用?

11．影响投资项目经济效益的不确定因素主要有哪些？

12．项目的不确定性分析方法主要有几种？各自的特点和适用条件是什么？

13．什么是敏感性分析？为什么要进行建设项目评估的敏感性分析？

14．什么是概率分析？它在实际中有哪些具体应用?

第 10 章　建设项目国民经济效益评估

教学目标：项目经济评估包括财务评估与国民经济效益评估。项目的国民经济效益评估是从国民经济的角度对项目得失即盈利水平做出评价，国民经济效益评估是一种宏观评价。对于建设社会主义市场经济、宏观评价具有十分重要的意义，有利于项目投资决策科学化。本章对国民经济效益评估的原则、方法、主要参数及影子价格的获取等内容进行了详细的阐述。本章首先探讨国民经济效益评估的对象；国民经济效益评估编制基本途径；国民经济效益评估编制的费用和效益原则，然后探讨了国民经济的间接效益与间接费用的测算，最后讲解建设项目国民经济评价基础数据的调整及国民经济效益评估的价格调整。

教学要求：通过本章的学习，要求掌握建设项目国民经济效益评估的基本概念、国民经济效益评估的原则、国民经济效益评估的方法及主要参数、影子价格的计算、国民经济效益评估费用和效益部分影子价格的调整方法。

10.1　建设项目国民经济效益评估概述

10.1.1　建设项目国民经济效益评估产生的原因

财务分析是用现行价格计算效益和成本的，由于各方面的原因，我国有些现行价格严重“失真”，用这些价格评价项目，不能客观地反映项目的经济效果，即不能客观地反映投入的资源给整个社会经济所带来的效益。国民经济分析用调整过的价格计算项目的效益和费用，调控过的价格基本克服了“失真”因素。

财务分析只局限于以现行价格计算项目自身的效益和成本，而没有考虑因项目建成而使国民经济其他部门所产生效益所付出的代价。也就是说，财务分析只考虑了直接效益和直接费用，而没有考虑项目的外部性，即该工程项目产生的间接费用，所以，财务分析不能保证全面反映项目的经济效果。

对于大型的工程项目特别是一些在国民经济和社会发展中具有举足轻重作用的大型工程项目，在经济分析中仅仅做财务分析是不够的，更重要的是要进行国民经济效益分析。对象主要包括基础设施项目，水利水电项目，国家控制的矿产资源项目，主要产出物和投入物的时常价格严重扭曲而不能真实反应其真实价值的项目等。

在加强和完善宏观调控，建立社会主义市场经济体制的过程中，应重视建设项目的经济效益分析，主要理由有以下 3 点。

(1) 经济效益分析是项目评价方法体系的重要组成部分，市场分析、技术方案分析、财务分析、环境影响分析、组织机构分析和社会评价都不能代替经济效益分析的功能和作用。

(2) 经济效益分析是市场经济体制下政府对公共项目进行分析评价的重要方法，是市场经济体制下国家政府部门干预投资活动的重要手段。

(3) 在新的投资体制下，国家对项目的审批和核准重点放在项目的外部效果、公共性方面，经济效益分析强调从资源配置经济效率的角度分析项目的外部效果，通过费用效益分析及费用效果分析的方法判断建设项目的经济合理性，是政府审批或核准项目的重要依据。

10.1.2 建设项目国民经济效益评估的作用

1. 国民经济效益评估是宏观上合理配置资源的需要

项目的国民经济效益评估是从国民经济的角度对项目得失即其盈利水平做出评价。有利于全社会合理配置资源。国家的资源，如资金、外汇、土地、劳动力以及其他自然资源等总是有限的，必须在资源的各种相互竞争的用途中作出选择，而这种选择必须借助于国民经济效益。从国家整体的角度来考虑，把国民经济作为一个大系统，项目的建设作为这个大系统中的一个子系统，项目的建设与生产，要从国民经济这个大系统中汲取大量的投入物，同时也向国民经济这个大系统提供一定数量的产出物。国民经济效益评估就是评价项目从国民经济中所汲取的投入，与向国民经济提供的产出物对国民经济这个大系统经济目标的影响，从而选择对大系统目标最有利的项目和方案。因此，国民经济效益评估是一种宏观评价，对于建设社会主义市场经济，宏观评价具有十分重要的意义。

只有多数项目的建设符合整个国民经济发展的需要，才能在充分合理利用有限资源的前提下，使国家获得最大的净效益。

2. 国民经济效益评估是真实反映项目对国民经济净贡献的需要

项目经济评估包括财务评估与国民经济评估。财务评估是对项目在财务上的盈利性和财务收支上的清偿能力进行分析与评价。由于财务评估是站在企业的角度对项目的评价，而企业利益并不总是与国家利益相一致的，如税金对于企业是费用支出，而对于国家则不是费用支出；同时由于种种原因，项目的投入物和产出物的财务价格往往严重背离资源的真实价值，不能真实反映项目对国民经济的真实贡献，所以，必须通过国民经济评估才能清楚一个项目对国民经济整体的净贡献。

3. 国民经济效益评估有利于项目投资决策科学化

(1) 有利于引导投资方向。运用经济净现值、经济内部收益率等指标及体现宏观意图的影子价格、影子汇率等参数，可以起到鼓励或抑制某些行业或项目发展的作用，促进国家资源的合理分配。

(2) 有利于控制投资规模。国家可以通过调整社会折现率这个重要参数来调控投资总规模，当投资规模膨胀时，可以适当提高社会折现率，控制一些项目的通过。

(3) 有利于提高计划质量。项目是计划的基础，有了足够数量经过充分论证和科学评价的备选项目，才便于各级部门从宏观经济角度对项目进行排队和取舍，财务评价和国民经济效益评估均可行的项目才可以通过。

4. 项目国民经济效益评估与财务评价的关系

在很多情况下，国民经济效益评估以财务评价为基础和前提，国民经济效益评估是企业财务评估的完善与深化，两者的主要联系表现为都是对项目成本效益的分析评价，企业财务效益评估所用的数据，加工整理后便构成国民经济效益评估的数据，评估的方法也大致相同。项目国民经济效益评估与财务评价的共同之处在于：首先，它们都是经济效果评价，都使用基本的经济评价理论和方法，都要寻求以最小的投入获得最大的产出，都要考虑资金的时间价值，采用内部收益率、净现值等经济盈利性指标进行经济效果分析；其次，两种评价都要在完成产品需求预测、工艺技术选择、投资估算、资金筹措方案等可行性研究内容的基础上进行。它们之间的主要区别如下。

(1) 评价角度的不同。财务评估是从企业角度分析项目对企业产生的财务效果，偏重于项目盈利水平及偿债能力的评价；国民经济评估从国家角度评价拟建项目对国民经济所产生的效应，偏重于净效益和纯收入的分析，它不但要评估项目对国民经济的贡献，还应分析国民经济为项目所付出的代价。

(2) 评价任务的不同。企业财务效益评估可为项目选定和生产规模方案的选择提供财务数据，但不能为重大项目的决策服务；而国民经济效益评估可以用于拟建项目的择优及拟建项目生产规模的选择，是重大项目决策的主要依据。

另外，企业财务效益评估主要关心项目的筹资来源和还本付息能力；而国民经济效益评估则主要关心项目是否应当兴建，以及拟建项目应有多大的生产规模。

(3) 评价范围的不同。企业财务效益评估范围较为狭窄，一般只限于项目和企业本身，而且只考虑项目直接的可用货币度量的财务效益；国民经济效益评估的面较宽，不仅要考虑项目对国民经济和社会可用货币度量的直接影响，还要考虑间接的、外部的、相关的以及不能用货币度量的影响。所以国民经济效益评估在定量分析之外，还应进行一些定性分析，以便对项目做出全面评价。

(4) 项目费用与效益范围划分的不同。企业财务效益评估将项目的全部支出都作为费用，列为项目的成本或项目的资金流出；而国民经济效益评估则将其中的转移支付如税金、补贴、利息从中扣除，同时，国民经济效益评估不考虑过去已经发生的沉没成本。因此，在进行国民经济效益评估时，首先应对成本与效益的内容进行鉴别，使它们评估的内容能体现各自的角度。

(5) 使用价格体系的不同。在企业财务效益评估中，投入产出物以市场价格为基础计价，这种价格一般称为财务价格；在国民经济效益评估中，要用既能反映投入产出物的价值，又能反映这种资源稀缺程度的影子价格进行评估。影子价格的运用可以使有限的资源得到最优利用，从而带来最好的效益增长。鉴于影子价格是对资源进行最优配置的一种价格，因此在国民经济效益评估中对一般的通货膨胀不予考虑，而企业财务效益评估则必须考虑通货膨胀的影响。

(6) 依据评价参数的不同。在企业财务效益评估中，一般采用国家统一颁发的各行业基准内部收益率作为计算和评价项目经济效益的依据；在国民经济效益评估中，则使用统一规定的理论利率作为评估依据，这种理论利率一般又称为社会折现率或经济折现率。对于涉及进出口的物品，企业财务效益评估要运用法定汇率或挂牌汇率，国民经济效益评估则要运用影子汇率或市场汇率。企业财务效益评估中，其基本资料是根据财务数据编制的财务现金流量表；而在国民经济效益评估中，基本资料是根据影子价格和国民经济原则编制的国民经济效益费用流量表。

(7) 评价对象的不同。在一般情况下，对于没有财务收入的项目，不进行企业财务效益评估，如防洪工程、环保工程、水土保持工程等无须进行企业财务效益评估；但是，不管有无直接财务收入，一些重大的有关国计民生的项目，投入产出物财务价格明显不合理的项目，特别是对能源、交通基础设施和农林水利项目，以及某些国际金融组织的贷款项目和某些政府贷款项目，应按要求进行国民经济效益评估。另外，财务评价有两个方面，一是盈利能力分析，另一是清偿能力分析；而国民经济效益评估则仅作盈利能力分析，不作清偿能力分析。

国民经济效益评价是按照资源合理配置的原则，从国家整体角度考察项目的效益和费用，用货物影子价格、影子工资、影子汇率和社会折现率等经济参数，分析、计算项目对国民经济带来的净贡献，评估项目的经济合理性，为项目的投资决策提供依据。国民经济评价和财务评价的异同点见表 10-1。

表 10-1 国民经济评价和财务评价的异同点

评价层次 对比内容	国民经济评价	财务评价
一、相同点		
1.评价目的	为项目取舍提供依据	为项目取舍提供依据
2.理论依据及评价方法	货币时间价值理论，用现值方法进行动态分析	货币时间价值理论，用现值方法进行动态分析
二、不同点		
1.分析角度和侧重点	从宏观的角度评价项目对全社会的净效益	从微观的角度评价项目本身的净效益
2.间接费用和效益	计入	不计入
3.折现率	社会折现率	行业基准收益率
4.采用的价格	影子价格	国内现行市场价格
5.折旧	不计入	计入
6.国内借款利息	不计入	计入
7.税收	不计入	计入
8.财政补贴	不计入	计入
9.综合评价	经济净现值 经济内部收益率	财务净现值 财务内部收益率

项目的国民经济效益评估在项目决策中有着重要的作用。很显然，项目的财务评价和国民经济效益评估结果有时是矛盾的，一般的说应以国民经济效益评估的结论作为项目或方案取舍的主要依据，也就是说，经过项目财务评价和国民经济效益评估以后，有可能出现以下 4 种情况。

(1) 财务评价为可行，国民经济效益评估也可行，项目可行。

(2) 财务评价为不可行，国民经济效益评估为可行，这时候有两种处理办法：一种是重新考察投资方案，改进使之财务上可行；另一种是如果该项目是关系到国计民生，对国家有重大意义的项目，那么以国家给项目企业补贴的办法，弥补项目财务上的不可行。

(3) 财务评价为可行，国民经济效益评估为不可行，则项目不可行。这时候可以通过改进使项目的国民经济效益评估也可行，或者放弃该项目。

(4) 财务评价为不可性，国民经济效益评估也为不可行，项目不可行。

10.2　国民经济效益与费用分析

10.2.1　项目经济效益的概念

项目国民经济效益，是指项目对国民经济所作的贡献。这种效益不但包括项目本身所获得的利益，而且还包括国民经济其他部门因项目存在而获得的利益，所以，效益不仅是指项目自身的直接效益，而且还包括项目所产生的外部间接效益。

经济费用效益分析是项目投资决策(包括不同角度的分析和评价)的主要内容之一，要求从资源合理配置的角度，分析项目投资的经济效益和对社会福利所作出的贡献。评价项目的经济合理性，其主要目的包括以下方面。

(1) 全面识别整个社会为项目付出的代价，以及项目为提高社会福利所作出的贡献，评价项目投资的经济合理性。

(2) 分析项目的经济费用效益流量与财务现金流量存在的差别，以及造成这些差别的原因，提出相关的政策调整建议。

(3) 对于市场化运作的基础设施等项目，通过经济费用效益分析来论证项目的经济价值，为制定财务方案提供依据。

(4) 分析各利益相关者为项目付出的代价及获得的收益，通过对受损者及受益者的经济费用效益分析，为社会评价提供依据。

需要进行经济费用效益分析的项目。

① 自然垄断项目。对于电力、电信、交通运输等行业的项目，存在着规模效益递增的产业特征，企业一般不会按照帕累托最优规则进行运作，从而导致市场配置资源失效。

② 公共产品项目，即项目提供的产品或服务在同一时间内可以被共同消费，具有“消费的非排他性”(未花钱购买公共产品的人不能被排除在此产品或服务的消费之外)和“消费的非竞争性”特征(一人消费一种公共产品并不以牺牲其他人的消费为代价)。由于市场价格机制只有通过将那些不愿意付费的消费者排除在该物品的消费之外才能得以有效运作，因此市场机制对公共产品项目的资源配置失灵。

③ 具有明显外部效果的项目。外部效果是指一个个体或厂商的行为对另一个体或厂商产生了影响，而该影响的行为主体又没有负相应的责任或没有获得应有报酬的现象。产生外部效果的行为主体由于不受预算约束，因此常常不考虑外部效果及承受者的损益情况。这样，这类行为主体在其行为过程中常常会低效率甚至无效率地使用资源，造成消费者剩余与生产者剩余的损失及市场失灵。

④ 对于涉及国家控制的战略性资源开发及涉及国家经济安全的项目，往往具有公共性、外部效果等综合特征，不能完全依靠市场配置资源。

⑤ 政府对经济活动的干预，如果干扰了正常的经济活动效率，也是导致市场失灵的重要因素。

(5) 从投资管理的角度，现阶段需要进行经济费用效益分析的项目可以分为以下几类。

① 政府预算内投资(包括国债资金)的用于关系国家安全、国土开发和市场不能有效配置资源的公益性项目和公共基础设施建设项目，保护和改善生态环境项目，重大战略性资源开发

项目。

② 政府各类专项建设基金投资的用于交通运输、农林水利等基础设施，基础产业建设项目。

③ 利用国际金融组织和外国政府贷款，需要政府主权信用担保的建设项目。

④ 法律、法规规定的其他政府性资金投资的建设项目。

⑤ 企业投资建设的涉及国家经济安全、影响环境资源、公共利益、可能出现垄断、涉及整体布局等公共性问题，需要政府核准的建设项目。

10.2.2 项目国民经济直接效益和间接效益的内容

1. 国民经济的直接效益

国民经济的直接效益与间接效益在项目财务评价中基本已经通过总投资和销售收入及税后利润等环节得到了体现。

直接效益是指由项目产出物产生并在项目范围以内以影子价格计算的经济效益。它是项目产生的主要经济效益。根据产出物的具体情况，直接效益的确定也有所不同。

(1) 项目投产以后增加总的供给量，即增加了国内的最终消费品或中间产品。此时项目直接效益表现为增加该产出物数量满足国内需求的效益。

(2) 项目投产以后减少了其他相同或类似企业的产量，即从整个社会来看没有增加产品的数量，只是项目投产后产品数量代替了其他相同或类似企业的等量产品。这时项目的直接效益是被替代企业因为减产而节省的资源价值，即项目产出物替代其他相同或类似企业的产出物，使被替代企业减产从而减少国家有用资源耗费(或损失)的效益。

(3) 增加出口或减少进口的产出物。增加出口就是项目投产以后增加国家出口产品的数量，其效益可看作是增加出口所增收的国家外汇。减少进口是指项目投产以后，其产品可以替代进口产品，减少国家等量产品的进口，其效益可看作是减少进口所节约的外汇效益。表现为建设项目产出品带来的收入和利润。

2. 国民经济的直接费用

国民经济的直接费用表现为建设项目投入品的资源消耗。

直接费用是指项目使用投入物所产生并在项目范围内以影子价格计算的经济费用。它是费用的主要内容。根据投入物的具体情况，直接费用的确定也有所不同。

(1) 因项目存在而增加项目所需投入物的社会供应量。此时，项目直接费用表现为其他部门为供应本项目投入物而扩大生产规模所耗用的资源费用。

(2) 减少对其他相同或相似企业的供应，即项目的投入物是减少对其他企业的供应而转移过来的。此时项目直接费用表现为减少对其他项目(或最终消费者)投入物的供应而放弃的效益，即项目的投入物单位使用量在其他企业所获得的效益与项目所转移过来的投入物总量的乘积，其他企业的效益应用影子价格计算。

(3) 增加进口或减少出口的投入物。增加进口就是因为项目存在而使国家不得不增加进口，以满足其对投入物的需要，其费用可看作是国家为增加进口而多支付的外汇。减少出口是指因项目使用了国家用来出口的商品作为投入物，从而减少了国家的出口量，其费用是国家因减少出口而损失的外汇收入。

3. 国民经济的间接费用

间接费用(亦称外部费用)是指由项目引起的，而在项目的直接费用中未得到反映的那部分费用，例如工业项目产生的废水、废气和废渣引起的环境污染及对生态平衡的破坏，项目并不支付任何费用，而国民经济付出了代价。工业项目造成的环境污染对生态的破坏是一种外部费用，一般较难计算，除按环保部门规定征收的排污费计算外，也可以用被污染的农作物和江河湖泊的水产品或森林的价值损失作为项目污染和对生态环境破坏所造成的损失。如果环境污染给国民经济造成的损失很明显，且难以计量，则可根据国家的控制污染要求进行定性分析。

4. 国民经济的间接效益

间接效益(亦称外部效益)是指由项目引起的而在直接效益中未得到反映的那部分效益。如在建设一个钢铁厂的同时，又修建了一套厂外运输系统，它除为钢铁厂服务外，还使当地的工农业生产和人民生活得益，这部分效益即为钢铁厂的外部效益。又如某水泵厂生产一种新型节能水泵，用户可得到较低的运行费用的好处，但由于种种原因，这部分效益未能在水泵厂的财务价格中全部反映出来，即未能完全反映到水泵厂的直接效益中，因此，这部分节能效益就是水泵厂的外部效益。

间接效益在财务评价中未得到反映，需要重新进行评估确定，主要包括以下几方面。

① 环境影响。

② 技术扩散效果。

③ 企业带动效应。

④ 乘数效应。

⑤ 价格影响。

10.2.3 建设项目国民经济费用与效益的识别原则

在经济费用效益分析中，应尽可能全面地识别建设项目的经济效益和费用，并需要注意以下几点。

(1) 对项目涉及的所有社会成员的有关费用和效益进行识别和计算，全面分析项目投资及运营活动耗用资源的真实价值，以及项目为社会成员福利的实际增加所作出的贡献。

① 分析体现在项目实体本身的直接费用和效益，以及项目引起的其他组织、机构或个人发生的各种外部费用和效益。

② 分析项目的近期影响，以及项目可能带来的中期、远期影响。

③ 分析与项目主要目标直接联系的直接费用和效益，以及各种间接费用和效益。

④ 分析具有物资载体的有形费用和效益，以及各种无形费用和效益。

(2) 效益和费用的识别遵循以下原则。

① 增量分析的原则。项目经济费用效益分析应建立在增量效益和增量费用识别和计算的基础之上，不应考虑沉没成本和已实现的效益。应按照“有无对比”增量分析的原则，通过项目的实施效果与无项目情况下可能发生的情况进行对比分析，作为计算机会成本或增量效益的依据。

② 考虑关联效果原则。应考虑项目投资可能产生的其他关联效应。

③ 以本国居民作为分析对象的原则。对于跨越国界，对本国之外的其他社会成员产生影

响的项目，应重点分析对本国公民新增的效益和费用。项目对本国以外的社会群体所产生效果，应进行单独陈述。

④ 剔除转移支付的原则。转移支付代表购买力的行为，接受转移支付的一方所获得的效益与付出方所产生的费用相等，转移支付行为本身没有导致新增资源的发生，税赋、补贴、借款和利息等都属于转移支付。一般在进行经济费用效益分析时，不得再计算转移支付的影响。

(3) 一些税收和补贴可能会影响市场价格水平，导致包括税收和补贴的财务价格可能并不反映真实的经济成本和效益。在进行经济费用效益分析中，转移支付的处理应区别对待。

① 剔除企业所得税或补贴对财务价格的影响。

② 一些税收、补贴或罚款往往是用于校正项目“外部效果”的一种重要手段，这类转移支付不可剔除，可以用于计算外部效果。

③ 项目投入与产出中流转税应具体问题具体处理。

(4) 项目费用与效益识别的时间范围应足以包含项目所产生的全部重要费用和效益，而不应仅根据有关财务核算规定确定。如财务分析的计算期可根据投资各方的合作期进行计算，而经济费用效益分析不受此限制。

(5) 应对项目外部效果的识别是否适当进行评估，防止漏算或重复计算。对于项目的投入或产出可能产生的第二级乘数波及效应，在经济费用效益分析中一般不予考虑。

10.3　建设项目国民经济效益评估的基本方法

建设项目国民经济效益评估的基本方法主要包括两种：在财务效益评价基础上进行国民经济效益评价；直接进行国民经济效益评价。

10.3.1　在财务效益评价基础上进行国民经济效益评价

投资项目的国民经济效益评估在财务评价基础上进行，主要是将财务评价中的财务费用和财务效益调整为经济费用和经济效益，即调整不属于国民经济效益和费用的内容；剔除国民经济内部的转移支付；计算和分析项目的间接费用和效益；按投入物和产出物的影子价格及其他经济参数(如影子汇率、影子工资、社会折现率等)对有关经济数据进行调整。

(1) 效益和费用范围的调整。

由于财务效益评估和国民经济评估对费用和效益的含义及划分范围不同，这样在国民经济评估中就应对费用和效益进行识别和划分。需要剔除已经计入财务效益和费用中国民经济内部的转移支付，如税金、补贴、国内借款利息等。

调整转移支付是指财务评价中的各项税金、国内借款利息在国民经济评价中应作为转移支付，不再作为项目的支出。国民经济的转移支付是指虽然在财务评价现金流量表中各年都有支出，但未产生实际的资源消耗。

① 国内税收(增值税、消费税、资源税、关税)。通常在企业与国家之间的资金转移。

② 国内利息指出。通常在企业与银行之间的资金转移(存款、贷款利息)。

③ 政府补贴。

国家把国民收入转移给企业(包括出口补贴、价格补贴)。

④ 土地费用。

(2) 效益和费用数值的调整。计算外部效益和外部费用，通常只计算直接相关的效益和费用，间接相关的费用和效益不易把握。

根据收集来的数据资料，结合费用和效益的计算范围，将各项投入物和产出物的现行价格调整为影子价格。加入间接费用与间接效益的评估数据。价格调整对合理地进行费用效益计算，正确地进行国民经济效益评估都是至关重要的。此外，还需要用影子价格重新评估项目固定资产与流动资产投资、总成本费用、销售收入。

(3) 建设投资的调整。对财务评价中的建设投资需要调整，其中的税金、建设期利息、涨价预备费作为转移支付从支出中剔出，其余的费用需要用影子价格调整，其中的劳动力按影子工资计算费用，土地费用按土地的影子价格调整。剔除属于国民经济内部转移支付的引进设备、材料的关税和增值税，并用影子汇率、影子运费和贸易费用对引进设备价值进行调整。对于国内设备价值则用其影子价格、影子运费和贸易费用进行调整。根据建筑工程消耗量、建材、其他大宗材料、电力等，用影子工资、货物和电力的影子价格调整建筑费用，或通过建筑工程影子价格换算系数直接调整建筑费用。若安装费中的材料费占很大比重，或有进口安装材料，也应按材料的影子价格调整安装费用。用土地的影子价格代替占用土地的实际费用，剔除涨价预备费。

在调整建设期利息时，国内借款的建设期利息不作为费用流量，来自国外的外汇贷款利息需按影子汇率换算，用于计算国外资金流量。

(4) 流动资金的调整。调整由于流动资金估算基础的变动引起的流动资金占用量的变动。

如果财务分析中流动资金是采用扩大指标法估算的，经济分析中可仍按扩大指标法估算，但需要将计算基数调整为以影子价格计算的营业收入或经营费用，再乘以相应的系数估算。如果财务分析中流动资金是按分项详估法估算的，要用影子价格重新分项估算。同时在财务分析中，流动资产和流动负债包括现金、应收账款和应付账款等，但这些并不实际消耗资源，因此经济分析中应当将其从流动资金估算科目中剔除。

(5) 经营费用的调整。对财务评价中的经营费用，可将其划分为可变费用和固定费用，然后再按如下方法进行：可变费用部分按原材料、燃料、动力的影子价格重新计算各项费用；固定费用部分应在剔除固定资产的折旧费、无形资产摊销及流动资金利息后对维修费和工资进行调整，其他费用则不用调整，其中，维修费按调整后的固定资产原值(应扣除国内借款建设期的利息及投资方向调节税)和维修费率重新计算；工资则按影子工资换算系数进行调整。最后再通过加总得到经营费用。

经营费用可采取以下方式调整计算：对需要采用影子价格的投入物，用影子价格重新计算；对一般投资项目，人工工资可不予调整，即取影子工资换算系数为1；人工工资用外币计算的，应按影子汇率调整；对经营费用中的除原材料和燃料动力费用之外的其余费用，通常可不予直接调整，但有时由于取费基数的变化引起其经济数值也会与财务数值略有不同。调整经营费用时财务评价中的各项经营费用(主要原材料、燃料、动力费用)需要用影子价格调整。

(6) 销售收入调整。先确定项目产出物的影子价格，然后重新计算销售收入。

调整销售收入时财务评价的销售收入需要用产出物影子价格调整。

(7) 在涉及外汇借款时，用影子汇率计算外汇借款本金与利息的偿付额。

在价格调整的基础上计算费用和效益，不仅包括直接费用和直接效益的计算，而且包括间接费用和间接效益的计算。费用、效益计算是否全面、正确，直接关系到评价指标能否反映国民经济效益的大小，并进而决定国民经济效益评估结论是否真实客观。国民经济评价中涉及外汇收入和支出时均需要用影子汇率计算外汇价值。从国外引入的资金、向国外支付的投资收益、贷款利息等也需要用影子汇率调整。

10.3.2　直接进行国民经济效益评价

直接进行国民经济效益评价包括以下几方面内容。

(1) 识别和计算项目的内部效益，对那些为国民经济提供产出物的项目，首先应根据产出物的性质确定是否属于外贸货物，再根据定价原则确定产出物的影子价格。按照项目产出物的种类、数量及其逐年的增减情况和产出物的影子价格计算项目的内部效益。对那些为国民经济提供服务的项目，应根据提供服务的数量和用户的受益计算项目的内部效益。

(2) 用货物的影子价格、土地的影子费用、影子工资、影子汇率、社会折现率等参数直接进行项目的投资估算。

(3) 流动资金估算。

(4) 根据生产经营的实物消耗、用货物的影子价格、影子工资、影子汇率等参数计算经营费用。

(5) 识别项目的外部效益和外部费用，对能定量的应进行定量计算，对难于定量的，应作定性描述。

(6) 编制有关报表，计算相应的评价指标。根据计算出来的项目寿命期各年的费用和效益，编制国民经济效益费用流量表，据以计算经济内部收益率、经济净现值等评价指标。涉及产品出口创汇或替代进口节汇的项目，还要编制经济外汇流量表，据以计算经济外汇净现值、经济换汇成本或经济节汇成本等外汇效果指标，并根据指标计算结果予以分析评价，得出国民经济效益评估结论。

10.4　国民经济效益评估参数的选取

10.4.1　国民经济效益评估的影子价格参数

国民经济效益评估参数包括计算、衡量项目经济费用效益的各类计算参数和判定项目经济合理性的判据参数。国民经济效益评估的影子价格参数是国民经济评价过程中的重要参数。

国民经济的影子价格，又称为最优计划价格，是指当社会经济处于某种最优状态时，能够反映社会劳动的消耗、资源稀缺程度和市场供求状况的价格。它不用于商品交换，而仅用于预测、计划和项目国民经济效益分析等目的。影子价格是指资源处于最佳分配状态时，其边际产出价值。也可说是社会经济处于某种最优状态下，能够反映社会劳动消耗、资源稀缺程度和对最终产品需求情况的价格，所以，影子价格是人为确定的，比交换价格更合理的价格。

广义的影子价格是一般商品货物影子价格(外贸货物影子价格及非外贸货物影子价格)，一般包括以下方面。

(1) 劳动力的影子价格 (影子工资)。

(2) 土地的影子价格 (土地影子费用)。

(3) 资金的影子价格 (社会折现率)。

(4) 外汇的影子价格 (影子汇率)。

国家行政主管部门统一测定并发布的影子价格体系包括社会折现率和影子汇率换算系数(口岸价综合转换系数)等，在各类建设项目的国民经济效益评估中必须采用。影子工资换算系数和土地影子价格等在各类建设项目的国民经济效益评估中可参考选用。

1. 社会折现率

社会折现率系指建设项目国民经济效益评估中衡量经济内部收益率的基准值，也是计算项目经济净现值的折现率，是项目经济可行性和方案比选的主要判据。社会折现率应根据国家的社会经济发展目标、发展战略、发展优先顺序、发展水平、宏观调控意图、社会成员的费用效益时间偏好、社会投资收益水平、资金供给状况、资金机会成本等因素综合测定。

结合当前的实际情况，测定社会折现率为 8 %；对于受益期长的建设项目，如果远期效益较大，效益实现的风险较小，社会折现率可适当降低，但不应低于 6 %。

2. 影子汇率

影子汇率系指能正确反映国家外汇经济价值的汇率。建设项目国民经济效益评估中，项目的进口投入物和出口产出物，应采用影子汇率换算系数调整计算进出口外汇收支的价值。

影子汇率可通过影子汇率换算系数得出。影子汇率换算系数系指影子汇率与外汇牌价之间的比值。影子汇率应按下式计算。

$$影子汇率=外汇牌价\times影子汇率换算系数$$

根据我国外汇收支、外汇供求、进出口结构、进出口关税、进出口增值税及出口退税补贴等情况，影子汇率换算系数为 1.08 。

3. 影子工资

影子工资系指建设项目使用劳动力资源而使社会付出的代价。建设项目国民经济效益评估中以影子工资计算劳动力费用。

影子工资应按下式计算。

$$影子工资=劳动力机会成本+新增资源消耗 \tag{10-1}$$

式中劳动力机会成本系——劳动力在本项目被使用，而不能在其他项目中使用而被迫放弃的劳动收益；

新增资源消耗——劳动力在本项目新就业或由其他就业岗位转移来本项目而发生的社会资源消耗，这些资源的消耗并没有提高劳动力的生活水平。

影子工资可通过影子工资换算系数得到。影子工资换算系数系指影子工资与项目财务分析中劳动力工资之间的比值，影子工资可按下式计算。

$$影子工资=财务工资\times影子工资换算系数 \tag{10-2}$$

影子工资的确定，应符合下列规定。

(1) 影子工资应根据项目所在地劳动力就业状况、劳动力就业或转移成本测定。

(2) 技术劳动力的工资报酬一般可由市场供求决定，即影子工资一般可以财务实际支付工资计算。

(3) 对于非技术劳动力，根据我国非技术劳动力就业状况，其影子工资换算系数一般取为0.25～0.8，具体可根据当地的非技术劳动力供求状况确定，非技术劳动力较为富余的地区可取较低值，不太富余的地区可取较高值，中间状况可取0.5。

4. 土地的影子价格

土地影子价格系指建设项目使用土地资源而使社会付出的代价。在建设项目国民经济效益评估中以土地影子价格计算土地费用。

土地影子价格应按下式计算。

土地影子价格＝土地机会成本＋新增资源消耗

式中土地机会成本按拟建项目占用土地而使国民经济为此放弃的该土地“最佳替代用途”的净效益计算；土地改变用途而发生的新增资源消耗主要包括拆迁补偿费、农民安置补助费等。在实践中，土地平整等开发成本通常计入工程建设费用中，在土地影子价格中不再重复计算。

土地影子价格应根据项目占用土地所处地理位置、项目情况以及取得方式的不同分别确定，具体应符合下列规定。

(1) 通过招标、拍卖和挂牌出让方式取得使用权的国有土地，其影子价格应按财务价格计算。

(2) 通过划拨、双方协议方式取得使用权的土地，应分析价格优惠或扭曲情况，参照公平市场交易价格，对价格进行调整。

(3) 经济开发区优惠出让使用权的国有土地，其影子价格应参照当地土地市场交易价格类比确定。

(4) 当难以用市场交易价格类比方法确定土地影子价格时，可采用收益现值法或以开发投资应得收益加土地开发成本确定。

10.4.2 影子价格的选取与计算

1. 建设项目国民经济效益评估基础数据调整后的计算

如果确定了项目投入物与产出物的影子价格，就可以计算项目的国民经济效益，即项目寿命期间累计纯收入的净现值，其计算方法与财务效益分析中计算项目寿命期间累计利润的净现值的方法相类似。

(1) 影子价格产生的原因。

现行价格仍不能正确反映其经济价值。一般原材料、燃料偏低，加工工业产品价格偏高。有时还包含一定的政府补贴。国民经济的影子价格是进行投资项目国民经济效益评估的专用价格。影子价格反映投入物与产出物真实国民经济价值，反映供求情况下的市场价格。

(2) 影子价格与项目评估的关系。

影子价格是其可用量的边际变化对国家基本社会经济目标所作贡献的价值。现代国民经济评估中的影子价格方法主要是经合组织(OECD) 和联合国工业发展组织(UNIDO)分别在 1968 年和 1971 年提出的建议。要完成项目的国民经济效益评估，就必须确定合适的价格，这种价格就是影子价格。使用影子价格是试图把商品和服务的市场价格转化为它们的真正社会价值，对一些没有市场价格的商品和服务，为了进行项目的国民经济效益评估，估算其影子价格也是其必要的步骤。

(3) 影子价格方法的理论基础。

① 机会成本原理。

影子价格从经济角度衡量一件商品或一项服务的价值，对于具有多种选择的某一资源来说，把它作为项目的投入物，其经济价值就用它的机会成本来表示，影子价格等于机会成本。

② 完全竞争市场结构的均衡原理。

2. 与影子汇率相关的计算

影子汇率也称外汇的影子价格，国民经济中涉及外汇与人民币之间的换算均应采用影子汇率。

国家计委与建设部统一发布了影子汇率换算系数，计算公式为

影子汇率=外汇牌价×影子汇率换算系数 (10-3)

【例题 10-1】 某项目财务评价中采购设备花费 50 万元，影子汇率换算系数 1.08. 那么国民经济效益评估中该设备调整价格为多少万元？

解析：

国民经济效益评估中该设备调整价格为=50×8.3×1.08 万元=448.2 万元。

3. 与社会折现率有关的计算

会折现率表现从国家角度对资金机会成本和资金的时间价值的估算。国家计委和建设部统一发布的社会折现率为 12%。

10.4.3 影子价格调整的方法

1. 特殊投入物影子价格调整

经济费用效益分析中投入物或产出物使用的计算价格称为“影子价格”。影子价格应是能够真实反映项目投入物和产出物真实经济价值的计算价格。影子价格的测算在建设项目的经济费用效益分析中占有重要地位。考虑到我国仍然是发展中国家，整个经济体系还没有完成工业化过程，国际市场和国内市场的完全融合仍然需要一定时间等具体情况，将投入物和产出物区分为外贸货物和非外贸货物，并采用不同的思路确定其影子价格。

1) 劳动力资源成本

项目占用的人力资源是项目实施所付出的代价。如果财务工资与人力资源的影子价格之间存在差异，应对财务工资进行调整计算，以反映其真实经济价值。人力资源投入物的影子价格计算公式为

人力资源投入的影子价格=劳动力机会成本+新增资源消耗

(1) 劳动力机会成本是拟建项目占用的人力资源由于在本项目使用而不能再用于其他地方或享受闲暇时间而被迫放弃的价值，应根据项目所在地的人力资源市场及劳动力就业状况，按下列原则进行分析确定。

① 过去受雇于别处，由于本项目的实施而转移过来的人员，其影子工资应是其放弃过去就业机会的工资(含工资性福利)及支付的税金之和。

② 对于自愿失业人员，影子工资应等于本项目的使用所支付的税后净工资额，以反映边际工人投入到劳动力市场所必须支付的金额。

③ 非自愿失业劳动力的影子工资应反映他们为了工作而放弃休闲愿意接受的最低工资金额，其数值应低于本项目的使用所支付的税后净工资并大于支付的最低生活保障收入。当缺少信息，可以按非自愿失业人员接受的最低生活保障收入和税后净工资率的平均值近似测算。

(2) 新增资源耗费是指劳动力在本项目新就业或由其他就业岗位转移到本项目而发生的经济资源消耗，而这种消耗与劳动者生活水平的提高无关。在分析中应根据劳动力就业的转移成本测算。

2) 土地

土地是一种重要的经济资源，项目占用的土地无论是否需要实际支付财务成本，均应根据土地用途的机会成本原则或消费者支付意愿的原则计算其影子价格。

(1) 生产性用地，主要指农业、林业、牧业、渔业及其他生产性用地。按照这些生产用地未来可以提供产出物的效益及因改变土地用途而发生的新增资源消耗进行计算，土地的经济成本计算公式为

$$土地的经济成本=土地机会成本+新增资源消耗$$

式中　土地的机会成本——按照社会对这些生产用地未来可以提供消费产品的支付意愿价格进行分析计算，一般按照项目占用土地在“无项目”情况下的“最佳可行替代用途”的生产性产出的净效益现值进行计算。

新增资源耗费应按照在“有项目”情况下土地的征用造成原有地上附属物财产的损失及其他资源耗费来计算。土地平整等开发成本应计入工程建设成本中，在土地经济成本估算中不再重复计算。

(2) 对于非生产性用地，如住宅、休闲用地等，应按照支付意愿的原则，根据市场交易价格测算其影子价格。

(3) 在经济费用效益分析中，应根据项目计算期内未来土地用途的可能变化，合理预测项目占用土地的影子价格。对土地机会成本的计算应按以下要求进行。

① 通过政府公开招标取得的国有土地出让使用权，以及通过市场交易取得的已出让国有土地使用权，应按市场交易价格计算其影子价格。

② 未通过正常市场交易取得的土地使用权，应分析价格优惠或扭曲情况，参照当地正常情况下的市场交易价格，调整或类比计算其影子价格。

③无法通过正常市场交易价格类比确定土地影子价格，应采用收益现值法或以土地开发成本加开发投资应得收益确定。

④ 由于土地开发规划许可的取得，会对土地市场价格产生影响，土地价值的估算应反映实际的或潜在的规划批准情况，应分析规划得到批准的可能性及其对地价的影响。如果土地用途受到限制，其影子价格就会被压低。应分析这些限制被解除的可能性，以及解除限制对土地价值的影响。

⑤ 项目征用农村用地，应按土地征用费调整计算其影子价格。其中耕地补偿费及青苗补偿费应视为土地机会成本，地上建筑物补偿费及安置补偿费应视为新增资源消耗。这些费用如果与农民进行了充分协商并获得认可，可直接按财务成本计算其影子价格；若存在征地费优惠，或在征地中没有进行充分协商，导致补偿和安置补助费低于市场定价，应按当地正常征地补偿标准调整计算土地的影子价格。

⑥ 在征地过程中收取的征地管理费、耕地占用税、耕地开垦费、土地管理费、土地开发

费等各种税费，应视为转移支付，不列入土地经济费用的计算。

3) 自然资源

自然资源是指自然形成的，在一定的经济、技术条件下可以被开发利用以提高人们生活福利水平和生存能力，并同时具有某种“稀缺性”的实物性资源的总称，包括土地资源、森林资源、矿产资源和水资源等。项目经济费用效益分析将自然资源分为资源资产和非资产性自然资源，在影子价格的计算中只考虑资源资产。

资源资产是指所有权已经界定，或者随着项目的实施可以界定，所有者能够有效控制并能够在目前或可预见的将来产生预期经济效益的自然资源。资源资产属于经济资产范畴，包括土地资产、森林资产、矿产资产、水资产等。经济费用效益分析中，项目的建设和运营需要投入的自然资源，是项目投资所付出的代价，这些代价要用资源的经济价值而不是市场价格表示，可以用项目投入物替代方案的成本、对这些资源资产用于其他用途的机会成本等进行分析测算。

4) 土地的影子价格

土地征购费作为支出在进行国民经济评估时，这笔费用中除居民搬迁费等系社会为项目增加的资源消耗外，其余的系国民经济内部的转移支付，不包括在影子价格中。

【例题 10-2】 某工业项目建设期 5 年，生产期 17 年，占用水稻耕地 2 000 亩，占用前 3 年每亩的平均产量 0.6 吨，每吨收购价 900 元，出口口岸价预计每吨 180 美元。已知运距 500 千米，铁路和内河平均的运输影子价格为 0.035 元/吨。该地区的玉米年产量以 3%的速度递增，社会折现率取 6%，水稻生产成本(调价后)按收购价格的 40%计算。影子汇率为 4 元 / 美元，贸易费用按 6%。试计算该土地的影子价格。

解析：

(1) 每吨稻谷按口岸价格计算的影子价格如下。

口岸价格：　180 美元

折合人民币：　180×4=720(元)

$$0.035\times500+(720-0.035\times500)\times0.06=17.5+42.15=59.65(\text{元})$$

则玉米的产地影子价格为 720−17.5−42.15=660.35(元)。

(2) 每吨玉米的生产成本(调价后)按收购价的 40%计算如下。

$$900\times40\%=360(\text{元})$$

(3) 该土地生产每吨玉米的净收益如下。

$$660.35-360=300.35(\text{元})$$

(4) 20 年内每亩土地的净效益现值如下。

$$P=\sum_{t=1}^{20}300.35\times0.6\times\left(\frac{1+3\%}{1+10\%}\right)^t=2\,887.3(\text{元})$$

(5) 项目占用的 3 000 亩土地 20 年内的净效益现值如下。

$$P=2\,887.3\times3\,000=866.19(\text{万元})。$$

国民经济评价中，取该值为土地费用，计入项目固定资产投资。

【例题 10-3】 某投资项目建设期 2 年，生产期 18 年，占用农田 1 000 亩。据评估人员调查，该农田的最好可行替代用途为种植玉米。该农田占用前 3 年平均亩产量为 1 吨，且该地区玉米单产预计每年保持不变。已知每吨玉米的生产成本为 800 元。玉米是外贸货物，按直接出口处理，出口离岸价为 400 美元 / 吨。出口费用主要包括：国内运费和贸易费用。项目所在地离口岸距离 300 千米，玉米运费为 1.10 元 / (千米 • 吨)，贸易费用为货价的 8%，影子汇率换算系数为 1.08，官方汇率为 8.30，货物的影于费用换算系数为 2。取得该土地使用权时支付的拆迁费用 500 万元，剩余劳动力安置费等费用 300 万元，耕地占用税、土地使用税等税费 20 万元。试计算该土地的影子费用。

解析：

(1) 每吨玉米按口岸价格计算的影子价格如下为

$$SP=400\times8.30\times1.08-300\times1.10\times2-400\times8.30\times1.08\times8\%=2\,638.75(\text{元})$$

(2) 该地区每亩玉米的净收入为

$$2\,638.75-800=1\,838.75(\text{元})$$

(3) 投资项目占用 20 年内每亩田地的净收入现值为

$$\sum_{t=1}^{20}1\,838.75\times1\times(1+12\%)^{-1}=1\,838.75\times7.469\,4=13\,734.36(\text{元})$$

(4) 投资项目占用 1 000 亩田地 20 年内每亩稻田的净收入现值为

$$13\,734.36\times1\,000=13\,734\,360(\text{元})$$

(5) 土地影子费用=土地机会成本+新增的资源消耗费用

$$=13\,734\,360+5\,000\,000+3\,000\,000=21\,734\,360(\text{元})$$

2. 市场价格的货物或服务价格调整

(1) 若该货物或服务处于竞争性市场环境中，市场价格能够反映支付意愿或机会成本，应采用市场价格作为计算项目投入物或产出物影子价格的依据。

如果项目的投入物或产出物的规模很大，项目的实施将足以影响其市场价格，导致“有项目”和“无项目”两种情况下市场价格不一致，在项目评价实践中，取两者的平均值作为测算影子价格的依据。

(2) 对于可外贸货物，其投入物或产出物价格应基于口岸价格进行计算，以反映其价格取值具有国际竞争力。计算公式为如下。

世界各地的国际市场价格可能出现差别，一般按本国进出口贸易的口岸价格计算。出口货品，采用离岸价格(FOB)，进口货品采用到岸价格(CIF)。口岸价格还必须加减国内运输费和内、外贸进销费用才能用于测算外贸品的影子价格。计算公式如下。

① 出口货物(产出物)的影子价格

=离岸价格×影子汇率-国内运费-外贸进销费用

② 进口货物(投入物)的影子价格

=到岸价格×影子汇率+国内运费+外贸进销费用

③ 进口替代货物(产出物、内销产品、以产顶进、减少进口)的影子价格

=到岸价格×影子汇率+从最近口岸到购买者的国内运费及外贸进销费用-从项目所在地到购买者的国内运费及内贸进销费用

④ 项目使用可出口货物(投入物、国内产品)的影响价格=离岸价格×影子汇率-从供应厂到最近口岸的国内运费及外贸进销费用+从供应厂到项目所在地的国内运费及内贸进销费用

⑤ 间接出口货物(产出物、内销产品、替代其他货物、使其他货物增加出口)的影子价格

=离岸价格×影子汇率-原供应厂到购买者的国内运费及内贸进销费用-拟建项目到购买者的国内运费及内贸进销费用

⑥ 间接进口货物(投入物、国内产品。如木材、钢材、铁矿等，现在也大量出口)的影子价格

=到岸价格×影子汇率+从最近口岸到原购买者的运费及外贸进销费用-供应厂到原购买者的国内运费及内贸进销费用+供应厂到拟建项目的运费及内贸进销费用

式中　离岸价(FOB)——出口货物运抵我国出口口岸交货的价格；

到岸价(CIF)——进口货物运抵我国进口口岸交货的价格，包括货物进口的货价、运抵我国口岸之前所发生的境外的运费和保险费；

进口或出口费用——货物进出口环节在国内所发生的所有相关费用，包括运输费用、储运、装卸、运输保险等各种费用支出及物流环节的各种损失、损耗等。

【例题 10-4】 某项目财务评价报表中某设备出口岸上交货价格 10 万美元，国内贸易费用 3 000，国内运杂费 5 000，(人民币 / 美元外汇牌价＝1∶8.3，影子汇率换算系数 1.08)，则该设备国民经济效益评估的影子价格为多少？

解析：100 000×8.3 ×1.08−3 000−5 000=888 400(元)

【例题 10-5】 某项目财务评价报表中某设备 FOB 价 20 万美元，国际运费与运输保险费各 3 000 美元，国内贸易费用 3 000 元人民币，国内运杂费 4 000 元人民币，(人民币 / 美元外汇牌价＝1∶8.3，影子汇率换算系数 1.08)，则该设备国民经济效益评估的影子价格为多少？

解析：

$$(20+0.3+0.3)10^4\times8.3\times1.08+3\,000+4\,000=1\,853\,584(\text{元})$$

【例题 10-6】 某货物 A 进口到岸价为 100 美元/吨，某货物 B 出口离岸价也为 100 美元/吨，用影子价格估算的进口费用和出口费用分别为 50 元/吨和 40 元/吨，影子汇率 1 美元兑换 8.64 元人民币，试计算货物 A 的影子价格(到厂价)以及货物 B 的影子价格(出厂价)。

解析：

货物 A 的影子价格为：100×8.64+50 =914 元/吨

货物 B 的影子价格为：100×8.64−40 =824 元/吨

(3) 对于非外贸产品的计算。

市场定价的非外贸货物影子价格。

① 价格完全取决于市场的，且不直接进出口的项目投入物和产出物，按照非外贸货物定价，其国内市场价格作为确定影子价格的基础，并按下式换算为到厂价和出厂价。

$$\text{投入物影子价格(到厂价)=市场价格+国内运杂费} \tag{10-4}$$

$$\text{产出物影子价格(出厂价)=市场价格−国内运杂费} \tag{10-5}$$

② 产出物的影子价格是否含增值税销项税额，投入物的影子价格是否含增值税进项税额，应分析货物的供求情况，采取不同的处理方法。

若项目产出物需求空间较大，项目的产出对市场价格影响不大，应该采用消费者支付意愿作为影子价格，即采用含税的市场价格。

若项目产出物用以顶替原有市场供应的，即挤占其他生产厂商的市场份额，应该用社会成本作为影子价格，对于市场定价的货物，其市场价格(不含税)可以看作其社会成本。

对于可能导致其他生产厂减产或停产的，产品质量又相同的，甚至可以按被替代企业产品的分解可变成本定价。

若该投入物的生产能力较富裕或较容易满足项目的需要，可通过新增供应来满足项目需求的，采用社会成本作为影子价格。

对于市场定价的货物，其市场价格(不含税)可以看作其社会成本。

对于价格受到管制的货物，其社会成本通过分解成本法确定。若通过新增投资增加供应的用全部成本分解，而通过挖潜增加供应的，用可变成本分解。

若该投入物供应紧张，短期内无法通过增产或扩容来满足项目投入的需要，只能排挤原有用户来满足项目的需要时，采用支付意愿作为影子价格，即采用含税的市场价格。

如果项目产出物或投入物数量大到影响了其市场价格，导致“有项目”和“无项目”两种情况价格不一致，可取两者的平均值作为确定影子价格的基础。

3. 影子价格的重新计算

当项目的产出效果不具有市场价格，或市场价格难以真实反映其经济价值时，对项目的产品或服务的影子价格进行重新测算，采用的方法有以下几种。

(1) 按照消费者支付意愿的原则，通过其他相关市场价格信号，按照“显示偏好”的方法，寻找揭示这些影响的隐含价值，对其效果进行间接估算。如项目的外部效果导致关联对象产出水平或成本费用的变动，通过对这些变动进行客观量化分析，作为对项目外部效果进行量化的依据。

(2) 根据意愿调查评估法，按照“陈述偏好”的原则进行间接估算。一般通过对被评估者的直接调查，直接评价调查对象的支付意愿或接受补偿的意愿，从中推断出项目造成的有关外部影响的影子价格。应注意调查评估中可能出现的以下偏差。

① 调查对象相信他们的回答能影响决策，从而使他们实际支付的私人成本低于正常条件下的预期值时，调查结果可能产生策略性偏倚。

② 调查者对各种备选方案介绍得不完全或易使人误解时，调查结果可能产生资料性偏倚。

③ 问卷假设的收款或付款方式不当，调查结果可能产生手段性偏倚。

④ 调查对象长期免费享受环境和生态资源等所形成的“免费搭车”心理，导致调查对象将这种享受看作是天赋权利而反对为此付款，从而导致调查结果的假想性偏倚。

如果项目的产出效果表现为对人力资本、生命延续或疾病预防等方面的影响，如教育项目、卫生项目、环境改善工程或交通运输项目等，应根据项目的具体情况，测算人力资本增值的价值，可能引起的死亡增加或减少的价值，以及对健康影响的价值，并将量化结果纳入项目经济费用效益分析的框架之中。如果货币量化缺乏可靠依据，应采用非货币的方法进行量化。

对于项目的实施可能引起人力资本增值的效果，如教育项目引起的人才培养和素质提高，在劳动力市场发育成熟的情况下，其价值应根据“有项目”和“无项目”两种情况下的税前工资率的差别进行估算。

对于项目的效果表现为增加或减少死亡的价值，应尽可能地分析由于死亡风险的增加或减少的价值，根据社会成员为避免死亡而愿意支付的价格进行计算。在缺乏估算人们对生命的支付意愿的资料时，可通过人力资本法，通过分析人员死亡所带来的为社会创造收入的减少来评价死亡引起的损失，以测算生命的价值，或者通过分析不同工种的工资差别来测算人们对生命价值的支付意愿。

对于项目的效果表现为对人们健康的影响时，一般应通过分析疾病发病率与项目影响之间的关系，测算发病率的变化所导致的收入损失，看病、住院、医药等医疗成本及其他各种相关支出的变化，并综合考虑人们对避免疾病而获得健康生活所愿意付出的代价，测算其经济价值。

4. 政府调控价格货物的影子价格

几种主要的政府调控价格产品及服务的影子价格包括电价、铁路运价、水价等。在经济分析中，往往需要采取特殊的方法测定这些产品或服务的影子价格，包括成本分解法、消费者支付意愿法和机会成本法。

1) 成本分解法

成本分解法是确定非外贸货物影子价格的一种重要方法，通过对某种货物的边际成本(实践中往往采取平均成本)进行分解并用影子价格进行调整换算，得到该货物的分解成本。分解成本是指某种货物的生产所需要耗费的全部社会资源的价值，包括各种物料投入以及人工、土地等投入，也包括资本投入所应分摊的费用，各种耗费都需要用影子价格重新计算。

2) 支付意愿法

支付意愿是指消费者为获得某种商品或服务所愿意付出的价格。在经济分析中，常常采用消费者支付意愿测定影子价格。

在完善的市场中，市场价格可以正确地反映消费者的支付意愿。应注意在不完善的市场中，消费者的行为有可能被错误地引导，因此市场价格也可能不能正确地反映消费者支付意愿。

3) 机会成本法

机会成本法是指在无市场价格的情况下，资源使用的成本可以用所牺牲的替代用途的收入来估算。例如，保护国家公园，禁止砍伐树木的价值，不是直接用保护资源的收益来测量，而是用为了保护资源而牺牲的最大的替代选择的价值去测量；保护土地，是用为保护土地资源而放弃的最大的效益来测量其价值。

在经济分析中，机会成本法也是测定影子价格的重要方法之一。通过评价因保护某种环境资源而放弃某项目方案所损失的机会成本，来评价该项目方案环境影响的损失。

【例题 10-7】 某项目拟占用农业用地 1 000 亩，该地现行用途为种植水稻。经调查，该地的各种可行的替代用途中最大净效益为 6 000 元(采用影子价格计算的 2006 年每亩土地年净效益)。

在项目计算期 20 年内，估计该最佳可行替代用途的年净效益按平均递增 2%的速度上升(g=2%)。项目预计 2007 年开始建设，所以 t=1，社会折现率 i_r=8%。试计算土地的机会成本。

解析：

首先根据每亩年净效益数据计算每亩土地的机会成本。

$$6\,000\times(1+2\%)t+1\times[1-(1+2\%)20(1+8\%)] / (8\%-2\%)=70\,871(\text{元})$$

计算占用 1 000 亩土地的机会成本为：70 871×1 000=7087(万元)。

(1) 新增资源消耗。

新增资源消耗应按照在“有项目”情况下土地的占用造成原有地上附属物财产的损失及其他资源耗费来计算。土地平整等开发成本通常应计入工程建设投资中，在土地影子费用估算中不再重复计算。

(2) 实际征地费用的分解。

实际的项目评价中，土地的影子价格可以从财务分析中土地的征地费用出发，进行调整计算。由于各地土地征用的费用标准不完全相同，在经济分析中需注意项目所在地区征地费的标准和范围。一般情况下，项目的实际征地费可以划分为 3 部分，分别按照以下不同的方法调整。

① 属于机会成本性质的费用，如土地补偿费、青苗补偿费等，按照机会成本计算方法调整计算。

② 属于新增资源消耗的费用，如征地动迁费、安置补助费和地上附着物补偿费等，按影子价格计算。

③ 属于转移支付的费用主要是政府征收的税费，如耕地占用税、土地复耕费、新菜地开发建设基金等，不应作为经济费用。

(3) 对于无法通过产出物市场价格或成本变化测算其影响的环境价值，应采用各种间接评估的方法进行量化。

① 隐含价值分析法。通过对受项目环境影响的一些对象的隐含价值分析，间接地测算环境影响的经济价值。

② 产品替代法。对人们愿意换取某种环境质量的其他替代物品的价值进行分析，间接测算人们对环境影响价值的支付意愿。

③ 成果参照法。通过参照其他方面对环境影响经济费用效益分析的研究成果，作为估算本项目环境影响经济价值的参考依据。

10.5 国民经济效益评估指标和报表

10.5.1 国民经济效益评估概述

经济费用效益流量表的编制，可以按照经济费用效益识别和计算的原则和方法直接进行，也可以在财务分析的基础上将财务现金流量转换为反映真正资源变动状况的经济费用效益流量。

(1) 直接进行经济费用效益流量的识别和计算，基本步骤如下。

① 对于项目的各种投入物，应按照机会成本的原则计算其经济价值。

② 识别项目产出物可能带来的各种影响效果。

③ 对于具有市场价格的产出物，以市场价格为基础计算其经济价值。

④ 对于没有市场价格的产出效果，应按照支付意愿及接受补偿意愿的原则计算其经济价值。

⑤ 对于难以进行货币量化的产出效果，应尽可能地采用其他量纲进行量化。难以量化的，进行定性描述，以全面反映项目的产出效果。

(2) 在财务分析基础上进行经济费用效益流量的识别和计算，基本步骤如下。

① 剔除财务现金流量中的通货膨胀因素，得到以实价表示的财务现金流量。

② 剔除运营期财务现金流量中不反映真实资源流量变动状况的转移支付因素。

③ 用影子价格和影子汇率调整建设投资各项组成，并剔除其费用中的转移支付项目。

④ 调整流动资金，将流动资产和流动负债中不反映实际资源耗费的有关现金、应收、应付、预收、预付款项，从流动资金中剔除。

⑤ 调整经营费用，用影子价格调整主要原材料、燃料及动力费用、工资及福利费等。

⑥ 调整营业收入，对于具有市场价格的产出物，以市场价格为基础计算其影子价格；对于没有市场价格的产出效果，以支付意愿或接受补偿意愿的原则计算其影子价格。

⑦ 对于可货币化的外部效果，应将货币化的外部效果计入经济效益费用流量；对于难以进行货币化的外部效果，应尽可能地采用其他量纲进行量化。难以量化的，进行定性描述，以全面反映项目的产出效果。

10.5.2 国民经济效益评估指标

1. 经济净现值

经济净现值(FNPV)是项目按照社会折现率将计算期内各年的经济净效益流量折现到建设期初的现值之和，是经济费用效益分析的主要评价指标，计算公式为

$$ENPV=\sum_{t=1}^{n}(B-C)_t(1+i_s)^{-t} \tag{10-6}$$

式中 B——经济效益流量；

C——经济费用流量；

$(B-C)_t$——第 t 期的经济净效益流量；

n——项目计算期；

i_s——社会折现率。

经济费用效益分析中，如果经济净现值等于或大于 0，说明项目可以达到社会折现率要求的效率水平，认为该项目从经济资源配置的角度可以被接受。

2. 经济内部效益率

经济内部效益率是项目在计算期内经济净效益流量的现值累计等于 0 时的折现率，是经济费用效益分析的辅助评价指标，计算公式如下。

$$\sum_{t=1}^{n}(B-C)_t(1+ENPV)^{-t}=0 \tag{10-7}$$

式中 B——经济效益流量；

C——经济费用流量；

$(B-C)_t$——第 t 期的经济净效益流量；

n——项目计算期；

$ENPV$——经济内部效益率。

如果经济内部效益率等于或者大于社会折现率 i_s，表明项目资源配置的经济效率达到了可以被接受的水平。

3. 外汇效果分析指标(当项目涉及产品出口或替代进口时)

(1) 经济外汇净现值(ENPVF)。

$$ENPVF=\sum_{t=0}^{n}(FI-FO)_t(1+i)^{-t} \tag{10-8}$$

评价准则：$ENPVF \geqslant 0$，可行；反之，不可行。

(2) 经济内部收益率($EIRR$)。

评价准则：$EIRR \geqslant$ 社会折现率(i_s)，可行；反之，不可行。

(3) 经济换汇成本(当有产品直接出口时)。

$$\text{经济换汇成本}=\frac{\sum_{t=0}^{n}DR'_t(1+i)^{-t}}{\sum_{t=0}^{n}(FI-FO')_t(1+i_s)^{-t}} \tag{10-9}$$

评价准则：经济换汇成本≤影子汇率(SER)，表明项目产品出口是有利的。

(4) 经济节汇成本(当有产品替代进口时)。

$$经济节汇成本 = \frac{\sum_{t=0}^{n} DR_t''(1+i_s)^{-t}}{\sum_{t=0}^{n}(FI''-FO'')_t(1+i_s)^{-t}} \tag{10-10}$$

评价准则：经济节汇成本≤影子汇率(SER)，表明项目产品替代进口是有利的。

4. 效益费用比

效益费用比是项目在计算期内效益流量的现值与费用流量的现值的比率，是经济费用效益分析的辅助评价指标，计算公式为

$$R_{BC} = \frac{\sum_{t=1}^{n} B_t(1+i_s)^{-t}}{\sum_{t=1}^{n} C_t(1+i_s)^{-t}} \tag{10-11}$$

式中　R_{BC}——效益费用比；

B_t——第 t 期的经济效益；

C_t——第 t 期的经济费用。

如果效益费用比大于 1，表明项目资源配置的经济效益达到了可以被接受的。

项目投资经济费用表、经济费用效益分析投资费用估算调整表经济费用效益分析经营费用估算调整表的格式表 10-3、表 10-4 及表 10-5。

表 10-2　项目投资经济费用效益流量表　　万元

序　号	项　目	合　计	计算期					
			1	2	3	4		n
1	效益流量							
1.1	项目直接效益							
1.2	资产余值回收							
1.3	项目间接效益							
2	费用流量							
2.1	建设投资							
2.2	维持运营投资							
2.3	流动资金							
2.4	经营费用							
2.5	项目间接费用							
3	净效益流量(1-2)							

计算指标：

经济内部收益率(%)

经济净现值(i_s=%)

表 10-3　经济费用效益分析投资费用估算调整表　　　万元

序　号	项　目	财务分析			经济费用效益分析			经济费用效益分析比财务分析增减
		外　币	人民币	合　计	外　币	人民币	合　计	
1	建设投资							
1.1	建筑工程费							
1.2	设备购置费							
1.3	安装工程费							
1.4	其他费用							
1.4.1	其中：土地费用							
1.4.2	专利及专有技术费							
1.5	基本预备费							
1.6	涨价预备费							
1.7	建设期利息							
2	流动资金							
	合计(1+2)							

注：若投资费用是通过直接估算得到的，本表应略去财务分析的相关栏目。

表 10-4　经济费用效益分析经营费用估算调整表

序　号	项　目	单　位	投入量	财务分析		经济费用效益分析	
				单价/元	成　本	单价/元	费　用
1	外购原材料						
1.1	原材料 A						
1.2	原材料 B						
1.3	原材料 C						
1.4	×××						
2	外购燃料及动力						
2.1	煤						
2.2	水						
2.3	电						
2.4	重油						
2.5	×××						
3	工资及福利费						
4	修理费						
5	其他费用						
	合计						

注：若经营费用是通过直接估算得到的，本表应略去财务分析的相关栏目。

本章综合案例

【案例1】 某企业目前年销售收入为3 200万元，年经营成本为2 400万元，财务效益较好。现计划从国外引进一套设备进行改扩建。该设备的离岸价格为163万美元，海上运输及保险费为17万美元．运到中国口岸后需要缴纳如下费用：

(1)关税41.5万元；(2)国内运输费用12.7万元；(3)外贸手续费(费率为3．5%)；(4)增值税及其他附加税费87.5万元。

通过扩大生产规模，该企业年销售收入可增加到4500万元，年经营成本提高到3200万元。设备投资假定发生在期初，当年即投产运营。

该企业生产的产品为市场竞争类产品，国民经济评价产出物的影子价格与市场销售价格一致。在经营成本的计算中，包含国家环保部门规定的每年收取200万元的排污费。该企业污染严重，经济及环境保护专家通过分析认为，该企业排放的污染物对国民经济的实际损害应为销售收入的10%才合理。经营成本其余部分及国内运输费用和贸易费用的国民经济评价的训算结果与财务评价相同。市场研究表明，该产品还可以在市场上销售5年，5年后停止生产。第5年末进口设备残值为50万元，并可以此价格在国内市场售出。如果决定现在实施此项目，原有生产线一部分设备可以100万元的资产净值在市场售出。设备的国民经济评价影子价格与市场出售价格相同。本企业的财务基准收益率为10%，社会折现率为10%，美元兑人民币官方汇率为1∶8.3，影子汇率换算系数为1.08。

问题：

(1) 用财务净现值法，从财务评价的角度分析此项目是否可行；

(2) 用经济净现值法。从国民经济评价的角度分析此项目是否可行。

答：

(1) 该进口设备的购置费=(163+17)×8.3×(11+3.5%)+41.5+87.5+12.7=1 687.99万元

则该扩建项目期初投资额：1 687.99−100=1 587.99万元 ，

该扩建项目运营期间年增加的净现金流量=(4 500−3 200)−(3 200−2 400)=500万元

该扩建项目运营期满时的净现金流量=50万元

则该项目FNPV=−1587．99+500(P／A，10%，5)+50(P／F，10%，5)=338.56万元

该项目财务评价是可行的。

(2)该进口设备的影子价格=(163+17)×8.3×1.08+(163+17)×8.3×3.5%+12.7=1 678.51万元

扩建前经营成本调整额=2 400−200+3 200×10%=2 520万元

扩建后经营成本调整额=3 200−200+4 500×10%=3 450万元

该项目运营期问年增加的国民经济净现金流量=(4 500−3 200)−(3 450−2 520)=370万元

则该项目ENPV=−(1678.51−100)+370(P／A，10%，5)+50(P／F，l0%，5)=−144.79万元

该项目国民经济评价是不可行的。

【案例2】 某大型投资项目X有多种产品，大部分产品的市场价格可以反映其经济价值，但其中的主要产品Y年产量20万t，产量大，但是市场空间不够大，该项目市场销售收入估算为760 000万元(含销项税额)，使用的增值税税率为17%，当前产品Y的市场价格为22 000元/t，(含销项税额)，据预测，项目投产后，将导致产品Y的市场价格下降20%，且

很可能挤占国内原有厂家的部分市场份额。由于该项目是大型资源加工利用项目，主要产品 Y 涉嫌垄断。

问题:

(1) 产品的影子价格应如何确定?

(2) 试估算影子价格调整后的项目营业收入(其他产品价格不予调整)。要求进行经济效益费用分析，判定项目经济合理性。

(3) 将该项目建设投资财务数值以及调整后的经济数值列入项目建设投资调整表。

解析:

问题 1: 按照产出物影子价格的确定原则和方法，该产品的影子价格可以按社会成本确定，可以按照不含税的时常价格作为其社会成本，按照市场定价的非外贸货物影子价格确定方法，采用有项目和无项目价格的平均值确定影子价格。

$$[22\,000+22\,000\times(1+2\%)]\div 2\div(1+17\%)=16\,923 \text{ 元/t}$$

问题 2:调整后的年营业收入为 760 000.20 × (22 000-16 923)=385852 万元

该项目的直接经济效益为 385 852 万元。

问题 3:调整后的数值见表 10-5。

表 10-5　项目建设投资调整表

序　号	项　目	财务数值			经济数值		
		外　币	人民币	合　计	外　币	人民币	合　计
	建设投资	81 840	746 046	1 425 317	80 595	695 848	1418 302
1	建筑工程费	0	131 611	131 611	0	126 347	126 347
2	设备和工器具购置费	45 450	178 884	556 119	45 450	178 884	586 298
3	安装工程费	11 365	152 368	246 697	11 365	152 368	254 244
4	工程建设其他费用	17 220	180 191	323 117	17 220	180 191	334 551
	其中：土地费用	0	57 353	57 353	0	57 353	57 353
	专利及专有技术费	8 250	0	68 475	8 250	0	73 953
5	基本预备费	6 560	58 573	113 021	6 560	58 058	116 862
6	涨价预备费	1245	44 419	54 752	0	0	0

调整说明如下。

① 外币部分按影子汇率换算为人民币。

② 因建筑材料市场供应偏紧，建筑材料影子价格按市场价格确定(含增值税进项税额)，即不调整其财务数值，对其中的非技术劳动力费用采用影子工资换算系数调整。

③ 同样，国内设备费影子价格也按市场价格(含增值税进项税额)，即不予调整其财务数值。由于该项目享受免除进口关税和进口环节增值税的优惠政策，其财务数值中不包含进口关税和进口环节增值税，因此国内设备的经济数值与财务数值相同，只是将外币部分采用影子汇率换算后合计数有所不同。

④ 安装工程费的调整方法同设备费。

⑤ 工程建设其他费用中，由于是按市场价格购买开发区的土地使用权，因此土地的经济

数值等同于财务数值。专利与专有技术费采用影子汇率换算为人民币，其他各项未予调整。

⑥ 基本预备费费率不变，按调整后的数值重新计算。

⑦ 剔除涨价预备费。

本 章 小 结

国民经济评估是站在国家整体角度，根据国民经济长远发展目标和社会需要，按照资源合理配置的原则，采用货物影子价格、影子汇率、影子工资和社会折现率等国家参数，考察项目的效益和费用，分析计算项目对国民经济和社会的净贡献，评估项目的经济合理性和宏观可行性。通过项目国民经济评估，把国家有限的资源用于国家最需要的投资项目，并使这些资源能够合理配置和有效利用，以取得最大的投资效益。国民经济评估是项目经济评估的关键，亦是项目投资决策的重要依据。

本章推荐课外阅读资料

[1] 国家发展与改革委员会，建设部建. 设项目评价方法与参数[M]. 3版. 北京：中国计划出版社，2006.

[2] 建设部标准定额研究所. 建设项目经济评价案例[M]. 北京：中国计划出版社，2006.

[3] 苏益. 投资项目评估[M]. 北京：清华大学出版社.2007.

[4] 刘尔烈. 国际工程咨询实务[M]. 北京：化学工业出版社，2007.

[5] 沈志渔. 项目管理——理论·实务·案例[M]. 北京：经济管理出版社，2007.

[6] 陆参. 工程建设项目可行性研究实务手册[M]. 北京：中国电力出版社，2006.

本章思考题

一、名词解释

直接费用、间接费用、直接效益、间接效益、费用效益分析、影子价格、影子汇率、土地影子价格、经济净现值、经济内部收益率、社会折现率

二、单选题

1. 项目的经济评价，主要包括财务评价和国民经济评价，两者考察问题的角度不同，国民经济评价是从(　　)角度考察项目的经济效果和社会效果。

A. 投资项目　　B. 企业　　C. 国家　　D. 地方

2. 当财务评价与国民经济评价的结论不一致时，应以(　　)的结论为决策依据。

A. 国民经济评价　　B. 财务评价　　C. 社会评价　　D. 综合评价

3. 从国家和整个社会的角度出发，系统、全面地分析和评价工程项目的方法是(　　)。

A. 成本——收入法　　B. 费用——收益法

C．成本——效益法　　D．费用——效益法

4．经济换汇成本的判别依据是(　　)。

A．基准收益率　　B．影子汇率

C．影子汇率换算系数　　D．社会折现率

5．已知影子汇率换算系数为 1.08，国家外汇牌价 8.03 元/美元，则影子汇率为(　　)。

A．8.67 元/美元　　B．7.86 元/美元

C．7.44 元/美元　　D．6.87 元/美元

6．某外贸货物的到岸价格为 200 美元/吨，国内运费为到岸价的 3%，贸易费用为到岸价的 1%，则该货物的影子价格为(　　)。(影子汇率为 8.67 元/美元)

A．1 803.36 元/吨　　B．1 083.36 元/吨

C．1 664.64 元/吨　　D．1 646.64 元/吨

7．在国民经济评价中，反映项目对国民经济净贡献的相对指标是(　　)。

A．经济净现值　　B.经济内部收益率

C．社会折现率　　D．投资收益值

8．在国民经济评价中所采用的影子价格反映在投资项目的投入上是投入资源的(　　)。

A．机会成本　　B．愿付价格

C．经营成本　　D．制造成本

9．出口货物(产出物)的影子价格是(　　)×汇率再扣掉国内运费和贸易费用。

A．到岸价格　　B．离岸价格

C．市场价格　　D．出厂价格

10．某笔资金可以有 3 种投资方案，在每种投资方式下，分别可以获得的年收益率为 20%，16%，10%，在不考虑各种投资机会风险的情况下，该笔资金的机会成本为(　　)。

A．10%　　B．16%　　C．20%　　D．15.33%

11．在国民经济评价中，国民经济净现值的正确计算式为(　　)。

A．$ENPV=\sum_{t=1}^{n}(B-\mathrm{C})_t(1+i_s)^{-t}$

B．$ENPV=\sum_{t=1}^{n}(FI-\mathrm{FO})_t(1+i_s)^{-t}$

C．$ENPV=\sum_{t=1}^{n}(CI-\mathrm{CO})_t(1+i_s)^{-t}$

D．$ENPV=\sum_{t=1}^{n}(B-\mathrm{C})_t(1+EIRR)^{-t}$

12．某贸易货物的到岸价格为 200 美元/吨，国内运费为到岸价的 3%，贸易费用为到岸价格的 1%，则该货物的影子价格为(　　)。(外汇牌价为 8.03 元/美元)

A．1 670.24 元/吨　　B．1 760.24 元/吨

C．1 670.34 元/吨　　D．1 240.76 元/吨

13．能够反映投资项目投入物和产出物真实国民经济费用和效益的计算价格为(　　)。

A．市场价格　　B．协议价格

C．影子价格　　D．出厂价格

14．将非贸易货物的国内市场价格分解为各个组成部分，然后根据各种资源的影子价格、换算系数、资金回收系数等进行调整来计算影子价格的方法是(　　)。

A．机会成本法　　B．成本分解法

C．支付意愿法　　D．换算系数法

三、计算题

1．某投资项目，正式投产运营时要购置两台机器设备，一台可在国内购得，其国内市场价格为 300 万元/台，影子价格与国内市场价格的换算系数为 1.3，另一台设备必须进口，其到岸价格为 60 万美元/台，影子汇率换算系数为 1.06，外汇牌价为 8.63 元/美元，进口设备的国内运杂费和贸易费用为 10 万元和 5 万元。试求该种产品进行生产时，两台设备的影子价格和所需设备的总成本。

2．某公司生产出一种产品，只在国内出售，为进行项目的国民经济评价，需计算其影子价格，已知该产品的市场价格为 450 元/吨，试采用成本分解法求其影子价格。每吨该产品所占用的固定资产投资原值为 1 560 元，所用原材料及燃料动力的市场价格为 150 元/吨，50 元/吨，影子价格与国内市场价格的换算系数分别为 1.2 和 1.1，每吨该产品所占用的流动资金为 500 元，社会折现率取 10%，固定资产的寿命为 10 年。试求该产品的出厂影子价格。

四、简答题

1．什么是项目国民经济评价？它与财务评价有什么异同？

2．在国民经济评价中，识别费用效益的原则是什么?与财务评价的原则有什么不同?

3．项目的外部效果分为哪几种类型？哪些外部效果需要列入国民经济评价的现金流量表中？

4．在国民经济评价中进行价格调整的主要原因是什么？外贸物品、非外贸物品和特殊投入物的调价原理分别是什么？

5．什么是社会折现率?它对项目的经济评价有什么作用?

6．影子价格的含义是什么?外贸货物、非外贸货物的影子价格是如何调整的?

7．国民经济评价中间接效果主要有哪些?如何确定项目的间接效果?

8．什么是项目的社会效果分析?如何进行项目的社会效果分析?

9．国民经济评价指标有哪些，它们是如何编制的?它的主要作用是什么？

10．土地的影子费用主要包括哪些内容？土地的机会成本是怎样计算的?

第 11 章　建设项目总评估和后评估

教学目标：本章在介绍具体的建设项目评估内容如建设项目建设条件评估、市场需求评估、建设规模评估、建设项目环境影响评估，及建设项目评估中财务评价以及国民经济评价等内容的基础上，综合阐述了作为建设项目评估最后一个环节的建设项目总评估的重要作用以及评估的方法与内容。同时本章还介绍了建设项目后评估的一些基础知识，并阐述了建设项目后评估的基本程序、基本内容和主要的方法。

教学要求：本章要求了解建设项目总评估、建设项目总评估与建设项目可行性研究、建设项目评估和建设项目后评估四者之间的区别和联系，掌握建设项目总评估的目的、意义，以及总评估的任务和主要内容。

本章要求掌握项目后评估的概念、目的，及后评估工作的组织管理，后评估资料来源和依据，后评估的主要内容，还要求掌握建设项目后评估的几种主要方法。

11.1　建设项目总评估

11.1.1　项目总评估的任务

项目总评估是整个评估工作的最后一个环节。通过对各分项评估内容的系统整理，保证项目评估内容的完整和系统，通盘衡量整体项目，作出全面、准确的判断和总评估，提出明确的结论。项目总评估在汇总各分项评估结果的基础上，运用系统分析方法，对拟建投资项目的可行性及预期效益进行全面分析和综合评估，提出结论性意见和建议。它不仅综合反映了前期各分项评估工作的成果和质量，而且还能直接为项目投资决策提供科学依据。

总评估的作用包括以下几方面。

(1) 综合评估，得出总体评估结论。

在项目评估中，企业财务评估和国民经济评估的结论往往是初步的、分散的，有的评估指标有时可能有相互矛盾之处，需要在充分调查研究、取得大量可靠的数据资料的基础上，把分散的结论联系起来，进行综合分析，抓住主要矛盾进行客观、公正、科学的评价，研究几种结论的优劣，澄清各种影响的主次，对不合理的问题提出建设性的意见，最后得出简明扼要、比较准确可靠的结论，供投资决策者抉择。

(2) 方案的综合比选。

项目可行性研究往往是对项目提出几个不同的方案，如厂址方案、工艺方案，或者提出不同的项目规模方案，有的则涉及几个方面，虽然在分项评估时已对不同方案作了初步分析，在分项评估完成后，需要联系各个方面作进一步分析，对方案作出最后选择。

(3) 完善重点，弥补缺漏。

不同的项目有不同的规模和特性，有的项目在某些问题上需要作特别周密深入的分析，因而在企业评估和国民经济评估完成后，还需要对某些方面作弥补缺漏或重点深入的分析。

11.1.2　项目总评估的内容

建设项目总评估应根据国家宏观经济管理的要求和项目的具体特点，在财务评估和国民经济评估的基础上，进行综合的计算、分析和论证。总评估的内容一般包括以下 6 个方面。

(1) 综述项目研究评估过程中重大方案的选择和推荐意见。主要论述项目建设方案的必要性和可行性。必要性是指项目建设符合国家的建设方针和投资的优先方向，产品适应市场要求，项目建设能解决阻碍原有企业发展的问题，并与原来的生产技术条件协调配合。可行性是指项目的建设条件和生产条件能得到充分保证，要进行工艺设备、生产技术等是否先进适用安全，产品方案、建设规模是否可行，项目所需各项投入物供应能否保证等方面的分析论证工作。

(2) 综述项目实施方案的企业财务效果。包括项目投资来源和筹措方式，以及生产成本、销售利润、税金和贷款还本付息等财务基础数据的估算工作，应写明各项数据的估算依据和评估结果，编制现金流量表、损益表、资金来源与运用表和资产负债表，据此进行各种企业财务效益评估指标的计算、分析和论证工作。

(3) 综述项目实施方案的国民经济效果。包括国民收入和社会净收益等经济效果指标的计算和分析，还应考虑社会效果，如劳动就业及外汇效果等。综合能耗和环境保护等社会效果的计算和分析，以及各种非数量化的社会效益与影响等的定性分析。

(4) 综述不确定因素对项目经济效益的影响以及项目投资的风险程度。为了检验企业财务评估和国民经济评估的可靠性，还必须运用盈亏平衡分析、敏感性分析和概率分析等不确定性分析方法，判断项目经济效果的客观性和真实性，采取积极措施，确保项目投资的可靠性，减少投资的风险程度。

(5) 综述项目社会效果。包括对提高人民物质文化生活及社会福利的影响，对节约及合理利用国家资源(如土地、矿产)等的影响，对节约劳动力消耗或提供就业机会的影响，对环境保护和生态平衡的影响，对发展地区经济或部门经济的影响，对减少进口、增加出口、节约外汇和创造外汇的影响等。

(6) 提出项目评估中存在的问题和有关建议，主要针对各种技术方案，如总体建设方案、投资方案等，对其进行多方案优选和论证，并推荐最终可行方案，或者对原方案提出改进建议，甚至提出项目不可行的建议。

11.1.3　项目总评估的程序和步骤

项目总评估要以可行性研究和各分项评估为基础依据，将所获数据资料加以检验审核和整理，进行对比分析、归纳判断，并结合拟建项目的实际情况，提出项目总的最终评估结论和建议，为此，项目总评估应遵循下列程序和步骤。

(1) 检查和整理各项评估资料。在进行项目建设必要性、生产建设条件、工艺技术与设备选型、服务效益和国民经济效益等各项评估时，已经收集、测算了各项基础数据和评估指标，并作出了判断和结论。到项目总评估阶段，首先应该对各分项评估所取得的数据资料和测算的指标进行检查、审核、整理和归类，剔除重复和不切实际的内容，修正错误的数据，调整价格和参数，增补一些遗漏的资料，做到数据准确，内容完整，结论可靠，为编写评估报告打好基础。

(2) 对比分析。寻找差异原因，编制对照表。总评估时应进行两方面的对比分析，即不仅要对各分项评估结论进行对比分析，考虑各分项评估的质量和深度及各分项评估中某些结论的误差，最主要的是将这些分项评估结论同可行性研究报告的结果进行对比分析。由于项目评估与可行性研究两者的主体和分析角度不同，很可能出现不同的评价结论，应分析论证两者的差异，寻找原因，发现同题，做出相应的说明，如说明是由于基础数据不同，预测和估算的方法不同，或纯属计算误差等原因造成的，而后进行切合实际的调整补充和修正，提高分项评估质量，并进一步更全面、系统地编制出项目评估前后的基础数据与基本指标对照表。主要经济参数与投入物产出物价格评估前后对比表、评估前后的主要基础数据与经济指标对比表的格式见表 11-1 和表 11-2。

表 11-1 主要经济参数与投入物产出物价格评估前后对比表

序 号	名 称	单 位	评估报告	可研报告	增 减	备 注
1	项目计算期					
1.1	建设期	年				
1.2	生产运营期	年				
2	财务基准收益率	%				
2.1	全部投资	%				
2.2	自有资金	%				
3	贷款条件					
3.1	长期借款	%				
3.1.1	有效年利率	%				
3.1.2	名义年利率	年				
3.1.3	宽限期	年				
3.1.4	还款期					
3.2	中期借款(用于流动资金)	%				
3.2.1	有效年利率	%				
3.2.2	名义年利率	%				
3.2.3	短期借款利率	%				
4	建设期价格上涨率(人民币)	(人民币/美元)				
5	汇率					
6	折旧年限	年				
6.1	房屋	年				
6.2	机器设备					
6.3	……					
7	税率	%				
7.1	增值税率	%				
7.2	所得税率					
7.3	……	天				
8	流动资金最低周转天数	天				
8.1	应收账款	天				
8.2	原材料储备	天				
8.3	在产品	天				
8.4	产成品					
8.5	应付账款					
9	主要投入物					
9.1	原材料					

续表

序　号	名　称	单　位	评估报告	可研报告	增　减	备　注
9.2	A……					
9.3	燃料动力					
9.4	A……					
9.5	职工工资					
10	主要产出物					
11	国民经济分析主要参数					
11.1	社会折现率					
11.2	影子汇率					
11.3	影子工资换算系数					
11.4	土地影子费用					
11.5	贸易费率					
12	主要投入物影子价格					
12.1	原材料					
12.2	外购件					
12.3	燃料动力(煤，电……)					
13	主要产出物影子价格					
13.1	A……					
13.2	……					

表 11-2　评估前后的主要基础数据与经济指标对比表

序　号	名　称	单　位	可行性研究报告	评估报告	增　减	备　注
1	基础数据					
1.1	年产量(设计规模)	吨、台、箱等				
1.2	建筑面积	M^2				
1.3	职工人数	人				
1.4	项目总投资	万元				
1.4.1	固定资产投资	万元				
	其中：外汇	万美元				
1.4.2	流动资金	万元				
	其中：铺底流动资金	万元				
1.5	项目总资金	万元				
1.6	资金筹措	万元				
1.6.1	资本金	万元				
	资本金占总投资比例	%				
1.6.2	中长期借款	万元				
	长期借款	万元				
	中期借款(用于流动资金)	万元				
1.6.3	短期借款	万元				
1.7	年销售收入	万元				
1.8	年销售税金及附加	万元				
1.9	年总成本费用	万元				
	年经营成本费用	万元				

续表

序　号	名　称	单　位	可行性研究报告	评估报告	增　减	备　注
1.10	年利润总额	万元				
1.11	年所得税	万元				
1.12	年税后利润	万元				
2	经济指标					
2.1	财务内部收益率(FIRR)	%				
2.1.1	全部投资	%				
2.1.2	自有资金	%				
2.2	财务净现值(FNPV)	万元				
2.2.1	全部投资	万元				
2.2.2	自有资金	万元				
2.3	投资回收期	年				
2.4	投资利润率	%				
2.5	投资利税率	%				
2.6	资本金利润率	%				
2.7	国内投资借款偿还期	%				
2.8	资产负债率	%				
2.9	流动比率	%				
2.10	速动比率	%				
2.11	经济内部收益率(EIRR)	%				
2.12	经济净现值(ENPV)	万元				
2.13	经济外汇净现值	万元				
2.14	经济换汇成本	万元				
2.15	经济节汇成本	万元				
2.16	盈亏平衡点产量	台、吨、箱等				
2.17	盈亏平衡点生产能力利用率	%				
2.18	盈亏平衡点价格	元/台、吨、箱等				

(3) 归纳判断，提出最终结论和建议。这是将分项评估的初步成果，客观公正地进行分类，判断项目建设的必要性及可行性，并对技术、财务、经济等各方面进行多方案比较和择优选择，抓住关键问题，进行深入研究，补充分析，最后进行综合分析论证，作出最终结论和建议，同时针对不同服务对象和评估目的，提出各有侧重的建设意见。

(4) 编写项目评估报告。这是项目总评估的最后一个工作阶段，它体现了整个项目评估的所有成果。评估报告应全面系统地反映各分项评估的内容和结果，提出综合评估结论，写明最终结论和决策建议。表 11-3 为国家开发银行的贷款项目评审摘要表。

表 11-3　国家开发银行贷款项目评审摘要表　　　　万元

项目名称				评审阶段		
项目法人			建设规模　及 主要建设内容			
评审总投资 其中：静态部分			上报总投资 其中：申请 开行贷款部分			
	分类	数额	具体出资渠道	占总投资比例	利率(汇率)	明限(宽限期)
资金筹措	1.资本金		(1) (2) (3)			
	2.银行贷款		(1) 人民币贷款 (2) 外汇贷款			
	3.其他资金		(1) (2) (3)			
借款法人	名称			总资产	资产负债率	资信状况
财务评价	1. 2.					
	偿债覆盖率		财务内部收益率	财务净现值		
偿债能力分析	还贷资金来源			还贷期(不含宽限期) 累计金额	可用于本项目金额	
	1. 2. 3.					
	产品市场类别			项目风险度		
风险预测	市场分值		市场类别	风险分值	风险等级	
担保方式	1.保证　　2.抵押　　3.质押					
	名称			总资产	资产负债率或有债务总额担保能力	
担保单位	1. 2.					
	种类			评估现值	抵(质)押率	
抵押(质)物						
	承诺贷款额			贷款种类	贷款期限/宽限期	贷款利率
评审结论						

注：其中偿债覆盖率=[折旧+摊销+未分配利润+其他可用于还款的资金]÷应还本金×100%。

11.1.4　项目总评估报告的内容

总评估报告必须按规定的格式与要求撰写。总评估报告可分为正文和附件两个部分。正文部分一般包括借款人资信、项目概况、项目产品市场供求、项目生产工艺与设备情况、投资估算与资金来源、财务效益、银行效益与风险防范、国民经济效益、问题与建议等方面。

总评估报告附件部分材料是对正文的详细说明，是正文数据的来源，附件主要包括表格与资料。附表有：固定资产投资估算表、固定资产投资分类表、流动资产投资估算表、投资计划与资金筹措表、总成本费用估算表、损益表、资产负债表、贷款偿还期计算表、现金流量表、国民经济效益费用报表等。

总评估报告附件部分文件资料包括借款人近 3 年的资产负债及财务状况变动表，项目建议书，可行性研究报告，初步设计，开工报告，概算调整等批复文件，合同批复文件，项目建设与生产条件落实的有关批复文件，项目资本金及自筹资金来源落实文件，项目各投资者出具的分年度资本金、自筹资金安排的函件，保证人或抵押人出具的担保抵押函等。

11.2　建设项目后评估

11.2.1　建设项目后评估概述

1. 建设项目后评估的概念

建设项目后评估是指对已经完成的项目或规划的目的、执行过程、效益、作用和影响所进行的系统的客观的分析。通过实践对投资活动进行检查总结，确定投资预期的目标是否达到，项目或规划是否合理有效，项目的主要效益指标是否实现，通过分析评价找出成败的原因，总结经验教训，并通过及时有效的信息反馈，为未来项目的决策和提高完善投资决策管理水平提出建议，同时也为被评项目实施运营中出现的问题提出改进建议，从而达到提高投资效益的目的。

2. 我国建设项目后评估的管理

我国建设项目后评估的组织机构不是项目原可行性研究单位和前评估单位，也不是项目实施过程中的项目管理机构，而是以下一些单位。

(1) 国家计划部门项目后评估机构。负责组织国家计划内投资项目的后评估工作，尤其是对国民经济有重大影响的项目。其组织机构的设置独立于现行负责计划工作的各司局。对有些重大项目，还应向全国人民代表大会提交项目后评估报告。

(2) 国务院各主管部门项目后评估机构。负责组织本部门投资项目的后评估工作，其组织机构的设置独立于部门内各司局，直接向部长或副部长负责。

(3) 地方政府项目后评估机构。负责组织本省市区的投资项目后评估工作，可以设立在各省市区负责计划工作的部门之内，直接向当地负责计划工作的部门领导人负责，甚至直接向省长、副省长负责。

(4) 银行项目后评估机构。负责组织本行投资贷款项目后评估工作，其机构设置独立于各业务部门，直接向董事会或行长、副行长负责。

(5) 其他投资主体的项目后评估机构。其他投资主体是指一些自负盈亏的从事投资活动的金融公司、信托投资公司等。其项目后评估组织机构主要负责本单位投资项目的后评估工作，它独立于各业务部门，直接由董事会或总经理负责。

根据国外项目后评估的经验和我国的具体情况，我国项目后评估的取费标准有以下两种。

(1) 大中型项目：0.2%～1.5%。

(2) 小型项目：1.5%～3.0%。

项目后评估不像项目可行性研究或前评估那样，其经费可以纳入固定资产投资总额，因此要解决好由谁来支付这笔经费的问题。显然由国家额外提供全部项目后评估经费是不可能的，只能由项目单位或企业来承担。

从理论上讲，对所有竣工投产的投资项目都要进行后评估，项目后评估应纳入项目管理程序之中，但是，由于我国现阶段客观条件不成熟，不可能对所有投资项目都及时地进行后评估，因此，我国项目后评估应分两阶段实施：第一阶段，可选择一部分对国民经济有重大影响的国家投资的大中型项目进行后评估，以把握项目投资效益的总体状态；第二阶段，待条件成熟后，全面开展对所有投资项目的后评估工作。根据项目后评估的内容要求，要全面评估项目投资的实际业绩，系统地总结项目管理经验。对于每一个具体项目，由于项目规模大小、复杂程度、投入人力的多少、组织机构对后评估内容的具体要求等的不同，后评估的时间要求也不完全一致。就一般工业项目而言，从项目后评估课题的提出到提交项目后评估报告大约需 3 个月时间。

现阶段，我国选择项目后评估对象时，应优先考虑以下类型项目。

(1) 项目投产后本身经济效益明显不好的项目。

(2) 国家急需发展的短线产业部门的投资项目，其中主要是国家重点投资项目，如能源、通信、交通运输、农业等项目。

(3) 国家限制发展的长线产业部门的投资项目。

(4) 一些投资额巨大、对国计民生有重大影响的项目。这类项目后评估报告应提交全国人民代表大会，审查结果应向全国人民公布。

(5) 一些特殊项目，如国家重点投资的新技术开发项目、技术引进项目等。

我国一般生产性行业项目后评估通常应选择在竣工项目达到设计生产能力后的 1～2 年内进行，基础设施行业在竣工以后 5 年左右进行，社会基础设施行业可能更长一些。

3. 建设项目后评估与前评估的区别

建设项目后评估与建设项目前评估的差别主要表现在以下几个方面。

(1) 在项目建设中所处的阶段不同。项目可行性研究和前评估属于项目前期工作，它决定项目是否可以上马。项目后评估是项目竣工投产并达到设计生产能力后对项目进行的再评价，是项目管理的延伸。

(2) 比较的标准不同。项目可行性研究和项目前评估依据定额标准、国家参数来衡量建设项目的必要性、合理性和可行性。后评估主要是直接与项目前评估的预测情况或其他同类项目进行对比，检测项目的实际情况与预测情况的差距，并分析其原因，提出改进措施。

(3) 在投资决策中的作用不同。项目可行性研究和前评估直接作用于项目决策，前评估的结论是项目取舍的依据。后评估则是间接作用于项目投资决策，是投资决策的信息反馈。经过后评估反映出项目建设过程和投产阶段(乃至正常生产时期)出现的一系列问题，将各类信息反馈到投资决策部门，从而提高未来项目决策的水平。

(4) 评价的内容不同。项目可行性研究和前评估分析研究的内容是项目建设条件、设计方案、实施计划以及经济社会效果。后评估的主要内容是针对除前评估分析的内容进行再评价外，还包括对项目决策、项目实施效率等进行评价以及对项目实际运营状况进行较深入的分析。

(5) 组织实施不同。项目可行性研究和前评估主要由投资主体或投资计划部门组织实施。后评估则由投资运行的监督管理机关或单独设立的后评估机构进行，以确保项目后评估的公正性和客观性。

4. 建设项目后评估的作用

从以上项目后评估的定义、特点及其在项目管理中的地位可以看出，项目后评估对提高建设项目决策科学化水平，改进项目管理和提高投资效益等方面发挥着极其重要的作用。主要表现在以下几个方面。

(1) 总结项目管理的经验教训，提高项目管理的水平。通过项目后评估，对已经建成项目的实际情况进行分析研究，有利于指导未来项目的管理活动，从而提高项目管理的水平。

(2) 提高项目决策科学化的水平。项目前评估是项目投资决策的依据，但前评估中所作的预测是否准确，需要后评估来检验。

(3) 为国家投资计划、政策的制定提供依据。项目后评估能够发现宏观投资管理中的不足，从而国家可以及时地修正某些不适合经济发展的技术经济政策，修订某些已经过时的指标参数，同时还可根据反馈的信息，合理确定投资规模和投资流向，促进投资管理的良性循环。

(4) 为银行部门及时调整信贷政策提供依据。通过开展项目后评估，能及时发现项目建设资金使用中存在的问题，分析研究贷款项目成功或失败的原因，从而为银行部门调整信贷政策提供依据，并确保资金的按期回收。

(5) 可以对企业经营管理进行“诊断”，促使项目运营状态的正常化。项目后评估是在项目运营阶段进行的，因而可以分析和研究项目投产初期和达产时期的实际情况，比较实际情况与预测情况的偏离程度，探索产生偏差的原因，提出切实可行的措施，从而促使项目运营状态正常化，提高项目的经济效益和社会效益。

综上所述，项目后评估并不是对前评估的简单重复，而是依据国家政策和制度，对投资项目的立项决策水平和实施结果进行严格的检验和评估，总结经验教训，提出补救措施，促进企业更快地提高和发挥投资效益。

5. 建设项目后评估的依据

项目后评估是以大量的资料和数据为依据的，作为依据的资料和数据主要有两类，即主要资料和相关资料。

(1) 主要资料。它们是项目后评估的主要依据，具体包括以下内容。

① 评估任务的协议书。

② 评估单位的名称和主要评估人员姓名。

③ 项目的自我评估报告。

④ 有关部门的审核意见。

⑤ 项目竣工验收报告。

⑥ 经国家或有关部门(地区)批准的项目建议书、初步设计、开工报告等。

⑦ 有关专家的现场调查小结。

⑧ 评估报告的主要表格。

⑨ 其他重要的技术文件。

(2) 相关资料。它们是项目后评估的辅助性依据，具体包括以下内容。

① 与项目相关的国家和省市委颁布的发展计划、规划，规定及其他法律文件。

② 相关项目的后评估报告或研究资料。

③ 国家和地方政府的产业结构调整政策、发展战略和长远规划和有关行业规划。

④ 项目估算或预算报告。

⑤ 与项目有关的物价年度通货膨胀(紧缩)指数。

⑥ 项目施工监理报告或公告、监测报告。

⑦ 项目营运统计报表。

⑧ 项目环境监测报告或环境影响现状评价报告。

⑨ 项目开工评估报告。

⑩ 项目中期评估报告或完工评价报告。

⑪ 项目审计报告。

⑫ 其他评估所需的实际资料和数据等。

6. 建设项目后评估的程序

1) 提出问题

深入了解项目及其所处环境，区分评估提出单位所关心问题的主次关系，从而明确后评估的具体研究对象、评估目的及具体要求。

2) 制订后评估计划

(1) 建立后评估组织机构，配备项目后评估人员。

(2) 确定后评估的内容范围与深度，选择评估标准。使用不同的评估标准，评估结论可能不同。

(3) 选定评估方法，即确定评估策略。在进行项目后评估时，面临着方法的选择问题。由于各种方法的内容、要求以及比较的重点不同，如果选择不当，势必影响后评估的质量，因此在进行后评估时，正确选择后评估方法极为重要。

3) 调查收集和整理资料

主要任务是制订详细的调查提纲，确定调查对象和调查方法并开展实际调查和资料收集工作。

需要收集的资料和数据主要包括：项目建设资料、国家经济政策资料、项目运营状况的有关资料、反映项目实施和运营实际影响的有关资料、本行业有关资料、与后评估有关的技术资料及其他资料等。可以采用专题调查会、实地观察、抽样等方法进行资料收集。

资料的整理是根据调查过程中获得的大量原始资料进行加工汇总，使其系统化、条理化、科学化，以得出反映事物总体综合特征资料的工作过程。资料整理工序一般有 3 个步骤：科学的统计分组，这是资料整理的前提；科学的汇总，这是资料整理的中心；编制科学的统计表，这是资料整理的结果。

4) 分析研究

围绕项目后评估内容，采用定量分析和定性分析相结合的方法，发现问题，提出改进措施。常用的分析研究方法除了前文所述 3 种主要方法外，也经常借助一些基本的统计分析和市场预测的方法，如经验判断法、历史引申法、回归分析法等。

通过分析研究，主要获取以下信息。

(1) 总体结果。项目的成功度及其原因，项目的投入与产出是否成正比，项目是否按时并在投资预算内实现了目标，成功和失败的主要经验教训。

(2) 可持续性。项目在维持长期运营方面是否存在重大问题。

(3) 方案比较选择。进行多方案比较，判断是否有更好的方案来实现上述成果。

(4) 经验教训。项目的经验教训及其对未来规划和决策的参考意义。

5) 撰写后评估报告

项目后评估报告是项目后评估工作的最后成果，是评估结果的汇总，应真实反映情况，客观分析问题，认真总结经验。后评估报告是反馈经验教训的主要文件形式，必须满足信息反馈的需要，因此，后评估报告要有相对固定的内容格式，便于分解，便于计算机输入。

7. 建设项目后评估报告内容

投资项目后评估的内容，因项目的类型和后评估项目的不同而有所不同和侧重，但就生产性投资项目全面后评估来说，一般应包括以下几个方面。

1) 前期工作的后评估

投资项目的前期工作是项目从酝酿决定到正式建设以前进行的各项工作，是建设项目全过程中的一个重要组成部分。前期工作的好坏，具有左右建设全局的决定性意义，因此，应将其作为后评估的重点。投资项目前期工作后评估包括：项目立项条件的后评估、项目决策程序和方法的后评估、项目决策阶段经济评估的后评估、项目设计的后评估和项目建设准备工作的后评估。

(1) 项目立项条件的后评估。

主要确认立项条件和决策目标是否正确。如投资方向是否符合国家产业政策、国家法律和市场需求，产品方案、建设规模、工艺流程、设备选型、厂址选择是否合理，原材料、能源、动力和运输条件等是否适应项目的需要等。

(2) 项目决策程序和方法的后评估。

主要分析项目决策的程序和方法是否科学，项目可行性研究的单位是否经过优选，可行性研究报告的内容是否科学、可靠，对项目的审批是否客观等。

(3) 项目决策阶段经济评估的后评估。

主要评估项目立项决策时，对经济的合理性方面是否重视；在可行性研究时，是否认真地进行了财务评估和国民经济评估及风险分析；在项目决策时，是否将经济评估作为重要依据，根据项目投产或使用后的实际情况，检查决策时经济评价的意见是否正确。

(4) 项目勘察设计的后评估。

主要是回顾分析项目勘察和设计工作的单位是否经过招标优选，勘察、设计工作的质量是否符合要求，设计依据、标准、规范、定额是否符合国家规定，是否能满足建设施工单位的实际需要。根据工程实践和项目的生产情况，检查设计方案在技术上的可行性和经济上的合理性，确定工艺流程、生产技术、设备选型是否先进合理，设计总概算的编制是否实事求是，能否控制建设工程造价等。

(5) 项目建设准备工作的后评估。

主要是分析评价项目筹建工作、征地拆迁或土地批租工作、“三通一平”工作、施工招标工作、建设资金筹集工作、外部协作条件落实工作等是否能满足工程实施的要求，项目总进度计划是否能起到控制工程建设进度的作用。

2) 实施阶段工作的后评估

投资项目实施阶段包括从项目开工到竣工验收阶段的全过程，是项目建设程序中占用时间较长的一个阶段。项目前期工作的深度、工程竣工的质量、工程建设的造价、资金到位情况以及影响项目发挥效益的原因几乎都能在建设实施阶段得到反映。项目实施阶段工作后评估，主要包括：项目施工方式和工程监理工作后评估、生产准备工作后评估和项目竣工验收及试生产工作后评估。

(1) 项目施工方式和工程监理工作后评估。

主要是回顾检查施工招标是否通过公平竞争来优选施工单位，施工组织方式是否科学合理，施工技术装备情况是否达到规定要求，是否重视工程监理工作，对工程进度、工程质量、工程施工合同、工程造价是否进行了监督管理等。

(2) 生产准备工作后评估。

主要是回顾核查是否招收和培训了必要生产工人和技术管理人员，生产用原材料、协作产品、燃料、水、电气等在项目竣工骏收时是否落实，是否组建了强有力的生产指挥管理机构，是否制定了必要的生产技术和经营管理制度，保证项目验收后即能投入正常生产经营。

(3) 项目竣工验收和试生产后评估。

主要是回顾检查工程项目是否按时竣工验收，所有工程项目是否全部配套建成，环保设施等是否已按设计要求与主体工程同时建成使用，工程质量是否达到设计要求，试生产后能否形成综合生产能力，工程建设造价是否超过概算，超支原因是否经过分析，验收时遗留问题是否已经妥善处理，竣工结算是否及时编制，技术资料是否整理移交等。

3) 生产经营阶段工作后评估

主要是分析评估生产技术和经营管理系统能否保证产品质量、提高经济效益，有无开拓市场，是否具有根据市场需求能及时调整产品结构的能力等。

4) 投资效益后评估

投资项目效益的好坏，是评价投资项目成效的关键因素，投资效益的后评估，是以项目投产后实际取得的经济效益为基础，重新计算项目各主要投资效益指标，并将它与项目决策时估算的投资效益相比较，从中发现问题，找出原因，提出提高投资效益的具体建议和措施。

11.2.2 建设项目后评估的主要方法

1. 对比分析法

对比法主要是指建设项目的“前后对比”和“有无对比”法。一般情况下，“前后对比”是指将项目实施之前与完成之后的情况加以对比，以确定项目的作用与效益的一种对比方法。在项目后评估中，则是指将项目前期的可行性研究和评估的预测结论与项目的实际运行结果相比较，以发现变化和分析原因。这种对比用于揭示计划、决策和实施的质量，是项目过程评价应遵循的原则。在一般情况下，投资活动的“前后对比”是指将项目实施之前与项目完成之后的情况加以对比，以确定项目效益的一种方法。在项目后评估中则是指将项目前期的可行性研究和评估的预测结论，以及初步设计的技术经济指标，与项目的实际运行结果及在评价时做出的新的预测相比较，用以发现变化和分析原因，以此揭示项目计划、决策和实施存在的问题。

项目后评估的“有无对比法”是指将项目实际发生的情况与若无比项目可能发生的情况进行对比，以度量项目的真实效益、影响和作用，该方法是通过项目实施所付出的资源代价与项目实施后产生的效果进行对比，以评价项目好坏的项目后评估的一个重要方法。

对比的重点是要分清项目作用的影响与项目以外作用的影响。这种对比用于项目的效益评价和影响评价，是项目后评估的一个重要方法。这里说的“有”与“无”指的是评价的对象，即计划、规划或项目。评价是通过对比实施项目所付出的资源代价与项目实施后产生的效果得出项目的好坏的。方法论的关键是要求投入的代价与产出的效果口径一致。也就是说，所度量的效果要真正归因于项目，但是，很多项目，特别是大型社会经济项目，实施后的效果不仅仅是项目的效果和作用，还有项目以外多种因素的影响，因此，简单的前后对比不能得出项目真正的效果。

后评估中的效益评价任务就是剔除那些项目因素，对归因于项目的效果加以正确的定义和度量。由于无项目时，可能发生的情况往往无法确定地描述，项目后评估中只能用一些方法去近似地度量项目的作用。理想的做法是在该受益地区之外，找一个类似项目区的“对照区(Control Area)”，进行比较和评价。

项目的效益和影响评价要分析的数据和资料包括项目实施前的情况、项目实施前的预测效果、项目的实际效果、无项目时可能实现的效果、无项目时的实际效果等。有无对比的综合分析模式见表 11-4。

表 11-4　有无对比综合分析模式

项目 效益	有项目	无项目	差别	分析
财务效益				
经济效益				
经济影响				
环境影响				
社会影响				
综合结果				

一般来说，反映投资项目现金流量的数据有以下 5 种，它们的作用不同，主要包括以下几方面。

(1) “现状”数据。是指项目实施前企业的现金流量状况数据，又称“原有”数据。

(2) “无项目”数据。是指在不实施项目的情况下，计算期内各年企业的现金流量可能的变化趋势，经过预测得到的现金流量的有关数据。

(3) “有项目”数据。是指在实施项目的情况下，计算期内各年企业的现金流量可能的变化趋势，经过预测得到的现金流量的有关数据。

(4) 新增数据。指计算期内各年“有项目”数据减去“现状”数据得到的差额，一般只估算新增投资。

(5) 增量数据。是指“有项目”数据与“无项目”数据的差额，即通过“有无对比”得到的数据。

“有无对比”是获取投资项目增量数据的方法，以“有项目”状态下的相关数据与“无项目”状态下的数据相减，得到增量数据。这个增量数据序列，反映的是项目投资为企业产生的效果。根据增量数据进行有关财务指标的分析和计算，据以做出投资决策。

“无项目”状态是指不对该项目进行投资时，在计算期内，与项目有关的资产、费用与收益的预计发展情况；“有项目”状态是指对该项目进行投资后，在计算期内，资产、费用与收益的预计情况。“有无对比”的差额部分，即增量现金流量，才是由于项目的建设增加的效益和费用。“有无对比”求出项目的增量效益，排除了项目实施以前各种条件的影响，突出了项目活动的效果。

采用“有无对比”方法，是为了识别那些真正应该算作项目效益的部分，即增量效益，排除那些由于其他原因产生的效益，同时找出与增量效益相对应的增量费用，只有这样才能真正体现项目投资的净效益。

“无项目”与“有项目”现金流量的计算范围、计算期应保持一致，以具有可比性。为使计算期保持一致，应以“有项目”的计算期为基准，对“无项目”的计算期进行调整。

一般应通过设想追加投资(局部更新或全部更新)来维持“无项目”时的生产经营，延长其寿命期到与“有项目”的计算期相同，并在计算期末将固定资产余值回收。

通过追加投资延长“无项目”的寿命期在技术上不可行或经济上明显不合理时，应使“无项目”的运营适时终止，其后各年的现金流量视为零。

2. 逻辑框架法

逻辑框架法是将一个复杂项目的多个具有因果关系的动态因素组合起来，用一张简单的框图分析其内涵和关系，以确定项目范围和任务，分清项目目标和达到目标所需手段的逻辑关系，以评价项目活动及其成果的方法。

逻辑框架法(简称 LFA)是美国国际开发署(USAID)在 1970 年开发并使用的一种设计、计划和评价工具，目前已有 2/3 的国际组织把 LFA 作为援助项目的计划管理和后评估的主要方法。

LFA 是一种概念化论述项目的方法，即用一张简单的框图来清晰地分析一个复杂项目的内涵和关系，使之更易理解。LFA 是将几个内容相关、必须同步考虑的动态因素组合起来，通过分析其相互之间的关系，从设计策划到目的目标等方面来评价一项活动或工作。LFA 为项目计划者和评价者提供了一种分析框架，用以确定工作的范围和任务，并对项目目标和达到目标所需要的手段进行逻辑关系的分析。

项目后评估通过应用 LFA 来分析项目原定的预期目标、各种目标的层次、目标实现的程度和原因，用以评价其效果、作用和影响。逻辑框架法的基本模式见表 11-5。

表 11-5　逻辑框架法基本模式

目标层次	验证对比指标			原因分析		可持续性(风险)
	项目原定指标	实际实现指标	差别或变化	主要内部原因	主要外部原因	
宏观目标(影响)						
项目目的(作用)						
项目产出(实施结果)						
项目投入(建设条件)						

3. 成功度评价法

项目后评估的综合评价方法通常采用成功度评价的方法。项目成功度评价方法是指依靠评价专家或专家组的经验，综合后评估各项指标的评价结果，对项目的成功程度做出定性的结论，也就是通常所称的打分的方法。

评价标准有以下几种。

(1) 完全成功的。项目的各项目标都已全面或超过；相对成本而言，项目达到了预期的效益和影响。

(2) 成功的(A)。项目的各项目标都已全面实现或超过；相对成本而言，项目取得巨大的效益和影响。

(3) 部分成功的(B)。项目的大部分目标已经实现；相对成本而言，项目达到了预期的效益和影响。

(4) 不成功的(C)。项目实现的目标非常有限；相对成本而言，项目几乎没有产生什么正效益和影响。

(5) 失败的(D)。项目的目标是不现实的，无法实现；相对成本而言，项目不得不终止。

11.2.3 改扩建建设项目后评估的增量分析方法

1. 改扩建项目增量净效益的确定

增量收益就是企业进行改扩建与不进行改扩建的收益之差额。产生增量收益的项目包含以下几种。

(1) 单纯增加产量的项目。

(2) 单纯增加品种的项目。

(3) 改变产品结构的项目。

(4) 提高产品质量的项目。

(5) 单纯降低成本的项目。

(6) 同时有上述多种目的的项目。

改扩建项目在计算增量效益时，宜采用“有无对比法”，并根据项目不同的特点采用不同的效益费用计算法。

2. 改扩建项目增量费用的确定

增量费用就是企业进行改扩建与不进行改扩建费用之差额。主要表现如下。

1) 沉没成本

沉没成本是指过去已发生的，但不随现在的决策改变的费用。凡是沉没费用都不计入增量费用。沉没成本包含以下几种情况。

(1) 过去预留的设施。

(2) 停建项目的已建设施。原企业停产或减产而产生的损失，应作为增量费用列出。

(3) 利用过去预留发展的设施。原有企业建设初期留下进一步发展的空间，或预留场地在扩建时加以利用等，预留设施场地的投资已计入原始投资成本，因此不再列入项目成本。

(4) 在改扩建中继续利用的旧设施。利用已折旧完毕的资产，折旧费已计入原企业的生产成本，而资产的购置费已计入原企业的投资成本，因此不列入项目成本。

(5) 在实施改扩建项目时，原企业停产或减产而产生的损失，应作为增量费用列出。

2) 增量投资

改扩建项目的投资成本应计算增量投资，即项目的投资成本表现为有项目和无项目时的投资差额。计算“有项目”投资时，原有资产无论利用与否，均与新增投资一起计入投资费用。“无项目”投资可利用现有固定资产价值和为使“无项目”的生产经营寿命与“有项目”保持一致而追加的投资构成。

流动资金也是项目投资成本的组成部分，它是“有项目”流动资金需要量与“无项目”流动资金需要量的差额。评估时，改扩建项目新增流动资金需要量一般按新增销售收入资金率法计算。

增量投资的公式表述如下：

增量投资 ＝有项目总投资-无项目总投资

＝ 改扩建新增投资-拆除旧资产回收的净价值-不改扩建为维持正常生产所需的设备更新投资

3) 经营成本

企业改扩建后，经营成本一般随改扩建项目内容的不同而发生变化。改扩建的内容不同，经营成本也采用不同的确定方法。当企业改扩建后，只引起产量增加而不改变企业原有的成本水平的项目的经营成本可直接计算增量经营成本。如果改扩建项目在增加企业的产量的同时，还能降低生产成本，则需要计算有无项目的成本差额，作为增量经营成本。

本章综合案例

《投资项目后评估报告》参考格式

× × × × × × × × × × ×项目

后评估报告

× × × × × × (编制单位)

× × × ×年× ×月

目　　录

一、项目概况

(一) 项目情况简述

概述项目建设地点、项目业主、项目性质、特点，以及项目开工和竣工时间。

(二) 项目决策要点

项目建设的理由，决策目标和目的。

(三) 项目主要建设内容

项目建设的主要内容决策批准生产能力，实际建成生产能力。

(四) 项目实施进度

项目周期各个阶段的起止时间、时间进度表、建设工期。

(五) 项目总投资

项目立项决策批复投资、初步设计批复概算及调整概算、竣工决算投资和实际完成投资情况。

(六) 项目资金来源及到位情况

资金来源计划和实际情况。

(七) 项目运行及效益现状

项目运行现状，生产能力实现状况，项目财务经济效益情况等。

二、项目实施过程的总结与评价

(一) 项目前期决策总结与评价

项目立项的依据，项目决策过程和程序，项目评估和可研报告批复的主要意见。

(二) 项目实施准备工作与评价

项目勘察、设计、开工准备、采购招标、征地拆迁和资金筹措等情况和程序。

(三) 项目建设实施总结与评价

项目合同执行与管理情况，工程建设与进度情况，项目设计变更情况，项目投资控制情况，工程质量控制情况，工程监理和竣工验收情况。

(四) 项目运营情况与评价

项目运营情况，项目设计能力实现情况，项目运营成本和财务状况，以及产品结构与市场情况。

三、项目效果和效益评价

(一) 项目技术水平评价

项目技术水平(设备、工艺及辅助配套水平，国产化水平，技术经济性)。

(二) 项目财务经济效益评价

项目资产及债务状况，项目财务效益情况，项目财务效益指标分析和项目经济效益变化的主要原因。

(三) 项目经营管理评价

项目管理机构设置情况，项目领导班子情况，项目管理体制及规章制度情况，项目经营管理策略情况，项目技术人员培训情况。

四、项目环境和社会效益评价

(一) 项目环境效益评价

项目环保达标情况，项目环保设施及制度的建设和执行情况，环境影响和生态保护情况。

(二) 项目的社会效益评价

项目的建设实施对当地(宏观经济、区域经济、行业经济)发展的影响，对当地就业和人民生活水平提高的影响，对当地政府的财政收入和税收的影响。

五、项目目标和可持续性评价

(一) 项目目标评价

项目的工程目标、技术目标、效益目标(财务经济)、影响目标(社会环境和宏观目标)。

(二) 项目持续性评价

根据项目现状，结合国家的政策、资源条件和市场环境对项目的可持续性进行分析，预测产品的市场竞争力，从项目内部因素和外部条件等方面评价整个项目的持续发展能力。

六、项目后评估结论和主要经验教训

(一) 评价结论和存在的问题

通过综合分析评价之后，对项目的成功与否做出结论。成功主要体现在哪些方面，哪些经验需要进一步借鉴；失败主要问题出在哪里，什么原因，是决策的责任，执行的责任，技术的责任还是管理的责任，要认真分析，分类说明。

(二) 主要经验教训

通过评价分析说明值得总结的经验，值得吸取的教训、认识和体会等。

七、对策建议

(一) 对项目和项目执行机构的建议。

(二) 对企业今后投资项目的对策建议。

本 章 小 结

项目总评估既不同于建设单位提出的项目建议书，也不同于建设单位委托编写的可行性研究报告，项目总评估是整个项目评估工作的最后一个环节。项目总评估报告是从长远和客观角度在对项目可行性研究审查分析之后，提出的供决策者参考的综合性文件。对于建设项目综合决策、方案比选和提出改进建议等具有重要的意义。

建设项目后评估是项目运营一个时期以后所做出的项目评估研究，是项目成败的最后事实定论，项目后评估对已建成投产并达到设计能力项目的前期准备，方案实施，项目运行等情况的综合评价分析，衡量方案实际执行情况和计划情况的差异，分析差异成因，总结经验教训，为以后新项目预测，准备，决策，管理，控制提供科学依据和可行性对策方案。

此外，项目后评估还可以检验国家参数的合理性和科学性，为进一步修订和完善国家参数体系提供可靠的信息资料，并对国家调整产业政策和优化产业结构、建设规模、生产力布局和投资时序都具有一定的促进作用。

本章推荐课外阅读资料

[1] 张启振，张阿芬投资项目评估[M]．厦门：厦门大学出版社，2007.
[2] 苏益．投资项目评估[M]．北京：清华大学出版社，2007.
[3] 周惠珍．投资项目评估[M]．3 版．大连：东北财经大学出版社，2005.
[4] 成其谦．投资项目评价[M]．2 版．北京：人民大学出版社，2007.
[5] 杨华峰．项目评估[M]．北京：科学出版社，2008.

本章思考题

一、名词解释

建设项目总评估、建设项目后评估、有无对比法、有项目、无项目、成功度评价法、逻辑框架法、增量净效益、增量费用、增量投资

二、简答题

1．建设项目总评估的主要内容是什么?
2．建设项目总评估的程序和步骤是什么?
3．项目后评估与项目前评估、竣工验收的区别是什么?
4．项目后评估的特点及作用是什么?
5．项目后评估有哪些具体内容?
6．项目后评估指标体系的设置原则是什么?一般情况下，可以选择哪些指标进行项目后评估?各指标如何计算?
7．项目后评估常用的方法有哪些?

三、思考题

1．一般情况下，项目后评估按照怎样的程序进行?
2．项目后评估实施过程中应当注意哪些问题?

第12章　世界银行建设项目评估管理与实务

教学目标：本章系统阐述了世界银行贷款项目管理的基础知识、实践经验和操作技巧，着重论述了世界银行贷款项目周期内各阶段的工作。主要包括世界银行的基本组织构成、世界银行贷款管理的目标和职能、中国利用世界银行贷款项目的概况、世界银行贷款管理周期、世界银行建设项目管理周期等内容。

教学要求：本章着重介绍以世界银行为代表的国际金融机构关于建设项目评估与管理的基本知识、相关理论及基本方法和程序，本章要求了解世界银行的基本组织构成、世界银行贷款管理的目标和职能、中国利用世界银行贷款项目的概况，要求掌握世界银行贷款管理周期、世界银行建设项目管理周期等主要内容。

12.1　概　　述

12.1.1　世界银行概况

1. 世界银行的基本情况

世界银行是全世界性的政府间国际金融组织，总部设在美国首都华盛顿，广义讲，是世界银行集团(The World Bank Group)。世界银行集团共包括5个成员组织：国际复兴开发银行(The International Bank for Reconstruction and Development)、国际开发协会(The International Development Association)、国际金融公司(The International Finance Corporation)、解决投资争端国际中心(The International Center for the Settlement of Investment Dispute)和多边投资担保机构(The Multilateral Investment Agency)。世界银行同国际货币基金组织、世界贸易组织(前身为关税与贸易总协定)并称为世界三大经济组织。

世界银行的最高权力机构是理事会。理事会由每一会员国委派理事(一般委派财政部长或中央银行行长担任)和副理事各一名组成，任期5年，可以连任，副理事只有在理事缺席时才有投票权。理事会行使的职权主要有：批准接纳新会员国，增加或减少银行股份，暂停会员国资格，裁决执行董事在解释银行协定方面发生的争执，批准修正银行协定等。理事会每年开会一次，一般都在九、十月份与国际货币基金组织的理事会联合召开。

执行董事会是负责组织世界银行日常业务的机构，行使由理事会授予的职权，是对项目提供贷款的最高决策层。执行董事会由22人组成，副执行董事22人。其中5人由持股份最多的美国、英国、德国、法国和日本5个国家委派，其余17人由其他成员国的理事按地区分组选举产生。我国是世界银行创始会员国之一，拥有一定的股权，可以自行单独选举一位执行董事。执行董事和副执行董事常驻世界银行总部。执行董事会的主要职权有：负责处理世界银行日常业务，修正银行协定，调整银行的政策，批准项目贷款，考虑并决定行长提出的贷款和信贷建议，向理事会提出财务审计报告、行政预算、银行业务和政策年报以及提交理事会审议的其他事项，选举世界银行行长兼执行董事会主席。

世界银行行长是该集团办事机构的首脑，在执行董事会决定的方针政策指导下，负责领导银行和办事机构的日常工作，任免银行的高级职员和工作人员。行长下设副行长若干人。执行董事在决定政策或考虑个别项目贷款时起着双重作用，一方面在执行董事会中代表委派或选举他们的会员国的利益；另一方面在委派或选举他们的会员国中又代表银行的利益。世界银行执行董事会在作出决定时，一般采取协商一致的方式，很少进行投票表决。执行董事会议不定时召开。

世界银行职员有 5 000 多人，来自 100 多个国家，是一个庞大的办事机构，在许多会员国设有代表处、派出机构或常驻代表。代表处的主要任务是协助本地区选定和准备由世界银行提供贷款的项目。

2. 世界银行目标和职能

世界银行具有很强的政府性，它的成员是各国政府。国际发展银行的援助，如贷款，都提供给其成员国政府或由其成员国政府出面对贷款进行担保。国际发展银行的常务领导机构是执行董事会，而组成执行董事会的执行董事和执行副董事则由其所代表的成员国政府选举或任命，就连协助执行董事工作的董事助理(或称技术助理)也都由成员国政府任命。不管是理事还是董事都代表其所代表的政府的意志行事。国际发展银行的主要领导人——行长，虽然形式上是由理事会选举产生的，而实际上是由拥有股权最多的成员国政府美国政府任命的。世界银行的各项活动也具有很强的政策性，国际发展银行的成员国政府都希望将自己的政策体现在世界银行的各项活动中。世界银行的章程还明确体现了它们的非营利性质和带有援助的性质。不管国际发展银行的经营盈利与否，其成员都不分红。在这一点上，它们与通常的以盈利为目的的银行有着本质的区别。它们虽然也叫银行，但在许多方面不经营通常银行的主要业务如接受存款业务。世界银行的主要业务目前是向发展中成员提供贷款和技术援助以及向发展中成员的私营部门提供贷款和股本投资。

世界银行的资金来源主要有以下 3 个方面。

(1) 实际缴纳的股金(世界银行成立之初，法定资本为 100 亿美元，每股 10 万美元)。

(2) 资本市场上筹资(发行债券取得借款)。

(3) 留存盈余及偿还贷款的流入。

世界银行集团通过发放贷款的形式将发达国家的资金输送到发展中国家，以帮助发展中国家提高生产力，促进经济发展和社会进步，改善和提高人民生活水平。一般只要是世界银行的成员国，均可向世界银行申请贷款。

3. 世界银行的机构组成

世界银行集团的 5 个机构中，具有贷款职能的机构有国际复兴开发银行、国际开发协会、国际金融公司等。

1) 国际复兴开发银行(IBRD)

该机构以处于经济和社会发展较高阶段的发展中国家为对象，向其提供较长期的硬贷款。贷款一般宽限期为 5 年，偿还期为 15～20 年，贷款利率根据借款费用有关的原则计算，一般采用浮动利率。当然，浮动利率要低于市场贷款利率。

2) 国际开发协会(IDA)

该机构与国际复兴开发银行有相同的贷款职能，但主要是向更贫困的发展中国家提供软贷款(Credits，也称为信贷)，贷款条件比国际复兴开发银行硬贷款更优。软贷款不需要付息，宽限期为 10 年，还款期更长，一般为 35～40 年。这种软贷款可以减轻贫困国家的国际收支负担。

3) 国际金融公司(IFC)

该机构的职能是通过促进欠发达国家私营部门的经济增长来扶持这些国家的经济发展，并为此目的帮助这些国家筹措国内外资金。国际金融公司主要向私人、企业借款，虽不是借款给政府，但也要有国家政府部门担保。除借款援助外，IFC 还可以购买受援国企业部门的股票方式达到援助目的，所以这种援助带有风险性。

4. 世界银行贷款特点和投向

1) 世界银行贷款的特点

世界银行成立之初，主要向西欧的发达国家提供战后复兴经济贷款，同时也向发展中国家提供开发经济贷款。1952 年以后，主要向亚、非、拉发展中国家贷款。1968 年以后，则仅向发展中国家贷款。

世界银行贷款与外国政府贷款、外国商业银行贷款等相比，其主要特点有以下几方面。

(1) 只贷放给会员国。

(2) 主要贷放给中低等收入的会员国。

(3) 只贷放给有偿还能力的会员国。

(4) 贷款一般必须用于特定项目。

(5) 只贷放给不能以合理的条件从其他来源取得资金的项目。

(6) 贷款只占特定项目全部投资的 30%～50%。

(7) 贷款期限长。

(8) 贷款利率低或免收利息。

(9) 贷款以美元计值，信贷以特别提款权计值，借款国有时要承担汇率变动的风险。

(10) 贷款手续复杂，费时较长。

2) 世界银行贷款投向

世界银行贷款投向有以下几方面。

(1) 农业及农村发展项目贷款。

(2) 交通基础设施项目贷款。

(3) 社会事业项目贷款。

(4) 工业项目贷款。

近年来，随着各会员国对世界银行贷款和咨询服务的需求不断增加，世界银行的贷款政策也有新的变化：减少贫困、实现持续的经济增长、保护环境、集中于政策框架及社会责任已成为目前世界银行更为关注的目标，也可以说是世界银行贷款的发展战略。

12.1.2 中国利用世界银行贷款项目的概况

1. 我国世界银行贷款的管理机构及职能

银行贷款是我国利用国际金融组织贷款的最重要组成部分，其管理工作由我国政府的多个机构负责，涉及的部门主要有财政部、国家发展与改革委员会、行业主管部门、外交部、国家外汇管理局、国务院机电设备进口审查办、海关总署、审计署等。

按照国务院利用国外贷款工作要实行“统一政策、分工负责、加强协调”的原则，财政部作为管理世界银行贷款的“对外窗口”单位，同国家发展与改革委员会、行业主管部门、外交部、国家外汇管理局、国务院机电设备进口审查办、海关总署、审计署等一起，对我国利用世界银行贷款的计划、准备、执行等进行管理和监督。我国世界银行贷款管理机构示意图如图 12.1 所示。

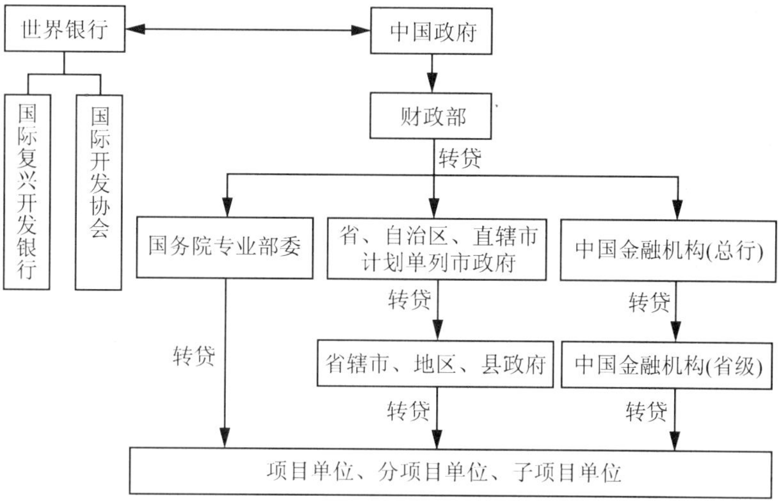

图 12.1　我国世界银行贷款管理机构示意图

世界银行的贷款并不是直接贷给项目单位，贷款协定是与贷款国政府签订的。财政部作为政府的法定代表人和世界银行的债务人，与世界银行签订协议并取得贷款。同时，财政部作为国内的债务人还需要将世界银行贷款转贷给项目单位。转贷涉及不同的机构，有些款项的转贷并不能一次完成，还需要再转贷，转贷条件与原贷款条件并不完全相同。

2. 世界银行贷款项目的程序

世界银行贷款的管理已形成了一套科学而严密的程序，主要分为 6 个步骤。

(1) 项目选定(Identification of Project)。

(2) 项目准备(Preparation of Project)。

(3) 项目评估(Appraisal of Project)。

(4) 项目谈判(Negotiation of project)。

(5) 项目执行(Implementation of Project)。

(6) 项目评价(Evaluation of project)。

这 6 个步骤实际上是 3 个阶段，即项目成立阶段(包括前 4 个步骤)、执行阶段和评价阶段。

与上述 3 个阶段相联系，从资金的角度讲，亦可分 3 个方面，即贷款承诺、贷款提取和贷款(本息)偿还。

世界银行贷款项目管理的第一个阶段——项目成立阶段，从我国与世界银行联系的角度分析，其基本的程序如下。

(1) 提出项目建议书。

根据国家的长远规划和世界银行的有关要求，由国务院各主管部门和地方政府先提出拟利用世界银行贷款的项目建议书，并送交国家发展与改革委员会。在拟定项目建议书时，必须对世界银行贷款的重点给予足够的注意：在发展中国家的各个区域减轻贫困；通过政策建设和发放贷款，援助正在进行调整的中等收入的重债务国；将环境问题与世界银行的主要政策及业务工作结合起来；推进一项为提高世界银行对发展中成员国私营部门的作用而设计的行动计划等。在注意这些重点的前提下，应按照下列原则对拟建议的项目进行选择：必须符合世界银行的投资原则和政策，必须与国家的主要部门的总体发展计划或目标相一致，必须是我国确实需要优先考虑的项目，必须是世界银行和我国都认为是合适的项目。只有据此提出的项目建议书，才有利于国家发展与改革委员会进一步选择，也才有可能将来被世界银行实际采纳。

(2) 确定项目清单。

国家发展与改革委员会按照与上述相同的思路，进行调查研究、综合平衡，挑选出确实需要优先发展且符合我国及世界银行要求的项目，编制利用世界银行贷款的项目清单(3～5 年的)，并报国务院批准。

(3) 确定年度备选项目。

根据国务院批准的项目清单，由财政部与世界银行联系，请世界银行官员对项目进行初步考察，就项目是否可以接受、能否优先考虑发表意见。

(4) 项目准备。

根据确定的年度备选项目，即可着手进行项目准备。项目准备的内容主要有 3 个方面：人员准备——成立项目执行机构和聘请咨询专家等；资金准备——自行筹措或申请资助(包括申请世界银行的技术合作信贷，以及从联合国粮农组织、教科文组织、世界卫生组织、工业发展组织、开发计划署等获得资助)；可行性研究。其中可行性研究是主要工作，一般包括 4 个步骤：鉴别投资机会(机会研究)；项目的初步选择和拟定(初步可行性研究)；项目的分析和确定(可行性研究)；项目的最后确定和可行性报告。不论哪个步骤，都要考虑项目的可行性，这是贯穿其中的共性，包括技术可行性、组织体制可行性、经济可行性、财务可行性和社会可行性。对可行性的研究，主要由借款单位负责进行。此间，世界银行也会不同程度地介入，起一些辅助性的作用，如为项目单位进行准备提供必要的技术指导和资金援助；协助借款单位按照世界银行的要求和标准进行工作；修正、解决项目准备中不正确或不恰当的内容。

(5) 项目评估。

在借款单位可行性研究即预评估的基础上，由世界银行官员进行项目评估工作。在进行正式评估之前，如果项目较大、内容复杂，或可行性报告(预评估报告)不够全面细致，世界银行还要再进行预评估。预评估或评估的内容主要是 4 个方面：技术、组织、经济和财务。其中财务评估主要有：项目所需世界银行贷款和国内配套资金的安排，项目(特别是有收入的项目)的会计制度及会计报告的设计，项目投资的回收等。评估的结果，如果认为符合世界银行的贷款条件，进行评估的世界银行官员就提出一份可行性研究的“绿皮报告书”作为贷款的通知。

(6) 项目谈判。

世界银行与中方有关单位(财政部、国家发展与改革委员会、项目单位等)对项目的评估都认为满意后，即进入谈判阶段。谈判之前，世界银行先提供贷款协定草案文本，并发出邀请，中方由财政部、国家发展与改革委员会、项目单位等 4～5 人组成代表团前往参加谈判。

谈判的主要依据是：国际复兴开发银行的贷款协定，国际开发协会的信贷协定，项目协定，可行性研究报告及谈判提纲等。谈判的主要内容包括贷款金额、贷款期限、偿还方式、项目实施保证措施，以及世界银行、借款国、项目单位各自的权利、义务和责任等。谈判的最终结果就是确立各方的权利、义务和责任，拟就贷款协定、信贷协定等法律文件。

(7) 协定签署。

经过谈判，拟就贷款协定、信贷协定后，世界银行与中方均需对贷款(信贷)协定做最后审定。世界银行报执行董事会批准，中方报国务院批准，然后双方派授权代表在协议书上签字。因世界银行总部设在美国首都华盛顿，中方通常授权驻美国大使作为代表在贷款(信贷)协定上签字。

(8) 协定生效。

贷款(信贷)协定的签署只是世界银行承诺给予贷款，并不意味着贷款(信贷)协定已经生效，在贷款(信贷)协定中已经对协定的生效期做了明确的规定。从协定签字到生效通常为 2～3 个月。此间主要需做项目实际执行的准备工作。从世界银行方面看，主要应做的工作包括：把将要针对项目实施进行检查的计划通知借款国项目的工作人员；帮助借款国项目的工作人员了解项目实施中应当了解和遵循的各种程序(包括贷款支付程序等)；同项目单位就项目执行报告事宜进行讨论，以便提供必要的资料；确定彼此联系的方式等。与此同时，借款国应完成的工作有：在世界银行贷款局开设项目贷款账户；组织配备技术、经济、管理专家，并制定项目执行计划和时间进度安排；了解世界银行项目工作人员的工作计划和世界银行的工作程序；如需进行国际招标，应在联合国《联合开发论坛报》、《中国日报》、《人民日报(海外版)》等刊登广告，公告项目内容，发出招标消息。完成这些工作，待协定生效日期一到，即告项目真正成立，进入具体执行或投资阶段。

12.2 世界银行金融机构贷款项目评估管理

12.2.1 世界银行贷款管理周期

世界银行是联合国属下的一个专门机构，负责长期贷款的国际金融机构。世界银行从 1980 年在中国开展业务活动，根据世界银行的宗旨，其主要业务活动是，对发展中成员国提供长期贷款，对成员国政府或经政府担保的私人企业提供贷款和技术援助，资助他们兴建某些建设周期长，利润率偏低，但又为该国经济和社会发展所必需的建设项目。2003—2005 年，世界银行通过贷款计划每年为中国提供了 12～13 亿美元的贷款，其中约 3/4 用于支持贫困和欠发达地区以及促进创新与变革的项目。世界银行在 2006—2010 年财政年度对中国的贷款计划为每年 15 亿美元左右。截至到 2007 年 6 月 30 日，世界银行对中国的贷款总承诺额累计近 422 亿美元，共支持了 284 个发展项目，目前执行中的项目有 70 个，贷款规模在世界银行位居前列。

多年来世界银行已经向中国提供了大额贷款，中国已经成为世界银行最大的借款国。世界银行贷款项目遍布中国各地，涉及许多经济部门和行业，基础设施(交通、能源、工业、城市发展)项目占贷款额的一半以上，其余为农业、社会部门(教育、社会保障)、环保、供水和卫生等项目。世界银行对贷款项目的管理已经形成一套严密的、规范化的体系，具有一定的代表性，在长期的贷款实践中，形成了一套科学的贷款项目管理办法。世行贷款项目主要集中在交通、城市发展、农村发展、能源、人类发展等领域。城市项目重点放在改善城市环境，包括供水、污水和固体废物处理、环境卫生和城市交通等；能源项目重点放在引进节能增效和利用可再生能源的新模式；交通项目重点放在发展农村道路和改善城市交通。教育、卫生和农村扶贫项目采取了把国际复兴开发银行贷款与英国国际发展部赠款相结合的创新机制。中国是执行世界银行贷款项目最好的世界银行成员国之一。

财政部是世界银行集团在中国开展业务活动的主要对口部门，国家发展和改革委员会对合作计划的制定也起着极为重要的作用。世界银行和中国政府每年就双方的3年滚动贷款计划进行磋商，双方都可以提出项目建议，所有贷款项目都需经过充分的技术、经济、财务、环境和社会评估之后再提交贷方和借方的决策机构做最后审批，双方对每个贷款项目的实施进展情况进行定期监督检查。

世界银行的贷款管理周期从选项(立项)开始，到项目实施完成世界银行进行后评估，总共有6个步骤，世行贷款项目的周期包括项目的选定(或称项目的鉴定)、项目准备、项目评估、项目谈判、项目实施与监督、项目评价6个阶段。每个阶段之间紧密相连，前一个阶段的工作是后一个阶段工作的基础，后一个阶段的工作是对前一个阶段工作的深入、补充和完善，最后一个阶段是对项目实施结果的总结评价，为选定新项目提供借鉴与信息；而项目的前期准备工作则需要2～3年的时间，具体情况如图12.2所示。

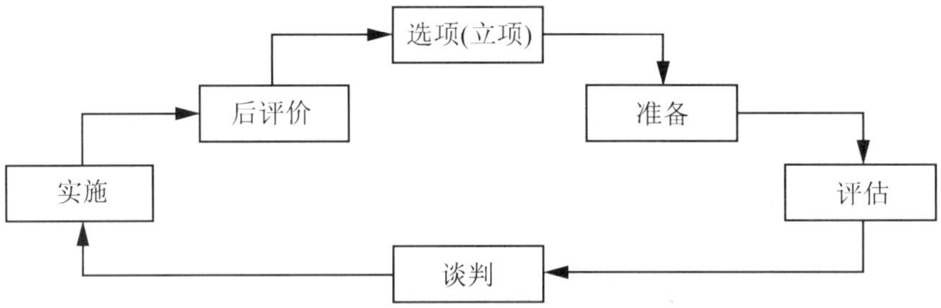

图 12.2 世界银行建设项目管理周期

12.2.2 世界银行建设项目管理周期

1. 项目的选定

世界银行项目的选定，或称世界银行项目的鉴定，是世界银行项目周期的第一个阶段。在我国，与这一阶段相对应的国内程序就是项目的立项阶段，它包括项目概念的最初提出与项目的预可行性研究、项目建议书的酝酿、提出与批准等。

世界银行贷款项目选定阶段的最基本的要求或目的是：通过初步的调查研究，确定借款国国民经济中需要优先考虑、符合世界银行贷款政策且世界银行和借款国政府都感兴趣的项目。基于这样一种要求或目的，项目选定的基本工作就是进行基础数据的收集、整理与分析，在分析研究的基础上提出符合要求的项目清单。一般说来，在此过程中需要考虑如下内容。

(1) 该项目在其所在部门中的地位(即重要性)与优先程度，项目提出的必要性和依据。

(2) 该部门在国民经济中的优先性与重要性。

(3) 项目本身与部门或国民经济发展计划和目标的一致性。

(4) 数据资料所初步显示出的项目可行性，包括资源情况、建设条件、地理位置、协作关系等方面的可行性。

(5) 项目建设的初步方案、拟建规模和建设地点的初步设想。

(6) 投资估算和筹资设想，包括利用世界银行贷款的可能前景等。

(7) 项目的大致进度安排。

(8) 经济效益与社会效益的初步估计。

2. 项目的准备

一旦项目被编入世界银行的贷款规划，该项目便进入了项目周期的第二个阶段，即项目的准备阶段。这一阶段持续时间的长短，取决于项目的性质、借款国工作人员的经验和能力以及准备阶段的资金来源与可靠性等，一般需要 1～2 年。

项目的准备过程实际上就是通过详细而认真的研究与分析，将一个项目概念或初步设想进一步深化为一个具体而完整的项目目标，从而使借款国政府能够确定是否有必要且有可能实施这个项目，同时也让世界银行能够决定是否有必要对该项目进行详细的评估。这也就是项目准备阶段的一个基本目的。

世界银行对于项目的要求和标准包括为达到项目目标所需要的技术、组织、经济和财务条件等方面的全部内容。项目准备阶段的关键就是要对实现项目目标所需的技术及组织方面可供选择的方案进行比较，因此，项目准备阶段的一个主要任务就是要对项目进行可行性研究，以准备出多种可供选择的技术性及机构性初步方案，并比较它们各自的成本和效益，然后再对较佳的方案进行更为详细的调查，直到得到最佳的设计方案。 项目准备阶段的工作结束后，世界银行内部的项目主管人员就会向其上级提交一份“项目简报”，说明项目的准备情况，并进而根据借款国项目准备情况的充分与否，决定在何时开始进行项目周期的下一阶段的工作即项目评估。

3. 项目评估

当项目形成，借款国自己所进行的项目准备工作基本结束后，世界银行就要对项目进行全面详细的审查，这就是项目周期的第三个阶段——项目评估。

项目的预评估实际上是从项目准备到正式评估之间的一个短暂过渡。在预评估到评估之间，没有一个明显的界限划分，预评估的内容与要求和评估的内容与要求基本一样，预评估结束，世界银行要写出预评估报告。如果预评估工作很顺利，世界银行可根据情况作出无需再做评估的决定，预评估也就成为项目的正式评估。

项目评估是项目周期中的一个关键阶段，项目评估工作是在借款国政府和项目单位的配合下，由世界银行的工作人员独立完成。

项目评估是项目周期中世界银行第一次全面和直接参与项目的阶段。世界银行要在这一阶段与借款国政府及项目单位讨论项目的规模、内容、部门问题、项目费用预算、实施安排、项目筹资、联合贷款、招标采购、支付及审计安排，以及同意采取的行动等一系列问题，并要将这些内容基本确定下来。这一阶段的工作一般需要 2～4 周的时间。世界银行派团进行项目评估时机的把握以及项目评估工作的顺利与否，有许多制约因素及前提条件。主要包括以下几方面。

(1) 技术方面。世界银行必须保证项目设计合理，工程适当，并且符合人们所接受的农学标准、教育标准和其他标准。估价组要对考虑中可供选择的技术方案、拟议中的解决办法以及预期的效果进行研究。更具体地说，技术评估所关心的是设施的具体规划、布局和位置问题；

使用的技术，包括设备或制作法的类型；所采用的技术标准对地方条件的适应性；提供服务所采用的方法；执行计划的现实性；达到预期产量的可能性等。对一项计划生育的项目，技术评估也许要关心母子保健站的数量、设计和地点以及产科医务是否适应其所服务人口的需要；对公路项目，要关心公路的宽度以及路面是否和预期的运输量相适应，并在最初的建设费和经常维护费两者间考虑怎样花钱才合算，在采用较高或较低的劳动集约建设方法之间进行权衡；对教育项目，则要关心所拟订的课程和教室、实验室和其他设施的数目和布局是否适合该国的教育需要。技术评估的一个关键部分就是对费用估计以及它们所赖以作为根据的工程或其他资料进行审查，以决定它们在可以接受的误差的范围内是否正确，在为执行期中所出现的物资方面的意外情况及预料的价格增长所留余地是否适当。技术评估还要审查已提出来的采购安排，务必使这些安排符合银行的要求。取得工程、建筑或其他专业劳动的程序也要审查。此外，技术评估还要审查项目设施的运转和劳务的费用以及取得必要的原材料或其他投入物的可能性。项目对人和自然环境的潜在影响也要进行检查，务必使消极影响得以控制和尽量缩小。

(2) 机构方面。在世界银行目前所用的术语中，“机构建设”也许已成为世界银行贷款的最重要的目的。这意味着资金的转移调拨以及物质设施的建造，尽管它们本身很有价值，但从长远来看，终究不如建立一套健全而有生命力的当地“机构”更为重要。从最广泛的意义来解释，它不仅包括借款人本身，它的机构、管理、人事、政策和工作程序，而且还包括政府整个一系列使机构得以运转工作的政策。经验表明，对项目的机构方面重视不够，就会在执行运转过程中发生问题。对机构进行评估必然要处理一系列问题。例如，负责项目的实体是否组织得很好，它的管理是否能承担所负任务，是否已经具有有效使用当地资源的能力，是否需要从该实体以外进行政策和制度性的改变以达到项目的目标。对于传统的项目实体而言，这些问题都很重要，但是，对于那些负责准备并且执行目的在于造福城乡贫民的新型项目(在那里还没有现成的机构模式可以遵循的实体)，这些问题则更加重要而且更难回答。目前的经验还没有任何现成的解决办法可以搞出一套机构，能有效地和经济地为许多人(常常是在边远地区，政府也鞭长莫及)提供商品和服务，并能激励他们，改变他们的举止行为。从项目的各个方面来说，机构建设也许是最难解决的。部分原因是因为它的成功在很大程度上取决于对文化环境的了解。世界银行已经认识到对机构性的安排有必要进行连续不断的考察，要吸取新观点，并愿意采取能扩大运用到几个项目的长期方法。

(3) 经济方面。对几个可供选择的项目设计方案进行成本效益分析，可借以选择最能达到国家开发目标的那一个方案。这种分析一般是在项目准备期间各连续阶段进行的，但是评估则是最后审查和估计的时机。经济评估要研究项目的部门背景，对这个部门的投资计划、部门各机构的优缺点以及政府的重要政策都要加以考察。

在交通运输方面，每次评估都要考虑整个运输系统以及它对国家经济发展的贡献。对公路项目进行评估要研究它和与之竞争的其他交通方式(如铁路)的关系。整个部门的运输政策要受到检查，并对需要进行的改革提出建议，例如那些扰乱了交通分配的规章性做法。在教育、电力和电信中，世界银行所定的“项目”可能就涉及整个部门的投资规划。在农业方面，由于它更加多种多样，并且在发展中国家的经济活动中占很大的比重，所以更难为它制定一个全面的策略，但是对部门性的问题，比如土地使用制度、政府税收、价格和补贴政策以及有多少公用服务事业等，均应予以注意。只要目前技术状况许可，就要对项目进行详细分析，分析它们所花费的成本和为国家带来的好处，核算的结果，通常用经济回收率来表示。这种分析通常要求解决复杂困难的问题，例如如何决定项目的物质效果，以及如何按照这个国家的发展目标，对这些物质效果进行估价。由于估计未来的费用和利益常会有较大误差，因此，要对由于一些设想的主要情况变动而使回收利润率随之变化的敏感性进行分析，对出现较少但是重大的不稳定因素，也要进行风险性或概率分析。最适宜的投资时间可以联系第一年的效益进行考察。当银行提供资金给中间机构(开发金融公司、农业信贷机构等)使之转贷给较小的企业，或者在部门性贷款的情况下，这些机构自己的评估方法也应当是令人满意而且是可以接受的。

项目费用和效益的一些因素，如污染控制、保健、教育或人才培训，也许不能以数量加以衡量；其他项目，如电力和电信，也许有必要使用诸如财政收入这类替代性的东西来衡量，但它不能完全表示出电力和电信服务所产生的经济价值。在有些情况下，可能需要在两个具有同样好处的可供选择的解决办法中间做出取舍，并选定费用最少的办法。在其他情况下，如教育，则可能要在效益不同、费用不同的几种供选择的办法间决定取舍，这就要取决于质量的估计。不管质量估计也好，数量估计也好，经济分析总是要按项目对国家开发目标所作贡献的大小加以估算，这仍是选择项目、评估项目的一个根本标准。对项目的分配效果受到了更多的关切，这一点反映了开发的目标更加广泛，但这并不意味着世界银行已经降低了它的评估标准。不论是“老”式的项目还是“新”式的项目，所有项目都必须具有令人满意的经济利益。世界银行相信这一标准既符合国家的最高利益也符合世界银行的最高利益。

(4) 财务方面。财务的评估有几个目的，一个目的就是保证有充分的资金以解决执行项目所发生的费用。银行一般并不贷给项目的全部费用。一般的说，它只为外汇费用提供资金而希望借款人或政府能够解决国内费用的部分或全部，因此，评估的一个重要方面就是保证有一个能获得资金、使项目按日程进行的资金提供计划。当资金应由政府提供，而该政府筹措国内收入又有困难的情况下，可以提出特殊安排，例如提前拨给周转性基金，或者在税收中明确指定用途。

评估工作组要准备一份报告，提出它的调查结果并提出有关贷款条件的建议。这份报告起草后要反复修改，并在世界银行管理当局批准贷款和借款人谈判以前，受到仔细审查。由于世界银行密切参与了项目的确定和准备工作，因此，在评估阶段很少有否定一个项目的情况，但在此阶段，项目可能要经过大大修改或者需要重新设计以改正其缺点，不然的话，项目也可能遭到否定。

项目的评估，除了要注意上述 4 个方面外，还要注意社会效益方面的评估，以考察项目对社会就业、妇女权益以及人民生活状况、地区发展平衡等方面的影响。世界银行在完成项目评估后，需要写出一份详细的项目报告，得出其调查结果并提出有关贷款方面的建议。该报告就是通常所说的《项目评估报告》，现在世界银行称之为“项目评估文件”。其内容主要包括以下几方面。

(1) 项目开发目标。包括主要的实施监测指标等。

(2) 项目所涉及的战略问题。包括项目所属行业的主要问题和政府在该行业的改革与战略目标，以及项目对世界银行国别援助战略中有关该项目部门援助目标的作用等。

(3) 项目描述摘要。包括项目的组成部分，项目涉及的主要政策与机构问题、效益与目标、机构与实施安排等。

(4) 项目合理性论证。包括项目的备选方案论证、项目的融资方案、项目设计中的经验教训等。

(5) 项目分析摘要。包括经济、财务、技术、机构、社会、环境评价等。

(6) 项目的可持续性与风险。

(7) 主要贷款条件。

(8) 有关附表和附件。

4. 项目的谈判

世界银行在其贷款计划中，对每一个项目都列有一个粗略的时间进度表，包括大致在何时谈判等，但具体的谈判时间要视项目评估工作的完成情况与国内有关手续的审批情况而定。一般情况下，评估工作结束约两个月后，项目可进入谈判阶段。谈判的内容可以概括为以下两个方面。

(1) 常规性贷款条件及一般性法律条文的讨论与确认。如协定文本中包括了贷款金额、期限、偿还方式等内容及有关的法律条文。谈判的时候，双方要对这些内容进行确认，并对有关的时间安排、资金分配、项目描述及一般性法律条文进行磋商并最终加以确认。协定中的一般性法律条文属于标准条款，一般都是世界银行与借款国双方一致认为是顺利实施项目所必须采取的措施或双方必须履行的义务。

(2) 技术内容的谈判。谈判内容包括项目本身技术方面的有关内容、数据的最终确认及评估时遗留问题的澄清与确定，包括对评估文件的内容作必要的澄清与修改等。再有是双方就为保证项目的顺利实施所应采取的特殊措施进行磋商与谈判。比如项目的转贷安排、审计安排、培训计划的安排、技术援助的设计、项目组织机构的设置与运行安排、项目实施计划的制订及要求、项目所附带的政策条件及要求等。

在经过上述两大内容谈判达成协议的基础上形成的最终贷款文件，明确规定借款国与世界银行双方所必须采取的各种具体措施，成为保证项目按规定进度实施的具体手段和依据。

谈判结束时，除了形成明确规定借款国和世界银行双方各自法律义务的贷款协定谈判稿外，评估文件经过修改也将成为最后的确定本，并且将在世界银行的信息中心予以公开。谈判结束后，借款国政府需对经谈判的贷款文件书面加以确认，表示接受；世界银行方面则要将谈判后经过修改的评估文件连同行长报告和贷款文件等一并提交其执行董事会。贷款协定的签订，标志着项目正式进入了项目周期的下一个阶段——项目实施与监督阶段。

5. 项目的实施与监督

项目的实施与监督阶段通常要持续较长的时间，它覆盖了项目的整个建设期甚至建设完成之后的一段时期。这一阶段的工作和责任涉及借款国和世界银行双方。具体说，就是借款国及其具体项目单位负责项目的实施。当然，这种实施随时都要得到世界银行的帮助；而世界银行方面的责任则是对项目的实施过程进行监督与检查。

世界银行进行项目监督的主要目的有以下几方面。

(1) 保证借款国能认真地实施项目，以实现项目预期的发展目标，并确保世界银行的贷款资金用于协定所规定的范围及贷款所确定的项目目标。

(2) 及时发现和指出项目实施中出现的问题，并帮助借款人处理和解决这些问题。当项目在实施期间有所发展或情况发生变化时，对项目设计进行必要的修改，因此，世界银行的这种监督实际上成了向借款国提供技术援助的最有效方法之一。

(3) 通过监督，积累项目经验，以便把这种经验“反馈”到未来项目的设计以及世界银行、有关部门和国家的发展战略与贷款政策中去。

(4) 在发现项目不能实现开发目标或无法再继续下去时，及时地采取补救行动或取消项目。

(5) 通过监督、搜集资料，为项目完成后《项目完成报告》的编写做准备。

6. 项目的总结评价

世界银行作为一个开发性金融机构，其主要宗旨是通过其资金及其他形式的援助帮助借款国发展国民经济中的优先部门，从而达到发展整个经济的目的。工程全部竣工之后，世界银行将按照严格的程序、采取客观的态度、运用科学的分析方法对项目实施的全过程进行认真地回顾与总结，考察并衡量项目的实施情况和实施成果，对世界银行和借款国双方的执行机构及项目人员在实施中的作用、表现以及项目的实际效果进行客观的评价，对项目中的经验教训进行总结，从而为改进以后的工作和新的项目实施提供参考和借鉴，此为总结评价阶段的主要目的和任务。

世界银行贷款项目管理程序如图 12.3 所示。

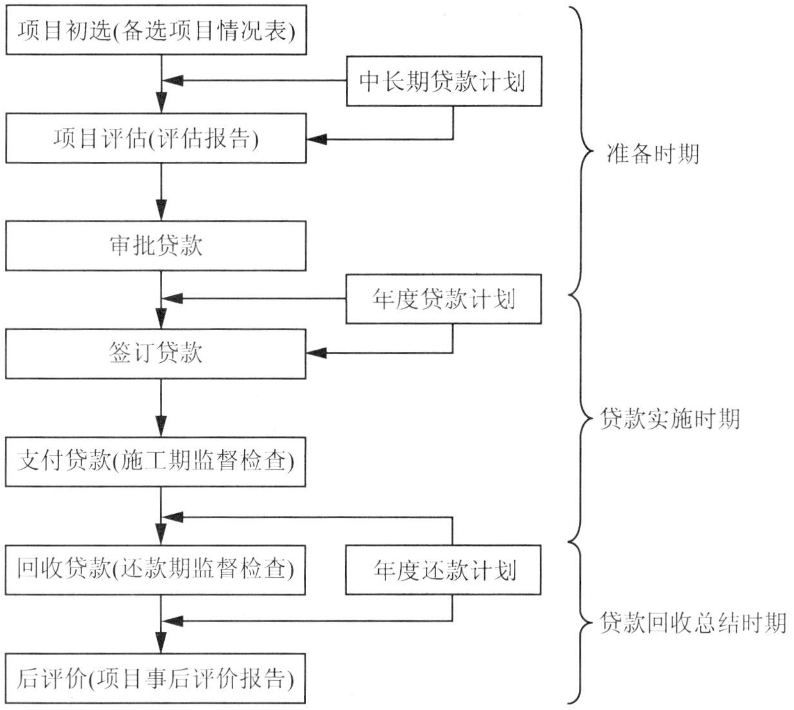

图 12.3　世界银行贷款项目管理程序

本章综合案例

申报世界银行贷款项目利用外资方案的编写。

1. 申报世界银行贷款项目实施计划的内容

世界银行在对项目进行评估之前，要求借款人完成项目实施计划的编制，其编写深度要求达到可实际操作的程度。项目实施计划在项目可行性研究报告的基础上编写，明确项目的具体实施目标、实施进度安排、组织、管理和实施效果监测。由项目单位编制项目实施计划是世界银行近几年进行改革、简化其内部程序的结果。按照世界银行的要求和规定，其贷款项目前期准备是借款人的责任，而编制一份完整的项目实施计划的目的，就是表明借款人项目单位对项目的准备工作做得很充分、很具体，同时也方便世界银行对项目的评估和其评估文件的完成，因为世界银行对项目的评估工作是完全建立在项目单位前期准备工作完成的基础之上的。项目实施计划虽然不属于世界银行贷款的法律文件范围，但借款人在项目的实施过程仍受其约束。每个项目的实施计划因项目的性质不同，其内容也各不相同。由于世界银行对项目实施计划没有非常严格和标准的格式，因此，在具体的编制过程中，常因各项目经理的要求不一样而各有差异，但总体上来说，一份完整的项目实施计划，应包括下列主要内容。

(1) 项目概况。描述项目的性质、构成、范围、规模、总体目标等。

(2) 项目的经济论证。包括计算依据、计算方法、投资、盈利能力分析、敏感性分析、结论等。

(3) 环境影响分析。调查分析项目的环境状况、预期环境影响及缓解其影响的措施、环境经济损益分析、环保管理和监测计划、公众参与和咨询等。一般情况下，可将项目独立的环境评价报告的摘要作为该部分内容。

(4) 移民安置计划。包括拆迁安置的目标、政策要求与原则、项目的影响、组织机构与职责、拆迁安置的方案、计划与费用，公众参与和咨询、投诉处理的程序、监测与评估等。由于一般项目有自己独立的移民安置行动计划，因此只需将该计划的摘要列入项目实施计划中。

(5) 实施计划和安排。包括实施机构及其职责、项目的实施总体计划和分年度实施计划、实施管理等，涉及项目实施的每一个阶段。同时应包括详细的采购计划(包括采购清单、分包、招标方式等)。

(6) 资金安排。包括配套资金安排、转贷协议、财务管理、审计等。

(7) 监测和评价。包括项目监测指标、责任单位、报告等。

(8) 有关附表。

2. 利用外资方案的主要内容

世界银行贷款项目利用外资方案是我国利用国际金融组织贷款项目计划管理的组成部分。为此，国家发展计划委员会下发了《关于加强利用国际金融组织贷款项目计划管理的通知》。项目单位配合世界银行代表团进行项目评估后，具备了贷款谈判的条件，应编制项目的利用外资方案以作为贷款谈判和项目实施的依据。利用外资方案的报批程序是通过项目所在省计委拟文上报国家发展计划委员会，由国家发展计划委员会审批。对于原先利用内资建设的项目可行性研究报告，转为利用外资项目后，利用外资方案就是对工程可行性研究报告的补充。

我国统借贷款，为确保贷款合理使用与顺利偿还，按要求“利用外资方案”上报国家发展计划委员会审批，并抄送对外窗口部门和行业归口部门。“利用外资方案”内容主要是世界银行贷款的使用计划和偿还安排，项目的具体工程技术和经济问题以已批准的可行性研究报告为准。

利用外资方案的主要内容如下。

(1) 项目概述。说明建设资金不足；项目利用世界银行贷款的提出；省(地方)政府列入利用世界银行贷款 3 年滚动计划的时间；世界银行在项目选定、准备、评估、拟定的贷款谈判等方面的工作或安排；项目的规模及内容、经济、社会效益、总投资及建设年限。

(2) 项目的审批情况。国家发展计划委员会对项目利用外资的立项文号、时间和批复意见，项目建议国内审批程序及情况等。

(3) 国内配套资金落实情况，分年安排筹措计划。资金来源要附出资单位书面证明。

(4) 项目管理机构设置及职能。包括组织机构与人员编制，说明为确保项目的顺利实施而成立的机构、人员构成要求等。

(5) 贷款的转贷与回收。与对外窗口部门达成的世界银行贷款转贷条件，对贷款直接使用单位的转贷发放与回收渠道及方式，回收资金周转使用设想等。

(6) 拟借用世界银行贷款总额及分项用款额(分别列出每个子项目的贷款分配额，并按地区、行业列出分配额)。贷款的分年使用计划及招标，采购日程安排，贷款的使用安排可按土建、设备、材料、支付当地费用(含劳务)、技术软件、咨询培训、不可预见费(也可单独分列在以上各类后)等分类。

(7) 还贷预测及偿还安排。还贷预测是利用外资方案的重要组成部分，还贷预测涉及的主要方面有两个：一是项目建成后收费的方法与标准；二是管理费用的支出，据此测算还贷的期限与能力。

(8) 附件。利用外资方案还必须把有关数据用表格形式附于方案主要内容的后面。这些附件包括以下几部分。

① 项目投资估算表。

② 项目资金筹措表。

③ 贷款项目清单。

④ 世界银行贷款使用计划表。

⑤ 世界银行贷款项目设备材料采购清单。

⑥ 项目技术援助计划表。

⑦ 世界银行贷款还本付息表。

⑧ 项目管理组织机构框图等。

世界银行对中国贷款的项目摘录见表 12-1 和表 12-2。

表 12-1　世界银行对中国贷款项目摘录(近 3 年按财务划分)　　百万美元

财　年	项目名称	硬贷款	软贷款	贷款总额	批准日期	关闭日期
2007	第二辽宁中等城市基础设施项目	173.00	.00	173.00	2007-06-26	日期待定
2007	西部省份农村供水、环境卫生和健康促进项目	25.00	.00	25.00	2007-06-26	日期待定
2007	微小企业贷款项目	100.00	.00	100.00	2007-06-19	2011-06-30
2007	广东珠江三角洲城市环境项目二期	96.00	.00	96.00	2007-03-21	日期待定
2007	陕西安康公路发展项目	300.00	.00	300.00	2007-03-14	日期待定
2007	山东环境二期项目	147.00	.00	147.00	2007-02-28	日期待定
2007	第三国家铁路项目	200.00	.00	200.00	2007-01-23	2012-06-30

续表

财　年	项目名称	硬贷款	软贷款	贷款总额	批准日期	关闭日期
2007	广西综合林业发展与保护项目	100.00	.00	100.00	2006-12-15	日期待定
2007	福建公路部门投资项目	320.00	.00	320.00	2006-10-12	2012-06-30
2007	四川省城市环境治理项目	180.00	.00	180.00	2006-09-07	2013-12-31
	小计	1 641.00	.00	1 641.00		
2006	长江珠江流域治理项目	100.00	.00	100.00	2006-06-27	2012-06-30
2006	河南县城供水和环境卫生项目	150.00	.00	150.00	2006-06-27	2013-06-30
2006	辽宁中等城市基础设施项目	218.00	.00	218.00	2006-06-27	2011-12-31
2006	第三江西公路项目	200.00	.00	200.00	2006-06-27	2010-12-31
2006	中国经济改革实施项目(TCC5)	20.00	.00	20.00	2006-04-11	2011-12-31
2006	可再生能源规模扩大项目一期的后续项目	86.33	.00	86.33	2006-02-07	2010-09-30
2006	黑龙江奶业项目	100.00	.00	100.00	2006-01-24	2010-12-31
2006	福建南台城市发展项目	100.00	.00	100.00	2005-12-15	2011-06-30
2006	内河航运项目五期	100.00	.00	100.00	2005-10-11	2011-06-30
2006	农业加强灌溉项目三期	200.00	.00	200.00	2005-10-11	2010-12-31
2006	上海市城市环境项目二期	180.00	.00	180.00	2005-07-05	2011-03-31
	小计	1 454.33	.00	1 454.33		
2005	重庆小城市基础设施改造项目	180.00	.00	180.00	2005-06-21	2012-06-30
2005	贫困农村社区发展项目	100.00	.00	100.00	2005-06-21	2010-12-31
2005	可再生能源规模扩大项目	87.00	.00	87.00	2005-06-17	2010-09-30
2005	柳州环境管理项目	100.00	.00	100.00	2005-05-25	2011-06-30
2005	农业科技项目	100.00	.00	100.00	2005-04-28	2010-12-31
2005	宁波水环境管理项目	130.00	.00	130.00	2005-03-18	2010-12-31
2005	内蒙古交通和贸易走廊项目	100.00	.00	100.00	2005-02-16	2010-06-30
2005	湖南城市发展项目	172.00	.00	172.00	2004-09-16	2010-12-31
2005	太湖流域城市环境项目	61.30	.00	61.30	2004-08-03	2009-12-31
	小计	1 030.30	.00	1 030.30		

表 12-2　世界银行对华贷款项目摘录(近 3 年按行业划分)　　百万美元

部　门	硬贷款	软贷款	贷款总额	占贷款总额/%	项目数目
农业	5 305.87	5 288.60	10 594.47	24.93	71
工业	2 773.40	239.30	3 012.70	7.09	20
能源	6 860.23	37.00	6 897.23	16.23	35
交通	10 673.00	569.60	11 242.60	26.45	60
教育	285.30	1 442.10	1 727.40	4.06	19
卫生	136.00	786.60	922.60	2.17	11

续表

部门	硬贷款	软贷款	贷款总额	占贷款总额/%	项目数目
供水与环境卫生	486.00	510.00	996.00	2.34	9
城市建设	3 292.80	411.80	3 704.60	8.72	25
环境保护	2 507.50	317.00	2 824.50	6.65	21
技术援助	190.40	246.31	436.71	1.03	14
其他	40.00	98.40	138.40	0.33	3
总计	32 550.50	9 946.71	42 497.21		288

(资料来源：http：//www.worldbank.org.cn/Chinese/Projects/projects_summary.asp)

本章小结

世界银行的贷款被用在非常广泛的领域中，从对医疗和教育系统的改革到诸如堤坝、公路和国家公园等环境和基础设施的建设。除财政帮助外，世界银行还在所有的经济发展方面提供顾问和技术协助。世界银行对中国政府所有贷款项目都须经过充分的技术、经济、财务、环境和社会评估之后，提交双方的决策机构审批，双方对每个贷款项目的实施进展进行定期监督检查。

*本章推荐课外阅读资料

[1] 埃布尔恩．世界银行．联合国项目[M]．赵世人，程锦，译．北京：外语教学与研究出版社，2004．

[2] 吕森全，韦卓信．世界银行贷款项目管理实务[M]．北京：中国电力出版社，2003．

[3] 中华人民共和国审计署外资运用审计司．世界银行贷款项目审计操作指南[M]．北京：中国时代经济出版社，2000．

[4] 世界银行，国际货币基金组织．金融部门评估手册[M]．中国人民银行金融稳定局，译．北京：中国金融出版社，2007．

[5] 世界银行．2007 年世界发展报告——发展与下一代[M]．中国科学院清华大学国情研究中心，译．北京：清华大学出版社，2007．

[6] 何曼青，马仁真．世界银行集团——列国志[M]．北京：社会科学文献出版社，2004．

*本章思考题

一、名词解释

世界银行集团　国际复兴开发银行　国际开发协会　国际金融公司
世界银行项目的鉴定

二、简答题

1. 世界银行的目标和职能是什么？
2. 我国世界银行贷款管理机构主要有哪些？
3. 世界银行贷款与外国政府贷款、外国商业银行贷款等相比，其主要特点是什么？
4. 世界银行贷款项目的过程是什么？
5. 世界银行贷款管理周期是什么？
6. 世界银行贷款项目评估包括项目的哪 4 个重要方面？
7. 如何管理世界银行建设项目管理周期？

第13章 建设项目论证与评估实务范例

教学目标：本章针对先前各章节的关键评估知识环节进行了精选实务案例剖析。包括改扩建项目的财务分析、不确定性分析内容、项目评估多方案论证、项目的环境影响评估；本章内容的编写目的在于培养学生综合分析和评估项目实务的能力，增强对前面所学知识的灵活掌握和运用。同时，案例综合性强，是对以往所学知识的深入探讨和综合运用。

教学要求：本章要求对所给出的实务案例进行综合分析，同时对比前面章节所学的相关理论知识进行深入理解，使学生能够根据现有案例进行综合、系统性的课程思考，也要求学生能够对以往的评估理论和评估方法进行更为系统、更为直观的理解。

范例一 ××化工改扩设项目的财务分析、不确定性分析

1. 项目概述

某石化公司是特大型聚乙烯生产联合企业。现有聚乙烯生产能力1 150万吨，主要高炉生产装置50余套，化工生产装置10余套以及配套的储运、公用工程等设施，该聚乙烯公司已有30万吨的乙烯生产装置，但仍然无法满足优化加工的要求。公司已决定增加投资，新建部分炼油装置，使设备能力先行达到1 400万吨，在此基础上再建设大型乙烯装置。目前该公司拟新建70万吨乙烯及相关化工装置，使聚乙烯生产联合企业成为千万吨级炼油、百万吨级乙烯的大型生产基地。项目的研究范围即为该70万吨乙烯及其下游相关装置。目前项目总投资预计2 000 000万元。

本项目财务能力分析拟采用“有无对比法”进行。

2. 财务分析

由于篇幅有限，本范例将财务报表与辅助分析报表略去，只提供本项目的综合技术经济指标表，见表13-1。

表13-1 综合技术经济指标表

	项 目	单 位	有项目	无项目	增 量	备 注
序号	投资数据					
1	营业收入	万元	3 500 000	2 900 000	600 000	年均
2	营业税金及附加	万元	145 000	149 000	-4 000	年均
2.1	营业税	万元				年均
2.2	消费税	万元	85 000	97 000	-12 437	年均
2.3	城市维护建设税	万元	21 000	14 000	3 551	年均
2.4	教育费附加	万元	39 000	38 000	1 000	年均
3	增值税	万元	170 000	105 000	65 000	年均
3.1	销项税额	万元	520 000	420 000	100 000	年均
3.2	进项税额	万元	350 000	315 000	35 000	年均

续表

	项　目	单　位	有项目	无项目	增　量	备　注
4	总成本费用	万元	2 500 000	2 200 000	300 000	年均
5	利润总额	万元	685 000	446 000	239 000	年均
6	所得税	万元	226 050	147 180	78 870	年均
7	净利润	万元	458 950	298 820	160 130	年均
8	总投资收益率	%			18.20	年均
9	资本金净利润率	%			31.10	年均
10	项目投资财务内部收益率(税前)	%			17.70	
11	项目投资财务内部收益率(税后)	%			13.50	
12	项目投资财务净现值(税前)	万元			480 000	i_c=12%
13	项目投资财务净现值(税后)	万元			150 000	i_c=12%
14	项目投资回收期(税前)	年			7.10	自建设日起
15	项目投资回收期(税后)	年			8.30	自建设日起
16	项目资本金财务内部收益率	%			18.16	i_c=15%
17	利息备付率		2.20～8.50			还款期内
18	偿债备付率		1.30～1.90			还款期内
19	盈亏平衡点	%	70.20			正常年份

1) 盈利能力分析

(1) 财务现会流量分析。

财务现会流量分析指标计算见表13-2。

表13-2　财务现会流量分析指标

名　称	税前指标	税后指标	名　称	税前指标	税后指标
项目投资财务内部收益率/%	17.70	13.50	项目投资回收期/年	7.10	8.30
项目投资财务净现值(i_c=12%)/万元	480 000	150 000	项目资本金财务内部收益率/%		18.16

项目投资所得税前财务内部收益率17.70%，大于行业基准收益率12%；项目投资所得税后财务内部收益率13.50%，大于该公司基准收益率12%；项目资本金财务内部收益率18.16%，大于股东要求的最低可接受收益率15%。

说明：项目投资现金流量表中的调整所得税是根据融资前相关数据计算的，与其他相关表格中的所得税数额不同。

(2) 利润相关指标分析。

“增量”总投资收益率为18.20%，“增量”项目资本金净利润率为31.10%，因此本项目的获利能力高于公司的平均水平。

(3) 项目盈利能力。

通过盈利能力指标的计算，可以看出该项目的盈利能力较强，可以为业主所接受。

2) 清偿能力分析

清偿能力分析的范围为整个石化公司，包括石油分公司、乙烯分公司、化工塑料分公司、洗涤剂化工分公司等。

(1) 还款期限及偿还方式。企业原有长期借款自建设之日起7年等额偿还，利率按6.00%计算。新增借款投产后4年等额偿还。

(2) 利息备付率，见表13-3。

表13-3 还款期内利息备付率

年 份	1	2	3	4	5	6	7
利息备付率	2.20	2.78	2.89	3.43	4.56	5.89	8.50

在还款期内“有项目”利息备付率在2.20～8.50范围内，均大于1，表明企业有足够的能力用息税前利润保障利息的偿付。

(3) 偿债备付率，见表13-4。

表13-4 还款期内偿债备付率

年份	1	2	3	4	5	6	7
偿债备付率	1.90	1.80	1.75	1.43	1.40	1.36	1.30

在还款期内，“有项目”偿债备付率在1.30～1.90范围内，均大于1，表明偿付债务有资金保障。

3) 财务生存能力分析

由财务计划现金流量表得知，经营活动现金流入始终大于现金流出，企业通过经营活动、投资活动及筹资活动产生的各年累计盈余资金均大于零，可见企业具有较强的财务生存能力。

3. 不确定性分析

1) 盈亏平衡分析

取有项目第5年为代表年份进行计算，以生产能力表示的盈亏平衡点70.20%，即项目只要达到设计能力的70.20%，企业就可以保本，由此可见该项目具有一定的适应市场变化的能力。

2) 敏感性分析

本计算从建设投资、产品销售价格、可变成本及生产负荷等几个方面进行单因素敏感性分析。

从敏感性分析表13-5中可以看出，当建设投资增加20%，或可变成本增加20%，或生产负荷降低20%时，项目仍然可行，表明项目对产品售价较为敏感，但由于原油价格与石化产品价格有一定的联动性，在一定程度上可抵减价格对项目效益的影响。具体见表13-5(敏感性分析表)及如图13.1所示(敏感性分析图)，内部收益率对销售价格敏感度系数为2.01，其次为建设投资，敏感度系数为1.22，其余均小于1。

表13-5 敏感性分析表

序 号	项 目	不确定因素变化率	项目投资内部收益率(税前)
1	基本情况		17.70%
2	建设投资	20%	15.50%
		10%	16.20%
		-10%	20.00%
		-20%	22.40%
		20%	26.20%

续表

序　号	项　目	不确定因素变化率	项目投资内部收益率(税前)
3	产品售价	10%	19.50%
		-10%	14.60%
		-20%	11.50%
4	可变成本	20%	16%
		10%	17.20%
		-10%	20%
		-20%	25.50%
5	生产负荷	20%	20.80%
		10%	19.90%
		-10%	18.50%
		-20%	18.10%

4. 财务分析结论

综上所述，在现有价格体系及计算基础下，“增量”总投资收益率为18.20%，“增量”项目资本金净利润率为31.10%，项目投资财务税前内部收益率(增量)为17.70%，项目投资财务税后内部收益率(增量)为13.50%，项目资本金财务内部收益率(增量)为18.16%，偿债备付率和利息备付率指标也都满足要求，表明项目经济效益较好，具有财务生存能力。

范例二　长江流域污染治理系统项目评估多方案论证

1. 概述

长江、珠江流域治理项目系统是一个大型市政基础设施建设项目，该项目申请利用世界银行贷款开发。该项目的设定目标是：保护长江、珠江两河水源，保护流域水库工程建成后库区的水环境，将流域9个大型污水汇水区的污水全部获得治理。

2. 项目多方案论证

在世界银行贷款项目规划论证过程中，国内和国外专家对可行性规划中按照每个大型污水汇水区规划一座污水处理厂，计划在长江、珠江两河流域分散设置九座污水处理厂的原方案提出异议，认为在已修编的规划方案中，依然存在污水处理布局分散、厂点数多、规模不经济、污水处理厂排放口与自来水厂取水口交错布置和总体布局不合理等一系列缺陷。提出应进行多方案比选，方案比选要求的设计年限为近期目标至2015年，远期目标至2020年。规划水质目标为保护两河的水环境，确保水库库区水体水质总体达到II类标准。

1) 典型方案的提出

项目组与世界银行贷款项目办公室与世界银行一道，组织国内设计咨询单位及市内有关部门，会同多家国际咨询公司，对已修编规划中“按汇水区分置污水处理系统”的规划思路和21厂技术方案重新进行了多方案比选论证，并根据不同方案中污水处理厂的不同数量，最终筛选归纳为4个典型方案，即9厂方案、8厂方案、6厂方案和4厂方案。上述4个典型方案又可以归结为下列3种类型。

(1) 分散处理型：即9厂方案。按照9个汇水区域分别设置9个污水处理厂(其中新建8个厂)，进行分散处理。

(2) 相对集中处理型：又称“沿河截流”方案，包括8厂方案和6厂方案，即对9个汇水区的污水沿河进行区域性截流，在此基础上设置8座或6座污水处理厂(其中新建7或5座厂)。

(3) 大截流型：又称跨区集中截流方案，即4厂方案，除保留现已建的一个污水处理厂外，将其余8个汇水区的污水全部截流至下游，新建3个大型污水处理厂进行集中处理。

这里仅对3个类型中的4个典型方案进行经济比选分析。

2) 4个典型方案费用估算

(1) 工程建设费用估算。

工程建设费用由污水处理厂、泵站、管渠、管桥、隧道等工程投资构成。分别对4种方案涉及的相关土建、安装、设备的工程造价和征地、动迁安置及其他费用进行分析测算，4种方案各自的工程建设投资费用估算见表13-6。

表13-6　工程费用投资估算

方　案	投资总额/万元	污水处理量/万m^3/d	单位投资/[元/(m^3·d)]
9厂方案	360 000	100	3 600
8厂方案	350 000	100	3 600
6厂方案	340 000	100	3 400
4厂方案	334 000	100	3 340

(2) 年运行费用估算。

年运行费用包括污水处理厂和截污及输水管渠(含污水中途提升泵站)的运行费用。

通过对建设完工后可能产生的运行成本费用的分析测算，四种方案运行成本费用见表13-7。

表13-7　4种方案运行成本比较

方　案	运行费用(万元/年)	污水处理量(万m^3/d)	单位投资/[元(m^3/d)]
9厂方案	35 100	100	0.62
8厂方案	31 600	100	0.56
6厂方案	30 900	100	0.55
4厂方案	31 900	100	0.54

(3) 间接投资费用估算

① 设置绿化隔离带增加投资。根据国家对环境污染处理项目建设的有关要求，污水处理厂周围需要留50m宽的卫生防护绿化隔离带。经测算，各个方案的隔离带土地占用数量及相关绿化投资费用见表13-8。

表13-8　4个方案占用土地面积及土地费用

方　案	隔离带占地/公顷	征用及绿化投资/万元
9厂方案	60	50 400
8厂方案	47	41 000
6厂方案	32	25 000
4厂方案	16	20 800

② 对供水工程的影响而增加的间接投资。与6厂方案和4厂方案相比，实施9厂方案或8厂方案的污水排放口将与当时公用水厂和自备水厂的取水口位置出现更多和更频繁的交错布设。

若要避免这种情况，将面临两个选择：污水排放口下移，或者供水取水口上移。表13-9分别列出了4个方案对城市供水系统在建设(上移取水口)和运营(加大深度处理)方面费用的影响程度，可理解或被换算为9厂方案或8厂方案引发的间接投资。

表13-9　四个方案引发的间接投资

方　案	增加供水系统建设成本/万元	增加供水系统运营成本/万元	备　注
9厂方案	30 900	3 100	
8厂方案	26 000	1 200	
6厂方案	0	0	大部分排放口位于取水口下游
4厂方案	0	0	绝大部分排放口位于取水口下游

(4) 土地机会成本分析。

同一土地可以因其不同用途表现出不同的经济价值。在利用远郊土地或城区土地兴建污水处理厂之间，机会成本也不同。对于不以商业效益为经营目的的市政污染处理来说，城区土地属于一个成本高昂的选择。如果把这些土地用于工业、商业或房地产开发，其所能带来的经济效益将更好。这里假定以房地产开发的比较用途测算4个方案的土地机会成本(按容积率=3及500元/m净收益测算)，见表12-10。

表13-10　4个方案土地的机会成本

方　案	机会成本/万元	备　注
9厂方案	90 000	城区占地85.45公顷
8厂方案	94 000	城区占地69.12公顷
6厂方案	68 000	城区占地40.23公顷
4厂方案	54 000	城区占地31.33公顷

3)　方案经济分析比选

(1) 4种方案可能的总费用比较。

总费用或经济代价属于一个极其宽泛的概念。分析的角度愈多，涉及的费用种类就愈多，且测算的数量结果亦更多。这里仅限于前述各方案在工程建设投资、年运行费用、间接投资及土地机会成本4个较易量化的方面，因此，属于一个“相对”总费用概念，见表13-11。

表13-11　4个方案经济费用比较　　万元

方　案	建设费用					年运行费用		
		间接投资		土地机会		污　水	间　接	
	直接投资	绿化隔离	供　水	成　本	合　计	处　理	供　水	合　计
9厂方案	360 000	50 400	30 900	90 000	531 300	35 100	3 100	38 200
8厂方案	350 000	41 000	26 000	94 000	511 000	31 600	1 200	32 800
6厂方案	340 000	25 000	0	68 000	433 000	30 900	0	30 900
4厂方案	334 000	20 800	0	54 000	408 800	31 900	0	31 900

4个方案按可能的全部建设投资及费用总额从小到大依次排序为：7厂方案、3厂方案、10厂方案、21厂方案。

(2) 4种方案总费用的现值比较假定4种方案的建设投资在5年内平均投入建设，建成后取其10年的运行费用进行比较，其建设投资及运行费用现值计算见表13-12(i=8%)。

表13-12　4个方案经济费用现值比较　万元

方案 \ 年份	建设期					生产期				
	1	2	3	4	5	6	7	…	14	15
9厂方案	106 260	106 260	106 260	106 260	106 260	38 200	38 200	…	8 200	38 200
8厂方案	102 200	102 200	102 200	102 200	102 200	32 800	32 800	…	32 800	32 800
6厂方案	86 600	86 600	86 600	86 600	86 600	30 900	30 900	…	30 900	30 900
4厂方案	81 760	81 760	81 760	81 760	81760	31 993	31 900	…	31 900	31 900

PC_9=106 260+106 260 [P/A，8%，4]+38 200[P/A，8%，10][P/F，8%，4]

=106 260+106 260×3.312 1+38 200×6.710 1×0.735 0

=64 6603.2(万元)

PC_8=102 200+102 200[P/A，8%，4]+32 800[P/A，8%，10][P/F，8%，4]

=102 200+102 200×3.312 1+32 800×6.710 1×0.735 0

=62 463.71(万元)

PC_6=86 600+86 600[P/A，8%，4]+30 900[P/A，8%，10][P/F，8%，4]

=866 00+86 600×3.3121+30 900×6.710 1×0.735 0

=525 824.3(万元)

PC_4=81 760+81 760 [P/A，8%，4]+31 900[P/A，8%，10][P/F，8%，4]

=81 760+81 760×3.312 1+31 900×6.710 1×0.735 0

=509 885.66(万元)

$PC_4<PC_6<PC_8<PC_9$

即在4个方案中费用现值最小的是4厂方案，费用现值最大的是9厂方案(原规划中的方案)。

4) 经济分析结论

4个方案的主要经济指标费用现值比较的结果表明：4厂方案相对总费用最小，故较经济合理。

范例三　南封县县际公路××桥梁项目的环境影响评估

1. 建设项目基本情况

拟建××桥梁是南封县县城河东、莲化乡、上塘镇等乡镇主要过河桥梁，又是县际公路桥梁，项目建成后将解决来往于上述区域的所有车辆拥堵及绕行问题。另外，随着经济发展，交通量的日益增长，根据预测，该公路2015年折合成小客车年昼夜混合交通量将达到4 000辆/日，到2025年将达到6 000辆/日，因此，本项目的建设是十分必要的。南封县际公路桥梁项目建设的基本情况见表13-13。

表13-13　南封县际公路桥梁项目建设项目基本情况

建设单位	南封县政府				
法人代表			×××		
通信地址	××省南封县政府				
联系电话		传真		邮政编码	
建设地点	××省南封县政府张原乡				
建设性质	新建 ☑ 改扩建 □ 技改 □		行业类别及代码	土木工程建筑业 代码 05470	
占地面积/m^2	10 000		绿化面积/m^2	1 630	
总投资/万元	3 600	其中：环保投资/万元	180	环保投资占总投资比例/%	5
评价经费/万元	1.3	预期投产日期	2007年2月		

本项目投资估算以交通部交公路发[1996]611号文发布，自1996年7月1日起施行的《公路基本建设投资估算编制办法》和《公路工程估算指标》为依据。参照交通部交公路发[1996]612号文发布，自1996年7月1日起施行的《公路基本建设工程概算、预算编带0办法》等相关规定，得出估算结果见表13-14。

表13-14　投资估算表

项目名称	单　位	数　量	备　注
大桥总长	m	600	
估算金额	万元	3 600	
经济指标	元/延米	60 000	根据推荐方案估算 (含两岸引道800m)
建安费	万元	2 400	
经济指标	元/m	40 000	

建设项目需拆迁县粮食局办公大楼，共有40余人，根据料县城市规划，安置地点已基本确定。

2. 建设项目工程分析

1) 建设标准

(1) 引道。

① 设计速度：42km/h。

② 路基宽：l6.0m。

③ 路面类型：水泥混凝土。

④ 设计洪水频率：1/50。

⑤ 汽车荷载：公路——II级。

(2) 桥梁。

① 计算行车速度：42km/h。

② 桥梁宽度：净12.0m行车道，2×1.5m人行道。

③ 设计荷载：公路——I级。

④ 设计洪水频率：1/100。

⑤ 通航等级：Ⅵ(2)。

3. 主要技术经济指标

主要技术经济指标见表13-15。

表13-15　主要技术经济指标表

序　号	指标名称	单　位	数　量	备　注
1	公路等级	级	二级	
2	计算行车速度	km/h	42	
3	路基宽度	m	16	
4	设计车辆荷载	大桥公路-I级、引道公路-II级		
5	桥面净宽	m	15	
6	大桥	m/座	580/1	
7	占用土地	市亩	15	
8	拆迁房屋	m^2	10 000	
9	估算总金额	万元	3 400	
10	平均每平方米桥面造价	元/m^2	4 000	

4) 环境质量状况

(1) 建设项目所在地区域环境质量现状及主要环境问题(环境空气、地面水、地下水、声环境、生态环境等)如下。

光照充足，雨量充沛，无霜期长。冬季多偏北风，春夏之交梅雨连绵，夏秋之际晴热干燥。全年主导风向为东北风，年平均气温在18～18.5℃之间，年平均降水量1 550mm，适宜农作物和各种植物的生长，拟建项目项目评价范围内无野生动、植物自然保护区。

(2) 主要环境及主要保护目标。

项目主要污染物为噪声、废水，声环境影响评价范围为建设区500m可能受影响人群。项目声环境质量必须满足《城市区域环境噪声标准》(GB 3096—1993) Ⅰ类标准。空气质量必须达到《环境空气质量标准》(GB 3095—1996)中二级标准。纳污水体水质达到《地表水环境质量标准》(GB 3838—2002)中的III类标准。

5) 工程实施

本项目工程实施过程中的主要污染工序如下。

1) 施工期

(1) 江面施工会对水上交通和航运安全、水环境、水生环境和渔业生产环境产生影响；桥墩施工过程中产生的弃渣和废泥运输和储存不当会对临江水质和水陆生态环境产生负面影响。

(2) 施工码头、各种构件预制场及运输散体建材或废渣船舶管理不当，会对水环境产生负面影响。

(3) 挖、填工程会破坏当地植被、动物栖息地，降低景观和环境质量。

(4) 材料运输、施工过程中产生的粉尘、沥青油、噪声会影响居民生活和公共健康，并对现有公用设施、水面和陆地运输产生影响。

(5) 施工现场、施工营地等场所产生的生产、生活垃圾和废水处治不当会对周围环境产生负面影响。

(6) 在施工前期、工程征地将引起部分居民、企事业单位的非自愿拆迁，在短期内会对其生活质量和生产产生一定的负面影响。

2) 营运期

(1) 随着交通量的增加，交通噪声对沿线的居民区的负面影响逐渐增大。

(2) 管理、养护和服务等服务设施排放的污水会污染水体，从而危害水生生物和公众健康。

(3) 跨江桥梁对船舶航运安全存在负面影响。

(4) 大桥保护区的设立和维护，会对渔业生产产生一定的负面影响。

项目主要污染物的产生及预计排放情况见表13-16。

表13-16　项目主要污染物产生及预计排放情况

内容 类型	排放源(编号)	污染物名称	处理前产生浓度及产生量	排放浓度及排放量
大气 污染物	运输道路 施工设备	二次扬尘 SO_2、CO、NO_2	达标 达标排放	达标 达标排放
	混凝土拌和 及砂石清洗废水	SS	产生浓度：560mg/吨 产生量：56吨/年	排放浓度：80 mg/吨 排放量：7吨/年
水污染物	机具车辆清洗废水 生活污水	油份 COD	产生浓度：10mg/吨 产生量：1吨/年 产生浓度：300 mg/吨 产生量：57.6吨/年	排放浓度：5 mg/吨 排放量：0.5吨/年 排放浓度：80 mg/吨 排放量：17吨/年
固体废物	固废		14 000吨	元
噪声	施工作业噪声，其源强声级在80～90dB(A)之间			
其他				

6) 环境经济损益分析

1) 工程经济评价

根据省交通设计院编制的《南封县际公路桥梁可行性研究报告》，对本项目经济作如下评价。

(1) 国民经济评价表明：拟建项目的经济内部收益率为12.21%，大于10%的社会折现率，经济效益费用比为1.5，大于1，经济净现值为13 000万元，大于0，可见拟建项目在经济上是可行的。

(2) 敏感性分析表明：只有在投资增加20%且交通量减少20%的极不利情况下，拟建项目的经济内部收益率才略小于10%的社会折现率，可见该项目具有一定的抗风险能力。

2） 环保投资估算

本工程的环保费用包括水质保护、空气环境保护、人群健康保护及工程保护范围的绿化等费用，初步估算为180万元。环境投资估算见表13-17。

表13-17　环保投资估算表　　万元

序　号	项　目	分项说明	费　用
1	水体保护	基坑排水、沙石料冲洗排水处理	30
		施工生活污水及垃圾处理	20
		机械设备冲洗水处理	15
		固体废物处置	30
2	大气质量保护	交通干线洒水防尘	15

续表

序　号	项　目	分项说明	费　用
		水环境质量监测	11
3	环境质量监测	大气环境质量检测	21
		工程监测(含设备)	32
4	环境管理	环保教育宣传及管理	6
5	合计		180

3) 环境经济损益分析

(1) 环境损失。

本工程的环保措施的实施可在很大程度上减免工程修建对环境的不利影响，拟建项目环境保护费用共计180万元。

(2) 环境效益。

项目完成可大大提高辖区土地的开发利用价值，改善城市的交通、航运，改善区域生态环境。

(3) 环境损益效益。

工程为非污染性项目，其运行年限长，在环境损失补偿方面随时间的增加基本上不需要追加投资，因此，在环境费用——效益方面，工程具有较好的经济效益。环保投资估算见表13-18。

表13-18　环保投资估算表

类型＼内容	排放源(编号)	污染物名称	防治措施	预期治理效果
大气污染物	运输道路	二次扬尘	润湿路面	达标排放
	燃料废气	SO_2、CO、NO_2	选用优质设备和燃料	达标排放
水污染物	混凝土拌和及砂石清洗废水	SS	平流式沉淀池	
	机具车辆清洗废水	油分	集中清洗并建隔油池	达标排放
	生活污水	COD	尽量农用，不能农用的，采用预埋式生活污水处理系统	
固体废物	固废渣安全填埋			无排放
噪声	夜间(22：00—6：00)不得进行噪声超标的施工作业			
其他				

6. 结论

该工程实施后，具有提高城市防洪能力、整治及美化环境、改善城市交通和土地开发等综合效益，也将改善沿江景观，改善投资环境，对促进南封县社会和经济的发展具有积极的推动作用。可进一步保障社会政治环境的稳定，促进当地社会经济的协调发展。

综合结论：工程的建设是可行的。

附　　录

附录A　《建设项目经济评价方法与参数》（第三版）——　财务评价参数的相关规定

财务评价中的计算参数主要用于计算项目财务费用和效益，具体包括建设期价格上涨指数、各种取费系数或比率、税率、利率等。财务评价中的计算参数以行业参数测算结果为基础，结合网上专家调查的结果，修订组织了多次参数协调会议和专家审查会议，在力求体现国家政策并保持参数体系的协调性与完整性的原则下，综合考虑各方面的意见和实际情况后，确定了正式发布的各行业建设项目财务评价参数。国家行政主管部门统一测定、发布的行业财务基准收益率具有双重作用。对于政府投资项目来说它是规定性的，是必须采用的；对于社会其他各类投资项目来说它是参考性的。

除了政府投资项目中作为规定性参数使用的行业基准收益率以外，在财务拟法测算使用的价格水平是2003年底价格水平。考虑到近5年来价格水平波动不大，在测算中未扣除通货膨胀的影响。

财务评价中的判据参数主要用于判断项目财务效益高低，比较和筛选项目，判断项目的财务可行性，具体包括行业财务基准收益率、总投资收益率、资本金净利润率、利息备付率、偿债备付率等。有些判据参数表现为单一数值，有些表现为一段合理区间，使用时应根据投资者的期望和项目特点灵活选择。

表1　财务评价计算参数表

参数序号	名　称
1	计算期
2	单位建设投资
3	流动资金估算的有关参数
4	资产折旧的有关参数
5	总成本费用估算的有关参数
6	税率
7	利率
8	人民币对主要外汇汇率
9	国内市场各类价格指数

除正式发布的各行业建设项目财务评价参数外，还有其他实际工作过程的成果，反映了各行业的情况和各方面专家的判断，对项目评价人员具有一定的参考价值。

表2　流动资金估算的有关参数

名　称	单　位	备　注
分项详细估算法		
应收账款年周转次数	次	

续表

名　称	单　位	备　注
存货年周转次数	次	
现金年周转次数	次	
应付账款年周转次数	次	
扩大指标估算法		建议查阅行业实施细则
按经营成本计	%	
按销售收入计	%	
按建设投资计	%	
其他	%	

表3　资产折旧的有关参数

名　称	单　位	取　值	备　注
综合折旧法			
折旧年限	年		
折旧率	%		建议查阅行业实施细则
净残值率	%		
分类折旧法			
折旧年限	年		
1．通用设备部分			
机械设备		10～14	
动力设备		11～18	
传导设备		15～28	
运输设备		6～12	
自动化控制及仪器仪表			
自动化、半自动化设备		8～12	
电子计算机		4～10	
通用测试仪器设备		7～12	
工业炉窑		7～13	
工具及其他生产用具		9～14	仅供参考
非生产用设备及器具、设备工具		18～22	
电视机、复印机、文字处理机		5～8	
2．房屋、建筑物部分			
房屋			
生产用房		30～40	
受腐蚀生产用房		20～25	
受强腐蚀生产用房		10～15	
非生产用房		35～45	
简易房		8～10	
建筑物			
水电站大坝		45～55	
其他建筑物		15～25	

表4　总成本费用估算的有关参数

名　称	单　位	备　注
要素成本法		建议查阅行业实施细则
修理费率	%	
其他费用率	%	
制造成本法		
估算其他制造费		
按其占制造成本的比例	%	
按其占固定资产原值的比例	%	
按其占管理人员工资及福利的比例	%	
按单位产量估算	元/单位产量	
估算其他管理费		
按其占全体人员工资及福利的比例	%	
按其占管理人员工资及福利的比例	%	
按单位产量估算	元 / 单位产量	
其他		
估算其他销售费		
按其占销售收入的比例	%	
其他		

表5　税率表

名　称	单　位	取　值	备　注
增值税率	%	略	建议查阅有关税务文件或行业实施细则
营业税率	%		
消费税率	%		
资源税率	%		
所得税率	%		
进出口关税税率	%		
土地使用税税率	%		

表6　利率表

名　称	存　款	贷　款	备　注
活期利率	略	略	不同银行之间利率略有差别，可自行查阅
定期利率			
三月期			
一年期			
三年期			
五年期			
外汇贷款利率			
伦敦国际银行间拆借利率			
国际金融组织贷款利率			

表7 人民币对主要外汇汇率表

货币名称	单 位	现汇买入价	现汇卖出价	备 注
澳元(AUD)	100	593.08	597.84	①表中数字为2006年7月3日外汇牌价 ②买卖价格随时变化，请自行查阅当期汇率
英镑(GBP)	100	1 466.88	1 481.62	
加元(CAD)	100	714.10	719.82	
欧元(EUR)	100	1 016.60	1 026.80	
港币(HKD)	100	102.76	103.16	
日元(JPY)	100	6.94	7.01	
新加坡元(SGD)	100	502.95	506.97	
美元(USD)	100	798.11	801.29	

表8　建设项目经济评价内容选择参考表

项目类型		分析内容	财务分析			经济费用效益分析	费用效果分析	不确定性分析	风险分析	区域经济与宏观经济影响分析
			生存能力分析	偿债能力分析	盈利能力分析					
政府投资	直接投资	经营	☆	☆	☆	☆	△	☆	△	△
		非经营	☆	△		☆	☆	△	△	△
	资本金	经营	☆	☆	☆	☆	△	☆	△	△
		非经营	☆	△		☆	☆	△	△	△
	转贷	经营	☆	☆	☆	☆	△	☆	△	△
		非经营	☆	☆		☆	☆	△	△	△
	补助	经营	☆	☆	☆	☆	△	☆	△	△
		非经营	☆	☆		☆	☆	△	△	△
	贴息	经营	☆	☆	☆	☆	△	☆	△	△
		非经营								
企业投资(核准制)		经营	☆	☆	☆	△	△	☆	△	△
企业投资(备案制)		经营	☆	☆	☆	△	△	☆	△	

注：1．表中☆代表要做；△代表根据项目的特点，有要求时做，无要求时可以不做。具体使用的指标见相关分析条文。

2．企业投资项目的经济评价内容可根据规定要求进行，一般按经营性项目选用，非经营项目可参照政府投资项目选取评价内容。

表9　建设项目融资前税前财务基准收益率取值表

序　号	行业名称	融资前税前财务基准收益率	序　号	行业名称	融资前税前财务基准收益率	序　号	行业名称	融资前税前财务基准收益率
01	**农业**		052	初级形态的塑料及合成树脂制造	13	0813	核能发电	7
011	种植业	6	053	合成纤维单(聚合)体制造	14	0814	风力发电	5
012	畜牧业	7	054	乙烯联合装置	12	0815	垃圾发电	5
013	渔业	7	055	纤维素纤维原料及纤维制造	14	0816	其他能源发电(潮汐、地热等)	5
014	农副食品加工	8	06	**化工**		0817	热电站	8
02	**林业**		061	氯碱及氯化物制造	11	0818	抽水蓄能电站	8
021	林产加工	11	062	无机化学原料制造	10	082	电网工程	
022	森林工业	12	063	有机化学原料及中间体制造	11	0821	送电工程	7
023	林纸林化	12	064	化肥	9	0822	联网工程	7
024	营造林	8	065	农药	12	0823	城网工程	7
03	**建材**		066	橡胶制品制造	12	0824	农网工程	6
031	水泥制造业	11	067	化工新型材料	12	0825	区内或省内电网工程	7
032	玻璃制造业	13	068	专用化学品制造(含精细化工)	13	09	**水利**	
04	**石油**		07	**信息产业**		091	水库发电工程	7
041	陆上油田开采	13	071	固定通信	5	092	调水、供水工程	4
042	陆上气田开采	12	072	移动通信	10	10	**铁路**	
043	国家原油存储设施	8	073	邮政通信	3	101	铁路网既有线改造	6
044	长距离输油管道	12	08	**电力**		102	铁路网新线建设	3
045	长距离输气管道	12	081	电源工程		11	**民航**	
05	**石化**		0811	火力发电	8	111	大中型(干线)机场建设	5
051	原油加工及石油制品制造	12	0812	天然气发电	9	112	小型(支线)机场建设	1

·315·

表10 建设项目融资前税后财务基准收益率取值表

序号	行业名称	项目资本金税后财务基准收益率	序号	行业名称	项目资本金税后财务基准收益率	序号	行业名称	项目资本金税后财务基准收益率
01	**农业**		052	初级形态的塑料及合成树脂制造	15	0813	核能发电	9
011	种植业	6	053	合成纤维单(聚合)体制造	16	0814	风力发电	8
012	畜牧业	9	054	乙烯联合装置	15	0815	垃圾发电	8
013	渔业	8	055	纤维素纤维原料及纤维制造	16	0816	其他能源发电(潮汐、地热等)	8
014	农副食品加工	8	**06**	**化工**		0817	热电站	10
02	**林业**		061	氯碱及氯化物制造	13	0818	抽水蓄能电站	10
021	林产加工	11	062	无机化学原料制造	11	082	电网工程	
022	森林工业	13	063	有机化学原料及中间体制造	12	0821	送电工程	9
023	林纸林化	12	064	化肥	9	0822	联网工程	10
024	营造林	9	065	农药	14	0823	城网工程	10
03	**建材**		066	橡胶制品制造	12	0824	农网工程	9
031	水泥制造业	12	067	化工新型材料	13	0825	区内或省内电网工程	9
032	玻璃制造业	14	068	专用化学品制造(含精细化工)	15	**09**	**水利**	
04	**石油**		**07**	**信息产业**		091	水库发电工程	10
041	陆上油田开采	15	071	固定通信	5	092	调水、供水工程	6
042	陆上气田开采	15	072	移动通信	12	**10**	**铁路**	
043	国家原油存储设施	8	073	邮政通信	3	101	铁路网既有线改造	6
044	长距离输油管道	13	**08**	**电力**		102	铁路网新线建设	3
045	长距离输气管道	13	081	电源工程		**11**	**民航**	
05	**石化**		0811	火力发电	10	111	大中型(干线)机场建设	4
051	原油加工及石油制品制造	13	0812	天然气发电	12	112	小型(支线)机场建设	

表11 部分行业建设项目财务基准收益率测算与协调

序 号	行业名称	财务基准收益率（融资前税前指标）			财务基准收益率（项目资本金税后指标）		
		专家调查结果	行业测算结果	协调结果	专家调查结果	行业测算结果	协调结果
01	农业						
011	种植业	8～12	6	6	8～12	—	6
012	畜牧业	10～12	7	7	12～15	—	9
013	渔业	10～12	7	7	12～14	—	8
014	农副食品加工业	10～12	8	8	12～15	—	8
02	林业						
021	林产加工	12	11	11	11	—	-1
022	森林工业	12	12.5	12	15	12.4	13
023	林纸林化	13	12	12	15	12	12
024	营造林	10	6～8	8	12	7～9	9
03	建材						
031	水泥制造业	12	11	11	13	12	12
032	玻璃制造业	12	13	13	13	14	14
04	石油						
041	陆上油田开采	13	13	13	15	—	15
042	陆上气田开采	13	12	12	15	—	15
043	国家原油存储设施	8	—		8	—	
044	长距离输油管道	12	12	12	13	—	13
045	长距离输气管道	12	12	12	13	—	13
046	海上原油开采	13	—		15	—	
05	石化						
051	原油加工及石油制品制造	12	12	12	13	16	13
052	初级形态的塑料及合成树脂制造	12	13	13	13	18	15
053	合成纤维单(聚合)体制造	12	14	14	13	20	16
054	乙烯联合装置	12	12	12	13	16	15
055	纤维素纤维原料及纤维制造	—	15	14	—	22	16
06	化工						
061	氯碱及氯化物制造	13	11	11	15	12	13
062	无机化学原料制造	12	10	10	13	10	11
063	有机化学原料及中间体制造	13	11	11	15	11	12
064	化肥	10	9	9	12	8	9
065	农药	13	12	12	15	14	14
066	橡胶制品制造	12	12	12	13	12	12
067	化工新型材料	13	12	12	15	12	13
068	专用化学品制造(含精细化工)	15	13	13	15	15	15
07	信息产业						
071	固定通信	6	5	5	6	5	5
072	移动通信	12	9	10	13	12	12
073	邮政通信	3	2.5	3	3	—	3
074	数据与因特网通信	12	—		13	—	

续表

序号	行业名称	财务基准收益率(融资前税前指标)			财务基准收益率(项目资本金税后指标)		
		专家调查结果	行业测算结果	协调结果	专家调查结果	行业测算结果	协调结果
075	卫星通信	12	—		13	—	
076	电子计算机制造	12	—		13	—	
077	电子器件、元件制造	15	—		18	—	
08	**电力**						
081	电源工程						
0811	火力发电	8	8	8	10	10	10
0812	天然气发电	10	9	9	12	12	12
0813	核能发电	7	7	7	7	9	9
0814	风力发电	6	9	5	6	12	8
0815	垃圾发电	7	8	5	8	10	8
0816	其他能源发电(潮汐、地热等)	8	8	5	10	—	
0817	热电站	8	8	8	10	10	10
0818	抽水蓄能电站	7	8	8	7	10	10
082	电网工程						
0821	送电工程	7	8	7	7	9	9
0822	联网工程	7	7	7	7	13	10
0823	城网工程	7	7	7	7	10	10
0824	农网工程	7	6	6	7	9	9
0825	区内或省内电网工程	7	8	7	7	9	9
09	**水利**						
091	水库发电工程	8	6～8	7	10	—	
092	调水、供水工程	6	2～4	4	6	—	
10	**铁路**						
101	铁路网既有线改造	—	—	—	—	6	6
102	铁路网新线建设	—	—	—	—	2.5	3
11	**民航**						
111	大中型(干线)机场建设	7	5	5	8	4	4
112	小型(支线)机场建设	—	1	1	—	—	—
12	**煤炭**						
121	煤炭采选	13	—		15	—	
122	煤气生产	12	—		13	—	
13	**黑色金属**						
131	铁矿采选	13	—		15	—	
132	钢铁冶炼	12	—		13	—	
133	钢压延加工	12	—		13	—	
134	炼焦	12	—		13	—	
14	**有色金属**						
141	有色金属矿采选	13	—		15	—	
142	有色金属冶炼	12	—		13	—	
143	有色金属压延加工	12	—		13	—	

续表

序　号	行业名称	财务基准收益率（融资前税前指标）			财务基准收益率（项目资本金税后指标）		
		专家调查结果	行业测算结果	协调结果	专家调查结果	行业测算结果	协调结果
15	轻工						
151	卷烟制造	16	—		18	—	
152	纸浆及纸制品制造	13	—		15	—	
153	变性燃料乙醇	13	—		15	—	
154	制盐	10	—		12	—	
155	家电制造	12	—		13	—	
156	家具制造	13	—		15	—	
157	塑料制品制造	13	—		15	—	
158	日用化学品制造	13	—		15	—	
16	纺织业						
161	棉、化纤纺织	12	—		13	—	
162	毛、麻纺织	13	—		15	—	
163	丝、绢纺织	13	—		15	—	
17	医药						
171	化学药品、原药制剂制造	15	—		16	—	
172	中成药制造	18	—		20	—	
173	兽用药品制造	18	—		20	—	
174	生物、生化制品制造	18	—		20	—	
175	卫生材料及医药用品制造	15	—		18	—	
18	机械设备						
181	金属制品	12	—		13	—	
182	通用设备制造	12	—		13	—	
183	专用设备制造	12	—		13	—	
184	汽车制造	12	—		13	—	
19	市政						
191	城市快速轨道	5	—		6	—	
192	供水	8	—		8	—	
193	排水	4	—		4	—	
194	燃气	8	—		10	—	
195	集中供热	8	—		10	—	
196	垃圾处理	8	—		10	—	
20	公路与水运交通						
201	公路建设	6	—		7	—	
202	独立公路桥梁、隧道	6	—		7		
203	泊位	8	—		8		
204	航道	4	—		6		
205	内河港口	8	—		8		
206	通航枢纽	4	—		6		
21	房地产开发项目	12	—		13	—	
22	商业性卫生项目	10	—		12	—	
23	商业性教育项目	10	—		12		
24	商业性文化娱乐设施	12	—		13	—	

表12 部分行业建设项目偿债能力测算与协调

行业名称	资产负债率的合理区间			利息备付率的最低可接受值			偿债备付率的最低可接受值			流动比率的合理区间			速动比率的合理区间		
	专家调查结果	行业测算结果	协调结果	专家调查结果	行业测算结果	协调结果	专家调查结果	行业测算结果	协调结果	专家调查结果	行业测算结果	协调结果	专家调查结果	行业测算结果	协调结果
01农业															
011种植业	20～50	40	30～50	2	10	2	1.3	50	1.3	1.0～2.0	2.1	1.0～2.0	0.6～1.2	1.1	0.6～1.2
012畜牧业	20～50	45	30～50	2	10	2	1.3	50	1.3	1.0～2.0	2.1	1.0～2.1	0.6～1.2	1.2	0.6～1.2
013渔业	20～50	50	30～50	2	10	2	1.3	50	1.3	1.0～2.0	2.1	1.0～2.2	0.6～1.2	1.2	0.6～1.2
014农副食品加工	40～50	50	30～50	2	10	2	1.3	50	1.3	1.0～2.0	2.2	1.0～2.3	0.6～1.2	1.3	0.6～1.2
02林业															
021林产加工	40～60	50～70	50～70	2	—	2	1.3	1	1.3	1.0～2.0	—	1.0～2.0	0.6～1.2	—	0.6～1.2
022森林工业	40～60	48	40～60	2	4.8	2	1.3	1	1.3	1.0～2.0	2	1.0～2.0	0.6～1.2	1	0.6～1.2
023林纸林化	40～60	50～70	50～70	2	—	2	1.3	1	1.3	1.0～2.0	—	1.0～2.0	0.6～1.2	—	0.6～1.2
024营造林	20～50	70～80	70～80	2	3	2	1.3	1	1.3	1.0～2.0	—	1.0～2.0	0.6～1.2	—	0.6～1.2
03建材															
031水泥制造业	40～60	65	40～70	2	3	2	1.3	1.3	1.3	1.0～2.0	1.6	1.0～2.0	0.6～1.2	0.9	0.6～1.2
032玻璃制造业	40～60	65	40～70	2	2	2	1.3	1.3	1.3	1.0～2.0	1.6	1.0～2.0	0.6～1.2	0.9	0.6～1.2
04石油															
041陆上油田开采	40～60	50	40～60	2	1.9	2	1.3	1.2	1.3	1.0～2.0	2	1.0～2.0	0.6～1.2	1.5	1.0～1.5
042陆上气田开采	40～60	50	40～60	2	1.9	2	1.3	1.2	1.3	1.0～2.0	2	1.0～2.0	0.6～1.2	1.5	1.0～1.5
043国家原油存储设施	40～70		40～70	2	—	2	1.3		1.3	1.0～2.0	—	1.0～2.0	0.6～ 1.2	—	0.6～1.2
044长距离输油管道	40～60	50	40～60	2	1.9	2	1.3	1 2	1.3	1.0～2.0	2	1.0～2.0	0.6～1.2	1.5	1.0～1.5
045长距离输气管道	40～60	50	40～60	2	1.9	2	1.3	1.2	1.3	1.0～2.0	2	1.0～2.0	0.6～1.2	1.5	1.0～1.5
046海上原油开采	40～60	—	40～60	2	—	2	1.3	—	1.3	1.0～2.0	—	1.～2.0	0.6～1.2	—	0.6～1.2
05石化															

• 320 •

续表

行业名称	资产负债率的合理区间			利息备付率的最低可接受值			偿债备付率的最低可接受值			流动比率的合理区间			速动比率的合理区间		
	专家调查结果	行业测算结果	协调结果	专家调查结果	行业测算结果	协调结果	专家调查结果	行业测算结果	协调结果	专家调查结果	行业测算结果	协调结果	专家调查结果	行业测算结果	协调结果
051原油加工及石油制品制造	40～60	45	40～60	2	4.0～5.0	2	1.3	2.0～3.0	1.3	1.0～2.0	1.5～2.5	1.5～2.5	0.6～1.2	1.0～1.5	1.0～1.5
052初级形态的塑料及合成树脂制造	40～60	40	40～60	2	4.0～5.0	2	1.3	2.0～3.0	1.3	1.0～2.0	2.0～2.5	2～2.5	0.6～1.2	1.0～1.5	1.0～1.5
053合成纤维单(聚合)体制造	40～60	40	40～60	2	4.0～5.0	2	1.3	2.0～3.0	1.3	1.0～2.0	2.0～3.0	2.0～3.0	0.6～1.2	1.5～2	1.5～2.0
054乙烯联合装置	40～60	40	40～60	2	4.0～5.0	2	1.3	2.0～3.0	1.3	1.0～2.0	2.0～3.0	2.0～3.0	0.6～1.2	1.0～2.0	1.0～2.0
055纤维素纤维原料及纤维制造		45	40～60	2	4.0～5.0	2		2.0～3.0	1.3	1.0～2.0	1.5～2.5	1.5～2.5		1～1.5	1～1.5
06化工															
061氯碱及氯化物制造	40～60	30～60	30～60	2	2	2	1.3	1.1	1.3	1.0～2.0	1.6～2.3	1.5～2.5	0.6～1.2	0.8～1.2	0.8～1.2
062无机化学原料制造	40～60	30～60	30～60	2	2	2	1.3	1.1	1.3	1.0～2.0	1.6～2.2	1.5～2.5	0.6～1.2	0.7～1.1	0.7～1.1
063有机化学原料及中间体制造	40～60	30～60	30～60	2	2	2	1.3	1.1	1.3	1.0～2.0	1.6～2.2	1.5～2.5	0.6～1.2	0.8～1.2	0.8～1.2
064化肥	40～60	30～60	30～60	2	2	2	1.3	1.1	1.3	1.0～2.0	1.5～2.1	1.5～2.5	0.6～1.2	0.7～1.1	0.7～1.1
065农药	40～60	40～70	40～70	2	2	2	1.3	1.2	1.3	1.0～2.0	1.7～2.3	1.5～2.5	0.6～1.2	0.8～1.3	0.8～1.3
066橡胶制品制造	40～60	40～70	40～70	2	2	2	1.3	1.2	1.3	1.0～2.0	1.6～2.2	1.5～2.5	0.6～1.2	0.8～1.2	0.8～1.2
067化工新型材料	40～60	40～70	40～70	2	2	2	1.3	1.2	1.3	1.0～2.0	1.8～2.3	1.5～2.5	0.6～1.2	0.9～1.3	0.9～1.3
068专用化学品制造(含精细化工)	40～60	40～70	40～70	2	2	2	1.3	1.2	1.3	1.0～2.0	1.7～2.3	1.5～2.5	0.6～1.2	0.9～1.3	0.9～1.3
07信息产业															
071固定通信	40～60	45～60	40～60	2	1.5	2	1.3	1.3	1.3	1.0～2.0	0.45～0.55	0.45～0.55	0.6～1.2	0.4～0.5	0.4～0.5
072移动通信	40～60	50～60	40～60	2	2	2	1.3	1.3	1.3	1.0～2.0	0.5～0.7	0.5～0.7	0.6～1.2	0.45～0.65	0.45～0.65
073邮政通信	20～50	20～40	20～50	2	—	2	1.3	—	1.3	1.0～2.0	1～1.9	1.0～2.0	0.6～1.2	0.9～1.8	0.9～1.8

续表

行业名称	资产负债率的合理区间			利息备付率的最低可接受值			偿债备付率的最低可接受值			流动比率的合理区间			速动比率的合理区间		
	专家调查结果	行业测算结果	协调结果	专家调查结果	行业测算结果	协调结果	专家调查结果	行业测算结果	协调结果	专家调查结果	行业测算结果	协调结果	专家调查结果	行业测算结果	协调结果
074数据与因特网通信	40～60	—		2	—		1.3	—		1.0～2.0	—		0.6～1.2	—	
075卫星通信	40～60	—		2	—		1.3	—		1.0～2.0	—		0.6～1.2	—	
076电子计算机制造	40～60	—		2	—		1.3	—		1.0～2.0	—		0.6～1.2	—	
077电子器件、元件制造	40～60	—		2	—		1.3	—		1.0～2.0	—		0.6～1.2	—	
08电力															
081电源工程															
0811火力发电	40～60	60～85	40～80	2	2	2	1.3	1.2	1.3	1.0～2.0	1.2	1.0～2.0	0.6～1.2	1	0.6～1.2
0812天然气发电	40～70	60～80	60～80	2	2	2	1.3	1.2	1.3	1.0～2.0	1.2	1.0～2.0	0.6～1.2	1	0.6～1.2
0813核能发电	40～70	70～95	70～90	2	2	2	1.3	1.2	1.3	1.0～2.0	1.2	1.0～2.0	0.6～1.2	1	0.6～1.2
0814风力发电	40～70	60～80	60～80	2	1.2	2	1.3	1	1.3	1.0～2.0	1.2	1.0～2.0	0.6～1.2	1	0.6～1.2
0815垃圾发电	40～70	60～80	60～80	2	1.2	2	1.3	1	1.3	1.0～2.0	1.2	1.0～2.0	0.6～1.2	1	0.6～1.2
0816其他能源发电(潮汐、地热等)	40～70	—	40～70	2	—	2	1.3	—	1.3	1.0～2.0	—	1.0～2.0	0.6～1.2	—	0.6～1.2
0817热电站	40～70	60～85	60～80	2	2	2	1.3	1.2	1.3	1.0～2.0	1.2	1.0～2.0	0.6～1.2	1	0.6～1.2
0818抽水蓄能电站	40～70	60～80	60～80	2	2	2	1.3	1.2	1.3	1.0～2.0	1.2	1.0～2.0	0.6～1.2	1	0.6～1.2
082电网工程															
0821送电工程	40～70	20～40	20～40	2	3	2	1.3	2	1.3	1.0～2.0	—	1.0～2.0	0.6～1.2	—	0.6～1.2
0822联网工程	40～70	50～50	50～60	2	2	2	1.3	2	1.3	1.0～2.0	—	1.0～2.0	0.6～1.2	—	0.6～1.2
0823城网工程	40～70	40～50	40～50	2	2	2	1.3	2	1.3	1.0～2.0	—	1.0～2.0	0.6～1.2	—	0.6～1.2
0824农网工程	40～70	70～80	70～80	2	1.5	2	1.3	2	1.3	1.0～2.0	—	1.0～2.0	0.6～1.2	—	0.6～1.2
0825区内或省内电网工程	40～70			2			1.3			1.0～2.0			0.6～1.2		
09水利															

续表

行业名称	资产负债率的合理区间			利息备付率的最低可接受值			偿债备付率的最低可接受值			流动比率的合理区间			速动比率的合理区间		
	专家调查结果	行业测算结果	协调结果	专家调查结果	行业测算结果	协调结果	专家调查结果	行业测算结果	协调结果	专家调查结果	行业测算结果	协调结果	专家调查结果	行业测算结果	协调结果
091水库发电工程	40～70			2			1.3			1.0～2.0			0.6～1.2		
092调水、供水工程	40～60			2			1.3			1.0～2.0			0.6 ～1.2		
10铁路															
101铁路网既有线改造	30～50	65	40～60	2	—	2	1.3	—	1.3	1.0～2.0	—	1.0～2.0	0.6～1.2	—	0.6～1.2
102铁路网新线建设	30～50	65	40～60	2	—	2	1.3	—	1.3	1.0～2.0	—	1.0～2.0	0.6～1.2	—	0.6～1.2
11民航															
111大中型(干线)机场建设	30～50	40	30～50	2	2	2	1.3	1	1.3	1.0～2.0	1.15	1.0～2.0	0.6～1.2	1.13	0.6～1.2
112小型(支线)机场建设	20～40		20～40	2		2	1.3		1.3	1.0～2.0		1.0～2.0	0.6～1.2		0.6～1.2
12煤炭															
121煤炭采选	40～60			2			1.3			1.0～2.0			0.6～1.2		
122煤气生产	40～60			2			1.3			1.0～2.0			0.6～1.2		
13黑色金属															
131铁矿采选	40～60			2			1.3			1.0～2.0			0.6～1.2		
132钢铁冶炼	40～60			2			1.3			1.0～2.0			0.6～1.2		
133钢压延加工	40～60			2			1.3			1.0～2.0			0.6～1.2		
134炼焦	40～60			2			1.3			1.0～2.0			0.6～1.2		
14有色金属															
141有色金属矿采选	40～60			2			1.3			1.0～2.0			0.6～1.2		
142有色金属冶炼	40～60			2			1.3			1.0～2.0			0.6～1.2		
143有色金属压延加工	40～60			2			1.3			1.0～2.0			0.6～1.2		
15轻工															

续表

行业名称	资产负债率的合理区间			利息备付率的最低可接受值			偿债备付率的最低可接受值			流动比率的合理区间			速动比率的合理区间		
	专家调查结果	行业测算结果	协调结果	专家调查结果	行业测算结果	协调结果	专家调查结果	行业测算结果	协调结果	专家调查结果	行业测算结果	协调结果	专家调查结果	行业测算结果	协调结果
151卷烟制造	50～70			2			1.3			1.0～2.0			0.6～1.2		
152纸浆及纸制品制造	40～60			2			1.3			1.0～2.0			0.6～1.2		
153变性燃料乙醇	40～60			2			1.3			1.0～2.0			0.6～1.2		
154制盐	40～60			2			1.3			1.0～2.0			0.6～1.2		
155家电制造	40～60			2			1.3			1.0～2.0			0.6～1.2		
156家具制造	40～60			2			1.3			1.0～2.0			0.6～1.2		
157塑料制品制造	40～60			2			1.3			1.0～2.0			0.6～1.2		
158日用化学品制造	40～60			2			1.3			1.0～2.0			0.6～1.2		
16纺织业															
161棉、化纤纺织	40～60			2			1.3			1.0～2.0			0.6～1.2		
162毛、麻纺织	40～60			2			1.3			1.0～2.0			0.6～1.2		
163丝、绢纺织	40～60			2			1.3			1.0～2.0			0.6～1.2		
17医药															
171化学药品、原药制剂制造	40～60			2			1.3			1.0～2.0			0.6～1.2		
172中成药制造	40～60			2			1.3			1.0～2.0			0.6～1.2		
173兽用药品制造	40～60			2			1.3			1.0～2.0			0.6～1.2		
174生物、生化制品制造	40～60			2			1.3			1.0～2.0			0.6～1.2		
175卫生材料及医药用品制造	40～60			2			1.3			1.0～2.0			0.6～1.2		
18机械设备															
181金属制品	40～60			2			1.3			1.0～2.0			0.6～1.2		
182通用设备制造	40～60			2			1.3			1.0～2.0			0.6～1.2		

续表

行业名称	资产负债率的合理区间			利息备付率的最低可接受值			偿债备付率的最低可接受值			流动比率的合理区间			速动比率的合理区间		
	专家调查结果	行业测算结果	协调结果	专家调查结果	行业测算结果	协调结果	专家调查结果	行业测算结果	协调结果	专家调查结果	行业测算结果	协调结果	专家调查结果	行业测算结果	协调结果
183专用设备制造	40～60			2			1.3			1.0～2.0			0.6～1.2		
184汽车制造	40～60			2			1.3			1.0～2.0			0.6～1.2		
19市政															
191城市快速轨道	20～50			2			1.3			1.0～2.0			0.6～1.2		
192供水	40～60			2			1.3			1.0～2.0			0.6～1.2		
193排水	20～40			2			1.3			1.0～2.0			0.6～1.2		
194燃气	40～60			2			1.3			1.0～2.0			0.6～1.2		
195集中供热	40～60			2			1.3			1.0～2.0			0.6～1.2		
196垃圾处理	40～60			2			1.3			1.0～2.0			0.6～1.2		
20公路与水运交通															
201公路建设	40～60			2			1.3			1.0～2.0			0.6～1.2		
202独立公路桥梁隧道	40～60			2			1.3			1.0～2.0			0.6～1.2		
203泊位										1.0～2.0					
204航道															
205内河港口	40～60			2			1.3			1.0～2.0			0.6～1.2		
206通航枢纽	40～60			2			1.3			1.0～2.0			0.6～1.2		
21房地产开发项目	35～65			2			1.3			1.0～2.0			0.6～1.2		
22商业性卫生项目															
23商业性教育项目	20～50			2			1.3			1.0～2.0			0.6～1.2		
24商业性文化娱乐设施	20～50			2			1.3			1.0～2.0			0.6～1.2		

附录B 《建设项目经济评价方法与参数》(第三版)——不确定性分析、风险分析与方案经济比选表

表13 敏感性分析表

变化因素 \ 变化率	-30%	-20%	0%	10%	20%	30%
基准折现率*ic*						
建设投资						
销售价格						
原材料成本						
汇率						
……						

表14 敏感度系数和临界点分析表

序号	不确定因素	变化率/%	内部收益率	敏感度系数	临界点/%	临界值
	基本方案					
1	产品产量					
	(生产负荷)					
2	产品价格					
3	主要原材料					
	价格					
4	建设投资					
5	汇率					

表15 综合风险等级分类表

综合风险等级		风险影响的程度			
		严重	较大	适度	轻微
风险的可能性	高	K	M	R	R
	较高	M	M	R	R
	适度	T	T	R	I
	低	T	T	R	I

表16 方案比选中经济评价指标的应用范围表

指标 用途	净现值	内部收益率
方案比选(互斥方案选优)	无资金限制时，可选择NPV较大者	一般不直接用，可计算差额投资内部收益率(Δ*IRR*)，当Δ*IRR*≥1时，以投资较大方案为优
项目排队(独立项目按优劣排序的最优组合)	不单独使用	一般不采用(可用于排除项目)

附录C 国民经济评价有关参数

国民经济评价参数包括计算、衡量项目的经济费用效益的各类计算参数和判定项目经济合理性的判据参数。国家行政主管部门统一测定并发布的社会折现率和影子汇率换算系数(口岸价综合转换系数)等，在各类建设项目的国民经济评价中必须采用。影子工资换算系数和土地影子价格等在各类建设项目的国民经济评价中可参考选用。

(1) 社会折现率是指建设项目国民经济评价中衡量经济内部收益率的基准值，也是计算项目经济净现值的折现率，是项目经济可行性和方案比选的主要判据。社会折现率应根据国家的社会经济发展目标、发展战略、发展优先顺序、发展水平、宏观调控意图、社会成员的费用效益、时间偏好、社会投资收益水平、资金供给状况、资金机会成本等因素综合测定。结合当前的实际情况，测定社会折现率为8%，对于受益期长的建设项目，如果远期效益较大，效益实现的风险较小，社会折现率可适当降低，但不应低于6%。

(2) 影子汇率是指能正确反映国家外汇经济价值的汇率。建设项目国民经济评价中，项目的进口投入物和出口产出物，应采用影子汇率换算系数调整计算进出口外汇收支的价值。

影子汇率可通过影子汇率换算系数得出。影子汇率换算系数是指影子汇率与外汇牌价之间的比值。影子汇率应按下式计算。

$$影子汇率=外汇牌价\times影子汇率换算系数$$

根据我国外汇收支、外汇供求、进出口结构、进出口关税、进出口增值税及出口退税补贴等情况，影子汇率换算系数为1.08。

(3) 影子工资是指建设项目使用劳动力资源而使社会付出的代价。建设项目国民经济评价中以影子工资计算劳动力费用。

影子工资应按下式计算。

$$影子工资=劳动力机会成本+新增资源消耗$$

式中 劳动力机会成本——劳动力在本项目被使用，而不能在其他项目中使用而被迫放弃的劳动收益；

新增资源消耗——劳动力在本项目新就业或由其他就业岗位转移来本项目而发生的社会资源消耗，这些资源的消耗并没有提高劳动力的生活水平。

影子工资可通过影子工资换算系数得到。影子工资换算系数是指影子工资与项目财务分析中的劳动力工资之间的比值，影子工资可按下式计算。

$$影子工资=财务工资\times影子工资换算系数$$

影子工资的确定，应符合下列规定。

① 影子工资应根据项目所在地劳动力就业状况、劳动力就业或转移成本测定。

② 技术劳动力的工资报酬一般可由市场供求决定，即影子工资一般可以按财务实际支付工资计算。

③ 对于非技术劳动力，根据我国非技术劳动力就业状况，其影子工资换算系数一般取0.25～0.8，具体可根据当地的非技术劳动力供求状况确定，非技术劳动力较为富余的地区可取较低值，不太富余的地区可取较高值，中间状况可取0.5。

(4) 土地影子价格是指建设项目使用土地资源而使社会付出的代价。在建设项目国民经济评价中以土地影子价格计算土地费用。

土地影子价格应按下式计算。

土地影子价格=土地机会成本+新增资源消耗

式中　土地机会成本——按拟建项目占用土地而使国民经济为此放弃的该土地“最佳替代用途”的净效益计算；

土地改变用途而发生的新增资源消耗——包括拆迁补偿费、农民安置补助费等。

在实践中，土地平整等开发成本通常计入工程建设费用中，在土地影子价格中不再重复计算。

土地影子价格应根据项目占用土地所处地理位置、项目情况以及取得方式的不同分别确定，具体应符合下列规定。

① 通过招标、拍卖和挂牌出让方式取得使用权的国有土地，其影子价格应按财务价格计算。

② 通过划拨、双方协议方式取得使用权的土地，应分析价格优惠或扭曲情况，参照公平市场交易价格，对价格进行调整。

③ 经济开发区优惠出让使用权的国有土地，其影子价格应参照当地土地市场交易价格类比确定。

④ 当难以用市场交易价格类比方法确定土地影子价格时，可采用收益现值法或以开发投资应得收益加土地开发成本确定。

⑤ 当采用收益现值法确定土地影子价格时，应以社会折现率对土地的未来收益及费用进行折现。

建设项目如需占用农村土地，以土地征用费调整计算土地影子价格。具体应符合下列规定。

项目占用农村土地，土地征收补偿费中的土地补偿费及青苗补偿费应视为土地机会成本，地上附着物补偿费及安置补助费应视为新增资源消耗，征地管理费、耕地占用费、耕地开垦费、土地管理费、土地开发费等其他费用应视为转移支付，不列为费用。

土地补偿费、青苗补偿费、安置补助费的确定，如与农民进行了充分的协商，能够充分保证农民的应得利益，土地影子价格可按土地征收补偿费中的相关费用确定。

如果存在征地费用优惠，或在征地过程中缺乏充分协商，导致土地征收补偿费低于市场定价，不能充分保证农民利益，土地影子价格应参照当地正常土地征收补偿费标准进行调整。

附录D　〈建设项目经济评价方法与参数〉(第三版)——主要经济费用效益分析报表及辅助报表

表17　项目投资经济费用效益流量表　　万元

序　号	项　目	合　计	计算期					
			1	2	3	4		*n*
1	效益流量							
1.1	项目直接效益							
1.2	资产余值回收							
1.3	项目间接效益							
2	费用流量							
2.1	建设投资							
2.2	维持运营投资							
2.3	流动资金							
2.4	经营费用							
2.5	项目间接费用							
3	净效益流量(1−2)							

计算指标：

经济内部收益率(%)

经济净现值(i_s=%)

表18　经济费用效益分析投资费用估算调整表　　万元

序　号	项　目	财务分析		经济费用效益分析			经济费用效益分析	
		外　币	人民币	合　计	外　币	人民币	合　计	比财务分析增减
1	建设投资							
1.1	建筑工程费							
1.2	设备购置费							
1.3	安装工程费							
1.4	其他费用							
1.4.1	其中：土地费用							
1.4.2	专利及专有技术费							
1.5	基本预备费							
1.6	涨价预备费							
1.7	建设期利息							
2	流动资金							
	合计(1+2)							

注：若投资费用是通过直接估算得到的，本表应略去财务分析的相关栏目。

表19　经济费用效益分析经营费用估算调整表　　万元

				财务分析		经济费用效益分析	
序　号	项　目	单　位	投入量	单价/元	成　本	单价/元	费　用
1	外购原材料						
1.1	原材料A						
1.2	原材料B						
1.3	原材料C						
1.4	……						
2	外购燃料及动力						
2.1	煤						
2.2	水						
2.3	电						
2.4	重油						
2.5	……						
3	工资及福利费						
4	修理费						
5	其他费用						
	合计						

注：若经营费用是通过直接估算得到的，本表应略去财务分析的相关栏目。

表20　项目直接效益估算调整

万元

产出物名称			投产第一期负荷/%				投产第二期负荷/%				正常生产年份/%			
			A产品	B产品	……	小　计	A产品	B产品	……	小　计	A产品	B产品	……	小　计
	计算单位													
年产出量	国内													
	国际													
	合计													
财务分析	国内市场	单价/元												
		现金收入												
	国际市场	单价/美元												
		现金收入												
经济费用效益分析	国内市场	单价/元												
		直接效益												
	国际市场	单价/美元												
		直接效益												
合计/万元														

注：若直接效益是通过直接估算得到的，本表应略去财务分析的相关栏目。

附录E　复利利息系数表

表21　复利终值系数表

计算公式：$f=(1+i)^n$

期　数	1%	2%	3%	4%	5%	6%	7%	8%	9%	10%	11%	12%	13%	14%	15%	16%	17%	13%
1	1.010 0	1.020 0	1.030 0	1.040 0	1.050 0	1.060 0	1.070 0	1.080 0	1.090 0	1.100 0	1.110 0	1.120 0	1.130 0	1.140 0	1.150 0	1.160 0	1.170 0	1.180 0
2	1.020 1	1.040 4	1.060 9	1.081 6	1.102 5	1.123 6	1.144 9	1.166 4	1.188 1	1.210 0	1.232 1	1.254 4	1.276 9	1.299 6	1.322 5	1.345 6	1.368 9	1.392 4
3	1.030 3	1.061 2	1.092 7	1.124 9	1.157 6	1.191 0	1.225 0	1.259 7	1.295 0	1.331 0	1.367 6	1.404 9	1.442 9	1.481 5	1.520 9	1.560 9	1.601 6	1.643 0
4	1.040 6	1.082 4	1.125 5	1.169 9	1.215 5	1.262 5	1.310 8	1.360 5	1.411 6	1.464 1	1.518 1	1.573 5	1.630 5	1.689 0	1.749 0	1.810 6	1.873 9	1.938 8
5	1.051 0	1.104 1	1.159 3	1.216 7	1.276 3	1.338 2	1.402 6	1.469 3	1.538 6	1.610 5	1.685 1	1.762 3	1.842 4	1.925 4	2.011 4	2.100 3	2.192 4	2.287 8
6	1.061 5	1.126 2	1.194 1	1.265 3	1.340 1	1.418 5	1.500 7	1.586 9	1.677 1	1.771 6	1.870 4	1.973 8	2.082 0	2.195 0	2.313 1	2.436 4	2.565 2	2.699 6
7	1.072 1	1.148 7	1.229 9	1.315 9	1.407 1	1.503 6	1.605 8	1.713 8	1.828 0	1.948 7	2.076 2	2.210 7	2.352 6	2.502 3	2.660 0	2.826 2	3.001 2	3.185 5
8	1.082 9	1.171 7	1.266 8	1.368 6	1.477 5	1.593 8	1.718 2	1.850 9	1.992 6	2.143 6	2.304 5	2.476 0	2.658 4	2.852 6	3.059 0	3.278 4	3.511 5	3.758 9
9	1.093 7	1.195 1	1.304 8	1.423 3	1.551 3	1.689 5	1.838 5	1.999 0	2.171 9	2.357 9	2.558 0	2.773 1	3.004 0	3.251 9	3.517 9	3.803 0	4.108 4	4.435 5
10	1.104 6	1.219 0	1.343 9	1.480 2	1.628 9	1.790 8	1.967 2	2.158 9	2.367 4	2.593 7	2.839 4	3.105 8	3.394 6	3.707 2	4.045 6	4.411 4	4.806 8	5.233 8
11	1.115 7	1.243 4	1.384 2	1.539 5	1.710 3	1.898 3	2.104 9	2.331 6	2.580 4	2.853 1	3.151 8	3.478 6	3.835 9	4.226 2	4.652 4	5.117 3	5.624 0	6.175 9
12	1.126 8	1.268 2	1.425 8	1.601 0	1.795 9	2.012 2	2.252 2	2.518 2	2.812 7	3.138 4	3.498 5	3.896 0	4.334 5	4.817 9	5.350 3	5.936 0	6.580 1	7.287 6
13	1.138 1	1.293 6	1.468 5	1.665 1	1.885 6	2.132 9	2.409 8	2.719 6	3.065 8	3.452 3	3.883 3	4.363 5	4.898 0	5.492 4	6.152 8	6.885 8	7.698 7	8.599 4
14	1.149 5	1.319 5	1.512 6	1.731 7	1.979 9	2.260 9	2.578 5	2.937 2	3.341 7	3.797 5	4.310 4	4.887 1	5.534 8	6.261 3	7.075 7	7.987 5	9.007 5	10.147 2
15	1.161 0	1.345 9	1.558 0	1.800 9	2.078 9	2.396 6	2.759 0	3.172 2	3.642 5	4.177 2	4.784 6	5.473 6	6.254 3	7.137 9	8.137 1	9.265 5	10.538 7	11.973 7
16	1.172 6	1.372 8	1.604 7	1.873 0	2.182 9	2.540 4	2.952 2	3.425 9	3.970 3	4.595 0	5.310 9	6.130 4	7.067 3	8.137 2	9.357 6	10.748 0	12.330 3	14.129 0
17	1.184 3	1.400 2	1.652 8	1.947 9	2.292 0	2.692 8	3.158 8	3.700 0	4.327 6	5.054 5	5.895 1	6.866 0	7.986 1	9.276 5	10.761 3	12.467 7	14.426 5	16.672 2
18	1.196 1	1.428 2	1.702 4	2.025 8	2.406 6	2.854 3	3.379 9	3.996 0	4.717 1	5.559 9	6.543 6	7.690 0	9.024 3	10.575 2	12.375 5	14.462 5	16.879 0	19.673 3

续表

期数	1%	2%	3%	4%	5%	6%	7%	8%	9%	10%	11%	12%	13%	14%	15%	16%	17%	18%
19	1.208 1	1.456 8	1.753 5	2.106 8	2.527 0	3.025 6	3.616 5	4.315 7	5.141 7	6.115 9	7.263 3	8.612 8	10.197 4	12.055 7	14.231 8	16.776 5	19.748 4	23.214 4
20	1.220 2	1.485 9	1.806 1	2.191 1	2.653 3	3.207 1	3.869 7	4.661 0	5.604 4	6.727 5	8.062 3	9.646 3	11.523 1	13.743 5	16.366 5	19.460 8	23.105 6	27.393 0
21	1.232 4	1.515 7	1.860 3	2.278 8	2.786 0	3.399 6	4.140 6	5.033 8	6.108 8	7.400 2	8.949 2	10.803 8	13.021 1	15.667 6	18.821 5	22.574 5	27.033 6	32.323 8
22	1.244 7	1.546 0	1.916 1	2.369 9	2.925 3	3.603 5	4.430 4	5.436 5	6.658 6	8.140 3	9.933 6	12.100 3	14.713 8	17.861 0	21.644 7	26.186 4	31.629 3	38.142 1
23	1.257 2	1.576 9	1.973 6	2.464 7	3.071 5	3.819 7	4.740 5	5.871 5	7.257 9	8.954 3	11.026 3	13.552 3	16.626 6	20.361 6	24.891 5	30.376 2	37.006 2	45.007 6
24	1.269 7	1.608 4	2.032 8	2.563 3	3.225 1	4.048 9	5.072 4	6.341 2	7.911 1	9.849 7	12.239 2	15.178 6	18.788 1	23.212 2	28.625 2	35.236 4	43.297 3	53.109 0
25	1.282 4	1.640 6	2.093 8	2.665 8	3.386 4	4.291 9	5.427 4	6.848 5	8.623 1	10.834 7	13.585 5	17.000 1	21.230 5	26.461 9	32.919 0	40.874 2	50.657 8	62.668 6
26	1.295 3	1.673 4	2.156 6	2.772 5	3.555 7	4.549 4	5.807 4	7.396 4	9.399 2	11.918 2	15.079 9	19.040 1	23.990 5	30.166 6	37.856 8	47.414 1	59.269 7	73.949 0
27	1.308 2	1.706 9	2.221 3	2.883 4	3.733 5	4.822 3	6.213 9	7.988 1	10.245 1	13.110 0	16.738 7	21.324 9	27.109 3	34.389 9	43.535 3	55.000 4	69.345 5	87.259 8
28	1.321 3	1.741 0	2.287 9	2.998 7	3.920 1	5.111 7	6.648 8	8.627 1	11.167 1	14.421 0	18.579 9	23.883 9	30.633 5	39.204 5	50.065 6	63.800 4	81.134 2	102.966 6
29	1.334 5	1.775 8	2.356 6	3.118 7	4.116 1	5.418 4	7.114 3	9.317 3	12.172 2	15.863 1	20.623 7	26.749 9	34.615 8	44.693 1	57.575 5	74.008 5	94.927 1	121.500 5
30	1.347 8	1.811 4	2.427 3	3.243 4	4.321 9	5.743 5	7.612 3	10.062 7	13.267 7	17.449 4	22.892 3	29.959 9	39.115 9	50.950 2	66.211 8	85.849 9	111.064 7	143.370 6

表22 复利现值系数表

计算公式：$f=(1+i)^{-n}$

期数	1%	2%	3%	4%	5%	6%	7%	8%	9%	10%	11%	12%	13%	14%	15%	16%	17%	18%
1	0.990 1	0.980 4	0.970 9	0.961 5	0.952 4	0.943 4	0.934 6	0.925 9	0.917 4	0.909 1	0.900 9	0.892 9	0.885 0	0.877 2	0.869 6	0.862 1	0.854 7	0.847 5
2	0.980 3	0.961 2	0.942 6	0.924 6	0.907 0	0.890 0	0.873 4	0.857 3	0.841 7	0.826 4	0.811 6	0.797 2	0.783 1	0.769 5	0.756 1	0.743 2	0.730 5	0.718 2
3	0.970 6	0.942 3	0.915 1	0.889 0	0.863 8	0.839 6	0.816 3	0.793 8	0.772 2	0.751 3	0.731 2	0.711 8	0.693 1	0.675 0	0.657 5	0.640 7	0.624 4	0.608 6
4	0.961 0	0.923 8	0.888 5	0.854 8	0.822 7	0.792 1	0.762 9	0.735 0	0.708 4	0.683 0	0.658 7	0.635 5	0.613 3	0.592 1	0.571 8	0.552 3	0.533 7	0.515 8
5	0.951 5	0.905 7	0.862 6	0.821 9	0.783 5	0.747 3	0.713 0	0.680 6	0.649 9	0.620 9	0.593 5	0.567 4	0.542 8	0.519 4	0.497 2	0.476 1	0.456 1	0.437 1
6	0.942 0	0.888 0	0.837 5	0.790 3	0.746 2	0.705 0	0.666 3	0.630 2	0.596 3	0.564 5	0.534 6	0.506 6	0.480 3	0.455 6	0.432 3	0.410 4	0.389 8	0.370 4
7	0.932 7	0.870 6	0.813 1	0.759 9	0.710 7	0.665 1	0.622 7	0.583 5	0.547 0	0.513 2	0.481 7	0.452 3	0.425 1	0.399 6	0.375 9	0.353 8	0.333 2	0.313 9
8	0.923 5	0.853 5	0.789 4	0.730 7	0.676 8	0.627 4	0.582 0	0.540 3	0.501 9	0.466 5	0.433 9	0.403 9	0.376 2	0.350 6	0.326 9	0.305 0	0.284 8	0.266 0
9	0.914 3	0.836 8	0.766 4	0.702 6	0.644 6	0.591 9	0.543 9	0.500 2	0.460 4	0.424 1	0.390 9	0.360 6	0.332 9	0.307 5	0.284 3	0.263 0	0.243 4	0.225 5
10	0.905 3	0.820 3	0.744 1	0.675 6	0.613 9	0.558 4	0.508 3	0.463 2	0.422 4	0.385 5	0.352 2	0.322 0	0.294 6	0.269 7	0.247 2	0.226 7	0.208 0	0.191 1
11	0.896 3	0.804 3	0.722 4	0.649 6	0.584 7	0.526 8	0.475 1	0.428 9	0.387 5	0.350 5	0.317 3	0.287 5	0.260 7	0.236 6	0.214 9	0.195 4	0.177 8	0.161 9
12	0.887 4	0.788 5	0.701 4	0.624 6	0.556 8	0.497 0	0.444 0	0.397 1	0.355 5	0.318 6	0.285 8	0.256 7	0.230 7	0.207 6	0.186 9	0.168 5	0.152 0	0.137 2
13	0.878 7	0.773 0	0.681 0	0.600 6	0.530 3	0.468 8	0.415 0	0.367 7	0.326 2	0.289 7	0.257 5	0.229 2	0.204 2	0.182 1	0.162 5	0.145 2	0.129 9	0.116 3
14	0.870 0	0.757 9	0.661 1	0.577 5	0.505 1	0.442 3	0.387 8	0.340 5	0.299 2	0.263 3	0.232 0	0.204 6	0.180 7	0.159 7	0.141 3	0.125 2	0.111 0	0.098 5
15	0.861 3	0.743 0	0.641 9	0.555 3	0.481 0	0.417 3	0.362 4	0.315 2	0.274 5	0.239 4	0.209 0	0.182 7	0.159 9	0.140 1	0.122 9	0.107 9	0.094 9	0.083 5
16	0.852 8	0.728 4	0.623 2	0.533 9	0.458 1	0.393 6	0.338 7	0.291 9	0.251 9	0.217 6	0.188 3	0.163 1	0.141 5	0.122 9	0.106 9	0.093 0	0.081 1	0.070 8
17	0.844 4	0.714 2	0.605 0	0.513 4	0.436 3	0.371 4	0.316 6	0.270 3	0.231 1	0.197 8	0.169 6	0.145 6	0.125 2	0.107 8	0.092 9	0.080 2	0.069 3	0.060 0
18	0.836 0	0.700 2	0.587 4	0.493 6	0.415 5	0.350 3	0.295 9	0.250 2	0.212 0	0.179 9	0.152 8	0.130 0	0.110 8	0.094 6	0.080 8	0.069 1	0.059 2	0.050 8
19	0.827 7	0.686 4	0.570 3	0.474 6	0.395 7	0.330 5	0.276 5	0.231 7	0.194 5	0.163 5	0.137 7	0.116 1	0.098 1	0.082 9	0.070 3	0.059 6	0.050 6	0.043 1
20	0.819 5	0.673 0	0.553 7	0.456 4	0.376 9	0.311 8	0.258 4	0.214 5	0.178 4	0.148 6	0.124 0	0.103 7	0.086 8	0.072 8	0.061 1	0.051 4	0.043 3	0.036 5
21	0.811 4	0.659 8	0.537 5	0.438 8	0.358 9	0.294 2	0.241 5	0.198 7	0.163 7	0.135 1	0.111 7	0.092 6	0.076 8	0.063 8	0.053 1	0.044 3	0.037 0	0.030 9
22	0.803 4	0.646 8	0.521 9	0.422 0	0.341 8	0.277 5	0.225 7	0.183 9	0.150 2	0.122 8	0.100 7	0.082 6	0.068 0	0.056 0	0.046 2	0.038 2	0.031 6	0.026 2
23	0.795 4	0.634 2	0.506 7	0.405 7	0.325 6	0.261 8	0.210 9	0.170 3	0.137 8	0.111 7	0.090 7	0.073 8	0.060 1	0.049 1	0.040 2	0.032 9	0.027 0	0.022 2
24	0.787 6	0.621 7	0.491 9	0.390 1	0.310 1	0.247 0	0.197 1	0.157 7	0.126 4	0.101 5	0.081 7	0.065 9	0.053 2	0.043 1	0.034 9	0.028 4	0.023 1	0.018 8
25	0.779 8	0.609 5	0.477 6	0.375 1	0.295 3	0.233 0	0.184 2	0.146 0	0.116 0	0.092 3	0.073 6	0.058 8	0.047 1	0.037 8	0.030 4	0.024 5	0.019 7	0.016 0
26	0.772 0	0.597 6	0.463 7	0.360 7	0.281 2	0.219 8	0.172 2	0.135 2	0.106 4	0.083 9	0.066 3	0.052 5	0.041 7	0.033 1	0.026 4	0.021 1	0.016 9	0.013 5
27	0.764 4	0.585 9	0.450 2	0.346 8	0.267 8	0.207 4	0.160 9	0.125 2	0.097 6	0.076 3	0.059 7	0.046 9	0.036 9	0.029 1	0.023 0	0.018 2	0.014 4	0.011 5
28	0.756 8	0.574 4	0.437 1	0.333 5	0.255 1	0.195 6	0.150 4	0.115 9	0.089 5	0.069 3	0.053 8	0.041 9	0.032 6	0.025 5	0.020 0	0.015 7	0.012 3	0.009 7
29	0.749 3	0.563 1	0.424 3	0.320 7	0.242 9	0.184 6	0.140 6	0.107 3	0.082 2	0.063 0	0.048 5	0.037 4	0.028 9	0.022 4	0.017 4	0.013 5	0.010 5	0.008 2
30	0.741 9	0.552 1	0.412 0	0.308 3	0.231 4	0.174 1	0.131 4	0.099 4	0.075 4	0.057 3	0.043 7	0.033 4	0.025 6	0.019 6	0.015 1	0.011 6	0.009 0	0.007 0

表23 年金现值系数表

计算公式：$f=\dfrac{(1+i)^n-1}{i(1+i)^n}$

期数	1%	2%	3%	4%	5%	6%	7%	8%	9%	10%	11%	12%	13%	14%	15%	16%	17%	18%
1	0.990 1	0.980 4	0.970 9	0.961 5	0.952 4	0.943 4	0.934 6	0.925 9	0.917 4	0.909 1	0.900 9	0.892 9	0.885 0	0.877 2	0.869 6	0.862 1	0.854 7	0.847 5
2	1.970 4	1.941 6	1.913 5	1.886 1	1.859 4	1.833 4	1.808 0	1.783 3	1.759 1	1.735 5	1.712 5	1.690 1	1.668 1	1.646 7	1.625 7	1.605 2	1.585 2	1.565 6
3	2.941 0	2.883 9	2.828 6	2.775 1	2.723 2	2.673 0	2.624 3	2.577 1	2.531 3	2.486 9	2.443 7	2.401 8	2.361 2	2.321 6	2.283 2	2.245 9	2.209 6	2.174 3
4	3.902 0	3.807 7	3.717 1	3.629 9	3.546 0	3.465 1	3.387 2	3.312 1	3.239 7	3.169 9	3.102 4	3.037 3	2.974 5	2.913 7	2.855 0	2.798 2	2.743 2	2.690 1
5	4.853 4	4.713 5	4.579 7	4.451 8	4.329 5	4.212 4	4.100 2	3.992 7	3.889 7	3.790 8	3.695 9	3.604 8	3.517 2	3.433 1	3.352 2	3.274 3	3.199 3	3.127 2
6	5.795 5	5.601 4	5.417 2	5.242 1	5.075 7	4.917 3	4.766 5	4.622 9	4.485 9	4.355 3	4.230 5	4.111 4	3.997 5	3.888 7	3.784 5	3.684 7	3.589 2	3.497 6
7	6.728 2	6.472 0	6.230 3	6.002 1	5.786 4	5.582 4	5.389 3	5.206 4	5.033 0	4.868 4	4.712 2	4.563 8	4.422 6	4.288 3	4.160 4	4.038 6	3.922 4	3.811 5
8	7.651 7	7.325 5	7.019 7	6.732 7	6.463 2	6.209 8	5.971 3	5.746 6	5.534 8	5.334 9	5.146 1	4.967 6	4.798 8	4.638 9	4.487 3	4.343 6	4.207 2	4.077 6
9	8.566 0	8.162 2	7.786 1	7.435 3	7.107 8	6.801 7	6.515 2	6.246 9	5.995 2	5.759 0	5.537 0	5.328 2	5.131 7	4.946 4	4.771 6	4.606 5	4.450 6	4.303 0
10	9.471 3	8.982 6	8.530 2	8.110 9	7.721 7	7.360 1	7.023 6	6.710 1	6.417 7	6.144 6	5.889 2	5.650 2	5.426 2	5.216 1	5.018 8	4.833 2	4.658 6	4.494 1
11	10.367 6	9.786 8	9.252 6	8.760 5	8.306 4	7.886 9	7.498 7	7.139 0	6.805 2	6.495 1	6.206 5	5.937 7	5.686 9	5.452 7	5.233 7	5.028 6	4.836 4	4.656 0
12	11.255 1	10.575 3	9.954 0	9.385 1	8.863 3	8.383 8	7.942 7	7.536 1	7.160 7	6.813 7	6.492 4	6.194 4	5.917 6	5.660 3	5.420 6	5.197 1	4.988 4	4.793 2
13	12.133 7	11.348 4	10.635 0	9.985 6	9.393 6	8.852 7	8.357 7	7.903 8	7.486 9	7.103 4	6.749 9	6.423 5	6.121 8	5.842 4	5.583 1	5.342 3	5.118 3	4.909 5
14	13.003 7	12.106 2	11.296 1	10.563 1	9.898 6	9.295 0	8.745 5	8.244 2	7.786 2	7.366 7	6.981 9	6.628 2	6.302 5	6.002 1	5.724 5	5.467 5	5.229 3	5.008 1
15	13.865 1	12.849 3	11.937 9	11.118 4	10.379 7	9.7122	9.107 9	8.559 5	8.060 7	7.606 1	7.190 9	6.810 9	6.462 4	6.142 2	5.847 4	5.575 5	5.324 2	5.091 6
16	14.717 9	13.577 7	12.561 1	11.652 3	10.837 8	10.105 9	9.446 6	8.851 4	8.312 6	7.823 7	7.379 2	6.974 0	6.603 9	6.265 1	5.954 2	5.668 5	5.405 3	5.162 4
17	15.562 3	14.291 9	13.166 1	12.165 7	11.274 1	10.477 3	9.763 2	9.121 6	8.543 6	8.021 6	7.548 8	7.119 6	6.729 1	6.372 9	6.047 2	5.748 7	5.474 6	5.222 3
18	16.398 3	14.992 0	13.753 5	12.659 3	11.689 6	10.827 6	10.059 1	9.371 9	8.755 6	8.201 4	7.701 6	7.249 7	6.839 9	6.467 4	6.128 0	5.817 8	5.533 9	5.273 2
19	17.226 0	15.678 5	14.323 8	13.133 9	12.085 3	11.158 1	10.335 6	9.603 6	8.950 1	8.364 9	7.839 3	7.365 8	6.938 0	6.550 4	6.198 2	5.877 5	5.584 5	5.316 2
20	18.045 6	16.351 4	14.877 5	13.590 3	12.462 2	11.469 9	10.594 0	9.818 1	9.128 5	8.513 6	7.963 3	7.469 4	7.024 8	6.623 1	6.259 3	5.928 8	5.627 8	5.352 7
21	18.857 0	17.011 2	15.415 0	14.029 2	12.821 2	11.764 1	10.835 5	10.016 8	9.292 2	8.648 7	8.075 1	7.562 0	7.101 6	6.687 0	6.312 5	5.973 1	5.664 8	5.383 7
22	19.660 4	17.658 0	15.936 9	14.451 1	13.163 0	12.041 6	11.061 2	10.200 7	9.442 4	8.771 5	8.175 7	7.644 6	7.169 5	6.742 9	6.358 7	6.011 3	5.696 4	5.409 9
23	20.455 8	18.292 2	16.443 6	14.856 8	13.488 6	12.303 4	11.272 2	10.371 1	9.580 2	8.883 2	8.2664	7.718 4	7.229 7	6.792 1	6.398 8	6.044 2	5.723 4	5.432 1
24	21.243 4	18.913 9	16.935 5	15.247 0	13.798 6	12.550 4	11.469 3	10.528 8	9.706 6	8.984 7	8.348 1	7.784 3	7.282 9	6.835 1	6.433 8	6.072 6	5.746 5	5.450 9
25	22.023 2	19.523 5	17.413 1	15.622 1	14.093 9	12.783 4	11.653 6	10.674 8	9.822 6	9.077 0	8.421 7	7.843 1	7.330	6.872	6.464 1	6.097 1	5.766 2	5.466 9
26	22.795 2	20.121 0	17.876 8	15.982 8	14.375 2	13.003 2	11.825 8	10.810 0	9.929 0	9.160 9	8.488 1	7.895 7	7.371	6.906	6.490 6	6.118 2	5.783 1	5.480 4
27	23.559 6	20.706 9	18.327 0	16.329 6	14.643 0	13.210 5	11.986 7	10.935 2	10.026 6	9.237 2	8.547 8	7.942 6	7.408	6.935 2	6.513 5	6.136 4	5.797 5	5.491 9
28	24.316 4	21.281 3	18.764 1	16.663 1	14.898 1	13.406 2	12.137 1	11.051 1	10.116 1	9.306 6	8.601 6	7.984 4	7.441	6.960 7	6.533 5	6.152 0	5.809 9	5.501 6
29	25.065 8	21.844 4	19.188 5	16.983 7	15.141 1	13.590 7	12.277 7	11.158 4	10.198 3	9.369 6	8.650 1	8.021 8	7.470	6.983 0	6.550 9	6.165 6	5.820 4	5.509 8
30	25.807 7	22.396 5	19.600 4	17.292	15.372 5	13.764 8	12.409 0	11.257 8	10.273 7	9.426 9	8.693 8	8.055 2	7.495	7.002 7	6.566 0	6.177 2	5.829 4	5.516 8

表24　年金终值系数表

计算公式：$f=\dfrac{(1+i)^n-1}{i}$

期　数	1%	2%	3%	4%	5%	6%	7%	8%	9%	10%	11%	12%	13%	14%	15%	16%	17%	18%
1	1.000 0	1.000 0	1.000 0	1.000 0	1.000 0	1.000 0	1.000 0	1.000 0	1.000 0	1.000 0	1.000 0	1.000 0	1.000 0	1.000 0	1.000 0	1.000 0	1.000 0	1.000 0
2	2.010 0	2.020 0	2.030 0	2.040 0	2.050 0	2.060 0	2.070 0	2.080 0	2.090 0	2.100 0	2.110 0	2.120 0	2.130 0	2.140 0	2.150 0	2.160 0	2.170 0	2.180 0
3	3.030 1	3.060 4	3.090 9	3.121 6	3.152 5	3.183 6	3.214 9	3.246 4	3.278 1	3.310 0	3.342 1	3.374 4	3.406 9	3.439 6	3.472 5	3.505 6	3.538 9	3.572 4
4	4.060 4	4.121 6	4.183 6	4.246 5	4.310 1	4.374 6	4.439 9	4.506 1	4.573 1	4.641 0	4.709 7	4.779 3	4.849 8	4.921 1	4.993 4	5.066 5	5.140 5	5.215 4
5	5.101 0	5.204 0	5.309 1	5.416 3	5.525 6	5.637 1	5.750 7	5.866 6	5.984 7	6.105 1	6.227 8	6.352 8	6.480 3	6.610 1	6.742 4	6.877 1	7.014 4	7.154 2
6	6.152 0	6.308 1	6.468 4	6.633 0	6.801 9	6.975 3	7.153 3	7.335 9	7.523 3	7.715 6	7.912 9	8.115 2	8.322 7	8.535 5	8.753 7	8.977 5	9.206 8	9.442 0
7	7.213 5	7.434 3	7.662 5	7.898 3	8.142 0	8.393 8	8.654 0	8.922 8	9.200 4	9.487 2	9.783 3	10.089 0	10.404 7	10.730 5	11.066 8	11.413 9	11.772 0	12.141 5
8	8.285 7	8.583 0	8.892 3	9.214 2	9.549 1	9.897 5	10.259 8	10.636 6	11.028 5	11.435 9	11.859 4	12.299 7	12.757 3	13.232 8	13.726 8	14.240 1	14.773 3	15.327 0
9	9.368 5	9.754 6	10.159 1	10.582 8	11.026 6	11.491 3	11.978 0	12.487 6	13.021 0	13.579 5	14.164 0	14.775 7	15.415 7	16.085 3	16.785 8	17.518 5	18.284 7	19.085 9
10	10.462 2	10.949 7	11.463 9	12.006 1	12.577 9	13.180 8	13.816 4	14.486 6	15.192 9	15.937 4	16.722 0	17.548 7	18.419 7	19.337 3	20.303 7	21.321 5	22.393 1	23.521 3
11	11.566 8	12.168 7	12.807 8	13.486 4	14.206 8	14.971 6	15.783 6	16.645 5	17.560 3	18.531 2	19.561 4	20.654 6	21.814 3	23.044 5	24.349 3	25.732 9	27.199 9	28.755 1
12	12.682 5	13.412 1	14.192 0	15.025 8	15.917 1	16.869 9	17.888 5	18.977 1	20.140 7	21.384 3	22.713 2	24.133 1	25.650 2	27.270 7	29.001 7	30.850 2	32.823 9	34.931 1
13	13.809 3	14.680 3	15.617 8	16.626 8	17.713 0	18.882 1	20.140 6	21.495 3	22.953 4	24.522 7	26.211 6	28.029 1	29.984 7	32.088 7	34.351 9	36.786 2	39.404 0	42.218 7
14	14.947 4	15.973 9	17.086 3	18.291 9	19.598 6	21.015 1	22.550 5	24.214 9	26.019 2	27.975 0	30.094 9	32.392 6	34.882 7	37.581 1	40.504 7	43.672 0	47.102 7	50.818 0
15	16.096 9	17.293 4	18.598 9	20.023 6	21.578 6	23.276 0	25.129 0	27.152 1	29.360 9	31.772 5	34.405 4	37.279 7	40.417 5	43.842 4	47.580 4	51.659 5	56.110 1	50.965 3
16	17.257 9	18.639 3	20.156 9	21.824 5	23.657 5	25.672 5	27.888 1	30.324 3	33.003 4	35.949 7	39.189 9	42.753 3	46.671 7	50.980 4	55.717 5	60.925 0	66.648 8	72.939 0
17	18.430 4	20.012 1	21.761 6	23.697 5	25.840 4	28.212 9	30.840 2	33.750 2	36.973 7	40.544 7	44.500 8	48.883 7	53.739 1	59.117 6	65.075 1	71.673 0	78.979 2	87.068 0
18	19.614 7	21.412 3	23.414 4	25.645 4	28.132 4	30.905 7	33.999 0	37.450 2	41.301 3	45.599 2	50.395 9	55.749 7	61.725 1	68.394 1	75.836 4	84.140 7	93.405 6	103.740 3
19	20.810 9	22.840 6	25.116 9	27.671 2	30.539 0	33.760 0	37.379 0	41.446 3	46.018 5	51.159 1	56.939 5	63.439 7	70.749 4	78.969 2	88.211 8	98.603 2	110.284 6	123.413 5
20	22.019 0	24.297 4	26.870 4	29.778 1	33.066 0	36.785 6	40.995 5	45.762 0	51.160 1	57.275 0	64.202 8	72.052 4	80.946 8	91.024 9	102.443 6	115.379 7	130.032 9	146.628 0
21	23.239 2	25.783 3	28.676 5	31.969 2	35.719 3	39.992 7	44.865 2	50.422 9	56.764 5	64.002 5	72.265 1	81.698 7	92.469 9	104.768 4	118.810 1	134.840 5	153.138 5	174.021 0
22	24.471 6	27.299 0	30.536 8	34.248 0	38.505 2	43.392 3	49.005 7	55.456 8	62.873 3	71.402 7	81.214 3	92.502 6	105.491 0	120.436 0	137.631 6	157.415 0	180.172 1	206.344 8
23	25.716 3	28.845 0	32.452 9	36.617 9	41.430 5	46.995 8	53.436 1	60.893 3	69.531 9	79.543 0	91.147 9	104.602 9	120.204 8	138.297 0	159.276 4	183.601 4	211.801 3	244.486 8
24	26.973 5	30.421 9	34.426 5	39.082 6	44.502 0	50.815 6	58.176 7	66.764 8	76.789 8	88.497 3	102.174 2	118.155 2	136.831 5	158.658 6	184.167 8	213.977 6	248.807 6	289.494 5
25	28.243 2	32.030 3	36.459 3	41.645 9	47.727 1	54.864 5	63.249 0	73.105 9	84.700 9	98.347 1	114.413 3	133.333 9	155.619 6	181.870 8	212.793 0	249.214 0	292.104 9	342.603 5
26	29.525 6	33.670 9	38.553 0	44.311 7	51.113 5	59.156 4	68.676 5	79.954 4	93.324 0	109.181 8	127.998 8	150.333 9	176.850 1	208.332 7	245.712 0	290.088 3	342.762 7	405.272 1
27	30.820 9	35.344 3	40.709 6	47.084 2	54.669 1	63.705 8	74.483 8	87.350 8	102.723 1	121.099 9	143.078 6	169.374 0	200.840 6	238.499 3	283.568 8	337.502 4	402.032 3	479.221 1
28	32.129 1	37.051 2	42.930 9	49.967 6	58.402 6	68.528 1	80.697 7	95.338 8	112.968 2	134.209 9	159.817 3	190.698 9	227.949 9	272.889 2	327.104 1	392.502 8	471.377 8	566.480 9
29	33.450 4	38.792 2	45.218 9	52.966 3	62.322 7	73.639 8	87.346 5	103.965 9	124.135 4	148.630 9	178.397 2	214.582 8	258.583 4	312.093 7	377.169 7	456.303 2	552.512 1	669.447 5
30	34.784 9	40.568 1	47.575 4	56.084 9	66.438 8	79.058 2	94.460 8	113.283 2	136.307 5	164.494 0	199.020 9	241.332 7	293.199 2	356.786 8	434.745 1	530.311 7	647.439 1	790.948 0

参 考 文 献

[1] 国家发展与改革委员会，建设部. 建设项目评价方法与参数[M]. 3版. 北京：中国计划出版社，2006.

[2] 建设部标准定额研究所. 建设项目经济评价案例[M]. 北京：中国计划出版社，2006.

[3] 联合国工业发展组织. 工业可行性研究手册[M]. 北京：中国财政经济出版社，1981.

[4] 简德三. 项目评估与可行性研究[M]. 上海：上海财经大学出版社，2004.

[5] 闫军印. 建设项目评估[M]. 北京：机械工业出版，2005.

[6] 宋维佳. 可行性研究与项目评估[M]. 大连：东北财经大学出版社，2007.

[7] 苏益. 投资项目评估[M]. 北京：清华大学出版社，2007.

[8] 张启振，张阿芬. 投资项目评估[M]. 厦门：厦门大学出版社，2007.

[9] 周惠珍. 投资项目评估[M]. 3版. 大连：东北财经大学出版社，2005.

[10] 成其谦. 投资项目评价[M]. 2版. 北京：人民大学出版社，2007.

[11] 杨华峰. 项目评估[M]. 北京：科学出版社，2008.

[12] 徐强，董正信. 投资项目评估[M]. 南京：东南大学出版社，2005.

[13] 张宇. 项目评估实务[M]. 北京：中国金融出版社，2004.

[14] 贾兆兵. 工程经济与项目管理[M]. 北京：水利水电出版社，2007.

[15] 王双增. 现代咨询方法与实务[M]. 武汉：华中科技大学出版社，

[16] 路通，刘立. 咨询工程师(投资)实务手册[M]. 北京：机械工业出版社，2006.

[17] 刘尔烈. 国际工程咨询实务[M]. 北京：化学工业出版社，2007.

[18] 戚安邦. 项目论证与评估[M]. 北京；机械工业出版社，2004.

[19] 郝建新. 全国注册咨询工程师(投资)执业资格考试题库及案例分析[M]. 武汉：华中科技大学出版社，2007.

[20] 宋维佳，王立国，王红岩. 可行性研究与项目评估[M]. 大连：东北财经大学出版社，2007.

[21] 戚安邦. 项目评估学[M]. 天津：南开大学出版社，2006.

[22] 沈志渔. 项目管理——理论·实务·案例[M]. 北京：经济管理出版社，2007.

[23] 蒋景楠. 工程经济与项目评估[M]. 上海：华东理工大学出版社，2004.

[24] 徐存东.' 水利用电建设项目管理与评估[M]. 北京：水利水电出版社，2006.

[25] 陆参. 工程建设项目可行性研究实务手册[M]. 北京：中国电力出版社，2006.

[26] 李世蓉. 业主工程项目管理实用手册[M]. 北京：中国建筑工业出版社，2007.

[27] 胡文发，何新华. 现代工程项目管理[M]. 上海：同济大学出版社，2007.

[28] 刘长滨. 建筑工程技术经济学[M]. 北京：中国建筑工业出版社，2007.

[29] 黄如宝. 建筑经济学[M]. 上海：同济大学出版社，2004.

[30] 黄渝祥. 工程经济学[M]. 上海：同济大学出版社，2005.

[31] 成虎. 工程项目管理[M]. 北京：高等教育出版社，2007.

[32] 骆珣. 项目管理教程[M]. 北京：机械工业出版社，2006.

[33] http://www.worldbank.org/

[34] http://www.zhb.gov.cn/

[35] http://www.mohurd.gov.cn/

[36] http://www.fujian.gov.cn

[37] 世界银行．2007 年世界发展报告——发展与下一代[M]．中国科学院清华大学国情研究中心，译．北京：清华大学出版社，2007.

[38] 何曼青，马仁真．世界银行集团——列国志[M]．北京：社会科学文献出版社．2004.

[39] [美]埃布尔恩． 世界银行 • 联合国项目[M]．赵世人，程锦，译．北京：外语教学与研究出版社，2004.

[40] 吕森全，韦卓信．世界银行贷款项目管理实务[M]．北京：中国电力出版社，2003.

[41] 中华人民共和国审计署外资运用审计司．世界银行贷款项目审计操作指南[M]．北京：中国时代经济出版社，2000.

[42] 世界银行，国际货币基金组织．金融部门评估手册[M]．中国人民银行金融稳定局，译．北京：中国金融出版社，2007.

北京大学出版社土木建筑系列教材(已出版)

序号	书名	主编	定价	序号	书名	主编	定价
1	建筑设备	刘源全　张国军	35.00	42	房屋建筑学(上：民用建筑)	钱　坤　王若竹	32.00
2	土木工程测量	陈久强　刘文生	35.00	43	房屋建筑学(下：工业建筑)	钱　坤　吴　歌	26.00
3	土木工程材料	柯国军	35.00	44	工程管理专业英语	王竹芳	24.00
4	土木工程计算机绘图	袁　果　张渝生	28.00	45	建筑结构 CAD 教程	崔钦淑	36.00
5	工程地质	何培玲　张　婷	20.00	46	建设工程招投标与合同管理实务	崔东红	38.00
6	建设工程监理概论(第 2 版)	巩天真　张泽平	30.00	47	工程地质	倪宏革　时向东	25.00
7	工程经济学	冯为民　付晓灵	34.00	48	工程经济学	张厚钧	36.00
8	工程项目管理	仲景冰　王红兵	32.00	49	工程财务管理	张学英	38.00
9	工程造价管理	车春鹂　杜春艳	24.00	50	土木工程施工	石海均　马　哲	40.00
10	工程招标投标管理	刘昌明　宋会莲	20.00	51	土木工程制图	张会平	34.00
11	工程合同管理	方　俊　胡向真	23.00	52	土木工程制图习题集	张会平	22.00
12	建筑工程施工组织与管理	余群舟	20.00	53	土木工程材料	王春阳　裴　锐	40.00
13	建设法规	胡向真　肖　铭	20.00	54	结构抗震设计	祝英杰	30.00
14	建设项目评估	王　华	35.00	55	土木工程专业英语	霍俊芳　姜丽云	35.00
15	工程量清单的编制与投标报价	刘富勤　陈德方	25.00	56	混凝土结构设计原理	邵永健	40.00
16	土木工程概预算与投标报价	叶　良　刘　薇	28.00	57	土木工程计量与计价	王翠琴　李春燕	35.00
17	室内装饰工程预算	陈祖建	30.00	58	房地产开发与管理	刘　薇	38.00
18	力学与结构	徐吉恩　唐小弟	42.00	59	土力学	高向阳	32.00
19	理论力学	张俊彦　黄宁宁	26.00	60	建筑表现技法	冯　柯	42.00
20	材料力学	金康宁　谢群丹	27.00	61	工程招投标与合同管理	吴　芳　冯　宁	39.00
21	结构力学简明教程	张系斌	20.00	62	工程施工组织	周国恩	28.00
22	流体力学	刘建军　章宝华	20.00	63	建筑力学	邹建奇	34.00
23	弹性力学	薛　强	22.00	64	土力学学习指导与考题精解	高向阳	26.00
24	工程力学	罗迎社　喻小明	30.00	65	建筑概论	钱　坤	28.00
25	土力学	肖仁成　俞　晓	18.00	66	岩石力学	高　玮	35.00
26	基础工程	王协群　章宝华	32.00	67	交通工程学	李　杰　王　富	39.00
27	有限单元法	丁　科　陈月顺	17.00	68	房地产策划	王直民	42.00
28	土木工程施工	邓寿昌　李晓目	42.00	69	中国传统建筑构造	李合群	35.00
29	房屋建筑学	聂洪达　郄恩田	36.00	70	房地产开发	石海均　王　宏	34.00
30	混凝土结构设计原理	许成祥　何培玲	28.00	71	室内设计原理	冯　柯	28.00
31	混凝土结构设计	彭　刚　蔡江勇	28.00	72	建筑结构优化及应用	朱杰江	30.00
32	钢结构设计原理	石建军　姜　袁	32.00	73	高层与大跨建筑结构施工	王绍君	45.00
33	结构抗震设计	马成松　苏　原	25.00	74	工程造价管理	周国恩	42.00
34	高层建筑施工	张厚先　陈德方	32.00	75	土建工程制图	张黎骅	29.00
35	高层建筑结构设计	张仲先　王海波	23.00	76	土建工程制图习题集	张黎骅	26.00
36	工程事故分析与工程安全	谢征勋　罗　章	22.00	77	材料力学	章宝华	36.00
37	砌体结构	何培玲	20.00	78	土力学教程	孟祥波	30.00
38	荷载与结构设计方法	许成祥　何培玲	20.00	79	土力学	曹卫平	34.00
39	工程结构检测	周　详　刘益虹	20.00	80	土木工程项目管理	郑文新	41.00
40	土木工程课程设计指南	许　明　孟茁超	25.00	81	工程力学	王明斌　庞永平	37.00
41	桥梁工程	周先雁　王解军	52.00				

请登陆 www.pup6.cn 免费下载本系列教材的电子书(PDF 版)、电子课件和相关教学资源。
欢迎免费索取样书，并欢迎到北大出版社来出版您的大作，可在 www.pup6.cn 在线申请样书和进行选题登记，也可下载相关表格填写后发到我们的邮箱，我们将及时与您取得联系并做好全方位的服务。
联系方式：010-62750667，donglu2004@163.com，linzhangbo@126.com，欢迎来电来信咨询。